一問一答

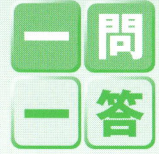

民事再生手続と金融機関の対応

四宮 章夫、中井 康之
森 恵一、阿多 博文 編

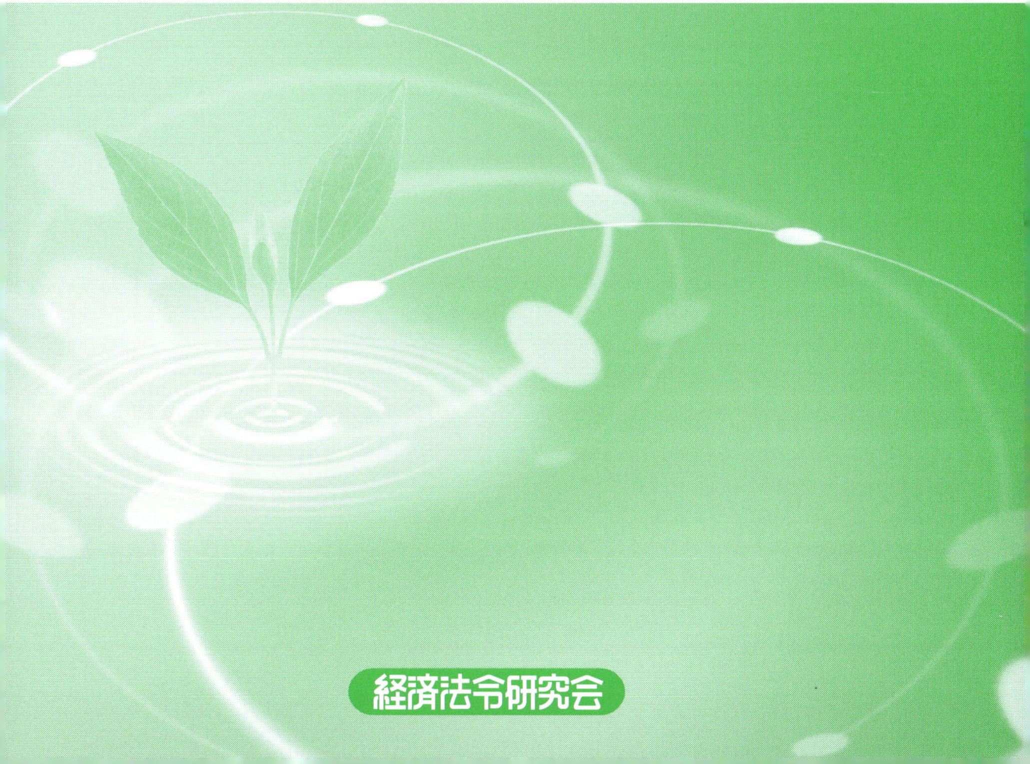

経済法令研究会

は　し　が　き

　平成12年4月1日からの民事再生法の施行を控えた同年2月、経済法令研究会から「1問1答 民事再生の実務」を刊行したが、編者安木健氏らはその後の実務の中での議論の深化を願って、あえて新法の平易な解説に留めることを旨とした。平成18年1月、その新版が刊行されたが、会社法、会社更生法の改正作業が一段落し、民事再生法に関しても、実務が深化し、判例も集積されてきたことを踏まえ、専門書としての充実を図ったものであり、設問数も65題、頁数も230頁増加させている。

　その後、さらに数年が経過した今日、民事再生法は、立法当初の様々な思惑から離れて、一つの倒産法制として社会的に認知され、実務も大きく確立されるに至り、その状況を踏まえて、早や、法曹関係者・実務家からは、改正提言・立法提言がなされるまでになった。

　ただ、これまで数多出版されている書籍・論文は、どちらかというと、DIP型といわれる再生債務者側の視点で著されていることが多く、民事再生法改正論もその延長線上にあると思われる。民事再生の実務が法曹主導で発展し、経済活動としての側面、各種ステークホルダー間の激しい利害対立の中で実務が発展していくという面が、いささか軽視されていた結果ではないかと、私たちは考える。

　そこで、一般的解説書としての「1問1答 民事再生の実務」はすでに寿命を終えたと考え、金融機関（債権者）という一つのステークホルダーの立場を前提として、民事再生法とその実務を改めて解説することを通じて、新しい視点の提示を試みることにした。そのため、個々の執

筆者についても金融実務に精通した金融実務家・弁護士を選択し、また、個々の原稿についても、再生債務者側ではなく再生債権者側の視点で執筆されるよう依頼し、ときには数度の書き直しを要請してようやく完成した成果が本書である。

　本書が金融機関関係者の皆様の実務の参考となるとともに、民事再生の実務に対して、新しい視点を提供できるものとなっているのであれば、編集委員一同望外の幸せである。

　なお、本書の編集にあたっては、野村祥子弁護士にもご協力をいただいた。改めて御礼を申し上げたい。

　最後に、この意欲的な試みの実現に尽力いただいた地切修氏、「１問１答 民事再生の実務」とその新版の編集にご参加いただいた各位に対し、心からの感謝を申し上げ、はしがきとする次第である。

　平成24年7月

　　　　　　　　　　　四宮章夫、中井康之、森　恵一、阿多博文

目　　次

第1　手続編

1　再生手続申立における対応

Q1　信用不安情報を入手した場合の対応〔佐立史人〕……………2
Q2　期限の利益喪失事由に接したときの検討事項〔佐立史人〕………9
Q3　危機時期における預金の拘束〔井上圭吾〕………………20
Q4　取引先の再建とその手法〔四宮章夫〕……………………27
Q5　中小企業再生支援協議会の利用〔軸丸欣哉〕……………35
Q6　私的整理段階におけるDIPファイナンス〔上甲悌二〕……………43
Q7　私的整理中のプレDIPファイナンスと法的整理への移行
　　〔木下玲子〕………………………………………………50
Q8　リスケの申入・再生手続申立の相談〔井上圭吾〕…………54
Q9　シンジケートローン〔井上圭吾〕……………………………61

2　再生手続申立後の対応

Q10　再生手続申立時の状況確認〔濵岡峰也〕………………67
Q11　再生手続の流れ〔宇都宮一志〕……………………………74
Q12　再生手続申立時点における債権回収手段〔宇都宮一志〕……81
Q13　再生手続における権利行使〔濵岡峰也〕………………86

3　金融機関としての対抗手段

- Q14　再生手続への対抗手段〔奥津　周〕……………………97
- Q15　プレパッケージ型再生〔柴野高之〕……………………104
- Q16　お台場アプローチ〔富山聡子〕…………………………113

4　再生手続開始後における対応

- Q17　再生手続開始後の情報収集〔野村祥子〕………………120
- Q18　再生債権届出における留意事項〔浅田　隆〕…………127
- Q19　保証債務の履行と再生届出債権の承継〔浅田　隆・本多知則〕　136
- Q20　債権の区分〔山本　淳〕…………………………………145
- Q21　DIPファイナンス〔上甲悌二〕…………………………156
- Q22　財産評定〔野村祥子〕……………………………………162
- Q23　約定担保権・法定担保権の実行〔浦田和栄〕…………171
- Q24　非典型担保の場合の留意事項〔浦田和栄〕……………178
- Q25　担保権実行中止命令への対応〔浦田和栄〕……………185
- Q26　別除権協定〔中井康之〕…………………………………192
- Q27　事業譲渡〔浦田和栄〕……………………………………200
- Q28　役員に対する責任追及〔四宮章夫〕……………………209
- Q29　再生計画案に対する対応〔大林良寛〕…………………216
- Q30　再生計画案の議決権行使〔大林良寛〕…………………223
- Q31　再生計画認可決定〔花房裕志〕…………………………228
- Q32　再生計画が履行されない場合の対応〔宿　龍太〕……236

第2　倒産実体法編

1　再生手続開始決定の効果

Q33　再生手続開始の効果－債権者への影響〔清水俊順〕…………246
Q34　再生手続開始の効果－再生債務者財産への影響〔小谷隆幸〕…253
Q35　再生手続開始の効果－係属中の裁判への影響〔中尾佳永〕……261

2　契約の処理関係

Q36　各種契約における特約条項の有効性〔木村真也〕……………270
Q37　双方未履行の双務契約－その①〔服部　敬〕…………………276
Q38　双方未履行の双務契約－その②〔服部　敬〕…………………282
Q39　継続的給付を目的とする双務契約、市場の相場のある商品
　　　の取引に関する契約〔印藤弘二〕…………………………………289
Q40　リース契約〔阿多博文〕……………………………………………297
Q41　賃貸借契約〔丹羽浩介〕……………………………………………304

3　相殺（相殺禁止）

Q42　相殺権行使の可否〔阿多博文〕……………………………………310
Q43　投資信託解約金返還債務と貸付金との相殺〔野村祥子〕………319

4　債権のプライオリティ

Q44　債権者平等原則〔森　恵一〕………………………………………327
Q45　債権者平等原則の例外〔森　恵一〕………………………………331

5　担保権

Q46　担保権消滅許可の対象〔森　拓也〕………………………………337

Q47	担保権消滅許可の要件〔森　拓也〕	344
Q48	根抵当権の「余裕枠」と新規融資〔神原　浩〕	352
Q49	集合債権譲渡担保権をめぐる問題〔稲田正毅〕	361
Q50	集合動産譲渡担保権をめぐる問題〔溝渕雅男〕	373
Q51	火災保険金請求権に対する集合動産譲渡担保権に基づく物上代位・質権の実行〔奥津　周〕	382
Q52	商事留置権をめぐる問題－不動産に対する商事留置権主張への対応〔渡辺　徹〕	388
Q53	商事留置権をめぐる問題－手形の商事留置権と弁済充当〔渡辺　徹〕	395
Q54	所有権留保をめぐる問題〔渡辺　徹〕	404

6　否　認

Q55	否認権の概要〔森本英伸〕	411
Q56	対抗要件具備行為の否認〔四宮章夫〕	419
Q57	同時交換的取引〔宿　龍太〕	424
Q58	相当な価格による処分行為の否認の制限〔清水良寛〕	429
Q59	支払不能前30日以内の非義務偏頗行為の否認〔佐々木清一〕	436
Q60	否認手続と詐害行為取消訴訟との関係〔中井康之〕	441
Q61	会社分割と詐害行為取消し〔阿多博文〕	448

★**法令の略記について**
　法＝民事再生法
　規則＝民事再生規則

【編者】

四宮章夫（弁護士）　　　　　森　恵一（弁護士）
中井康之（弁護士）　　　　　阿多博文（弁護士）

【執筆者】

浅田　隆（三井住友銀行）　　清水良寛（弁護士）
阿多博文（弁護士）　　　　　上甲悌二（弁護士）
稲田正毅（弁護士）　　　　　富山聡子（弁護士）
井上圭吾（弁護士）　　　　　中井康之（弁護士）
印藤弘二（弁護士）　　　　　中尾佳永（弁護士）
宇都宮一志（弁護士）　　　　丹羽浩介（弁護士）
浦田和栄（弁護士）　　　　　野村祥子（弁護士）
大林良寛（弁護士）　　　　　服部　敬（弁護士）
奥津　周（弁護士）　　　　　花房裕志（弁護士）
神原　浩（弁護士）　　　　　濵岡峰也（弁護士）
木下玲子（SBIキャピタルソリューションズ）　本多知則（三井住友銀行）
木村真也（弁護士）　　　　　溝渕雅男（弁護士）
小谷隆幸（弁護士）　　　　　森　恵一（弁護士）
佐々木清一（弁護士）　　　　森　拓也（弁護士）
佐立史人（あおぞら銀行）　　森本英伸（弁護士）
軸丸欣哉（弁護士）　　　　　宿　龍太（弁護士）
四宮章夫（弁護士）　　　　　山本　淳（弁護士）
柴野高之（弁護士）　　　　　渡辺　徹（弁護士）
清水俊順（弁護士）

第 1

手 続 編

1 再生手続申立における対応

Question 1〔信用不安情報を入手した場合の対応〕
　取引先の信用不安情報に接した場合、金融機関は、どのような初期対応を行うべきですか。

Answer
　信用不安情報の正確性を確認すべく、取引先の実態把握を行うべきです。また、貸出等の状況や担保・保証の確認を迅速に行うとともに、本部との対応方針を確認するなど、自行債権の毀損防止に努めなければなりません。

解説

1　情報の収集

「信用不安情報」とは、取引先の信用の欠如、すなわち取引先の支払能力に関して懸念を示す情報といえるが、その内容は様々である。たとえば、

- 幹部や従業員が頻繁に退職している／連絡がとれない
- 得意先から取引を打ち切られた
- 仕入先に対し、支払猶予や手形のジャンプを依頼した／支払遅延が頻発している
- メインの金融機関から派遣されていた幹部が辞任した／メインの金融機関が交代した
- 借入について、延滞が発生している／突然、担保権設定登記が行われた
- 高利金融に手を出している／手形割引業者への手形持込が増加している
- 大株主が突然交代した

- 税金や社会保険料等の滞納がある
- 取引先資産や代表者資産に、差押えがあった
- 法的整理を申し立てた／申立を検討している

等々は信用不安情報といえるが、上記の例に限らず信用不安情報には様々なものがあり、かつその情報も単なる噂に過ぎないものも含まれている可能性がある。「火のないところに煙は立たない」とはいえ、根も葉もない噂に振り回されることのないよう、留意しなければならない。

そのため、信用不安情報を入手した際には、まずは直ちに担当者自身が取引先を訪問すべきである。代表者や従業員に話しを聞き、直近の業況ヒアリングや最新の決算書や資金繰表、借入残高表等の資料の提出を受けるなどして、取引先の実態把握ならびに情報の正確性の確認を行うべきである。

また、取引先の得意先や仕入先などを訪問し、取引先の状況について照会することも有効な方策である。

その他、代表者や役員の変更の有無や本店所在地の変更の有無等を確認するため商業登記事項証明書を取得したり、他金融機関やその他債権者との取引状況の変更の有無を確認するため債権譲渡登記の有無を確認する（登記事項概要証明書ないしは概要事項記録証明書を取得する）方策もある。

2　債権・債務の確認

取引先の信用不安情報の有無にかかわらず、担当者としては日頃より、取引先に対する自行の債権・債務のポジションを把握しておかなければならないが、信用不安情報を入手した際には、改めて現時点の債権・債務の状況を確認しておく必要がある。

(1) 債　権

現時点での債権残高や支払期限、延滞の有無、担保・保証の有無、担保・保証にて保全されている額、非保全額といった、基本的な情報について、正確に把握しておく。

また、個々の取引の契約内容を契約書にて再確認し、特に期限の利益喪失事由（Ｑ２参照）については確認をしておく。

(2) 債務

現時点での取引先ならびに保証人の預金残高を確認し、期限の利益喪失の場合における相殺による回収可能見込額を把握しておく。また、現時点の預金残高だけではく、まとまった金員が引き出されてはいないか、振込指定を徴求している場合に約定どおりの入金が継続されているかといった直近の取引状況も併せて確認をしておく。

3　担保・保証の調査

担保・保証の状況についても、取引先の信用不安情報の有無にかかわらず、担当者としては日頃より把握しておくべき事項ではあるが、信用不安情報を入手した際には、改めて現時点の担保・保証の状況を確認しておく必要がある。

取引先と締結している担保・保証契約書ならびに契約内容の確認を行い、認識している担保・保証内容と齟齬がないか、担保・保証取得手続に瑕疵はないか等について確認する。担保が不動産であれば現地実査や不動産登記事項証明書の甲区・乙区欄の確認も必要である。

担保契約は締結しているが、第三者対抗要件を具備できていない担保があれば、すみやかに第三者対抗要件を具備する必要がある。ただし、第三者対抗要件具備が、後日、否認の対象となる可能性がある点に留意しなければならない（Q55・Q56参照）。

そうした確認手続を経て、現時点で把握している担保・保証による保全額の見直しの要否を判断する。保全額の見直しが必要と判断されれば直ちに見直しを行い、適正な保全額、換言すれば取引先に対する自行債権の非保全額を把握し、非保全額部分の毀損回避につなげることが重要となる。

(1) 不動産担保

まずは、担保不動産の現況を直ちに把握する必要がある。具体的には、
- 土地・建物の使用状況に変動はないか
- 建物の形状変更・損傷はないか
- 土地・建物を賃貸している場合、賃借人等への賃貸条件に変更はないか

・担保不動産の周辺環境に変動はないか

等、担保不動産の価値を減少させるような事実はないかを確認する。賃貸条件の変更については、取引先より賃貸状況等の資料を徴求することも必要となる。

また、不動産登記事項証明書により権利関係の確認を行うことも必要である。

以上の確認手続を経て、現時点で把握している担保不動産の保全額について、見直しが必要か否かを判断する。保全額の見直しが必要と判断されれば直ちに見直しを行い、現時点での適正な保全額を把握しなければならない。

(2) 保　証
①　個人（代表者等）保証

個人保証に関し、保証人の資産状況等の確認を行う。

自宅やその他不動産を所有している場合には、不動産登記事項証明書で所有関係や権利関係を確認するとともに、現地を実査し、簡易でもいいので不動産価値を把握し、担保余力の有無を確認する。自行預金の有無を確認しておくことも重要である。

その他、税務申告書等の資料を徴求し、直近の収入状況やその他資産状況を把握することも必要となる。

ただし、個人の資産状況については、本人から開示がない限りそれを正確に把握することは実際は困難な作業である。よって、担当者としては、保証人である個人の資産状況について、日頃よりヒアリングや税務申告書等の資料を徴求するなどして、こまめに把握しておくことが重要といえる。

②　法人保証

法人保証についても、保証人の資産状況等の確認を行うことは個人保証と同様である。

4　本部・僚店への連絡

取引先の信用不安情報を入手した場合は、上述のとおり、まずはその情

報の正確性を至急確認するとともに、債権・債務の確認ならびに担保・保証の調査を行うが、一方で、自行内の情報共有ならびに今後の回収作動の迅速性を確保するためにも、本部・僚店にもまずはその一報を行っておく必要がある。

そして、信用不安情報に対する情報収集の結果や、債権・債務の現況、担保・保証の調査結果を改めて報告し、その後の回収方針等について本部・僚店と確認・実行を図っていくこととなる。

また、自行が取引先のシンジケートローンのエージェントをつとめている場合に、シンジケートローンの貸付人または他の融資取引を担当する営業部店が信用不安情報を入手した場合には、自行のエージェント部署に当該情報をすみやかに伝達しておく必要がある（シンジケートローンについてはＱ９を参照）。

5　外部からの信用照会に対する対応

(1)　信用調査会社等からの信用照会

取引先の信用情報について、信用調査会社等から電話や面談等により照会を受けることがある。

しかし、金融機関は、取引内容に関する情報や、取引に関して得た取引先の信用にかかわる情報を、外部に対してみだりに漏洩してはならない。金融機関が負うこの義務を「守秘義務」というが、法律上明文の規定はないものの、取引先は金融機関に対して取引先情報を外部に対してみだりに漏洩しないという信頼や期待を有しているとされ、こうした取引先の信頼や期待は法的保護に値すると考えられており、最高裁でも認められている（最決平成19・12・11金融・商事判例1289号57頁）。

よって、こうした信用調査に関しては原則、回答を差し控えるべきである。

(2)　金融機関間の信用照会制度

手形や小切手の振出人の取引金融機関に対し、金融機関が文書によって、当該手形や小切手の決済見込み等を照会し、取引金融機関がこれに回答することが行われている。なお、個人を対象とした信用照会は、個人情

報保護法施行以降廃止されている。

　自己と当座預金取引のある顧客の振り出した手形や小切手の支払能力に関しての照会に対して、取引金融機関が回答を行うことが、金融機関の負う守秘義務に違反しないかが問題となるが、取引金融機関が照会に回答することは商慣習として認められており、守秘義務には違反しないと考えられている。

　他の銀行からなされた照会に対して、銀行係員のずさんな調査に基づき著しく事実と異なった回答を行った取引銀行が損害賠償を請求された事案で、銀行間の信用照会制度の存在を認めたうえ、照会に対し回答した銀行はその回答の結果について法律上の責任を追及されない慣例があることから、回答の錯誤を理由に照会者が取引銀行に対して損害賠償を訴求することはできない、とされた（東京地判昭和31・10・9金融法務事情121号3頁）。しかしながら、故意に誤った回答を行った場合には、不法行為による損害賠償責任を負う可能性があり、いずれにせよ回答内容には留意が必要である。

(3)　弁護士照会

①　弁護士法23条の2に基づく照会

　弁護士は、受任している事件について、所属弁護士会に対し、公務所または公私の団体に照会して必要な事項の報告を求めることを申し出ることができ（弁護士法23条の2第1項）、弁護士会は、上記申し出を適当と認める場合、公務所または公私の団体に照会して必要な事項の報告を求めることができる（同条2項）。

　この条文に基づき、弁護士会を通じて金融機関に対し、弁護士法23条の2に基づく照会（以下、「23条照会」という）が、書面をもって行われることがある。

　弁護士会照会に対する回答については、照会対象である取引先に対する守秘義務との兼ね合いが問題となる。しかし、犯罪に関連した照会等、照会の内容によっては取引先との間の守秘義務に優先して、回答することが金融機関の社会的責任を果たすことになる事例もあろう。

　よって、23条照会を受けた場合は、すみやかに法務部門へ相談のうえ、

対応を判断すべきである。

なお、23条照会に対する回答を拒否した金融機関に対し、23条照会をした弁護士および当該弁護士への委任者が金融機関に対し不法行為に基づく損害賠償請求をした事案について、23条照会に対して金融機関は回答をするべき公的義務は負うものの、この義務は弁護士または当該弁護士への委任者に対する関係での義務ではなく、弁護士や当該弁護士への委任者が金融機関に対して回答を求める権利を有するものではないため、回答を拒否した金融機関に対する不法行為に基づく損害賠償請求を認めなかった下級審判例がある（大阪高判平成19・1・30金融・商事判例1263号25頁）。

② **23条照会ではない弁護士照会**

所属弁護士ではなく、個々の弁護士会からの照会があった場合も、上記①同様、すみやかに法務部門へ相談のうえ、対応を判断すべきである。

照会事項が当該弁護士への委任者以外の第三者の情報である場合には、第三者の同意を得たうえで回答することが原則となろう。第三者の同意が得られない場合には、回答を拒絶すべきである。照会事項が当該弁護士への委任者自身の情報である場合でも、委任の事実等を確認する等、慎重な対応が望まれる。

（佐立 史人）

Question 2 〔期限の利益喪失事由に接したときの検討事項〕

期限の利益喪失事由に接した場合、金融機関が検討すべき事項としてはどのようなものがありますか。

Answer

信用不安情報が正確であれば、取引先に対する貸出等の債権について期限の利益を喪失させ、相殺による回収を図るとともに、残額について一括の弁済を求めます。特に、担保・保証でカバーされない債権の回収ないし保全強化に注力しなければなりません。新規案件については、慎重な判断・対応をすべきです。

解説

1 期限の利益喪失手続の可否

(1) 期限の利益

取引先に対する債権には、契約に基づき支払期限が定められていることが通例である。この期限は、取引先の利益のために定めたものと推定され（民法136条1項）、約定の支払期限よりも前に、債権者が取引先に対して弁済を請求し、取引先から弁済を受領することはできない（同法135条1項）。

両当事者の期限の利益についていえば、取引先からすれば、約定の支払期限よりも前に債権者に弁済をする義務はないという「期限の利益」を有している。一方、債権者としても、取引先から支払期限までの利息の支払を求めることができるという「期限の利益」を有しているということになる。

(2) 期限の利益喪失

取引先に対する債権について、法的に有効な弁済の請求を行ったうえで弁済を受領できるのは、すでに取引先が期限の利益を有していない場合である（約定の支払期限が到来済み、すなわち延滞状態にあること。分割弁済で一部のみの約定の支払期限が到来済みである場合は、支払期限が到来済みのも

のに限る。期限の利益の当然喪失事由（後掲）に該当する場合も該当する）。取引先が自ら期限の利益を放棄した場合にも、直ちに弁済の請求は可能である。しかし、そうでない場合は、自行の意思表示により取引先の期限の利益を喪失させる必要がある。

取引先が有する期限の利益を喪失させることができる事由を「期限の利益喪失事由」というが、民法では以下のⅰ～ⅲの事由が発生した場合には、取引先は期限の利益を主張することができないものとされている（民法137条）。

ⅰ　債務者が破産手続開始の決定を受けたとき
ⅱ　債務者が担保を滅失させ、損傷させ、または減少させたとき
ⅲ　債務者が担保を供する義務を負う場合において、これを供しないとき

しかし、この民法の規定による期限の利益喪失事由だけでは債権管理上不十分であるため、債権者である金融機関は、取引先との契約で期限の利益喪失事由について特約を設けているのが通例である。

通常は、個々の融資取引を開始する前に取引先との間で、継続的な融資取引を行う場合の基本約定書（銀行であれば銀行取引約定書、信用金庫であれば信用金庫取引約定書、信用組合であれば信用組合取引約定書等）を締結するが、基本約定書に期限の利益喪失事由が定められている。そして、個々の融資取引契約書では「別途締結された基本約定書を承認のうえ」と定め、期限の利益喪失事由は基本約定書の定めを準用することが多い。

よって、取引先の期限の利益が喪失されているのか、もしくは自行の意思表示により取引先の期限の利益を喪失させることができるのか、すなわち「期限の利益喪失事由」に該当するのか否かについて、基本約定書に定められた「期限の利益喪失事由」を確認する必要がある。ただし例外的に、基本約定書の適用を除外し、期限の利益喪失事由を独自に定めた融資取引契約書もあるので、融資取引契約書の定めも十分に確認する必要がある。

(3)　期限の利益喪失事由

期限の利益喪失事由については、「当然喪失事由」と「請求喪失事由」の

2つを定めている例が多い。

① **当然喪失事由**

期限の利益の当然喪失は、契約で定められた事由(当然喪失事由)が発生すれば当然に期限の利益が喪失するというものである。客観的かつ具体的に当然喪失事由が発生していれば、自行から取引先に対して期限の利益喪失の意思表示がなくとも、取引先が自行に対して負担するいっさいの債務について期限の利益を喪失し、取引先は直ちに債務の弁済を行わなければならない。

＜当然喪失事由の例＞

i 取引先が支払の停止または破産手続開始、民事再生手続開始、会社更生手続開始、特別清算開始もしくは外国倒産処理手続承認の申立があったとき

ii 取引先について、手形交換所の取引停止処分を受けたとき

iii 取引先または保証人の預金その他の自行の債権について仮差押え、保全差押えまたは差押えの命令、通知が発送されたとき

iv 取引先の責めに帰すべき事由によって取引先の所在が不明になったとき

② **請求喪失事由**

期限の利益の請求喪失は、契約で定められた事由(請求喪失事由)が発生すれば、自行から取引先に対して期限の利益を喪失させる旨の意思表示によって期限の利益が喪失するというものである。請求喪失事由が発生しただけでは、取引先の有する期限の利益は喪失しないという点が、当然喪失事由と異なる。

最近では、「反社会的勢力」の排除を目的に、取引先に対して、取引先が反社会的勢力(暴力団や暴力団員、暴力団関係企業等)ではないことを誓約させ、その後万が一、取引先が反社会的勢力であることが判明した場合には請求喪失事由とする特約も一般的となっている。

＜請求喪失事由の例＞

i 取引先が自行に対する債務の一部でも履行を遅滞したとき

ii 担保の目的物について差押え、または競売手続の開始があったとき

ⅲ　取引先が自行との取引約定に違反したとき
　　ⅳ　取引先の自行への報告または自行へ提出する書類に重大な虚偽の内容がある等の事由が生じたとき
　　ⅴ　保証人が当然喪失事由ないし請求喪失事由の1つにでも該当したとき
　　ⅵ　自行の債権保全を必要とする相当の事由が生じたとき

2　取引先の信用不安情報による期限の利益喪失

　取引先の信用不安情報に際しては、その情報の正確性を含め至急の確認を要するが、確認の結果、取引先の信用不安情報の正確性が認められた場合、自行債権の毀損を防ぐために、取引先の有するいっさいの債務の期限の利益を喪失させ、全額の弁済を請求し、そして回収につなげることが求められる。

　すでに取引先が期限の利益を有していない場合（すなわち、支払期限が到来済みまたは当然喪失事由が発生している場合）、または取引先が自ら期限の利益を放棄した場合には、直ちに弁済の請求ならびに弁済の受領が可能であるが、そうでない場合は、自行の意思表示により取引先の期限の利益を喪失させなければ（すなわち、期限の利益を請求喪失させる）、取引先に対し弁済の請求をし、弁済を受領することはできない。

　① **期限の利益の当然喪失**

　取引先の信用不安情報に際して、すでに当然喪失事由の発生により期限の利益が喪失している場合には、取引先に対し期限の利益喪失の意思表示（「期限の利益喪失通知」の出状等）も必要なく、直ちに弁済の請求ならびに弁済の受領が可能である。

　当然喪失事由発生の事実が客観的かつ具体的である限り、取引先との間で期限の利益喪失時期に関して特段の問題が生じることは少ないと思われるが、以下の点について留意が必要である。

　　イ　支払の停止があった場合

　支払の停止とは、取引先が支払不能に陥ったということを自らが明示的または黙示的に表示することをいう。具体的には、弁済を停止する旨の通

知を債権者に送付したり事務所に貼付する行為、不渡発生、いわゆる「夜逃げ」などが、支払の停止に該当する。

しかし、具体的に「いつ」取引先に支払の停止が発生したのかについて認定は難しい。よって、万が一の後日の立証のために、いつ、何をもって取引先の支払の停止を自行は認識したのかについて記録を作成し、保存しておくことが望ましい。

　ロ　預金等に差押等があった場合

取引先や保証人の預金等について差押等があった場合、その事実は取引先の信用不安情報に該当するとともに、期限の利益の当然喪失事由とされていることが多い。しかし、この事実をもって安易に、期限の利益の当然喪失を主張することは避けるべきである。

たとえば、預金等の差押等に至った紛争案件が軽微な事案で、取引先や保証人が自力かつ早期に当該紛争案件を解決して預金等の差押等が取消しないし解除された場合において、当然喪失事由に該当することをもって期限の利益喪失を主張することは、取引先との間で期限の利益喪失の可否をめぐり紛争を生じる可能性がある。期限の利益を喪失しても、その後、預金等の差押等が取消しないし解除された際に、期限の利益を「回復」させることは可能ではあるが、その場合でも、期限の利益を喪失したことに基づきすでになされた行為についてはその効力を妨げられない旨の特例を基本約定書等に定めていることが一般的であることから、差押等の取消しないし解除がなされる前にすでに回収した行為については、その効力は妨げられないことになる。取引先からは、期限の利益の「回復」のみならず回収の「回復」を求め、そもそも期限の利益喪失事由には該当していなかった、との主張がなされることが考えられる。このような場合には、取引先の信用不安情報の正確性が欠落しており、債権保全を必要とする相当の理由はないとして、期限の利益喪失が肯定されない可能性がある。

よって、後日の紛争を可能な限り排除するため、取引先や保証人の預金等について差押等があった場合には、差押等に至った経緯や今後の解決策等について当事者から十分な説明を受け、期限の利益喪失の可否につき慎重な判断を行うとともに、他の期限の利益喪失事由が発生していないかも

確認することが必要である。

　　ハ　取引先の所在が不明になった場合

　取引先の所在が不明になった場合、その事実は取引先の信用不安情報に該当するとともに、期限の利益の当然喪失事由とされていることが多い。しかし、この事実をもって安易に、期限の利益の当然喪失を主張することは避けるべきである。

　取引先の所在が不明になった場合、それは確信的・背信的な所在不明のケースが多いであろうが、単に何らかの事情で所在不明となっているケースも想定される。また、自行に対する債務について一部でも遅延の事実がない場合、支払期日において入金の見込みがまったくないと断言することはできない。万が一、後日になって取引先の所在が明らかとなった場合に、取引先との間で期限の利益喪失の可否をめぐり紛争を生じる可能性がある。

　よって、後日の紛争を可能な限り回避するため、取引先の所在が不明になった場合には、期限の利益喪失の可否につき慎重な判断を行うとともに、他の期限の利益喪失事由が発生していないかも確認することが必要である。

　② **期限の利益の請求喪失**

　取引先の信用不安情報に際して、請求喪失事由により期限の利益を喪失させる場合、請求喪失事由発生の事実に加えて、自行の取引先に対する意思表示請求が原因となることから、取引先に対し自行の意思表示（「期限の利益喪失通知」の出状等）を行うことが必要になる。自行の意思表示が取引先に到達しない限り、約定の支払期限よりも前に取引先に対して弁済を請求し、弁済を受領することはできないので、留意を要する。

　ここで特に問題となるのが、取引先の信用不安情報をもって、請求喪失事由の「債権保全を必要とする相当の事由が生じたとき」に該当するか否かである。取引先の信用不安情報が、債権保全を必要とする相当の事由であり、期限の利益を喪失させるに十分な事由であるかどうかについて、後日、取引先との間で争いとなる可能性がある。場合によっては、期限の利益喪失の効果を否認され、または恣意的な権利行使で権利濫用に該当する

と判断される可能性もある。

よって、可能であれば他の期限の利益喪失事由をもって期限の利益喪失を行うべきであり、やむを得ず「債権保全を必要とする相当の事由」をもって期限の利益を喪失させる場合は、取引先の信用不安情報については立証可能な情報であり、債権保全の必要性が十分認められる場合に限定するなど、慎重な判断を行う必要がある。

3　シンジケートローンにおける期限の利益喪失

シンジケートローンについては、契約の適用関係を明確にする目的で、参加金融機関が取引先との間で別途締結している基本契約書（銀行取引約定書等）の適用は排除すると定めるのが一般的であることから、期限の利益喪失事由はシンジケートローン契約に定められている。

よって、取引先の信用不安情報を入手した場合、まずは信用不安情報の正確性を至急確認することが必要であることは先述のとおりであるが（Q1参照）、同時にシンジケートローン契約の期限の利益喪失事由を確認することが必要である。

① エージェント

シンジケートローンのエージェントが、借入人について期限の利益の当然喪失事由に該当する信用不安情報を入手した場合は、至急その情報の正確性を確認するとともに、その情報の正確性が確認できた場合は、直ちにその旨ならびに期限の利益喪失の旨を、借入人ならびに参加金融機関に連絡する。

期限の利益の請求喪失事由に該当する信用不安情報を入手した場合、至急その情報の正確性を確認することは同様であるが、期限の利益を喪失させるためには、参加金融機関の意思結集（多数貸付人の同意）を条件とするシンジケートローン契約が一般的である。よって、個別のシンジケートローン契約の期限の利益の請求喪失手続の定めも併せて確認しておく必要がある。

シンジケートローンのエージェント口座に入金されている預金については、シンジケートローン契約において、参加金融機関との間でシェアリン

グ規定が定められているのが一般的である。よってエージェントとしては、シンジケートローン契約の定めを再度確認するとともに、シェアリング規定が適用されるならばすみやかにその準備を行う必要がある。

なお、シンジケートローンのエージェントが自行で他の融資取引を有している場合、自行の他の融資取引の回収行為がシンジケートローンとの関係では利益相反を生じる可能性があり、留意が必要である。

② **貸付人である場合**

シンジケートローンの貸付人が、借入人について期限の利益の当然喪失事由ないし請求喪失事由に該当する信用不安情報を入手した場合は、至急その情報の正確性を確認するとともに、その情報の正確性が確認できた場合は、直ちにその旨をエージェントに連絡する。

当然喪失事由発生の場合は、エージェントに対し、借入人ならびに参加金融機関に対して期限の利益喪失の連絡を行うよう要請することとなる。

請求喪失事由発生の場合は、個別のシンジケートローン契約の期限の利益の請求喪失手続の定めを確認する必要があるが、一般的には、エージェントに対して、期限の利益の喪失可否について参加金融機関の意思結集を行うよう要請し、多数貸付人の同意が得られれば、エージェントは期限の利益の喪失手続を行うこととなる。

なお、参加金融機関が有する借入人の預金をもって、当該参加金融機関が有する借入人へのシンジケートローンとの相殺を行う場合、その他参加金融機関との間でプロラタシェアリングの約定があるシンジケートローン契約も存在するため、シンジケートローン契約の定めを確認しておく必要がある。

4 為替予約取引の解除

為替予約取引は、取引先と銀行との間で銀行取引約定書を徴求した後に、外国為替予約取引約定書を徴求する。為替予約取引の解除事由は、銀行取引約定書に定められた期限の利益喪失事由を適用していることが多い。

当然喪失事由発生の場合は、その事実を認識した後、可及的すみやかに

為替予約取引の解除手続を行う。具体的には、金融機関独自の判断に基づいて反対取引を行って為替予約取引を清算し、これによって発生した損害金（解約清算金ともいう）を取引先に請求することとなる。

請求喪失事由発生の場合は、その事実を認識した後、可及的すみやかに為替予約取引の解除手続を行うか否かの判断を行い、解除手続を行うとの判断に至った場合には、直ちに通知によって解除手続を行うこととなる。

当然喪失事由発生あるいは請求喪失事由発生いずれの場合でも、為替予約取引の実際の解除手続をいつ行うかという問題がある。

貸出取引であれば、当然喪失事由発生の場合は、当該事実の発生日をもって当然に期限の利益が喪失し、請求喪失事由発生の場合は、喪失通知を内容証明郵便で取引先宛て送付し、その通知が届いた日をもって期限の利益を喪失させる。しかし、為替予約取引は解除時点のマーケットレートによって損害金が変動する。よって、当然喪失事由発生時点のマーケットレート、または通知を内容証明郵便で取引先宛て送付し、その通知が届いた日時のマーケットレートを用いて為替予約取引を解除できればよいが、実務的にはそうした対応は困難である。

当然喪失事由発生の場合は、当該事実を認識した後、すみやかに解除手続を行うが、その時点のマーケットレートを用いることとなる。

請求喪失事由発生の場合は、取引先に対し電話にて解除の意思を表示した後直ちに解除手続を行い、その後解除通知をFAXおよび内容証明郵便で取引先に送付するという方法をとっている例もある。

しかし、いずれの場合も、各行の内規の確認や関連本部と協議のうえ、対応することが必要であろう。また、解除手続の際に使用したマーケットレートについては、後日の立証のために記録しておくことが望ましい。

5　通貨オプション取引の解除

通貨オプション取引（為替オプション取引）は、取引先と銀行との間で銀行取引約定書を徴求した後に、外国為替予約取引約定書ならびに外国為替選択権取引約定書を徴求する。通貨オプション取引の解除事由は、銀行取引約定書に定められた期限の利益喪失事由を適用していることが多いこ

と、取引解除にあたっての問題点等は上述4の為替予約取引の解除を参照されたい。

6　新規貸出案件の再検討

　取引先（見込先）に対し、新規貸出案件を検討している際に、取引先（見込先）に関する信用不安情報を入手した場合は、信用不安情報の正確性を確認するため、一旦、その検討を止めるべきである。

　信用不安情報の正確性を確認できた、ないしは正確性について十分確認できないときは、新規貸出案件について謝絶するべきである。そのような取引先（見込先）に対して取引を拡大することは、与信管理上、また自行の資産内容の維持・向上を図る観点からも、許容されないからである。

　また、信用不安情報の虚偽が確認された、ないしはその原因が解消されたことが確認された場合には、再度検討を開始することも可能であるが、以前にも増して、取引先（見込先）のクレジット分析を行うとともに、担保や保証の徴求など、安易に信用残高を増加させないよう交渉は行うべきである。

7　保全強化

　取引先の信用不安情報に際し、現存する貸出取引等の担保・保証について改めて確認を行うべきであることは、上述したとおりである（Q1参照）。その結果、担保・保証によってカバーされない債権残高がある場合には、取引先と交渉のうえ、新たに担保を取得したり、新たな保証人を取得するなどして、将来の債権の毀損防止に努めなければならない。

　平常時より十分な担保・保証を取得しておくことが非常に重要であり、取引先の信用不安情報があるなかで、新たな担保・保証の取得は非常に困難な交渉となる。また後日、新たな担保・保証の取得について否認の対象となる可能性がある点にも留意が必要となる（Q55参照）。

　しかし、保全強化交渉が完全に不可能ということではないため、可及的すみやかに交渉を行うべきである。

8　預金取引

　取引先の信用不安情報に際し、取引先から預金払出の申し出があった場合、払出を拒絶するべきか否か。すなわち、預金払出の申し出を拒絶し、相殺をもって債権保全を図る相当の事由があるといえるかを、慎重に判断する必要がある。

　特に、普通預金等の要求払預金の払出要請については、迅速な判断が求められるとともに、払出を拒絶することで取引先の仕入決済や従業員への給与支払を止めることとなり、取引先を支払不能、破綻へ追い込むことになりかねない。また、この判断を誤り、不当に払出の拒絶をした場合は、取引先より債務不履行あるいは不法行為責任を追及される可能性がある。

　取引先の信用不安情報が期限の利益の当然喪失事由に該当する場合には、取引先からの預金払出の申し出に対しては拒絶し、相殺により債権の回収を図ることになる。

　取引先の信用不安情報が期限の利益の請求喪失事由に該当し、債権保全を図る必要性が認められる場合には、請求により期限の利益を喪失させた後でなければ、相殺による債権の回収を図ることはできず、この間、預金の払出を拒絶することとなる。しかし、預金の払出拒絶の状態で長期間放置するのは回避すべきであり、可及的すみやかに、請求により期限の利益を喪失させ、相殺により回収を図るべきである。

　取引先の信用不安情報が期限の利益の請求喪失事由に該当するか否かが判然としない、または請求喪失事由に該当はするが債権保全を必要とする相当の理由に該当するか否かが判然としない場合には、取引先からの預金払出の申し出を拒絶せず、払出に応じるべきである。

（佐立 史人）

Question 3 〔危機時期における預金の拘束〕

取引先の危機情報の入手後、当該取引先が預金の払戻しを求めてきた場合、金融機関としてはどのような対応が考えられますか。

Answer

金融機関としては、取引先に信用不安が発生したというだけでは預金を拘束することはできませんが、取引先が期限の利益を当然に喪失した場合や期限の利益の請求喪失事由に該当した場合には債権保全のために預金を拘束することができると解されます。ただし、預金の拘束は取引先の資金繰りに大きな影響を与えることから、取引先の実態把握につとめ、取引先に拘束する理由や必要性を丁寧に説明し、取引先の納得を得るように努めることが重要です。

解説

1　問題の所在

　取引先が信用不安に陥り、債権回収が困難となったときは、金融機関はあらかじめ差し入れられた銀行取引約定書などにより取引先に対する債権の期限の利益を喪失させたうえで、債権回収を行うことになる。その際、最も簡便で効果的な方法は取引先の預金との相殺である。破産手続開始申立や民事再生手続開始の申立など銀行取引約定書の当然の期限の利益喪失事由が突発的に発生することもあるが、多くの場合、取引先に信用不安が発生し、取引先から報告や資料などを徴してその経営状況の把握につとめ返済方法の交渉や担保差入交渉をするなかで、取引先に期限の利益の喪失事由が発生、その後、期限の利益を喪失し、最終的に相殺に至るという流れが一般的であると思われる。その場合、金融機関としては、相殺に至るまでの間、相殺の実効性を確保するために、相殺対象の預金を確保しておくことが必要であり、預金の払戻しをできないようにすることがある。これが、危機時期における預金の拘束である。

担保設定をしている預金については、金融機関は預金の払戻請求に応じる義務はない。また、定期預金の場合も、金融機関は定期預金の払戻期限が到来するまでは、期限の途中で解約に応じる義務や払戻請求に応じる義務はないとされる（東京地判平成20・6・27金融法務事情1861号59頁）。しかし、普通預金や当座預金などの要求払預金は、期限の定めがなく、預金者から払戻請求をされれば、金融機関は払戻しに応じる義務がある。危機時期において、要求払預金につき払戻請求を拒否できるとの定めは約款上もない。

とすれば、取引先の危機時期における預金の拘束はどのような法的根拠に基づくのか、あるいはどの時点から預金の払戻しを拒否できるのか、ということが問題となる。

2 判例・学説

(1) 従前の判例・学説

危機時期における預金の拘束につき、従前、金融機関は理論的な曖昧さを感じながら、取引先が信用不安に陥った場合、実務上はいずれかの時点で預金を拘束し、相殺につなげていたと思われる。

危機時期における預金拘束の適法性が問題となった裁判例としては、従前、以下の2つの先例が見られるが、その有効性につき活発に議論されるという状況にはなかった（わずかに、河上正二「拘束性預金とした金融機関の措置の適法性」金融法務事情1331号25頁がある）。

① 最高裁昭和57年11月4日判決（金融法務事情1021号75頁）

取引先に対する貸付金の回収が困難と判断される状況下で、金融機関が取引先の当座預金残高全額を別段預金に振り替え、呈示された小切手を支払わなかったことにつき、金融機関の措置は不当ではないとして債務不履行責任を否定した事例。

② 東京地裁平成3年2月18日判決（金融・商事判例877号25頁）

取引先が提供した担保が十分でなく、また約束した担保を提供しないで、預金を安易に運転資金に利用しようとしたという状況下で、金融機関が取引先の預金を拘束したことにつき、債務不履行および不法行為による

責任を否定した事例。

(2) **最近の判例・学説**

ところが、最近、次の裁判例があらわれ、伊藤眞教授の問題提起もあって、活発な議論が展開されている（伊藤眞「危機時期における預金拘束の適法性－近時の下級審判例を素材として－」金融法務事情1835号10頁、亀井洋一「期限の利益喪失前の預金拘束の適法性」銀行法務21・711号34頁、潮見佳男「普通預金の拘束と不法行為－損害賠償責任の判断構造－」金融法務事情1899号22頁、本多知成「預金の払戻拒絶措置の適否」金融法務事情1899号32頁ほか）。

③ 東京地裁平成19年3月19日判決（金融法務事情1819号40頁）

建築士によるマンションなどの耐震偽装問題が発覚し、貸付先（建築会社）が同耐震偽装に深く関与している疑いがあるとの報道がされたことから、金融機関が貸付先の事業継続は困難であり債権保全を必要とする相当の事由が生じたとして、普通預金口座および当座預金口座に「支払禁止コード」を設定して預金を拘束し、貸付先が振り出した小切手により拘束した預金を振り替えるなどして貸付金を回収した。その後、貸付先につき破産手続が開始されたが、破産管財人が、金融機関による期限の利益喪失および預金拘束が違法であり、そのために貸付先は破産手続開始申立を余儀なくされたとして、金融機関に対し不法行為に基づき損害賠償請求したが、否定された事例。

④ 東京高裁平成21年4月23日判決（金融法務事情1875号76頁、原審：東京地判平成20・8・1金融法務事情1875号81頁）

貸付先（かつ預金者）の大口かつ重要な取引先であって、事実上極めて密接な関係がある会社が再生手続開始の申立をしたため、貸付先が同社に対して有する債権の大部分が回収不能となる可能性が高くなり、そのために、貸付先が実質上の債務超過に陥り、今後の事業の継続が困難となったとして、金融機関が普通預金の払戻拒絶措置をとったことは、金融機関からの相殺による債権債務の決済の余地を残しつつ、具体的な事業計画等の提示や追加担保の提供等の期限の利益の請求喪失事由を解消する措置をとるための猶予期間を与えたということができ、その後追加担保の提供等が

なかったことから、期限の利益を喪失させ、貸付金と預金との相殺の措置がとられたとの経緯に照らすと、普通預金の拘束は合理的な措置であり違法ではないとして、取引先からの不法行為に基づく損害賠償請求を否定した事例。

3　問題状況

(1)　金融機関と取引先との利害対立

金融機関にとって、相殺は通知という簡便な方法により即時かつ確実に債権回収を図ることができる極めて有効な手段である。したがって、できる限り預金を確保しておきたいとの要望が強い。近い将来に相殺が予想される状況下で安易に預金の払戻しに応じることは、むしろ背任になる可能性さえあるとの認識がある。

他方、取引先にとっては、普通預金や当座預金などの要求払預金は、手形小切手や買掛金、従業員の給与その他の経費の支払などに利用され、日常の事業活動に欠かせない運転資金であるため、それが利用できないとなると直ちに企業としての存立にかかわる場合がある。

危機時期における要求払預金の払戻しについては、金融機関と取引先との間で鋭い利害対立状況が生じている。

(2)　金融円滑化法による影響

平成21年12月4日から施行された「中小企業等に対する金融の円滑化を図るための臨時措置に関する法律」（金融円滑化法）によれば、金融機関は、債務の弁済に支障が生じている、あるいは生じるおそれのある中小企業者から、その債務の弁済に係る負担の軽減の申込を受けた場合は、当該中小企業者の事業の改善または再生の可能性その他の状況を勘案しつつ、できる限り、当該貸付の条件の変更、旧債の借換えなど債務の弁済に係る負担の軽減に資する措置をとる努力義務が課されており、安易に預金拘束ができない状況となっている（川村英二「中小企業金融円滑化法と債権管理のあり方」銀行法務21・713号8頁）。

(3)　違法な預金拘束の効果

預金の払戻拒否は、金銭債務の履行遅滞であり、民法419条の解釈とし

て損害の範囲は、法定または約定利息に限定されるとするのが判例・通説である（最判昭和48・10・11金融・商事判例394号2頁）。しかし、最近は、利息超過損害の賠償を認めるべきであるとの議論も活発である（民法（債権関係）の改正に関する中間的な論点整理第3．6⑵「効果の特則：利息超過損害の賠償について」）。

　また、債務不履行責任に基づく損害賠償責任と不法行為に基づく損害賠償責任は請求権競合の関係にあり、違法な預金拘束については、不法行為が成立する可能性があると主張されている。上記③④の裁判例においても、原告は違法な預金拘束によって損害を被ったとして不法行為に基づき損害賠償請求を行っている。

　さらに、曖昧な根拠に基づく預金拘束は、コンプライアンス（法令遵守）上の問題を惹起することが指摘されている（伊藤・前掲11頁）。銀行法13条の3第4号では、銀行は、業務に関し、「顧客の保護に欠けるおそれがあるものとして内閣府令で定める行為」をしてはならないとされ、これを受けて銀行法施行規則14条の11の3第3号は「顧客に対し、銀行としての取引上の優越的地位を不当に利用して、取引の条件又は実施について不利益を与える行為」を禁止している。曖昧な根拠または違法な預金拘束は、銀行法13条の3第4号に違反する可能性がある。

　以上のように、預金拘束は、利息相当額の損害にとどまらず、利息超過損害の賠償にまで拡大される可能性があり、かつ、金融機関としては顧客保護が重視されるなかで顧客を軽視したコンプライアンス違反という批判を受けるおそれがあるため、預金拘束の可否は効果の面から考えても無視できない状況となっている。

4　具体的ケースでの検討

　金融機関が取引先に対する貸金と預金の相殺に至るまでには、以下の経過をたどることが多い。

　①取引先の信用不安、②期限の利益の請求喪失事由の発生、③期限の利益の喪失（請求喪失または当然喪失事由の発生）、④相殺の意思表示

(1) 期限の利益喪失後、相殺の意思表示がされていない段階

取引先が期限の利益の当然喪失事由に該当し、あるいは金融機関から期限の利益喪失請求を行い取引先が期限の利益を失ったが、金融機関が未だ相殺の意思表示をしていない場合、金融機関が預金を拘束しても違法とはいえないと考えられる。取引先が期限の利益を失っていることから相殺適状にあり、金融機関はその一方的意思表示によりいつでも相殺により預金を消滅させることができることから、預金の払戻し拒絶を違法とするまでの必要性はないと思われる(亀井・前掲38頁、不安の抗弁や信義則、公平の原則などから同様の結論を述べるものとして本多・前掲40頁、適法性に疑問を呈するものとして伊藤・前掲15頁)。

(2) 取引先に期限の利益の請求喪失事由が発生しているが、期限の利益喪失の請求がされていない段階

取引先に期限の利益の請求喪失事由が発生している場合、金融機関としては預金者から預金の払戻しを求められれば、期限の利益を喪失させると同時に、相殺の意思表示をすることが可能であり、金融機関がこれらの権利行使を留保して、預金を拘束したからといって違法とする理由はないと考えられる(亀井・前掲38頁、本多・前掲40頁)。

①ないし④の判例は、具体的状況は異なるものの、いずれも期限の利益喪失事由が発生し、喪失請求がされていない段階での預金拘束が問題となった事案であるが、当該預金拘束を違法とはしていない。

ただし、銀行取引約定書の期限の利益の請求喪失事由に該当した場合(たとえば「銀行に対する債務の一部でも履行を遅滞したとき」や「銀行との取引約定に違反したとき」)であっても、軽微な場合もあり、金融円滑化法や顧客保護の観点からみた場合、一律的、形式的に、期限の利益喪失させることが相当とは思われない場合もある。預金の拘束にあたっては取引先の実態把握につとめ実質的に債権保全の必要性があるかどうかの判断は欠かせないと考えられる。

(3) 取引先に信用不安が発生しているが、期限の利益喪失事由が発生していない段階

期限の利益喪失事由が発生していない場合には、たとえ取引先に信用不

安が発生していたとしても、金融機関としては自らの一方的行為によっては相殺を行うことはできない。そのような段階で、預金者からの払戻請求を拒絶する理由はなく、払戻しを拒絶することは違法であると考えられる。

5 金融機関の対応

　以上のとおり、金融機関としては、取引先に信用不安が発生しただけでは預金を拘束することはできないが、取引先が期限の利益を喪失した場合や期限の利益の請求喪失事由に該当した場合には債権保全のために預金を拘束することができると解される。ただし、実務においては、取引先が請求喪失事由に該当しているかどうかの判断が難しい場合がある。特に、請求喪失事由の1つである「債権保全を必要とする相当の事由が生じたとき」については微妙な判断を求められることが多く、取引先の実態把握につとめ、金融機関の恣意的な判断にならないようにしなければならない。また、事後のトラブルを防止するためには、預金の拘束に至る過程での取引先への説明も重要である。

　なお、当座預金については、預金の支払拒絶が手形小切手の不渡りを引き起こし倒産の引き金になる可能性が高いことや、当座勘定契約を解約により終了させたうえでないと相殺はできないとの考えもあることから、普通預金に比してより慎重な対応が求められる。

　定期預金については、金融機関は期限までは支払義務がないから、期限未到来を根拠にして払戻しを拒否することは原則的には違法ではないと解されるが、状況によっては優越的地位の濫用になる可能性があるとの指摘もあることに留意する必要がある（川西拓人・吉田桂公「貸付条件変更の申込みと預金拘束－金融検査指摘事例集を踏まえて－」金融法務事情1899号43頁）。

（井上 圭吾）

Question 4 〔取引先の再建とその手法〕

取引先の資金繰りが極度に悪化し、もはや金融支援の継続が困難となりましたが、メインバンクとしてはどのような支援方法が考えられますか。

Answer

メインバンクは、取引先の再建を支援しようとする場合、対外的な信用の維持、再生手続期間の短縮等の観点から、まずは、事業再生ADRや中小企業再生支援協議会等の活用を図りながら、私的整理の方法で企業再生を行わせることを検討しますが、債権者間の調整等が困難な場合には、民事再生手続や会社更生手続等の法的倒産手続を利用しながら企業再生・再建を図らせることが考えられます。

解説

1 はじめに

外的な経済環境の変化の影響を受けて業況が悪化、そして、取引先が債務超過等の状況に陥り、メインバンクも遺憾ながら金融支援の継続が困難となった状況において、取引先から相談があった場合には、まず、取引先の企業としての存続の可否を検討する。次に、その企業の有する技術力や営業基盤に相応の競争力が認められ、事業継続が可能であると見込まれる場合は、それぞれの企業の実態を踏まえ、取引先企業や従業員等との関係を極力維持できるように、企業再建の支援方法について検討することとなる。なお、企業としての存続は困難であっても、事業の一部は継続できる場合もある。

企業再建や事業継続の方法は、私的整理の方法と法的倒産手続を利用する方法とに大別できるが、以下それぞれの方法によって、企業の再建・再生を支援するための準備について説明する。

2 私的整理の方法を利用した企業再生

　メインバンクは、取引先企業の財務、損益はもちろん、様々な経営情報を知り得る立場にあり、企業再生の可能性を検討するに際しては、それらの情報を利用することになる。とりわけ、取引先企業が危機に瀕した際の取組姿勢は、一般にその後の営業の成果に大きく影響する。

　企業再生の方法の検討に際しては、a 対外的な信用の維持、b 債権額毀損の極小化、c 再生手続期間の短縮、d 裁判所への予納金等の追加資金不要等の利点があるため、まずは、私的整理の手法を用いた企業再生を検討することが多い。その場合のポイントは、以下のとおりである。

① 取引金融機関や大口仕入れ先等大口債権者が少数で、かつ、真摯に相談にのってもらえる先か

② 預金や売掛金等に差押えを行ったり、事業維持に必要な不動産等に設定している担保権を行使したりするような強硬な債権者がいないか

③ 手形をすでに振り出しており、その決済資金が、不要不急な資産処分代金や保険契約等の解約資金等で工面できるか

　以上のポイントに特段懸念がない場合は、メインバンクを中心に、貸付金の期限延長、金利の減免等による金融支援を行うとともに、経営責任を明確にすべく、減資や経営陣の交代等を実施する。

　ただし、メインバンクと他の取引金融機関、ないしは、大口仕入れ先等との調整が困難な場合は、2005年9月に私的整理に関するガイドライン研究会が発表した「私的整理のガイドライン」等を利用して、債権者間の調整を図る場合もある。

　また、万一、以上のようなポイントに懸念があるが、私的整理で再建を行った方が望ましいときは、主に企業の規模により、事業再生ADRや中小企業再生支援協議会と協調して、企業の再建・再生を図ることができる場合がある。

　なお、メインバンクとしては再建を応援したいが、私的整理のガイドラインを用いると、他の取引金融機関から応分の負担を求められるので、私的整理のガイドラインに従った一時停止の申し出を債務者と一緒にするこ

とはできないという場合も、当該ガイドラインに準じた私的整理をとらせる場合がある。

3　ADRの活用

(1) はじめに

私的整理に際して、私的自治によるだけでは利害関係人の調整が困難な場合、各種裁判外紛争解決機関（ADR）を利用することがある。

特定調停手続を行う簡易裁判所または地方裁判所もADRであり、株式会社整理回収機構もADRとして再生支援業務を行うこともあるが、ここでは事業再生ADRと中小企業再生支援協議会について概説することとする。

(2) 事業再生ADR

事業再生ADRについては、2007年施行の「裁判外紛争解決手続の利用の促進に関する法律」（以下、「ADR法」という）により、法務大臣の認証を受けた事業再生ADR事業者が、経済産業省令で定める基準に適合する方法で実施する事業再生の手法である。これは、2009年4月の㈱コスモスイニシア（JASDAQ）以降、アイフル㈱（東証1部）、日本インター㈱（東証1部）等比較的企業規模の大きい先に主に適用されている。

手順としては、手続開始後、債権者に対して債務の支払の一時停止の通知をした後、債権者会議を開催し、最初の債権者会議において、計画案等の概要の説明と弁護士や公認会計士などから手続実施者の選任を行う。手続実施者は、公正中立的な立場から事業再生計画案を調査して調査報告書を債権者会議に提出するとともに、中立の立場から債務調整を進め、債権者会議でメインバンクを含む債権者より事業再生計画案に対する同意を得ることができれば、私的整理は成立し、事業再生計画案に従ったリスケジュールや債務免除が行われ、計画は実行に移されることになる。

なお、事業再生ADRは私的整理の一種ではあるが、民事再生手続と同様に、債権者には債権放棄にかかわる損失の無税償却が認められ、債務者にも債務免除にかかわる免除益に税制上の優遇措置が認められている。

(3) 中小企業再生支援協議会

メインバンクが、中小企業再生支援協議会と協同して、企業再生を図る

場合がある。中小企業再生支援協議会とは、地域の中小企業の再生支援を目的に、産業活力再生特別措置法に基づき、経済産業省からの委託を受けて商工会議所・産業支援センター・産業振興センター等の機関内に設置されている公正中立な支援機関である。同協議会は、第三者的な立場で経営者とメインバンク等金融機関の間に立つ公的機関で、相談内容に応じて、再生計画の策定支援や、関係金融機関への支援要請や調整、再生計画策定完了後のフォローアップを行う。同協会と協同する利点としては、これらの役割に加えて、同協議会で策定した再生計画に基づいた債権放棄等による損失であれば、税務上損金算入が認められて、メインバンク等債権者は債権の無税償却ができることが挙げられる。

また、協議会が再生計画策定支援をした中小企業に対する民間金融機関の融資に関しては、貸出期間・適用金利・償還順位などの一定の条件を満たせば、資本的借入金に該当することとなった。このため、メインバンク等民間金融機関が既存の融資を資本的劣後ローンに転換することにより、過大な債務で苦しむ中小企業の財務体質を強化し、再生支援を図ることが可能となった。金融庁が「金融検査マニュアル」等を改訂し、この劣後ローン（協議会版『資本的借入金』）については、「十分な資本的性質が認められる借入金」として自己資本とみなすことができるとの見解を示したことにより、これを活用し、債務者区分上「破綻懸念先」のDDSを実施した場合は、債務者区分は「要注意先」（その他要注意先）にランクアップすることになるため、メインバンクも運転資金等の融資継続が対応可能となる。

4 法的倒産手続の方法を利用した企業再生

(1) はじめに

私的整理の方法で企業再生が困難とのことであれば、企業価値を毀損しないように、なるべく早期に、法的倒産手続を利用した企業再生を図ることを検討することになる。法的倒産手続としては、民事再生手続と会社更生手続とがあり、検討のポイントとしては、以下のとおりである。

① 技術力・営業基盤等を維持するうえで現経営陣の協力が不可欠であるか

② 企業再生までの時間的猶予がどの程度あるか
③ 事業継続上必要不可欠な資産に担保設定されていないか

(2) 民事再生手続

メインバンクは、企業価値を維持継続するうえで、現経営陣の存在が不可欠であると判断した場合は、経営陣を残留させたうえで、民事再生手続を通じて、相応の債務を削減することによって、財務体質の改善を図っていくことになる。また、有望な事業部門を切り出して、M&Aを行う場合にも、民事再生手続の中で事業譲渡や会社分割を行うことによって、詐害行為や否認の主張をされるリスクもなくなるため、早期事業再生が可能となる。

民事再生のスケジュールは、申立から1～2週間で開始決定が出て、申立後3か月（場合によっては延長可能）に再生計画案の提出期限が設定され、おおよそ申立から5～6か月で再生計画の認可決定がなされるのが一般的である。再生計画案の可決要件は、議決権を有する再生債権者について、議決権行使者の過半数の同意、かつ、議決権総額の2分の1以上の多数で承認されることになっている。私的整理の場合は、全員一致でないとなかなか再建が困難となる場合でも、民事再生手続においては、裁判所が関与することによって、債権者間の調整が図られ、大口債権者であるメインバンクの意向を相応に反映することが可能である。

特に、当該事業のスポンサーがあらかた決定している場合は、プレパッケージ型の民事再生手続を選択する場合もある。当該企業の事業に興味があっても、簿外債務や訴訟のリスクを遮断するため民事再生手続開始申立を行う場合である。その際、スポンサー企業選定にかかわるプロセス等については、メインバンクが主体的に関与することもあるが、他の債権者から選定手続に関して疑義をもたれないよう留意をする必要がある。

(3) 会社更生手続

また、企業再生を検討するうえで、他の主要債権者からも、経営責任の明確化や手続の透明性等について追及されている場合は、会社更生手続の選択を検討する必要がある。この手続は、経営権や財産処分・管理権は、裁判所から選任された管財人に移り、さらに更生計画案において、新経営

陣が選任されて、従来の経営者は地位を失うことになり、同計画案において定められた100％減資が行われる結果、従来の株主も地位を失うのが通例である。

さらに、事業継続上必要不可欠な資産に担保設定されているため、強硬な債権者が競売申立等の担保処分に動き、担保権を消滅させることが必要と認められる場合、会社更生手続では、担保権者は、担保権評価相当額の返済を受ける代わりに担保権の行使ができなくなる。

会社更生手続開始決定の後、1人または数人の管財人が裁判所から選任され、管財人は、旧経営陣から経営権や財産の処分・管理権の移譲を受け、更生会社の事業を継続しつつ、会社更生法上の手続を進める。

そして、今後の事業計画・弁済計画を骨子とした更生計画案を作成して裁判所に提出する。この更生計画案について決議のための関係人集会で権利の種類ごとになされる決議で承認され、裁判所がこれを認可決定すれば、更生計画として発効することになるが、更生計画の決議は、更生債権者の組では議決権総額の2分の1超、更生担保権者の組では議決権総額の3分の2以上の多数で承認される。会社更生のスケジュールは、申立をしてから開始決定後、更生計画案の提出を経て、更生計画の認可決定がなされるまで、おおよそ1～2年かかるのが一般的である。

会社更生手続は、民事再生手続に比して、担保権者も手続の中に入り、裁判所が債権者間の権利調整に関与してくるため、会社再建もより確実となるが、その分所要日数が多くなり、債権カット率も高くなるため、メインバンク等金融機関にとっては大変辛い選択肢となることが多い。

近時、このような会社更生手続の弱点を克服するためとして、新しいタイプの会社更生手続が採用されるようになってきた。それは、DIP（Debtor in Possession）型会社更生と呼ばれ、破綻企業の経営陣が退陣せず、そのまま管財人に就任し、更生計画などに関与する会社更生手続のことである。しかし、DIP型会社更生は、管財人となった従前からの経営者と債権者との利益相反が起きやすいというデメリットもあるため、この手続を利用するにあたっては、以下の要件を満たす必要がある。

① 主要債権者の同意があること

② 現経営陣に不法行為等の違法な経営責任がないこと
③ スポンサーとなるべき者がいる場合にはその了承があること
④ 現経営陣の経営関与によって会社更生手続の適正な遂行が損なわれるような事情が認められないこと

　メインバンクは、金融機関として、債権回収額の極大化に向け、対面交渉、担保処分等を検討するが、他方で、公正性・衡平性も意識して行動せざるを得ない。そのため、法的手続は、後者を確保するうえで大変メリットが大きいが、DIP型における債権者の利害との対立のおそれと、管理型における従来からの顧客基盤、技術力等の維持が困難となることがあるという短所も勘案しつつ、メインバンクは、企業価値の現状と今後の推移予想を踏まえつつ、債権回収額極大化と関係者間調整の両立を求めて、最適な再建・再生策を検討していくことになる。

5　メインバンクが再生支援をするために必要な準備

　企業が再生していくためには、適切な判断を下すことのできる経営陣と経営資源が必要である。経営資源とは、いわゆる「ヒト」、「モノ」、「カネ」、そして「情報」等の無形資産の総称であるが、当然経済的に困窮を極めるような企業には、そのいずれもが不足しているのが実態である。

　従前は、メインバンクが金融支援を行い、企業維持に必要な「ヒト」、「モノ」を確保するとともに、経営陣を派遣して、企業の再建を図ってきた。

　近時は、企業も国際間での競争が激しくなり、技術革新のスピードも速いため、金融機関の職員だけでは対処するのが大変困難になってきた。また、政府や外資系金融機関、ファンド等が企業再生に注力するようになったため、企業再生に携わる人材の層も厚くなっている。そこで、メインバンクは、企業再生の専門家として、経験豊富な弁護士、公認会計士、中小企業診断士等をコンサルタントとして企業再生の再建計画の策定に関与させたり、過去に企業再建を果たした企業の経営者を招聘して直接経営にあたらせたりすることもある。

　また、法的破綻手続になると、追加資金の融資が困難であったが、回収

確実な売掛金債権、ならびに、在庫処分代金見合いで、事業継続に必要な仕入資金、賃金等の運転資金をDIPファイナンスとして提供することが可能となっている。法的手続においては、裁判所の許可あるいは監督委員の同意が得られれば、共益債権と認められるので安全度が以前よりも高くなった。

　さらに、企業再生を安定化させるためには、再生支援事業者たるスポンサーを紹介することが必要である。これは、当該企業の顧客基盤、ブランド、技術力を評価して、一定のシナジーを見出すことのできる事業会社か、一定の経営改革を行えば企業価値を相応に高めることができ、いずれ株式等を売却し、資金回収可能と評価するファンド等が考えられる。

　このように、近時は、メインバンクの内部情報に、外部の人的、資金的ネットワークを駆使して、企業再生に最適なプランを提供できるようにすることも必要となってきている。

（四宮　章夫）

1 再生手続申立における対応

Question 5 〔中小企業再生支援協議会の利用〕

1　中小企業再生支援協議会（以下、単に「協議会」という）を利用するメリットと協議会における手続の進行について説明してください。

2　協議会手続で事業再生の手法として用いられる第二会社方式とはどのような手法なのでしょうか。

3　金融機関として、協議会の利用申立をしている取引先（債務者）の再生は不能であると判断する場合、どのように対応すべきでしょうか。また、支援協議会の手続が再生計画の立案に至らずに頓挫した場合、金融機関としてどのように対応すべきでしょうか。

Answer

1　協議会の利用申立については、そのことが直ちにいわゆる失期事由に該当するものではないことに留意すべきです。協議会の手続は、①窮境状態にある中小企業者から相談を受け付けて第2次対応に移行するか否かを判断する手続である窓口相談（第1次対応）、②協議会が相談企業に対して再生計画の策定を支援する手続である再生計画策定支援（第2次対応）、さらに③第2次対応で成立した再生計画の実施状況等について追跡確認する手続であるモニタリングという3段階で構成されており、この順で進行します。

2　第二会社方式とは、債務者企業の健全な事業を会社分割または事業譲渡によって別会社（第二会社）に譲渡して存続・再生させ、債務者企業については特別清算手続または破産手続によって過剰債務を処理して清算するという事業再生スキームです。協議会の手続でも、債権放棄等を内容とする金融支援が求められる場合にしばしば用いられます。

3　金融機関として債務者企業の事業再生は不可能であると考える場合には、協議会や債務者企業に対して、また、債権者会議の場などでも、その旨を明確に表明する一方、協議会、債務者あ

> るいは他の金融機関の意見や判断についても十分に確認・検討するなどして、自らの判断に見直すべき点がないか再検討することも必要です。協議会の手続が再生計画案の策定に至らずにとん挫した場合は、金融機関としては、特段の事情がない限り、自己の債権の保全および回収を図るべく、期限の利益を喪失させるための通知、預金の相殺、担保権の実行といった手続を進めるべきものと考えられます。

解説

1 協議会利用のメリットと手続の進行

(1) 協議会の利用申立が有する法的意義

　協議会は、中小企業に対する再生計画策定支援等の再生支援事業を実施するため、経済産業大臣から認定を受けた商工会議所等（以下、「認定支援機関」という）に設置される組織で（産業活力の再生及び産業活動の革新に関する特別措置法（以下、「産活法」という）41条・42条）、各地域の商工会議所、商工会連合会、地域金融機関等の代表が委員となって地域の実情に応じた業務実施の方針等を定める会議体である（各都道府県に1か所ずつ合計47か所に設置されている）。もっとも、実際に中小企業の個別の相談を受けたり、再生計画策定支援を行ったりするのは、認定支援機関における支援業務部門であることから、一般的にはこの支援業務部門を「再生支援協議会」と呼んでいる。

　協議会の利用申立の主体は中小企業者に限定されており、上場企業等の大企業や医療法人、学校法人は申立主体になることができない（「中小企業者」の定義について、産活法2条19項および同法施行令2条）。

　協議会の利用申立は、窮境状態にある中小企業者がなすものではあるが、当該申立は民事再生手続や会社更生手続といった法的倒産手続の申立に該当するものでないことはもちろん、直ちに、法的倒産手続の手続開始原因とされている「支払不能」や「支払停止」に該当するものでもない。また、協議会の再生支援手続の性質に鑑みれば、その利用申立は、銀行取引約定書等におけるいわゆる「期限の利益喪失事由」（失期事由）との関係

でも、その規定の仕方如何にかかわらず、直ちに失期事由に該当するものではないと考えるべきである。

(2) 手続の進行

協議会の手続は大きく、①窮境状態にある中小企業者（相談企業）からの相談を受け付ける窓口相談（第1次対応）、②要件を満たす相談企業について再生計画の策定を支援する再生計画策定支援（第2次対応）、③再生計画策定支援によって再生計画が成立した相談企業に対するモニタリングという3つの段階に分けられるが、これら手続の内容は、「中小企業再生支援協議会事業実施基本要領」（以下、「基本要領」という）に規定されている。

① 第1次対応

「窓口相談」すなわち第1次対応（基本要領5）では、協議会の常駐専門家である統括責任者（プロジェクトマネージャー）または統括責任者補佐（サブマネージャー）が、窮境状態にある中小企業者から広く相談を受け付け、相談企業から提出を受ける資料（直近3期分の税務申告書など）やヒアリングによって相談企業の経営・財務の状況などを把握して、再生計画策定支援すなわち第2次対応に移行するか否かを判断する。

もっとも、常駐専門家は、第1次対応において、単に第2次対応に移行するか否かを判断するにとどまらず、経営上の課題に関するアドバイスを行い、さらに、直ちには事業収益性が認められない場合に中小企業診断士等の専門家を活用して事業面の支援を行うことで収益性を改善させたうえで第2次対応に移行することもある（協議会では、右のような支援対応を1.5次対応と呼称している。基本要領6(2)③参照）。

② 第2次対応

再生計画策定支援すなわち第2次対応（基本要領6）は、協議会における再生支援手続の中核ともいうべきものである。

しかし、相談企業のすべてが第2次対応の対象となるものではない。相談企業が第2次対応の対象となるには、相談企業について、ⅰ）過剰債務、過剰設備等により財務内容の悪化、生産性の低下等が生じ、経営に支障が生じている、もしくは生じる懸念があること、ⅱ）再生の対象となる事業に収益性や将来性があるなど事業価値があり、関係者の支援により再

生の可能性があることが必要である（基本要領6⑴）。さらに、債権放棄等の要請を含む再生計画の策定を支援する場合には、相談企業について、ⅲ）過剰債務を主因として経営困難な状況に陥っており、自力による再生が困難であること、ⅳ）法的整理を申し立てることにより相談企業の信用力が低下し、事業価値が著しく毀損するなど、再生に支障が生じるおそれがあること、ⅴ）法的整理の手続によるよりも多い回収を得られる見込みがあることなど、対象債権者にとっても経済合理性があることが求められる（「中小企業再生支援協議会の支援による再生計画の策定手順（再生計画検討委員会が再生計画案の調査・報告を行う場合）」（以下、「策定手順」という）1項参照）。

　相談企業についてこれらの要件が認められる場合、統括責任者または統括責任者補佐から主要債権者に対して再生計画策定支援を行うことの意向確認が行われる。主要債権者として相談企業の事業再生を検討することについて否定的でないことが確認されると（基本要領QA・Q18）、再生計画策定支援の開始が決定される。

　再生計画策定支援が開始された場合、ⅰ）常駐専門家である統括責任者・統括責任者補佐のほか弁護士、公認会計士、税理士、中小企業診断士等の外部専門家によって構成される個別支援チームの編成（基本要領6⑶）⇒ⅱ）個別支援チームのメンバーである公認会計士等による財務デューデリジェンス（DD）および中小企業診断士等による事業DDの実施（基本要領6⑷）⇒ⅲ）債務者企業が個別支援チームの支援を受けながら再生計画案を作成（基本要領6⑷・⑸）⇒ⅳ）再生計画案の内容の相当性および実行可能性について、個別支援チームの統括責任者（債権放棄等を含む金融支援を要請する場合には、個別支援チームの弁護士）による調査、報告書の作成と対象債権者に対する報告書の提出（基本要領6⑹）⇒ⅴ）再生計画案の説明等のための債権者会議の開催（基本要領6⑺）⇒ⅵ）再生計画案に対する対象債権者全員からの文書等による同意の確認（基本要領6⑺・⑻）というのが主な手続の流れである。ⅰ）からⅴ）の手続を経て、ⅵ）で対象債権者の全員から同意が得られれば、再生計画は成立し、再生計画策定支援手続は完了する。他方、ⅰ）からⅴ）の途中で手続が頓挫したり、ⅵ）

で全員の同意を得ることができなければ、再生計画は不成立となり、再生計画策定支援手続は終了する（基本要領6⑼）。金融機関等に対する元本等の返済の停止や猶予などの要請（これを再生支援協議会では「返済猶予等の要請」と呼称している。基本要領ＱＡ・Q21）が必要的とされていないことや、財務DD・事業DDは手続開始後に実施されるのが一般的であることは、私的整理ガイドラインや事業再生ADRにおける手続と異なるところである。

③　モニタリング

再生計画が成立すると、概ね3事業年度を目途として、協議会は、主要金融機関と連携して、債務者企業における事業計画の達成状況と再生計画の実施状況について、適時適切にモニタリングを行う（基本要領8）。

④　スケジュール

協議会における再生支援手続の主な流れは以上のとおりであるが、そのスケジュールを画するルールは定められておらず、案件に応じて柔軟な運用がなされている。一般的には、第2次対応において再生計画案を作成するまでに通常3～6か月程度、その後、再生計画案に関する合意形成のために2～3か月程度（つまり、第2次対応開始から手続完了まで5～9か月程度）の期間を要することが多いようである。

2　第二会社方式について

協議会の手続において、債権放棄等を内容とする金融支援が求められる場合、債権放棄のためのスキームとして、いわゆる「第二会社方式」が採用されるケースが少なくない。「第二会社方式」とは、債務者企業の健全な事業を会社分割または事業譲渡によって別会社（第二会社）に譲渡して存続・再生させ、債務者企業については特別清算手続または破産手続を申し立てて当該倒産手続の中で債権者から債権放棄を得るという方式である。

協議会が策定を支援する再生計画案は、その内容において、ⅰ）債務者企業の自助努力が十分に反映されたものであること、ⅱ）数値基準を満たしていること、ⅲ）権利関係の調整について債権者間で衡平性が保たれていることが必要であり、さらに、ⅳ）債権放棄等を要請する場合は、破産

手続による債権の回収見込額よりも多くの回収を得られる見込みがあることが求められる（基本要領6⑸①、策定手順6項⑴）。そして、ⅱ）の数値基準については、イ）実質債務超過の場合、3〜5年以内をめどに実質債務超過を解消すること、ロ）経常損失の場合は概ね3年以内をめどに黒字に転換すること、ハ）再生計画の終了年度（原則として実質債務超過を解消する年度）における有利子負債の対キャッシュフロー比率が概ね10倍以下であることとされている（基本要領6⑸②以下、策定手順6項⑵以下）。そこで、ハ）のキャッシュフロー比率が10倍を超えるようなケースでは、超過している債務（過剰債務）について債権放棄を求めることが考えられる。

　しかし、たとえば、債務者企業が直接に債権放棄を受けると債務免除益によって多額の課税が発生してしまうケースでは対象債権者である金融機関等から債権放棄を受けることは困難であり、そうでなくても、金融機関によっては債務者企業に対して直接の債権放棄をすること自体について抵抗感が強い場合もある。

　そこで、これらの問題をクリアしつつ、債権放棄を内容とする金融支援を受け得るスキームとして、第二会社方式が用いられている。

　しかし、近時、特に会社分割を用いた濫用的な第二会社方式が問題になっている。特に債権者保護について簡素な手続によって事業承継を可能とする会社分割の手続を悪用・濫用して、不当に債務の免脱を図るケースが少なからず問題となり、詐害行為取消権によって債権者保護を図る裁判例も出ているところである（東京高判平成22・10・27金融・商事判例1355号42頁など）。

　協議会が関与する手続に関しては、特に債権放棄等を内容とする金融支援を求めるケースでは、ⅰ）個別支援チームに法律専門家である弁護士を含めなければならないこと、ⅱ）再生計画案の内容の相当性および実行可能性に関する調査・報告書の作成は、個別支援チームの弁護士が行うものとされていることなど、再生計画案の内容の相当性を厳格にチェックするシステムがとられていることから、濫用的な第二会社方式に基づく再生計画案が策定される可能性は高くはない。とはいえ、対象債権者たる金融機

関等としては、第二会社方式のメリット・デメリットを十分に理解したうえで、手続に臨むことが求められるところであろう。

なお、第二会社方式については、上記の問題とは別に、権利関係の移転、登記手続、許認可の再取得などの課題があるが、この点、「中小企業承継事業再生計画」について一定の基準を満たす場合には当該計画について主務大臣の認定を受けることができるものとし、この認定を受けた計画に基づく事業の承継について、一定の支援措置を享受できる制度が創設されている（産活法39条の2以下）。もっとも、この制度は、協議会の再生支援手続とは別個の手続であることに留意しなければならない。

3 再生不能と判断した場合、再生計画案の策定に至らなかった場合の金融機関の対応

(1) 金融機関が再生不能と判断した場合にとるべき対応

すでに述べたとおり、協議会は、窮境状態にある中小企業者から相談を受け（第1次対応）、相談企業について第2次対応の要件が認められると判断した場合、主要債権者に対して再生計画策定支援を行うことの意向確認を行う。この段階で主要債権者たる金融機関が債務者企業の事業再生は不可能であると考える場合、金融機関としてはその旨を協議会に対して明確に表明するとともに（意向確認においては、主要債権者が債務者企業の事業再生を検討することについて否定的でないことが確認されるだけであるので（基本要領QA・Q18）、金融機関として否定的な態度を明確に表明しないと、再生計画策定支援の開始が決定されることとなる）、協議会として第2次対応の要件が満たされると考える根拠等について十分に協議することが必要であろう。

第2次対応に進んだ後、対象債権者たる金融機関として、債務者企業の事業再生は不可能であると考える場合、再生計画案の説明等のための債権者会議（基本要領6(7)）の場はもちろんのこと、これに限らず、適宜、個別支援チームや債務者企業と協議を行って自らの判断を伝えるとともに、個別支援チームや債務者企業の各意見も十分に聴取・検討したうえで、自らの判断に見直すべき点はないかを吟味すべきであろう。

再生計画案に対する同意の確認手続の段階においても、対象債権者たる金融機関として、債務者企業の事業再生は不可能であると考える場合には、再生計画案には同意できない旨を表明せざるを得ない。

(2) **再生計画案の策定に至らず協議会手続が挫折した場合に金融機関がとるべき対応**

債務者企業が、再生計画案の策定に至らず協議会の手続がとん挫した場合には、債務者企業について、失期事由に該当する事実の認められることが一般的であると思われる。この場合、債権者たる金融機関としては、特段の事情がない限り、自己の債権の保全および回収を図るべく、期限の利益を喪失させるための通知、預金の相殺、担保権の実行等を進めるべきものと考えられる。

(軸丸 欣哉)

Question 6 〔私的整理段階におけるDIPファイナンス〕

私的整理段階におけるファイナンス、いわゆるプレDIPファイナンスの実行に際しては、どのような点に配慮すべきですか。

Answer

私的整理段階におけるプレDIPファイナンスについては、倒産手続開始後のDIPファイナンスと異なり、当該融資先が、法的倒産手続に移行した場合の債権保全、否認リスク等を想定し、実行の可否やその方法、担保の徴求を検討する必要があります。

解説

1 DIPファイナンスとは

DIPファイナンスとは、もともとは、米国において、米国の再建型倒産手続（チャプター・イレブン）が定める手続開始後の債務者（DIP＝Debtor In Possession）に対する融資を指す用語として用いられたものであったが、日本においては、一般に、DIP型か管理型か否かを問わず、およそ民事再生・会社更生等の法的倒産手続の申立をした企業に対する融資を総称するものとして用いられ、さらに広義では、いわゆる私的整理を行っている企業に対する融資を含めていわゆるDIPファイナンスと総称されることが多い。

いわゆるDIPファイナンスを取り組む主体としては、当該企業の従前のメインバンクである金融機関あるいはスポンサーが当該企業を支援する目的で取り組むケースと、ノンバンクを含めた金融機関がビジネスとして取り組むケースとがあり、昨今では後者のケースも一般化しつつある。

しかし、いわゆる法的倒産手続が申立された後の企業に対する融資と、私的整理段階での企業に対する融資（いわゆるプレDIPファイナンス）では、その法的性格は明らかに異なるものであり、とりわけ私的整理段階での企業に対する融資については、その保全面において、十分な留意が必要となる。

2　プレDIPファイナンスの法的取扱い

　まず、法的倒産手続開始後に融資が実行された場合には、その債権は、原則として当然に共益債権等として取り扱われ、再生債権等と区別されて、随時弁済を受けることができる。ただし、たとえば、民事再生手続では、監督命令により資金の借入が監督委員の同意事項とされていることが一般的であり、また、会社更生手続では、裁判所の許可事項とされていることが多いことから、監督委員の同意ないし裁判所の許可を得なければならないことに留意を要する。

　一方、法的倒産手続を申立した後、手続開始までの間に、融資が実行された場合、その融資は、手続開始前の原因に基づいて生じた財産上の請求権であるから、本来は、「再生債権」あるいは「更生債権」であり（法84条、会社更生法2条8項）、再生計画あるいは更生計画の定めるところによらなければ弁済を受けることができず、かつ、同計画により権利の変更がなされることになり、そうなると大きく減免を受ける可能性が高い。しかし、一定の手続（裁判所の許可や監督委員の承認）によって、共益債権とすることができるとされており、これにより、再生債権、更生債権に先立って随時弁済を受けることができる債権となり、債権者としての保全を図ることができる。したがって、一般的に申立後開始決定前に、DIPファイナンスが実行される場合には、共益債権化の処理がなされることになる（Q21参照）。

　このように、法的倒産手続中の企業に対するDIPファイナンスは、与信判断の問題はともかくとして、法的性格としては共益債権等として取り扱われることとなる。

　これに対し、私的整理中の企業に対するいわゆるプレDIPファイナンスの場合、法的には、あくまでも倒産手続開始決定前の一般債権としての取扱いとなることから、仮に、私的整理手続がとん挫し、民事再生手続等の法的倒産手続に移行した場合には、他の債権（金融機関からの貸付金債権や取引先からの商取引上の債権）と同様、再生債権等としての取扱いを受けるのが原則である。

よって、プレDIPファイナンスとして実行された融資については、法的手続に移行する前の段階、少なくとも、法的手続申立前の私的整理の段階で回収をなすのがあくまで原則であることに留意を要する。

もっとも、仮に、債務者が、DIPファイナンスを受けていた金融機関等に事前の相談なく、その弁済をなさないうちに法的手続を申し立てした場合には、形式的に、開始決定前の原因に基づく債権として、他の再生（更生）債権と同様に取り扱われることになると、プレDIPファイナンスを実行しようとする金融機関に対し、萎縮的効果をおよぼすこととなり、私的整理手続中における債務者の資金調達手段が大きく阻害されることとなる。

そこで、私的整理がとん挫し、法的倒産手続に移行した場合の私的整理中の企業に対するプレDIPファイナンスの法的取扱いが問題となる。

3　各種私的整理手続におけるプレDIPファイナンスの取扱い

(1)　私的整理ガイドラインにおける取扱い

私的整理ガイドラインにおいては、その規定する手続における第1回債権者会議において、一時停止期間中の運転資金について、追加融資を行うことに関する承認の決議がなされると、この融資は債権者の共同の利益に資する共益的なものであるから、対象債権者が有している既存の債権に優先して随時弁済することができるとされる。

しかし、あくまでも、私的な合意に基づく優先的効力であることから、私的整理がとん挫し、法的手続が開始されると、このような合意による優先的な効力が失われるのが原則である。

(2)　事業再生ADR

事業再生ADRとは、民間の事業再生に関する専門的知識および実務経験を有するものが、私的整理に中立的立場で関与することにより、適正、公平で迅速な事業再生を実現することを目的とした裁判外紛争解決制度（ADR）であるが、この事業再生ADR手続については、資金の貸付に関する債権者会議における債権者の全員一致の承認と、手続実施者の確認を条件として、後日、私的整理がとん挫し、法的倒産手続が開始された場合

の、再生計画あるいは更生計画において、当該債権を他の債権よりも有利に扱うことができることとされている。もっとも、その方法としては、当然に共益債権になるとされるものではなく、再生債権、更生債権としたうえで、権利変更を定める再生計画、更生計画において、他の再生債権等と差を設けても衡平を害しない場合に該当するかどうかを裁判所が判断するものとされている（産業活力の再生及び産業活動の革新に関する特別措置法52条・53条・54条）。

したがって、債務者である企業が、私的整理手続段階におけるプレDIPファイナンスを優先し弁済する再生計画案等を提出し、これが可決、認可されることが必要となる。

(3) 企業再生支援機構

株式会社企業再生支援機構法（以下、「支援機構法」という）に基づく支援手続において、支援機構ないし金融機関等による「つなぎ融資」については、事業の継続に不可欠と認められるものについては、その後に民事再生手続、会社更生手続が開始されても、資金の貸付に関する機構の確認を条件として、再生計画、更生計画において、当該債権を他の債権よりも有利に取り扱う差等を設けても衡平を害しないとすることができるとされている（支援機構法35条・36条・37条）。

よって、この場合も、上記事業再生ADRと同様の取扱いがなされる必要がある。

4 法的倒産手続内での取扱い

私的整理手続から法的倒産手続に移行した場合、プレDIPファイナンスとして実行された融資については、原則としては、法的倒産手続開始前の債権として、再生（更生）債権となるのが原則である。

しかし、法的倒産手続においても、プレDIPファイナンスの実質面を考慮し、共益債権化する試みがなされるケースがある。

(1) 少額債権としての保護

民事再生手続および会社更生手続においては、少額の再生債権を早期に弁済しなければ事業の継続に著しい支障を来す場合については、裁判所の

許可によりその少額債権の弁済をすることができるとされている。そのうえで、少額か否かについては、絶対額ではなく、企業の規模、負債総額、資金繰りの状況を考慮したうえで相対的に考えることができると解されている（法85条5項、会社更生法47条1項）。

よって、私的整理中の企業に対するプレDIPファイナンスについても、「少額」の柔軟な解釈により、裁判所の許可により弁済をなす運用も考えられる。もっとも、プレDIPファイナンスの金額が、当該企業の規模に比して、相応に大きい場合には、その解釈にもおのずと限界があるものと思料される。

(2) 和解による解決

裁判所の許可をもって、和解により、私的整理中の企業に対するプレDIPファイナンスに対する弁済を受けることができるとする立場がある（法41条6号、会社更生法72条2項6号）。これは、当該融資が実行された際の状況や、当該資金の使途や今後の融資の継続など事業継続のうえで有益であること、他の大口債権者の意向なども考慮したうえで、裁判所が許可の可否について判断できるとする立場である。しかし、本来、再生債権をそのような手続によって共益債権とすることには疑問がある。

5 プレDIPファイナンスと担保

(1) プレDIPファイナンス実行時の担保権設定と否認

上記のとおり、私的整理手続中の企業に対するプレDIPファイナンスは、仮に、私的整理手続がとん挫し、その当該企業が法的倒産手続に至った場合の取扱いについての予測可能性に不安点が多い。

そこで、このような融資の実行においては、融資を実行する金融機関としては、その債権保全の観点より、相応の担保の取得を検討せざるを得ない。

また、その場合には、当該企業が、後日、法的手続に移行した場合の否認リスクも検討しておかなければならない。

さらに、法的倒産手続に至った場合には、対抗要件がなくては担保権の主張ができなくなるので、対抗要件を具備しておかなければならず、さら

には、その対抗要件具備の時期によっては、対抗要件否認が議論になるリスクがあることに留意する必要がある。

(2) 同時交換取引

この点、平成16年改正前の破産法等のもとでは、新規借入のための担保権設定が否認の対象となるかにつき議論があったが、現行法においては、原則として新たな借入のための担保権設定行為は、同時交換的行為として否認権の対象とならないとされた（法127条の3第1項柱書、会社更生法86条の3第1項柱書、破産法162条1項柱書）。

同時交換的行為であるためには、担保権設定契約が融資と同時ないし先行して行われることが必要である。実務上は、融資と担保の一体性を明確にしておくことが必要である。

もっとも、救済融資のための担保権設定の実態が不動産の売却と売却代金の費消、隠匿であるような場合には、詐害行為否認の対象となる可能性もある。

また、既存の債務を含める形で新たに担保設定するなどした場合には、同様に否認の可能性も否定できない。たとえば、救済融資の際に、担保として不動産に根抵当権を設定し、被担保債権の範囲を「銀行取引によるいっさいの債務」といった通常の表記をした場合には、既存の融資分も被担保債権に含まれることとなり、その一部が否認の対象となるのか、全体が否認の対象となるのかが問題となる（伊藤眞『破産法・民事再生法〔第2版〕』403頁参照）。

(3) 代表者等の保証否認リスク

私的整理中の企業に対するプレDIPファイナンスの実行と引換えに、債務者である企業自身が物的担保を提供する行為は、同時交換取引として否認の対象とならない（破産法162条1項かっこ書き）。

しかし、前述のとおり融資を受けるに際し、債務者である企業自身ではなく、たとえば、その代表者個人が個人の資産を物的担保として担保提供した場合において、後に担保提供者が破産した場合には、代表者個人の倒産手続において、無償否認（同法160条3項）の対象となる（最判昭和62・7・3金融・商事判例780号3頁、大阪地判平成21・6・4金融法務事情1895

号105頁）ことに留意を要する。

(4) 担保取得前後の留意点

　DIPファイナンスを必要とするような企業には、担保余力のある不動産は払底し、また、担保に取りやすく、実行もたやすい大口の売掛債権や商業手形等にも担保権がすでに設定されていることが多い。

　したがって、個々の財産価値は大きくないが、まとまれば担保価値を見出せるような動産や売掛債権等の集合物が、しばしばDIPファイナンスの担保として徴求される。

　その際には、売掛債権については売り買いの両建取引により回収可能性の低いものがあることや、売掛先との取引基本契約に譲渡禁止特約が付されていることがあるので留意が肝要であるし、また、個々の動産については、担保徴求時の特定が重要であり、その後の変動の状況が適時適切に確保できるようにしなければならないし、換価のための市場が存在するとは限らないので、万が一の際の処分方法も検討しておくべきであろう。

　ところで、万一、債務者について後日民事再生手続が開始されるようなことがあれば、再生債務者には第三者性が付与され、対抗要件のない物権変動は対抗できなくなるので、徴求した担保については、すみやかに対抗要件を取得しておく必要がある。

（上甲 悌二）

Question 7 〔私的整理中のプレDIPファイナンスと法的整理への移行〕

私的整理中の会社から、運転資金の融通の申込を受けました。このような融資申込に対する検討や、DIPファイナンスの実行に際しては、どのような配慮をする必要があるのでしょうか。

Answer

　私的整理中のプレDIPファイナンスにより発生した債権は、私的整理がその後法的整理に移行した場合、わずかな例外を除いて、特別な取扱いを受けると法律上明示したものがなく、単なる倒産債権となってしまいます。したがって、私的整理中のDIPファイナンスは、倒産リスクに鑑み、ファイナンス期間を限定すること、担保を適切に確保することと、徴求した担保状況を監視することが肝要です。

解説

1　はじめに

　私的整理には、ADRや中小企業再生支援協議会を用いる方法等様々な方法があるが、法的倒産に移行するリスクが極めて高い。そして、法的倒産に至ってしまうと、ADRと企業再生支援機構のスキームを用いる中での限定的な取扱いを除いては、プレDIPファイナンスは特別な取扱いを受けるとは法律上は明示されていない。民事再生手続では単なる再生債権となるし、破産手続に入ってしまうと単なる破産債権となってしまう。

　したがって、プレDIPファイナンスを実行するにあたっては、いつなんどきに法的倒産に移行するかもしれないというリスクを念頭に置いておく必要がある。そのため、私的整理中のプレDIPファイナンスは、その前後における短い期間に限定した一時的与信を原則とすべきである。

　そして、次に、法的な担保を適正に確保することも不可避である。

　さらには、単に担保を徴求するだけではなく、常時、担保によって被担

保債権がカバーされていて、いつでも実行できる状況にあるかということを、実行から全額回収して終了するまで、継続して監視し続けることが基本である。

2　プレDIPファイナンスの取組期間

　プレDIPファイナンスを行ううえでの鉄則は短期取引に限るということで、決して長期化させてはいけない。企業が法的倒産を回避して生き残るための最後の資金調達手段であるプレDIPファイナンスが長期化するということはどのようなことか。それは、私的整理が私的整理のまま長引いているということである。法的倒産にも至らない代わりにスポンサーが現れる等抜本的な再生もできていない。法的倒産をしないということは資金繰りを回しながら延命の努力をしているということであるし、スポンサーが現れないということは事業にそれほどの魅力がないということであろう。または、経営者が何も決断せずぐずぐずして、法的倒産もスポンサーの両方とも受け入れないからかもしれない。

　そもそも企業の事業継続を困難にするような経営上の問題がある状態であるのに、延命されていくと事業は劣化する。事業が劣化すると一般的には売上げが減少する。そうすると、仮に、DIPファイナンスのために集合債権譲渡担保契約を締結し債権譲渡登記等を経由していたとしても、売掛金の減少によってプレDIPファイナンスの担保力が落ちてくる可能性が高いのである。

3　適正な担保の確保

　DIPファイナンスが、常に法的倒産への移行のリスクを抱える以上、与信時には適切な担保を確保すべきである。

　プレDIPファイナンスは、企業が法的倒産を回避して生き残り再生するための最後の資金調達手段である。だからこそ、債務者となる企業はプレDIPファイナンスの実行時には担保の提供を行い、法的な保全の手続もきちんと踏む。通常は、売掛金を集合債権として譲渡担保の設定を受け、法的保全の手続として集合譲渡担保としての登記を行う代わりに、売掛けの

相手先(第三債務者)には通知をしないというのが一般的である。

　しかし、民事再生法制定当時から、DIPファイナンスの重要性が説かれ、法的倒産に移行した後の保護の必要性が唱えられながら、法整備の不十分なことは前述のとおりであるばかりか、民事再生法施行後12年を経過した今日、担保権の効力をめぐる学説等の状況は、ますますDIPファイナンスを困難なものとしつつあるといっても過言ではないであろう。

　たとえば、上述の集合債権譲渡担保については、仮に、DIPファイナンスを先行しその後担保設定した場合には、仮に、後日法的手続に移行した時点では担保徴求時以降の債権しか残存していないとしても、集合債権譲渡担保徴求時に存した旧債務のためにも偏頗な担保設定を受けたものとして、担保設定契約全体について否認権を行使することができるとする説が有力である。したがって、DIPファイナンスの実行にあたっては、同時に担保設定して、かつ十分な期間設定をすることが重要であろう。

　ところで、DIPファイナンス実行時には、債務者会社の代表者らから不動産担保や保証を徴求することがある。通常、会社の代表者は、金融機関など大口債権者に対して負担する債務の連帯保証をしている関係で、会社が支払不能の状態に陥ったときには代表者自身も支払不能状態にあるといえるが、期限の利益を喪失するまでの間は、代表者が無担保資産を保有したとしても実際にはそれらは会社債務や会社のためにした保証債務の履行の引当てにはなっていない。しかし、会社と代表者は実質的には一体だとしても別人格別法人なので、会社へのDIPファイナンス実行時に代表者の有する無担保資産を担保提供する行為は、代表者という個人が会社という別法人のために無償で担保を提供する偏頗行為となり、後日、代表者が破産手続開始決定を受けた場合に無償否認の対象となる。

4　担保状況の監視

　DIPファイナンス時に適正な担保を徴求できたとしても、安心していてはいけない。たとえば、売掛金を集合債権の譲渡担保として徴求している場合、前述のとおり、売上げの減少が担保不足につながる場合がある。さらに、付言するに、債務者たる企業は、資金繰りがさらに逼迫してきた場

合には、売掛先に対して支払のサイトを短縮してもらったり、相手の企業に直接現金で集金したりするようになる。その結果として、気がつかない間に担保たる売掛金が大幅に減少してくることもある。

　そうしたときには、担保力をファイナンス実行時と同様のレベルに維持すべく、債務者に一部弁済を依頼する必要がある。債務者が一部の金額をきちんと弁済するのであればよいが弁済されないケースもある。

　プレDIPファイナンスを行う立場としては、そのような債務者に対しては担保力が不足してきたという理由で、即座に担保権を実行すべきであるが、担保権を実行することが法的倒産への引き金になってしまうという理由で担保実行を留保する場合がある。しかし、その間にさらに事業が大きく劣化する可能性が高くなる。

　あるいは、プレDIPファイナンスの一部弁済を債務者たる企業に迫ると、企業が架空売掛金を計上したり、書類の偽造等を行ったりするリスクもある。長期化する私的整理は、こうした犯罪性のあるものでなくても、必死の延命策を講じた挙句、結局は法的に破綻することになることが多いが、そのときには、プレDIPファイナンスに際して法的な担保をきちんと設定していたにもかかわらず、実質的には担保でフルカバーの状態になるかどうか、わからなくなっていることがある。

　したがって、プレDIPファイナンスにおいては、常に担保状況の監視を怠ってはならない。

　あらゆる私的整理でプレDIPファイナンスが法的倒産時においても優先的取扱いを受けるのであればそのようなリスクは大きく減少するのであろうが、私的整理が長引く場合にプレDIPファイナンスが複数回繰り返されて膨れ上がる可能性もあるので、優先的取扱いが限定的に留まるのは当然であると思う。

　DIPファイナンスの優遇についての提言も見られるが、ファイナンスを実行する立場としては、優先的取扱いに依存するのは危険であると思う。

〔木下 玲子〕

Question 8 〔リスケの申入・再生手続申立の相談〕

取引先からリスケの申入や再生手続申立の相談を受けることは、倒産手続上、金融機関の内部処理にどのような影響を与えますか。

Answer

再生手続などの倒産手続においては、取引先の支払不能や支払停止の時期のほか、相手方（債権者）の主観的要件（悪意であること）によって弁済や担保提供の否認あるいは相殺の可否が決まるため、相談によって得た情報を利用することには注意する必要があります。

解説

1　はじめに

取引先からリスケの申入や再生手続の申立の相談を受けた場合、金融機関としては、与信や担保、保証、預金などの状況を確認し、取引先の事業の改善や再生可能性を検討するとともに、債権の保全・回収について検討することになる。

倒産手続を想定して債権の保全・回収を検討する場合、否認権行使の可能性や相殺の可能性の検討が欠かせない。倒産手続においては、支払不能、支払停止、倒産手続の申立または倒産手続の開始などが、否認権の行使の可否や相殺禁止を判断する基準となっているが、実務上は、倒産手続の申立前において生じる取引先の支払不能や支払停止の時期を判断することが重要である。

2　支払不能と支払停止

(1)　支払不能と支払停止の再生手続上の意義

支払不能は、債務者が、支払能力を欠くために、その債務のうち弁済期にあるものにつき、一般的かつ継続的に弁済することができない状態であり（法93条1項2号。同様な規定として、破産法2条11号、会社更生法49条1

項2号、特別清算につき会社法517条1項2号)、支払停止は、支払不能であることを外部に表示する債務者の外形的行為であるとされる。

再生手続において、金融機関が取引先の支払不能後に弁済や担保の供与を受けたときはそれらの行為は否認される。また、取引先の支払不能後に専ら相殺する目的で債務を負担した場合は相殺が禁止され、支払不能は偏頗行為の否認および相殺禁止の基準となっている。

支払不能も支払停止も評価を含んだ概念であるが、支払停止は債務者の外形的行為であるのに対し、支払不能は債務者の一定の「状態」であることから債権者からの認識が難しく、判断基準が不明確になるとの懸念から、全国銀行協会では法務省民事局との意見交換を行い、「新破産法において否認権及び相殺禁止規定に導入された「支払不能」基準の検証事項について(全国銀行協会平16・12・6全業会第78号)」(以下、「検証事項」という。金融法務事情1728号50頁)を公表している。

(2) 支払不能

支払不能とは、「再生債務者が、支払能力を欠くために、その債務のうち弁済期にあるものにつき、一般的かつ継続的に弁済することができない状態をいう」(法93条1項2号)。分説すれば次のとおりである(小川秀樹編著『一問一答 新しい破産法』31頁。検証事項Ⅰ-1)。

① **「支払能力を欠く」**

「支払能力を欠く」とは、財産、信用、または労務による収入のいずれをとっても、債務を支払う能力がないことである。仮に、不動産などの財産があっても、その換価が困難であれば支払不能とされる。また、財産がなくても、信用や労務によって支払資金の調達が可能であれば、支払不能ではない。

② **「その債務のうち弁済期にあるものにつき」**

支払能力の欠乏は、弁済期にある債務につき判断される。弁済期未到来の債務を将来弁済できないことが確実に予想されても、弁済期の到来している債務を支払っている限り、支払不能ではないとされる(破産につき同旨の判決として東京地判平成19・3・29金融・商事判例1289号48頁、東京地判平成22・7・8金融・商事判例1350号36頁)。

③ 「一般的かつ継続的に弁済することができない状態」

「一般的」とは、総債務の全部または大部分につき弁済できないことである。一部の債務が弁済できなくても、それが全体的な資金不足と判断されなければ、支払不能とはされない。「継続的」とは、一次的な手元不如意で弁済できない場合を除外する趣旨であるとされる。

(3) 支払停止

支払停止とは、支払不能の状態にあることを、明示的または黙示的に外部に表示する債務者の行為をいう。たとえば、債務者と依頼を受けた弁護士との間で、破産申立の方針を決めただけでは、外部に表示する行為がなく支払停止にはならない（最判昭和60・2・14金融・商事判例718号14頁）。支払停止の代表的なものとしては、債務者が債務の支払ができない旨の通知を債権者に出す場合や手形の第2回目の不渡りなどがある。手形の第1回目不渡りが支払停止になるかについては、具体的事案により判断されることになるが、支払停止を認めた判例として、最高裁平成6年2月10日判決（最高裁裁判集民事171号445頁）がある（なお、東京地判平成23・11・24金融法務事情1940号148頁参照）。

なお、「債務超過」は、支払不能とともに法人の破産原因であり、「債務者が、その債務につき、その財産をもって完済することができない状態をいう」（破産法16条1項）とされる。債務超過は、財産に着目した概念であり、債務超過であっても、直ちに支払不能や支払停止となるものではない。

3 リスケの申入や再生手続申立の相談は支払不能や支払停止に当たるか

(1) リスケの申入について

リスケの申入は、取引先が将来の債務の支払方法の変更など弁済の負担軽減を求めるものであり、あくまでも債務の支払を前提としていることから、リスケの申入が直ちに支払停止に該当することはないと考えられる。また、取引先が、弁済期が到来している債務について、一般的かつ継続的に弁済ができない状況にあれば支払不能となるが、リスケの申入があっても、取引先がそのような状況になければ、リスケの申入が直ちに支払不能

に直結することはないと解される。

　なお、金融円滑化法では、債務の弁済に支障が生じている、あるいは生じるおそれのある中小企業者から、その債務の弁済に係る負担の軽減の申込があった場合は、金融機関は当該中小事業者の事業についての改善または再生の可能性その他の状況を勘案しつつ、できる限り、貸付の条件の変更、旧債の借換えなど債務の弁済に係る負担の軽減に資する措置をとる努力義務を課されている。取引先が支払不能または支払停止にある場合は、再建可能性は低く条件変更を応諾することは難しいと考えられるが、金融機関としては支払不能または支払停止と判断される取引先からのリスケの申入であっても、直ちに謝絶することはできず、取引先の再建可能性を検討することは必要であると解される。

(2) 再生手続申立の相談について

　取引先から再生手続申立の相談を受けた場合に、取引先が支払不能または支払停止に該当するかどうかは、その相談内容によると考えられる。取引先が再生手続申立を決定し、それを金融機関に通知するとの趣旨であれば支払停止に該当すると考えられるが、事業再建の1つの方法として検討中であるとの趣旨であれば、支払停止とまではいえないであろう。

　また、支払不能は、弁済期が到来している債務について、一般的かつ継続的に弁済ができない状況にあることを意味するが、金融機関に再生手続申立の相談をしただけでは、特定調停や私的整理ガイドラインの適用の場合と同様、そのことだけをもって直ちに支払不能になるものではないと解すべきである（検証事項Ⅱ－3－Q2参照）。

4　期限の利益の喪失請求の時期を考える

　支払不能は、弁済期の到来した債務に関する弁済の可能性を問題とすることから、金融機関が取引先につき期限の利益を喪失させ、弁済期を到来させることは、支払不能の判断にあたって重要な要素となる。特に、メインバンクが支援を打ち切って期限の利益を喪失させれば、通常は、取引先は支払不能に陥ったと考えられる。支払不能後は、取引先からの弁済や担保提供は否認され、支払不能後に振り込まれた預金との相殺も禁止される

場合があるなど、債権回収に支障が生じることがある。

　したがって、取引先が期限の利益の請求喪失事由に該当したとしても、金融機関においては、取引先からの弁済の可能性や取引先口座への振込の可能性などを考慮したうえで、期限の利益を喪失させる時期を検討すべきである。期限の利益の喪失は早ければよいというものではない。

5　支払不能後の預金口座への振込と相殺

　支払停止後に取引先口座への入金により負担した預金債務との相殺は原則として禁止される（法93条1項3号）。支払不能後に負担した預金債務については、「専ら」相殺を行う目的があった場合に相殺が禁止される（同条同項2号）。債務者が第三者との間で従前から行っている日常業務に伴う振込が第三者から支払不能後にあったような場合は、「専ら」相殺を行う目的とは認められず相殺は許されると解される。しかし、債務者である取引先自らによる口座への入金や第三者からの振込入金であっても上記の日常業務に伴うものとはいえないような場合には、相殺が禁止される場合があると考えられている（小川・前掲116頁、伊藤眞＝松下淳一＝山本和彦編集『新破産法の基本構造と実務』468頁以下参照）。したがって、取引先が支払不能と判断されるような状態となっても、当該金融機関の取引先口座が第三者からの振込入金の口座となっている場合には、その振込が継続して行われるようにすべきである。

　なお、支払不能、支払停止、再生手続の申立を金融機関が知った後の振込であっても、その振込の原因が、金融機関がそれらの事実を知る前に生じたものであれば、相殺ができる（同条2項2号）。預金契約自体は、「前の原因」とは認められないが（破産に関し、最判昭和60・2・26金融法務事情1094号38頁）、金融機関、取引先および第三者との間で、支払不能になる前に、第三者が取引先への支払を当該口座への振込以外の方法では行わないことを合意しておれば（強い振込指定）、金融機関は支払不能前から具体的な相殺期待をもっており、強い振込指定は「前の原因」に当たり相殺は許されると解されている（名古屋高判昭和58・3・31金融・商事判例675号43頁）。代理受領についても同様である。したがって、金融機関としては、

強い振込指定や代理受領がある場合には、第三者から確実に振込を行ってもらうことが必要である。

6　危機発生後は任意弁済ではなく相殺で回収する

　取引先に危機状況が発生した場合に、金融機関が取引先の預金から返済を受ける方法として、普通預金であれば払戻し、定期預金であれば解約払戻し、当座預金であれば小切手の交付を受けて、取引先から任意の弁済を受けることがある。相殺という非日常的で不慣れな方法をとりたくない、あるいは取引先に納得して弁済してもらいたいという考えに基づくものと思われるが、倒産手続上は極めてリスクが大きい。取引先が支払不能になった後預金を払い戻して行う任意弁済は、否認される可能性があるからである（破産であるが、支払不能後に取引先から交付を受けた小切手により当座預金から回収した行為につき否認を認めたものとして、東京地判平成19・3・29金融法務事情1819号40頁）。銀行取引約定書ひな型7条2項において、相殺に代わる払戻充当という方法が規定されているが、これは取引先からの委任に基づく預金の払戻しおよび弁済と解されており、取引先の支払不能後に行う払戻充当には同様に否認のリスクがある。

　したがって、金融機関としては、取引先に危機状況が発生した後に、預金から回収を行う場合は、相殺により行うべきである。

　また、支払不能後の預金の口座間の移動は慎重に行うべきである。前掲東京地裁平成19年3月29日判決では、普通預金から支払不能後に新たに作成した別口の普通預金に移動した預金の相殺を認めているが、支払不能後に「専ら」相殺目的で負担した預金債務と見られ、相殺を禁止されることが考えられるからである。

7　倒産手続開始前の払戻請求

　取引先から、再生や破産の申立予定であり、倒産手続においては支払停止後の入金は相殺禁止となっているので、払戻しをしてほしいとの依頼があることがある。しかし、この依頼には慎重に対応すべきである。取引先が倒産手続の申立予定であるとの説明をしながら、倒産手続の申立を引延

し、あるいは申立をしない場合、または申立を取り下げる場合（法32条、破産法29条）があるからである。倒産手続開始に至れば、相殺が禁止される場合でも、取引先が結果的に倒産手続開始に至らない場合や、申立が遅延して口座への入金から1年以上が経過した後の申立であれば、相殺禁止にはならないからである（法93条2項3号）。

　　　　　　　　　　　　　　　　　　　　　　　　　　　（井上 圭吾）

Question 9 〔シンジケートローン〕

金融機関がアレンジャーやエージェントをつとめるシンジケートローン（以下「シ・ローン」という）の借入人から再生手続申立の相談を受けた場合、借入人やシンジケート団に対してどのような対応をすべきですか。

Answer

シ・ローンの契約締結前か、契約締結後融資実行前か、融資実行後かによって金融機関の対応は異なりますが、金融機関としては借入人に対する守秘義務やシ・ローン契約書の条項に配慮しながら慎重に対応することが求められます。

解説

1 シ・ローンの仕組みと特徴

(1) シ・ローンとは

シ・ローンとは、複数の金融機関が１つのグループになり単一の契約書に基づき借入人に対して貸付を行う融資方法である。借入人から依頼を受けたアレンジャーが融資に参加する金融機関に対し招聘活動を行い、シンジケート団が組成されれば、単一の契約書に基づき融資を実行し、貸付金の授受、管理、回収にあたっては、貸付人の代理人としてのエージェントが契約書に定められた事務を行うことになる。

なお、メイン銀行や準メイン銀行が、アレンジャーやエージェントになり、かつ貸付人の１人となることが多く、他の参加金融機関に比して借入人に関する多くの情報を保有することから、借入人との関係では守秘義務、他の金融機関との間では利益相反などが問題となりやすい状況にある。

(2) シ・ローンの普及

シ・ローンが日本において普及し始めたのは1990年代後半からである。メイン銀行等にとっては、巨額な融資のリスクを分散できる、アレンジャ

ーやエージェントとしての手数料収入を得ることができるというメリットがある。参加金融機関にとっても新たな与信先の獲得につながり、アレンジャーやエージェントの存在により融資の実行・管理の手間が省けるというメリットがある。また、融資先にとっても、新たな金融機関との取引ができ、アレンジャーやエージェントが入ることにより多数の金融機関との交渉が省略でき、低金利での調達可能性があるなどのメリットがあり、現在では重要な貸付手法の1つとなっている。

(3) **シ・ローンの特徴**

複数の金融機関が行う融資としては、従前から幹事行が取りまとめ役となって行う「協調融資」という方法があった。協調融資では借入期間、金利、貸付シェアなどの融資条件が幹事行の主導のもとで調整され、事実上の協調行動が見られるが、貸付契約書は貸付人ごとに作成・締結され、貸付金の実行、管理、回収も独自に行うことが原則であり、幹事行が調整を行うとしても事実上のものであった。

これに対し、シ・ローンでは、貸付は法的には貸付人ごとに個別独立のものであるが、複数の貸付人が単一の契約書で貸付を行い、貸付金の授受、管理、回収は各貸付人が協調して行動する仕組みになっている。シ・ローンの組成から管理、回収まで貸付人には集団的な行動が要請されるため、組成段階ではアレンジャー、組成後はエージェントという貸付人および借入人以外のプレーヤーが重要な役割を果たしている。また、多数の当事者が関与するため、二当事者間の契約を前提にした銀行取引約定書の適用が排除され、各当事者の権利義務や役割はシ・ローンの契約書において詳細に定められ、その契約書によって複数当事者間の関係は規律されることとなる。協調融資の幹事行が事実上の調整役を果たし、事実上曖昧な道義的責任を求められていたのとは異なる。

(4) **シ・ローン契約書について**

シ・ローン取引の健全な発展を目的として、平成13年に金融機関を中心に日本ローン債権市場協会（JSLA）が設立され、推奨の契約書モデルや「ローン・シンジケーション取引における行為規範」（JSLA行為規範）や「ローン・シンジケーション取引に係る取引参加者の実務指針」（JSLA実務

指針）を公表しており、わが国におけるシ・ローンの実務を理解するうえでは欠かせないものとなっている。

シ・ローンにおいて契約書は極めて重要な役割を担っているが、実務において利用されている契約書は、JSLAが公表している契約書モデルに各金融機関が工夫を加えたものが多い（ここでは、便宜上、契約書を引用するときは、JSLAがホームページ上で公表している「リボルビング・クレジット・ファシリティ契約書」（RCF契約書）を引用する）。

2 再生手続開始の申立の相談がシ・ローンに及ぼす影響

(1) シ・ローンの契約締結前に借入人からアレンジャーに対し再生手続申立の相談があった場合

① アレンジャーの地位

アレンジャーは、借入人とシ・ローンの条件などを交渉したうえで、借入人からシ・ローンの組成の委託を受け、参加金融機関に対する招聘活動などローン組成に向けた活動を行う者であり、ローン契約書が締結された段階で任務は終わる。アレンジャーは借入人と委任または準委任の契約関係にあるが、参加金融機関とは契約関係にないとされる。しかし、アレンジャーは、借入人に代わって、参加金融機関に借入人の情報を提供してシ・ローンへの招聘活動を行い、ローン契約書の案を作成するなどしてシ・ローンの組成につとめるという重要な役割を有していることから、参加金融機関との契約関係の有無にかかわらず、アレンジャーの行動が参加金融機関に大きな影響を与えることは否定できない。

② アレンジャーが借入人のネガティブ情報を入手したとき

アレンジャーが、借入人にかかわるネガティブ情報を入手したときには、借入人との関係では守秘義務があり、これをみだりに参加金融機関に開示することはできないと考えられる。本件のように、借入人からの再生手続開始の申立の相談であっても、申立の確実性や申立前に情報が広がることによる借入人側の不利益などが考えられるからである。

しかし、一方で、再生手続開始の申立が検討されているとの事実は、融資判断に大きな影響を与えるものである。貸付人を兼ねるアレンジャーに

とっても、参加金融機関にとっても極めて重要な情報である。このような場合、アレンジャーとしては、借入人に対し参加金融機関に情報を開示するように促し、借入人がこれに応じない場合は、シ・ローンの組成を中止すべきである（JSLA実務指針3(2)②）。万一、アレンジャーがこのような措置をとらずにシ・ローンを組成した場合は、参加金融機関に対し、損害賠償責任を負うことがある（名古屋高判平成23・4・14金融法務事情1921号22頁は、借入人の重要なネガティブ情報を開示しないでシ・ローンを組成したアレンジャーの不法行為責任を肯定。なお、原審である名古屋地判平成22・3・26金融法務事情1921号43頁は、アレンジャーの不法行為責任を否定したが、アレンジャーが不法行為責任を負う場合があることは認めている）。

なお、前掲名古屋高裁判決は、借入人は「シ・ローンの組成を依頼する際に、アレンジャーによる参加金融機関への情報提供は黙示的にあるいは慣習上容認しているというべき」であり、アレンジャーには、「招聘する金融機関が参加するかどうかを決定するのに必要な情報については、守秘義務はなく、反対にこれを提供する義務がある」として、アレンジャーの参加金融機関への情報提供義務を認めている。しかし、アレンジャーが取得する情報には真実性や確実性、重要性を含め様々な情報があり、また、上記のとおり借入人に対し参加金融機関への情報開示を促す方法や、場合によってはシ・ローンの組成を取り止めるという方法もあることから、アレンジャーが借入人の同意を得ることなく安易に参加金融機関に借入人のネガティブ情報を開示することは行うべきではない。

(2) シ・ローンの契約締結後融資実行前に借入人からエージェントに対し再生申立の相談があった場合

① エージェントの地位

エージェントは、シ・ローンの組成後、参加金融機関から委任を受けて、貸付の実行、管理、回収に関する事務を行う貸付人の代理人であり、メイン金融機関等がアレンジャー、エージェントおよび貸付人を兼ねることが多い。エージェントの業務および権限は契約書に記載され、契約書に明示的に定められた義務以外の義務は負わないとされている（RCF契約書25条1項）。エージェントの業務は、情報の伝達、書類の授受、資金の授

受、計算、請求など裁量を伴わない事務的業務であり、与信管理までは求められていないと理解されている。

② **エージェントが融資実行前にネガティブ情報を取得した場合**

エージェントは、シ・ローンの契約外で取得した借入人に関する情報を他の貸付人に開示する義務を負わないとされ、また借入人から受領した情報については、シ・ローンの契約に基づくものであることが明示されていない限り、シ・ローン契約外の取引に基づいて取得した情報として他の貸付人に対し開示義務を負わないとされている（RCF契約書25条6項）。しかし、他方で、借入人に期限の利益喪失事由に該当する事実が発生したときには、エージェントが他の貸付人に合理的に必要な範囲で借入人の情報を開示しても、借入人は異議を述べないとされており（同33条1項1号）、一定の場合には守秘義務が免除されていると考えられる。

借入人が再生手続の申立を検討しているとの事実は、一般的には、期限の利益の請求喪失事由（同22条2項7号「借入人の事業もしくは財産の状態が悪化し、または悪化するおそれがあり、債権保全のために必要と認められるとき」）に該当すると考えられる。そのように判断される場合には、エージェント自身も貸付人として融資実行を取り止めるべきである。エージェントとしてはそのまま放置することは相当ではなく、他の貸付人に合理的に必要な範囲内で情報を開示すべきであると考えられる（同条4項）。

③ **融資実行を取り止める場合**

貸付人は貸付の前提条件が充足された場合には、貸付義務を負担する（RCF契約書6条本文）。期限の利益喪失事由に該当していないことは貸付の前提条件とされ（同6条3号・20条9号）、借入人が期限の利益喪失事由に該当した場合は、貸付人は貸付の実行を中止することができる。この場合、貸付の前提条件充足の判断は、契約書の定め方によるが、貸付人ごとにその責任をもって判断するとされるのが一般的なようである（同6条）。しかし、期限の利益の請求喪失事由の有無などの貸付の前提条件の充足の有無の判断は微妙な場合があり、また、貸付の不実行は借入人の資金繰りにも影響を与えることから、他の貸付人と連絡をとりながら慎重に判断することが望まれる。

(3) シ・ローンの融資実行後に借入人からエージェントに対し再生申立の相談があった場合

① 融資実行後にネガティブ情報を取得した場合

エージェントとしては、他の貸付人に情報を提供すべき義務はないものの（RCF契約書25条6項）、当該情報が期限の利益喪失事由に該当する情報であれば、他の貸付人に情報を開示しても守秘義務違反に問われることはないことから（同33条1項）、合理的に必要な範囲内で情報を開示すべきであると考えられる（同22条4項）。

② 期限の利益の喪失請求をする方法

借入人が再生手続開始の申立を行えば、当然の期限の利益喪失事由に該当するが（RCF契約書22条1項1号）、申立に至らない段階での相談であれば、請求喪失事由にとどまる場合が多いと考えられる（同条2項7号）。

この場合に、シ・ローンの期限の利益を喪失させるには多数貸付人の請求が必要であり（同条同項本文）、多数貸付人の請求のためには多数貸付人の意思結集が必要である（同27条）。多数貸付人の意思結集とは、貸付人がある行為を行うに際し、書面で貸付人の賛否を問うものである。多数決の割合は、契約書において定められている（同1条35号）。

多数貸付人の意思結集は、各貸付人からエージェントに要請して行う場合と、エージェントが自らの判断で行う場合がある。いずれにしても、エージェントが貸付人に書面で意思結集を行う旨を通知し、貸付人がこれに回答することになる。なお、意思結集がされた場合は、エージェントは借入人および貸付人に意思結集の内容を通知することとなる（同27条1項）。

③ 借入人に対しリスケをする場合

借入人から再生手続の申立の相談があったが、エージェントとしては、とりあえずリスケで対応できると判断し、借入人もリスケを望む場合には、シ・ローンの貸付条件の変更に該当し、全貸付人の同意が必要となる。もし、貸付人の一人でも反対する場合にはリスケをすることができず、全貸付人の同意を得てシ・ローンを解消し、通常の貸付にしたうえで個別に対応するしか方法はない。

（井上 圭吾）

2 再生手続申立後の対応

Question 10 〔再生手続申立時の状況確認〕

取引先が再生手続開始の申立をしたとの情報に接した場合、金融機関がその内容を具体的に把握するにはどのような方法がありますか。

Answer

まず、債務者ないし申立代理人から事情聴取を行い、その概要を把握するとともに、債権者説明会に出席して情報収集することが考えられます。特に、再生手続開始直後は、債務者ないし申立代理人からの情報提供は期待し難いため、積極的な情報収集活動が必要です。より詳細な情報を入手するためには、再生手続開始申立を行った管轄裁判所で再生手続開始申立書・添付資料・保全処分決定などの文書等を閲覧・謄写することが考えられます。

解説

1 再生手続申立後の進行と情報開示

(1) 再生手続申立後開始決定までの進行

現在、高等裁判所所在地を中心として多くの裁判所で、再生手続の進行予定を記載した標準スケジュールを定めて公表している。それらの標準スケジュールと実際の運用によれば、再生手続開始申立から同開始決定までの進行予定は、概ね次のとおりである。

① 再生手続開始申立と保全処分・監督命令

通常、再生手続開始申立と同日または遅くとも2日以内に保全処分(法30条)および監督委員の選任を含む監督命令(法54条)が発令される運用がなされている。

② 債権者説明会

民事再生法上、債権者説明会の開催は任意であるが、通常、債務者は再

生手続開始申立後すみやかに債権者説明会を開催し、業務および財産に関する状況または再生手続の進行に関する事項について説明を行い、その結果の要旨を裁判所に報告する（規則61条）。

③ **監督委員の意見書提出**

監督命令により選任された監督委員は、再生手続開始についての意見を裁判所に書面で提出する。

④ **再生手続開始決定**

裁判所は、監督委員からの意見を踏まえて、再生手続開始の決定を行う（法33条）。再生手続開始申立日から同開始決定までの期間は、概ね1～2週間とされている（全国倒産処理弁護士ネットワーク編『通常再生の実務Q＆A120問』末尾付録）。

(2) 情報開示手続の概要

民事再生法・同規則が定めている再生手続における債務者に係る情報開示手続のうち、再生手続開始申立後、同開始決定までのものは、次のとおりである。

① **債権者説明会での説明**

民事再生法では債権者説明会に関する規定はなく、民事再生規則61条1項において再生債務者等は債権者説明会を開催することができる旨定めている。実務上は、ほとんど再生手続開始申立の直後（3～7日以内が多い）に、債務者が債権者説明会を開催し、再生手続開始申立に至った原因、業務および財産に関する状況、再生手続の概要およびスケジュール、監督委員の役割、再建の方針などを説明している（ただし、債務者が個人で、債権者も少ない場合には開催されないこともある（園尾隆司＝深沢茂之編『破産・民事再生の実務 下』86頁））。

② **再生手続記録の閲覧・謄写**

民事再生法16条1項2項は、債権者等の利害関係人が裁判所書記官に対し民事再生法の規定に基づき裁判所に提出し、または裁判所が作成した文書等について閲覧・謄写等を請求することができると規定している。ただし、保全処分、監督命令、再生手続開始申立に係る裁判などのいずれかがなされることを条件としているため、その時期はこれらの命令等がなさ

れた後になる（法16条４項）。

　また、利害関係人の閲覧等により債務者の事業の維持再生または財産に著しい支障または損害を与えるおそれがある場合には、裁判所は、申立により支障となる部分の閲覧等を再生債務者等に制限することができる（法17条１項）。

2　再生手続開始申立直後における情報収集

(1)　債務者・申立代理人からの事情聴取

①　債務者からの事情聴取

　通常、債務者は、不渡りによる銀行取引停止処分や債権者からの照会・督促による混乱などを回避するため、再生手続開始申立と同時に、債権者に対し、その事実および弁済禁止等の保全処分を受けているときはその旨を電話・ファックス・郵便等で通知することが多いが、そのような通知は民事再生法・同規則によって義務づけられているわけではない（ただし、法30条６項）。したがって、債権者としては、再生手続開始の申立をしたとの情報に接した場合は、債務者に連絡しまたは債務者の本支店を訪問し、直接債務者から事情聴取して情報収集を行う必要がある。また、債務者がインターネット上にホームページを開設している場合、ホームページ上で債権者に対する情報開示を行うことが多いことから、債務者のホームページにも注意する必要がある。

②　申立代理人からの事情聴取

　債務者に連絡がとれない場合または債務者では詳細を把握していない場合には、再生手続開始申立の代理人弁護士（以下、「申立代理人」という）に連絡し、申立代理人から事情聴取して情報収集を行う必要がある。債権者説明会においても、一般的には主に申立代理人が説明する場合が多いが、すべての債権者を対象として説明するため個々の債権者の事情に応じた対応や説明を求めることは難しく、内容によっては債権者説明会で開示することが不適切な場合もある。その場合には、債権者としては、申立代理人との面談または電話・ファックス等でやりとりを行い、必要な情報収集を行う必要がある。

(2) 債権者説明会における情報収集

　実務上、再生手続開始申立後直ちに債権者説明会を開催するのが一般的であることから、債権者としては、債権者説明会に出席し、債務者および申立代理人からの説明を受けて情報収集する必要がある。債権者説明会では、再生手続開始申立に至った原因、保全処分の内容、業務および財産に関する状況、今後の取引方法、再生手続の概要およびスケジュール、監督委員の役割、再建の方針などが説明されるとともに、これらに関する資料配付がなされるのが一般的である（特に、債務者の清算価値を把握するため、清算貸借対照表が重要である）。また、債権者説明会における債務者と他の債権者との質疑応答などから、債務者の再建や債務者との取引継続に対する他の債権者の対応など再生手続の見込みに関して役立つ情報が収集できることもある。なお、開催の日時・場所については、債務者または申立代理人からファックス・郵送で通知されることが多いが、通知が遅れたり漏れたりする場合もあるので、再生手続開始申立の情報に接したときは、直ちに債務者または申立代理人に問い合わせて確認しておくべきである。

(3) 監督委員との面談

　監督委員は、債務者が行う再生手続を裁判所に代わって監督する第三者機関であり、再生手続開始申立直後に再生手続に関する多くの情報をもっているとはいい難い。このため、再生手続開始申立直後に監督委員と面談を行うことによって得られる情報は、量的には期待し難いが、監督委員（および裁判所）が債務者の再生手続についてどのような意見や考えをもっているかを知る機会となり得る。他方、大口債権者や重要取引先あるいは重要な資産の別除権者であって、債務者の再生手続に反対であったり、異なる再建方法（たとえば、会社更生手続やスポンサー支援型など）を検討しているような場合には、監督委員の再生手続開始に関する意見に反映してもらうために、再生手続開始決定が命じられるまでに監督委員に面談しその意向を伝えておくことも考えられる。ただし、一般的には、監督委員としては、大口債権者等の反対があったとしても、破産手続を求める確定的な意思があるなどの特段の事情がない限り、再生手続開始についての意見として、「再生手続開始相当」の意見を述べることが多い（民事再生実務合

同研究会編『民事再生手続と監督委員』318頁)。

(4) 再生手続記録の閲覧・謄写

　債権者は、利害関係人として、再生手続開始申立がなされた裁判所に対し、民事再生法・同規則の規定に基づき裁判所に提出され、または裁判所が作成した文書等について閲覧・謄写等を請求することができる（法16条1項）。この閲覧・謄写請求は、保全処分、監督命令、再生手続開始申立に係る裁判などいずれかがなされることを条件としているが（法16条4項）、通常、再生手続開始申立と同日または2日以内に弁済禁止等の保全処分が下されている場合が多く、再生手続開始申立の情報に接したときには、概ね閲覧・謄写請求が可能となっていると考えられるので、裁判所に閲覧・謄写の可否や費用を問い合わせたうえで閲覧・謄写を行うべきである。

　なお、利害関係人の閲覧等により債務者の事業の維持再生または財産に著しい支障または損害を与えるおそれがあるとして、裁判所が決定により支障となる部分の閲覧等を再生債務者等に制限していることがある（法17条1項）。その場合、対象文書等から支障部分を除いたものが裁判所に提出されており、その閲覧・謄写等は可能である。さらに支障部分の閲覧・謄写等が必要な場合には、債権者は、利害関係人として、閲覧等の制限決定の取消しの申立および却下決定に対する即時抗告をすることができる（法17条3項・4項）。

3　保全処分・監督命令の調査

(1) 保全処分

　再生手続開始申立の情報に接したときは、実務上、再生手続開始申立と同時に、債務者から、ファックス等で通知されることが多いが、法令上の義務はないことから、直ちに債務者または申立代理人から保全処分に関する決定書の写しを入手し、そこに記載された保全処分の内容を確認する必要がある。たとえば、定型的な保全処分である弁済禁止および担保提供禁止の保全処分の典型的な主文では、保全処分発令の前日または当日までの債務の弁済および担保提供の禁止を命じるとともに、その例外となるもの

として、公租公課、賃金債務、賃料・水道光熱費・通信に係る債務、備品のリース料、10万円（事案によって50万円・100万円）以下の債務を挙げている。

この保全処分に反した弁済等については、債権者が悪意の場合には無効となるほか（法30条6項）、否認権行使（法127条以下）、役員の損害賠償責任（法143条以下）、申立の棄却または再生手続廃止原因（法25条4号・193条1項1号）とされている。

このため、一般的には、債務者または申立代理人から、電話・ファックス等で当日通知してくる場合が多いが、これらの通知は民事再生法・同規則で義務づけられているわけではないので注意が必要である。

その他の保全処分についても、保全処分等の決定書からその内容を確認し、不明な点があれば申立代理人または裁判所に照会する必要がある。

(2) 監督命令

再生手続開始申立の情報に接した場合には、通常、同日または2日以内に監督命令が発令されていることが多いので、債務者または申立代理人から監督命令の写しを入手して、監督委員が誰か、監督委員の監督内容、特に監督委員の同意が必要な行為の内容を確認する必要がある。債務者または申立代理人から監督命令の写しが容易に入手できない場合には、裁判所において監督命令の閲覧・謄写をする方法もある。

4 取引内容・債権債務の調査

(1) 調査の必要性

債務者について再生手続開始申立がなされたとの情報に接した場合、債務者等の情報収集とともに、債務者との取引内容・債権・債務の内容を迅速かつ正確に認識する必要がある。債務者に対する債務（金融機関の場合、債務者との間で預金取引があるのが通例である）がある場合、その債務の支払を留保し相殺処理を行う準備をする必要があるほか、商品・手形その他の動産を預かっている場合には、その引渡しを留保し商事留置権の行使を検討する必要があるからである（最判平成23・12・15金融・商事判例1382号12頁は、再生手続開始申立前に取立委任を受けた約束手形につき商事留置権

を有する銀行は、再生手続開始後の取立に係る取立金を銀行取引約定書の取立約定により債権に弁済充当することができるとしている)。

(2) 調査事項

調査すべき事項としては、①債務者との取引内容およびその内訳明細、②預金など債務に係る支払条件と支払停止措置、③担保の有無、その内容と担保権実行、④債務者との取引に係る契約書の内容、⑤債務者の子会社または関係会社との取引内容およびその内訳明細などが考えられる。

(3) 直前の取引内容の調査

その他留意すべき事項としては、直前の取引内容を確認するとともに、その経緯も調査しておく必要がある。たとえば、再生手続開始申立直前に新規貸付けが行われていた場合には取込詐欺の疑いがあり、既存の債権について債務者から新たな担保設定を受けていた場合には偏頗行為または危機否認行為として否認権行使を受ける可能性がある。

このほか、信用情報機関からの信用情報などの入手も検討することが考えられる。

(濵岡 峰也)

Question 11 〔再生手続の流れ〕

再生手続開始の申立から終結に至るまでの手続の流れはどのようなものですか。認可決定確定までにはどのくらいの時間がかかりますか。

Answer

　再生手続開始の申立から終結に至るまでの手続の大まかな流れは次頁図のとおりです。各地の裁判所の標準的なスケジュールでは、申立後約1～2週間で開始決定がなされ、その後、開始決定日から起算して、債権届出期限が約4～5週間後、債権調査期間が約9～10週間後から約2週間、再生計画案提出期限が約3～4か月後です。

　債権者集会・認可決定は申立から約5～6か月後であり、その後、認可決定確定までに4週間程度（＝官報掲載手続に要する約2週間＋即時抗告期間2週間）を要します。

解説

1　再生手続開始申立

　債務者に破産手続開始の原因となる事実の生ずるおそれのあるとき、債務者が事業の継続に著しい支障を来すことなく弁済期にある債務を弁済することができないときは、債務者は、裁判所に対し、再生手続開始の申立をすることができる（法21条）。

　申立がなされると、同日、裁判所から、監督委員による監督命令（法54条）と弁済禁止の保全処分（法30条1項）が発令されるのが通例である。

　弁済禁止の保全処分は、再生手続開始の申立前まで（通常は申立日の前日まで）の原因に基づいて生じた債務の弁済を禁ずるものであるから、申立後、開始決定までの間に再生債務者が事業の継続のために必要な仕入等を行った場合、当該買掛金等は、弁済禁止の保全処分の対象にならず、開始決定前であれば弁済が可能である。しかしながら、開始決定がなされると、開始決定前に生じた債権として再生債権になり、再生計画の定めると

2 再生手続申立後の対応

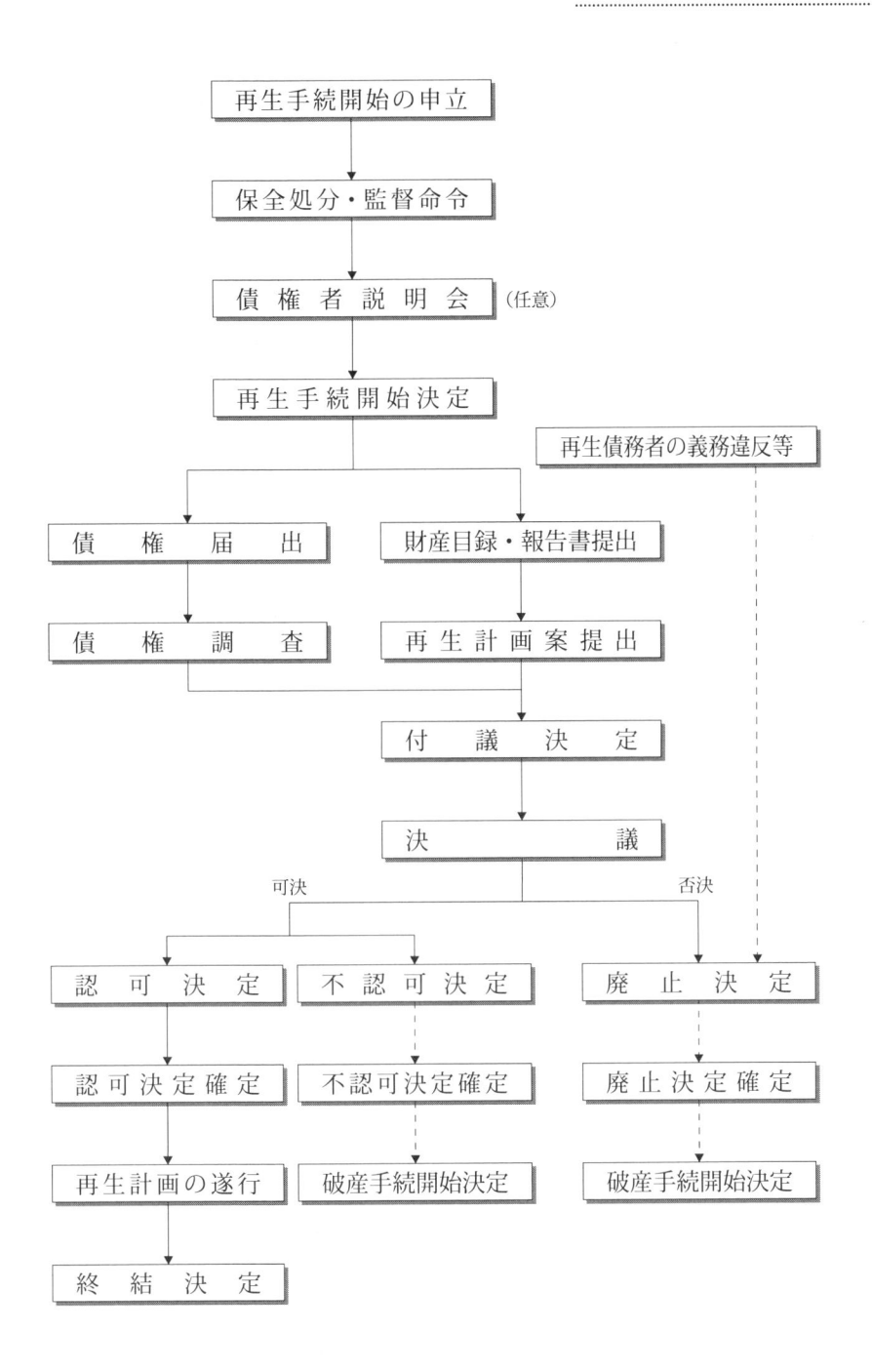

```
                    ┌─────────────────┐
                    │ 再生手続開始の申立 │
                    └────────┬────────┘
                             ↓
                    ┌─────────────────┐
                    │ 保全処分・監督命令 │
                    └────────┬────────┘
                             ↓
                    ┌─────────────────┐
                    │ 債 権 者 説 明 会 │ (任意)
                    └────────┬────────┘
                             ↓
                    ┌─────────────────┐           ┌──────────────────┐
                    │ 再生手続開始決定  │           │ 再生債務者の義務違反等 │
                    └────────┬────────┘           └──────────────────┘
              ┌──────────────┴──────────────┐                │
              ↓                             ↓                │
     ┌─────────────────┐           ┌─────────────────┐      │
     │ 債 権 届 出      │           │ 財産目録・報告書提出 │      │
     └────────┬────────┘           └────────┬────────┘      │
              ↓                             ↓                │
     ┌─────────────────┐           ┌─────────────────┐      │
     │ 債 権 調 査      │           │ 再生計画案提出    │      │
     └────────┬────────┘           └────────┬────────┘      │
              └──────────────┬──────────────┘                │
                             ↓                               │
                    ┌─────────────────┐                     │
                    │ 付 議 決 定      │                     │
                    └────────┬────────┘                     │
                             ↓                               │
                    ┌─────────────────┐                     │
                    │ 決       議      │                     │
                    └────────┬────────┘                     │
                     可決  ┌─┴─┐  否決                       │
              ┌────────────┘   └──────────┐                 │
              ↓              ↓             ↓                 │
     ┌─────────────┐ ┌─────────────┐ ┌─────────────┐       │
     │ 認 可 決 定  │ │ 不認可決定   │ │ 廃 止 決 定  │←──────┘
     └──────┬──────┘ └──────┬──────┘ └──────┬──────┘
            ↓               ↓               ↓
     ┌─────────────┐ ┌─────────────┐ ┌─────────────┐
     │ 認可決定確定 │ │不認可決定確定│ │ 廃止決定確定 │
     └──────┬──────┘ └──────┬──────┘ └──────┬──────┘
            ↓               ↓               ↓
     ┌─────────────┐ ┌─────────────┐ ┌─────────────┐
     │ 再生計画の遂行│ │破産手続開始決定│ │破産手続開始決定│
     └──────┬──────┘ └─────────────┘ └─────────────┘
            ↓
     ┌─────────────┐
     │ 終 結 決 定  │
     └─────────────┘
```

ころによらなければ、弁済ができなくなる。これでは、申立後、開始決定までの間の事業継続が困難となるので、再生債務者が事業の継続のために必要な仕入等を行った場合、開始決定までに監督委員から共益債権化の承認（法120条2項。監督委員が選任されていない場合には、同条1項の裁判所から共益債権化の許可）を得ることにより、開始決定後においても再生手続によらないで随時弁済を受けることが可能となる。

2 債権者説明会

民事再生法上、債権者説明会の開催は必須ではないが、ほとんどの事案において、再生手続開始申立の直後に再生債務者による債権者説明会が開催されている（規則61条1項）。債権者説明会では、申立に至った経緯、再生債務者の業務・財産の状況、再生計画の大まかな方向性、再生手続の概要、今後のスケジュールなどについて説明がなされるのが通例である。

3 再生手続開始決定

法定の再生手続開始原因（法21条）が存在する場合、裁判所は、再生計画案の可決の見込みがないことが明らかであることや不当な目的で再生手続開始の申立がされたことなどの申立棄却事由（法25条）がなければ、再生手続開始決定を行う（法33条）。

裁判所は、再生手続開始決定と同時に、再生債権の届出をすべき期間（債権届出期間）と再生債権の調査をするための期間（一般調査期間）を定める（法34条1項）。各地の裁判所の標準的なスケジュールでは、債権届出期限は開始決定の約4～5週間後、債権調査期間は開始決定の約9～10週間後から約2週間である。再生手続開始の決定をしたときは、裁判所は、直ちに、再生手続開始決定の主文、債権届出期間、一般調査期間を公告し、再生債権者等に対して公告内容を通知する。

4 財産目録・報告書等の提出

再生債務者は、再生手続開始後遅滞なく、再生債務者に属する一切の財産について再生手続開始時における価額を評定しなければならず（法124

条1項)、評定が完了したときは、直ちに再生手続開始時の財産目録および貸借対照表を作成して、裁判所に提出しなければならない（同条2項)。各地の裁判所の標準的なスケジュールでは、財産評定書の提出期限は開始決定の約4～8週間後である。

　財産評定は、再生債務者の財産状況を正確に把握して履行可能な再生計画案を作成するための前提となり、また、再生計画案が清算価値保障原則（再生計画案による弁済が少なくとも再生債務者が破産した場合の清算配当率を上回るものであること）を満たしているかを判断するための重要な資料となる。

5　債権届出

　再生手続に参加しようとする再生債権者は、債権届出期間内に裁判所に債権届出を行う必要がある（法94条)。各地の裁判所の標準的なスケジュールでは、債権届出期限は開始決定の約4～5週間後である。債権届出期間内に届出をしなかった再生債権者は、原則として、再生手続に参加することができなくなり、再生計画認可決定が確定したときに失権する（法178条)。

　相殺権の行使については、債権および債務の双方が債権届出期間の満了前に相殺適状になったときは、再生債権者は債権届出期間内に限り相殺をすることができるという期間制限が設けられている（法92条1項)。破産法ではこのような期間制限は設けられていないが、再建型倒産手続である民事再生法においては、再生計画作成の基礎を早期に確定する必要があるため、相殺権行使の期間制限が設けられている。

6　債権調査

　債権調査は、再生債務者等が作成した認否書と、再生債権者および再生債務者（管財人が選任されている場合に限る）の書面による異議に基づいて行われる（法100条)。

　再生債務者等は、債権届出期間満了後、一般調査期間前の裁判所が定める期限までに、届出のあった再生債権および自認債権についての認否書を

提出しなければならない（法101条5項）。その後、届出債権者は、一般調査期間内に、裁判所に対し、他の債権者の届出債権の内容および議決権、自認債権の内容について書面で異議を述べることができる（法102条1項）。条文上、監督委員は異議権者として明示されていないが、否認権限を付与された監督委員（法56条1項）も、届出債権者に準じて、異議を述べることができるとする有力説がある。

債権調査において、再生債務者等が認め、かつ、調査期間内に届出再生債権者が異議を述べなかったときは、再生債権の内容および議決権額（自認債権についてはその内容）は確定する（法104条1項）。

これに対し、再生債権の内容について再生債務者等がこれを認めず、または届出再生債権者が異議を述べた場合は、その内容の確定は、再生債権の査定の裁判（法105条）、査定に対する異議の訴え（法106条）等に委ねられる。査定の申立は、調査期間の末日から1月の不変期間内に行う必要がある（法105条2項）。

7　再生計画案提出

再生債務者等は債権届出期間の満了後、裁判所が定める期間内に、再生計画案を裁判所に提出しなければならない（法163条1項）。各地の裁判所の標準的なスケジュールでは、再生計画案提出期限は開始決定の約3～4か月後である。届出再生債権者も、裁判所が定める期間内に再生計画案を裁判所に提出することができる（同条2項）。

再生計画案には、再生債権者・未確定再生債権者・別除権付再生債権者に対する権利の変更および弁済方法、再生スキームに応じた必要な条項、共益債権・一般優先債権の弁済方法等が記載される。再生計画による弁済期限の猶予は、特別の事情がある場合を除き、再生計画認可決定の確定から10年を超えることは認められない（法155条3項）。

再生債務者等から再生計画案の提出があった後、監督委員は、再生計画案についての意見書を裁判所に提出する。

8 裁判所による付議決定

　再生計画案が提出されたときは、裁判所は、一般調査期間が終了していない、法125条1項の報告書が提出されていない、再生計画案に不認可事由があるなどの事由に該当する場合を除き、当該再生計画案を決議に付す旨の決定（付議決定）をし（法169条1項）、付議決定と同時に議決権行使の方法を定める。議決権行使の方法としては、債権者集会による方法、書面投票による方法、債権者集会と書面投票の併用による方法の3種類がある（同条2項）。

　付議決定がなされ、議決権行使の方法が定められると、再生計画案、監督委員の意見書、議決票等を同封のうえ、裁判所から届出債権者等に通知がなされる。

9 債権者集会、認可決定、廃止決定等

　議決権行使の方法として、債権者集会による方法、または、債権者集会と書面投票の併用による方法が採用された場合は、債権者集会が開催される。債権者集会は、裁判所が指揮する（法116条）。

　可決のためには、議決権を行使した議決権者の過半数の同意（頭数要件）、および議決権者の議決権の総額の2分の1以上の議決権を有する者の同意（議決権行使額要件）が必要である（法172条の3）。

　再生計画案が可決された場合、裁判所は、不認可要件に該当しない限り、再生計画認可の決定を行う（法174条）。再生計画は、認可決定の確定により効力を生じる（法176条）。認可決定後、確定までに、官報掲載手続に約2週間、公告日の翌日から起算して2週間の即時抗告期間の経過を要するので、認可決定が確定するには、認可決定後約4週間程度を要する。

　再生計画案が否決された場合でも、頭数要件または議決権行使額要件のうちのいずれかの要件を満たす場合、または、出席議決権者の過半数であって出席議決権者の議決権の総額の2分の1を超える議決権を有する者が同意した場合は、裁判所は、再生計画案の提出者の申立または職権で続行期日を定めて言い渡さなければならない（法172条の5）。

債権者集会が続行された場合は、再生計画案の提出者は、続行期日において同一の再生計画案を再度議決にかけるか、再生計画案の変更を行うかを検討することになる。

　再生計画案が否決されたとき、または、債権者集会の続行期日が定められた場合において、所定の期間内に再生計画案が可決されないときは、裁判所は、職権で、再生手続廃止の決定をする（法191条1項3号）。廃止決定が確定した場合、裁判所は、再生債務者に破産手続開始の原因となる事実があると認めるときは、職権で破産手続開始の決定をすることができる（法250条1項）。

10　再生計画の遂行

　再生計画認可の決定が確定したときは、再生債務者等は、すみやかに再生計画を遂行しなければならない（法186条）。監督委員が選任されているときは、監督委員は、再生債務者の再生計画の遂行を監督する。

11　再生手続の終結

　監督委員も管財人も選任されていない場合は、裁判所は、再生認可決定が確定したときに、再生手続終結決定をする（法188条1項）。

　監督委員が選任されている場合は、再生計画が遂行されたとき、または再生計画認可決定確定後3年を経過したときに、裁判所は、申立または職権により、再生手続終結決定をする（同条2項）。

　管財人が選任されている場合は、再生計画が遂行されたとき、または再生計画が遂行されることが確実であると認めるに至ったときに、裁判所は、申立または職権により、再生手続終結決定をする（同条3項）。

（宇都宮　一志）

Question 12 〔再生手続申立時点における債権回収手段〕

再生手続申立の事実を察知した時点で、金融機関には、回収のためどのような手段が残されていますか。

Answer

申立がなされても、弁済禁止の保全処分等が発令されない限り、開始決定までは、原則として、再生債権の個別的権利行使や強制執行は可能ですが、否認のリスクがあります。

この段階で有効な債権回収手段となり得るものとしては、①別除権行使による回収、②預金相殺による回収、③保証人からの回収、④物上保証人の担保からの回収などが考えられます。

解説

1 原則として再生債権の個別権利行使や強制執行は可能

再生債権の個別権利行使の禁止（法85条1項）や強制執行等の手続の中止（法39条1項）は、開始決定の効果として生じるものであり、再生手続開始の申立がなされただけでは、これらの効果が生じるものではない。再生手続開始の申立から開始決定までの間は、裁判所による中止命令（法26条1項）や包括的禁止命令（法27条1項）がなされない限り、再生債務者に対する強制執行等の手続が制限されるものではなく、したがって、債権者は、再生手続開始の申立後でも、原則として、債務者から弁済を受けたり、再生債務者の財産に対して強制執行等を行うことが可能である。

2 否認のリスク

もっとも、再生手続開始の申立後に再生債務者が既存の債務について担保の供与または債務の消滅に関する行為（弁済、相殺、更改、代物弁済、免除など）を行った場合、債権者が、再生手続開始の申立があったことを知っていたときは、開始決定後に否認の対象となる（法127条の3）。

3　弁済禁止の保全処分

　また、再生手続開始の申立があった場合、裁判所は、申立または職権で、開始決定があるまでの間、再生債務者の業務および財産に関し、仮差押え・仮処分その他の必要な保全処分を命ずることができる（法30条1項）。

　再生債務者が、弁済禁止の保全処分に違反して弁済その他の債務消滅行為を行った場合、再生債権者が弁済禁止の保全処分を知っていたときは、再生債権者は、再生手続の関係において、その債務消滅行為の効力を主張できず（法30条6項）、弁済等として受領したものを再生債務者に返還しなければならない。法30条の保全処分の趣旨は、再生手続の目的を実現するために、開始決定がなされるまでの間に再生債務者の財産が散逸するのを回避することにあり、再生手続が開始されなければ弁済は有効である。

4　強制執行等の中止命令や包括的禁止命令

　強制執行についても、再生手続開始の申立がなされただけでは、当然に手続が中止されるものではなく、新たな強制執行を申し立てることも可能であるが、中止命令（法26条1項）や包括的禁止命令（法27条1項）が発令されると、権利行使が封じられることになる。

5　再生手続開始申立後の有効な債権回収手段

　以上のことから、再生手続開始の申立がなされた後は、再生債務者から弁済を受けたり、再生債務者の財産に対する強制執行を行うことによって債権回収を行う方法は、必ずしも有効な債権回収手段とはなり得ない。

　再生手続開始の申立がなされた後に、有効な債権回収手段になり得るものとしては、①別除権行使による回収、②相殺権行使による回収、③保証人からの回収、④物上保証人の担保からの回収などが考えられる。

6　別除権の行使

　法53条1項により、再生手続開始のときにおいて再生債務者の財産に

ついて存する特別の先取特権、質権、抵当権または商事留置権は別除権とされており、同2項により、別除権は、再生手続によらないで、行使することができるとされている。

別除権は、開始決定後においても再生手続によらないで行使することができ、当然のことながら、申立後開始決定までの間も、別除権の種類に応じて、別除権の基礎である担保権本来の実行方法（民事執行手続による競売申立等）により、権利行使を行うことができる。

上記の担保権以外でも、仮登記担保は、仮登記担保契約に関する法律19条3項によって、抵当権と同様に扱われるし、非典型担保である所有権留保、リース、譲渡担保、集合動産譲渡担保、集合債権譲渡担保等も一般に別除権に該当するものと解されている。

この点、所有権留保に関する最高裁平成22年6月4日判決（金融・商事判例1353号31頁）は、自動車の売買代金の立替払をした信販会社が、購入者および販売会社との間で、販売会社に留保されていた自動車の所有権につき、これが上記立替払により自己に移転し、購入者が立替金および手数料の支払債務を完済するまで留保される旨の合意をしていた場合に、当該合意は、弁済による代位として残代金債権とともに販売会社に留保されていた所有権が信販会社に移転することを確認したものではないとしたうえで、再生手続が開始した場合に再生債務者の財産について別除権の行使が認められるためには、手続開始時にその担保権について登記、登録等を具備している必要があるとし（法45条参照）、信販会社が購入者に係る再生手続開始時点で上記自動車につき所有者としての登録を受けていないときは、留保所有権を別除権として行使することは許されない旨判示している（なお、代位により移転する債権に随伴して留保所有権が移転すると解することができる場合にまで登記、登録等の具備が必要か否かについてはなお議論の余地があることに留意が必要である）。

7　預金相殺による債権回収のための預金口座の凍結

(1)　預金相殺による債権回収のための預金の払戻拒絶措置

金融機関の取引先について再生手続開始の申立があった場合、金融機関

にとって最も有効な債権回収方法の1つとして、金融機関が有する債権と預金債権を相殺する方法がある。そこで、金融機関としては、相殺前に再生債務者によって預金が引き出されるのを防止すべく、再生債務者の預金口座を凍結し、預金の払戻拒絶措置をとる必要がある。

この点、預金払戻拒絶措置の違法性が争われた裁判例として、東京高裁平成21年4月23日判決（金融法務事情1875号76頁）があるが、この裁判例（判旨は後述）から見ても、再生債務者が再生手続開始を申し立てた後に、金融機関が再生債務者の預金（申立前に入金されたもの）について払戻拒絶措置をとっても違法にならないものと思われる。

もっとも、再生手続開始の申立後に入金された預金については、民事再生法93条1項により、入金時に、金融機関が、再生手続開始の申立があったことを知っていたときは、当該債務を受働債権とする相殺はできない。これに該当する場合に、再生手続開始の申立後に入金された預金について払戻拒絶措置をとると、不当な払戻拒絶措置であるとして不法行為による損害賠償責任を負うリスクがある。

(2) **預金の払戻拒絶措置についての裁判例（前掲・東京高判平成21・4・23）**

東京高裁平成21年4月23日判決の事案は、預金者と事業上極めて密接な関係がある会社が民事再生手続開始の申立をしたために、預金者の同会社に対する多額の貸付金債権の大部分が回収不能となる可能性が高くなり、そのため預金者は実質上の債務超過に陥り今後の事業継続が困難になったとして、金融機関が、預金者の普通預金の払戻拒絶措置をとり、その後、預金者から追加担保の提供もなかったため、期限の利益喪失の請求をし、貸付金との相殺を行った事案である。預金者は、普通預金の払戻請求を違法に拒絶され、払戻請求額相当の損害を被ったとして、金融機関に対し、不法行為に基づく損害賠償請求を行った。

この事案において、裁判所は、金融機関が預金の払戻拒絶措置をとった当時、預金者について期限の利益の請求喪失事由に該当する債権保全を必要とする相当の事由が生じていたこと、その後、追加担保の提供等がなかったことから、期限の利益を喪失させ、貸付債権と預金債権との相殺の措

置等がとられたという経緯となっていることに照らし、本件払戻拒絶措置は、合理的な措置であったということができ、違法とはいえないと判示している。

上記のとおり、この裁判例は、期限の利益を喪失させずに行った預金の払戻拒絶措置について、期限の利益の請求喪失事由に該当する債権保全を必要とする相当の事由が生じていた状況下であったことから、これを違法とはいえないとしたものである。

この点、①銀行取引約定書には、債務者に民事再生手続を含む法的倒産手続開始の申立があったことが期限の利益の当然喪失事由として規定されているのが通常であるし、②債務者に民事再生手続開始の申立があれば、債権保全を必要とする相当の事由が生じていることも明らかであると思われる。したがって、再生債務者が再生手続を申し立てた後に、金融機関が再生債務者の預金について払戻拒絶措置をとることは、上記の裁判例の判示内容に照らして考えても、違法にはならないものと考える。

なお、預金の払戻拒絶措置をとった後、合理的な期間内に相殺をせずに放置した場合、払戻拒絶措置をとることに違法性がないとはいえなくなることもあり得るので、注意が必要である（本多知成「預金の払戻拒絶措置の適否」金融法務事情1899号40〜41頁参照）。

8　保証人への履行請求、物上保証人の担保に対する権利行使

再生債務者について再生手続開始の申立がなされても、その後、開始決定がなされても、再生債権者による保証人に対する履行請求や物上保証人が提供した担保に対する権利行使は何ら制限されるものではない。

また、再生計画により、再生債務者の負担する主債務について、一部免除がなされても、再生計画は、再生債権者が再生債務者の保証人その他再生債務者とともに債務を負担する者に対して有する権利、物上保証人が提供した担保には影響を及ぼさないので（法177条2項）、保証人に対する債権者の権利や物上保証人が提供した担保に対する債権者の権利は何らの影響を受けるものでもない。

（宇都宮　一志）

Question 13 〔再生手続における権利行使〕

再生手続の申立がなされた後でも、金融機関は自らの債権や担保権に基づいて権利行使することができますか。

Answer

再生手続開始申立後も、中止命令や包括的禁止命令が発令されない限り、債務者に対する債権やそれを被担保債権とする担保権に基づいて履行請求や担保権の実行を行うことは可能ですが、再生手続開始決定後は担保権の実行または相殺権の行使など民事再生法が認める権利行使以外は許されず、再生計画によってのみ弁済を受けられることになります。

解説

1 再生手続開始申立後の権利行使の概要

(1) 再生手続開始申立後開始決定までの権利行使

① 原　則

再生手続開始申立がなされたとしても、再生手続開始決定までは弁済禁止（法85条）、強制執行等の他の手続の中止（法39条）などの効力は生じない。したがって、金融機関をはじめとする債権者は、自らの債権や担保権に基づいて権利行使することができる。ただし、次に述べる保全処分や相殺禁止による例外があるほか、再生手続開始決定がなされた場合には、それまでの権利行使に基づく弁済などが否認権の行使を受けることがある（法127条1項2号）。

② 例　外

強制執行・仮差押え・仮処分等の手続中止命令（法26条）、担保権の実行手続中止命令（法31条）、包括的禁止命令（法27条）が発令されている場合には、これに違反する債権や担保権に基づく権利行使はできない。

また、相殺については、債権債務の双方が相殺適状になったときは、直ちに相殺することができるが、支払停止後その事実を知りながら債務を負

担した場合、支払不能後その事実を知りながら相殺目的で債務者の財産の処分を内容とする契約を締結しもしくは他人の債務を引き受ける契約を締結して債務を負担した場合は、その債務との相殺は除外事由に該当するときを除き禁止されている（法93条）。また、再生手続開始申立後、支払停止後または支払不能後その事実を知りながら取得した債権による相殺も除外事由に該当するときを除き禁止されている（法93条の2）。

(2) 再生手続開始決定後の権利行使

① 原　則

再生手続開始決定がなされた場合は、民事再生法に特別の定めがある場合を除き、再生計画の定めるところによらなければ、弁済その他（免除を除き）再生債権を消滅させる行為をすることができなくなる（法85条1項）。これに反して債務者から弁済や担保の供与を受けた場合はいずれも無効となり、弁済金や担保の返還義務を負うことになる。

また、再生手続開始決定がなされた場合、再生債権に基づく強制執行・仮差押え・仮処分、再生債権を被担保債権とする民事留置権による競売、財産開示手続は禁止され、すでに開始されている強制執行等の手続は中止される（法39条1項）。

したがって、金融機関をはじめとする債権者は、再生手続開始決定後は、次に述べる担保権の実行または相殺権の行使など民事再生法が認める権利行使以外は許されず、再生計画によってのみ弁済を受けられる。

② 例　外

債務者の財産上に特別の先取特権、質権、抵当権、商事留置権または仮登記担保を有する者は、その財産について別除権を有し（法53条1項、仮登記担保に関する法律19条3項）、別除権者は再生手続によらず権利行使することができる（法53条2項）。ただし、担保権実行手続の中止命令が発令されている場合（法31条）には、当該担保権の実行を行うことはできず、担保権の消滅請求が行われた場合には、その手続に従ってのみ目的財産からの満足を得られることになる（法148条～153条）。

2 担保権の実行

(1) 概　要
① 担保権実行の要件と方法

別除権となる担保権は、再生手続によることなく権利行使できるが（法53条2項）、そのためには、再生手続開始前に登記その他の対抗要件を具備していなければならない（法45条1項、民法177条）。再生手続開始決定まで1～2週間程度であることを考慮すれば、再生手続開始申立時において、担保権について対抗要件が具備されていない場合には、再生手続開始決定までに対抗要件を具備する必要がある。その場合も、対抗要件具備行為の否認権行使を受けることがある（法129条）。

具体的な担保権の実行方法は、各担保権ごとに民法・民事執行法・設定契約等によって定められた方法（たとえば、不動産担保であれば、担保不動産競売、物上代位による賃料債権の差押え、担保不動産収益執行など）によることになるが、問題となる担保権については後述する。

② 不足額の権利行使と別除権の届出（再生手続開始決定後）

別除権者は、別除権の行使により弁済を受けることができない債権部分についてのみ、再生債権者として権利行使できる（法88条）。不足額の確定については、担保権の実行によるほか、担保権の全部もしくは一部を放棄し、または債務者等との合意により担保権の全部もしくは一部を解除して再生債権者として権利行使することが認められている（同条ただし書）。別除権の行使により債権全額の弁済を受けられないおそれがある場合には、別除権者は、債権届出期間内に債権届出を行うとともに、別除権の目的物および予定不足額を届け出る必要がある（法94条1項・2項）。また、不足額が未確定の債権者については、再生計画中に不足額が確定した場合の権利行使に関する適確な措置が定められ、これに従って弁済等を受けることになる（法160条）。

③ 別除権の目的物の受戻しと別除権協定（再生手続開始決定後）

別除権者は、別除権の目的物の受戻しにより、債務者から別除権の被担保債権全額の弁済を受け担保権を消滅させることもできる（法41条1項9

号)。別除権の目的物の価値の評価が重要であるため、債務者が別除権の目的物の受戻しをするためには、裁判所の許可または監督委員の同意を得なければならないとされている（法41条1項・54条2項後段）。

実務上は、担保権の目的物の価額を一括弁済して担保権消滅手続をとることが困難なため、債務者と別除権者との間で別除権目的物の受戻しの合意を含む別除権協定を締結し、別除権者が別除権を実行する代わりに、別除権の目的物の評価額（受戻額）を合意し、その評価額に基づいて別除権の被担保債権部分と別除権によって弁済を受けられない再生債権部分（不足額の確定）に分け、前者は別除権協定により弁済方法を合意して弁済し、後者は再生計画によって弁済することが一般的である。

(2) 担保権実行手続上の問題点
① 各担保権に係る問題点
イ 留置権

商事留置権は、別除権とされているものの、特別の先取特権とみなされる規定もなければ優先弁済権を付与する規定もないため（破産法66条1項参照）、従来、商事留置権者は目的物の留置権限と換価権限のみを有し、目的物の留置を続け、債務者との交渉による別除権の目的物の受戻し（法41条1項9号）または担保権消滅請求（法148条）による弁済を待つしかないとされてきた。しかし、最高裁平成23年12月15日判決（金融・商事判例1352号12頁）は、留置権者は留置権に基づく競売換価金を留置できるとしたうえ、再生手続開始申立前に取立委任を受けた約束手形につき商事留置権を有する銀行は、再生手続開始後の取立に係る取立金を銀行取引約定の取立充当約定により債権に弁済充当することができると判断した。

また、民事留置権については、再生手続開始決定により失効する旨の規定（破産法66条3項参照）もなければ、別除権とする規定もない。裁判例（東京地判平成17・6・10判例タイムズ1212号127頁）では、民事留置権の留置的効力は再生手続開始決定または再生計画の成立によって当然には失われないとされているため、民事留置権者は、目的物の留置を続けることは可能であるが、別除権とされていないため受戻しや担保消滅請求の対象とはならないと考えられる。

ロ　譲渡担保権その他の非典型担保

譲渡担保・所有権留保などの非典型担保については、別除権とする旨の明文の規定はないが、実務上、破産法・会社更生法と同様、別除権として取り扱う運用がなされている。

② 対抗要件の具備

不動産・船舶の担保については、設定登記が対抗要件となる。これらの登記について、再生手続開始前の登記原因に基づき再生手続開始後なされた登記または不動産登記法105条１号の仮登記（同条２号の仮登記も含まれると解するのが多数説である（花村良一『民事再生法要説』146頁ほか））は、再生手続開始を知らないでなされた場合を除き、再生手続との関係において無効とされ、この規定は他の登録・登記にも準用されている（法45条１項・２項）。したがって、これらの担保権の設定を受けていて登記留保等により登記・登録手続が未了の場合には、再生手続開始までに登記・登録手続を行う必要がある。なお、再生手続開始前の原因に基づいて再生手続開始前になされた仮登記については、不動産登記法105条１号２号を含めて、再生手続開始後も本登記請求ができると解されている（最判昭和42・８・25金融・商事判例75号５頁は、旧破産法55条に関して２号仮登記の本登記請求を認めている）。

債権譲渡担保についても、同様に、再生手続開始までに、確定日付ある通知もしくは第三債務者の承諾（民法467条２項）または債権譲渡登記（動産及び債権の譲渡の対抗要件に関する民法の特例等に関する法律（以下、「動産債権譲渡特例法」という）４条）を得ておく必要がある。

ただし、再生手続開始決定前になされた登記等の対抗要件であっても、それが支払の停止または再生手続開始申立後になされた場合は、権利の設定、移転または変更があった日（たとえば、担保設定契約日）から15日を経過後、支払の停止または再生手続開始申立の事実を知ってなされたときには、当該対抗要件具備行為（登記等）を否認することができるとされている（法129条）。登記留保・通知留保等により抵当権や債権譲渡などの担保設定を受けている場合には、これに該当する場合が多いと考えられるので注意が必要である（最判昭和40・３・９民集19巻２号352頁は、第三債務

者の承諾は、債務者の行為またはこれと同視すべきものではないとして、否認の対象にならないとしている）。

なお、この対抗要件の否認を免れるため、債務者の支払停止等を停止条件または予約完結権行使条件とする債権譲渡契約が多く利用されていたが、裁判例（最判平成16・7・16金融・商事判例1203号12頁）は、債務者の支払停止等を停止条件とする債権譲渡契約について、債務者に支払停止等の危機時期が到来後に行われた債権譲渡と同視すべきであるとして、旧破産法72条2号（破産法160条1項2号）に基づく否認権行使の対象となるとの判断を示した。再生手続においても、同様の理由から、偏頗行為否認の対象となると解される（法127条の3第1項）。

③ 根抵当権の元本確定

再生手続においては、破産手続の場合と異なり、再生手続開始申立または再生手続開始決定は根抵当権の元本確定事由となっていない（民法398条の20第1項4号）。他方、民事再生法148条6項は、根抵当権が担保権消滅許可の対象となる場合に根抵当権の元本が確定する旨規定されており、その反対解釈からみて、再生手続開始決定によって根抵当権の元本は確定しないと解される。したがって、再生手続開始申立はもちろん再生手続開始決定がなされただけでは、根抵当権の元本は確定せず、そのために別途根抵当権の元本確定請求（民法398条の19第2項）、競売等の申立その他の確定事由（同法398条の20第1項各号）が必要となる。極度額と被担保債権額との間に空き枠がある場合には、債務者が振り出した回り手形の取得可能性などを調査したうえで、元本確定手続をとる必要がある。

このほか、再生手続開始後、債務者が根抵当権の消滅請求を行った場合には、根抵当権者が担保消滅の許可決定書および担保権消滅許可申立書写しの送達を受けたときから2週間経過したときに、根抵当権の元本は確定する（法148条2項・6項）。

根抵当権の元本が確定した場合は、再生計画案に極度額を超える被担保債権部分についての仮払、根抵当権の行使によって弁済を受けられない債権部分が定まった場合の精算に関する条項を定めることができる（法160条2項）。

④　集合債権譲渡担保・集合動産譲渡担保の固定化と実行
　　イ　固定化の有無
　集合債権譲渡担保は、企業が有する売掛金など第三債務者や残高が変動する債権を、集合動産譲渡担保は、企業が有する原材料や在庫商品など構成部分が変動する動産を、いずれも集合物として一括して譲渡担保の目的とするものである（最判昭和62・11・10金融・商事判例791号3頁ほか）。
　一般的に、集合債権譲渡担保および集合動産譲渡担保では、設定契約において、債務者が再生手続などの法的倒産手続申立を行ったり債務不履行を行った時点で、当然にまたは債権者からの通知により、担保目的物を確定し、その時点で存在する債権・動産を譲渡担保権の目的財産とする旨約定されており（固定化）、譲渡担保権が実行された場合にも、固定化が生じるとされている。固定化が生じた場合、その時点で目的債権・動産の範囲は確定し、その後債務者が取得する債権・動産には集合債権譲渡担保・集合動産譲渡担保の効力は及ばない。
　再生手続開始申立または再生手続開始がなされた場合、集合債権譲渡担保または集合動産譲渡担保の実行がないときでも固定化が生じるかどうかについては、固定化が生じるとする意見が多数説であるが、再生手続開始申立または再生手続開始後に発生する債権・動産に対する譲渡担保権の効力につき争いがあるため、実務上は別除権協定を締結することにより対応しているとされている（園尾隆司ほか編『民事再生法 最新実務解説一問一答』549頁〔加茂善仁〕）。
　　ロ　実行手続
　集合債権譲渡担保の実行手続は、目的債権の第三債務者に対して、取立権を行使する旨の通知または動産・債権譲渡特例法に定める登記事項証明書を交付して行う債権譲渡の通知（動産債権譲渡特例法4条2項）を行った後、当該債権を第三債務者から直接取り立てることができる。この場合、これらの通知が第三債務者に到達するまでに、第三債務者が債務者に支払ってしまえば、原則として、第三債務者から取り立てることはできなくなるので、再生手続開始申立の情報に接したときは、すみやかにこれらの通知および取立を行う必要がある。

また、集合動産譲渡担保の実行手続は、通常、債務者に対する実行通知をもって行われる。これにより債務者は目的動産の処分権を失い、債権者は特定譲渡担保の実行方法である帰属清算または処分清算によって被担保債権の弁済に充当することができる。

なお、再生手続開始申立を理由として債務者に付与されている債権取立権限・動産処分権限を解除する旨約定されている場合があるが、裁判例（最判平成20・12・16金融・商事判例1308号40頁）で、再生手続におけるファイナンスリース契約の再生手続申立解除特約を無効としていることから、実務上、別除権協定において、債務者に債権取立権限・動産処分権限を認めるとともに、再生手続開始申立後または再生手続開始後に債務者が取得した債権または動産について譲渡担保権の効力が及ぶことを認め、債権取立金・動産売却代金から一定額の弁済を受けることにより解決が図られているとされている（園尾ほか編・前掲542頁）。

3　相殺権の行使

(1)　原　則

債務者が再生手続開始申立を行った場合、金融機関をはじめとする債権者は、預金など債務者に対する債務と債務者に対する債権とを相殺適状としたうえで、対当額で相殺することができる。実務上は、再生手続開始申立の時点で、直ちに相殺権を行使することは少なく、再生手続開始決定後債権届出期間満了までに相殺通知を行うのが一般的である（法92条）。

(2)　相殺禁止

支払停止後その事実を知りながら債務を負担した場合、または支払不能後その事実を知りながら相殺目的で債務者の財産の処分を内容とする契約を締結しもしくは他人の債務を引き受ける契約を締結して債務を負担した場合は、その債務との相殺は、除外事由に該当するときを除き禁止されている（法93条）。また、再生手続開始申立後、支払停止後または支払不能後その事実を知りながら取得した債権による相殺も、除外事由に該当するときを除き禁止されている（法93条の2）。

以上から、再生手続開始申立後、振込等により新たに取得した預金など

の債務、手形割引や回り手形などにより取得した債権については、再生手続開始申立等の事実を知らないで取得等した場合を除き、いずれも相殺禁止となるから、これらを対象とする相殺権の行使はできない。

　その他相殺に関する詳細については、Q42を参照されたい。

4　その他債権の履行請求

(1)　催　告

　再生手続開始申立がなされた場合でも、債権者が債務者に対して債権の履行請求を行うこと自体は禁止されていない。金融機関の場合、債務者が再生手続開始申立を行ったときは、期限の利益喪失通知を兼ねて催告書を送付することが多い。ただし、債務者について弁済禁止の保全処分が発令されている場合には、その事実を知って弁済受領したときは、当該弁済は再生手続との関係で無効となることから（法30条6項）、実際には催告は期限の利益喪失だけの意味になる。

(2)　弁済受領

　再生手続開始申立がなされた場合でも、債権者は、債務者から債権の弁済を受領することは可能である。ただし、債務者について弁済禁止の保全処分が発令されている場合には、その事実を知って弁済受領したときは、当該弁済は再生手続との関係で無効であり、債務者に対して返還しなければならない（法30条6項）。

　また、再生手続開始申立後、債権者が債務者から弁済を受けた場合、債務者が再生手続開始申立を行っていることを知っていたときは、当該弁済は否認権行使の対象となる（法127条の3第1項1号）。この場合、弁済期にあるなど弁済が債務者の義務に属するときは、否認権を行使する者が弁済受領者の悪意（再生手続開始申立を行っていることを知っていたこと）の立証責任を負い、弁済が債務者の義務に属さないときは、弁済受領者が善意（再生手続開始申立を行っていることを知らなかったこと）の立証責任を負うとされている（法127条の3第2項2号）。

(3) 訴　訟
①　係属中の訴訟
　債務者に対して訴訟係属中に債務者が再生手続開始申立を行った場合、保全管理命令が発令されたときを除き、債務者は、財産に対する管理処分権を有しており、当事者適格を失うことはないから訴訟も中断しない（法38条1項）。これは、債務者に対する債権の履行を求める訴訟であっても変わりはない。ただし、債務者の財産関係（身分関係や組織法上の紛争は除く）の訴訟手続については、裁判所は、債権者間の衡平を図るため、必要があると認めるときは、申立または職権で、中止命令を発令することができる（法26条1項3号）。また、訴訟を追行して再生手続開始までに勝訴判決を得て債務名義を取得しても、再生手続開始後は再生債権に基づく強制執行等は禁止される（法39条1項）。

　なお、再生手続開始決定がなされた場合は、債務者は、管理命令が発令されたときを除き、財産に対する管理処分権を有しており当事者適格を失うことはないから、再生債権に関しない訴訟は中断しないが、再生債権に関するものは中断する（法40条1項）。また、管理命令が発令された場合には、債務者は、財産に対する管理処分権を失い、管財人が管理処分権を取得するため（法64条1項）、訴訟は中断し、管財人または相手方による受継手続が必要となる（法67条2項～4項）。

②　訴訟提起
　債務者が再生手続開始申立を行った場合でも、債権者として、債務者に対し、債権の履行請求その他債務者の財産に関する訴訟を提起することは可能である。ただし、当該債権が再生債権である場合は、再生手続開始決定がなされれば、訴訟は中断し、民事再生法に特別の定めがあるときを除き、再生計画の定めるところによらなければ、債務者は弁済その他の行為をすることができなくなる（法40条1項・85条1項）。

(4) 民事執行
①　手続中の民事執行
　債務者の財産に対して民事執行手続中に債務者が再生手続開始申立を行った場合、強制執行の手続中止命令（法26条）が発令されたときを除き、

民事執行手続が中止されることはない。ただし、再生手続開始決定がなされた場合には、すでに開始されている再生債権に基づく強制執行等の手続も中止される（法39条1項）。

② **民事執行の申立**

債務者が再生手続開始申立を行った場合、担保権の実行手続中止命令（法31条）、包括的禁止命令（法27条）が発令されたときを除き、債権者として、債務者の財産に対し、債権または担保権に基づいて民事執行手続の申立を行うことは可能である。ただし、再生手続開始決定がなされた場合には、すでに開始されている再生債権に基づく強制執行等の手続は中止される（法39条1項）。このため、債務者の再生手続開始申立後、債務者の財産に対し民事執行の申立を行うことは、別除権となる担保権の実行による場合または再生手続開始決定までに民事執行手続が完了するという例外的な場合に限るべきである。

（濵岡 峰也）

3 金融機関としての対抗手段

Question 14 〔再生手続への対抗手段〕

金融機関としては、債務者が申し立てたDIP型の再生手続を受け入れるべきでないと考えた場合に、どのような対抗手段がありますか。

Answer

債権者としては、債務者の役員が自ら再建手続を進めることに異論がある場合には、管理命令や会社更生手続の申立が考えられます。また、再生手続の必要がないと考えられる場合や、逆に事業継続が不可能と考えられる場合には、再生手続を開始しないよう求めたり、開始決定に対して即時抗告をすることが考えられます。

解説

1 はじめに

融資先の債務者が自ら再生手続の申立をした場合に、債権者である金融機関としては、様々な理由により、そのまま債務者が再生手続を進めることに異論がある場合がある。

その理由として考えられるのは、①債務者がそれほど窮状になく、再生手続の開始の原因がないと考えられる場合、②債務者の経営陣に不信感があり、現経営陣によって再生手続が進められることに反対の場合、③再生手続をとっても事業継続の見込みがない場合などである。

そこで、それぞれの場合について、金融機関としてとり得る手段について検討する。

2　開始の原因がない場合

(1) 再生手続の開始原因

再生手続においては、再生債権の大幅な免除を内容とする再生計画が作成されることが多く、再生債権者に与える影響は大きい。そのため、債務者が、それほど資金繰りに窮しておらず、十分に事業継続が可能であると考えられるにもかかわらず、再生手続開始の申立をした場合、債権者としては再生手続が開始されることに反対したい。また、債務者が私的整理による再建を検討し、金融機関としてもこれに協力している中で、債務者が私的整理を断念して再生手続を申し立てる場合もある。このようなときにも、私的整理の方が有利となり得る場合には、債権者としては再生手続が開始されることに反対したい。

ところで、再生手続が開始されるための要件としては、①破産手続開始の原因となる事実の生ずるおそれがあるとき、または②事業の継続に著しい支障を来すことなく弁済期にある債務を弁済することができないときのいずれかとされている（法21条1項）。

①　破産手続開始の原因となる事実とは、債務者が存続中の合名会社・合資会社を除く法人であるときは、(イ)支払不能（支払能力を欠くために、その債務のうち弁済期にあるものにつき、一般的かつ継続的に弁済することができない状態をいう）、または(ロ)債務超過のことを指す。したがって、債務者が支払不能や債務超過の状態になるおそれがあるときに、再生手続が開始されることになる。

②　事業の継続に著しい支障を来すことなく弁済期にある債務を弁済することができないときとは、支払不能に至っていなくても、債務の弁済に必要な原資を捻出するためには、事業の継続に必要な財産の処分や高金利での借入に頼らざるを得ないような状態のことをいう。

(2) 債権者としてとり得る手段

裁判所は、債務者からの再生手続開始の申立に対して、上記の開始原因があるかどうかの判断をする。もっとも、再生手続開始の判断にあたっては、再生債権者の意見聴取は要件とされていないので、基本的には債務者

の申立の内容のみによって開始原因の有無を判断することになる（監督命令が出されている場合には、監督委員の意見を聴取することはある）。そこで、債権者たる金融機関としては、事実上、裁判所に対して、開始原因がないことについて、資料を提出して意見を述べ、申立の棄却を促すことが考えられる。

また、開始原因があると裁判所が判断し、再生手続開始の決定が出された場合、債権者たる金融機関とすれば、その開始決定に対して即時抗告を申し立てることが可能である（法36条1項）。

この即時抗告は、再生手続開始決定の公告の効力が生じた日（官報掲載日の翌日）から2週間以内に申し立てなければならない。

また、再生手続開始の申立時点では開始原因があった場合でも、債権届出期間の経過後再生計画認可決定の確定前に、開始原因が存在しなくなった場合、裁判所は、債権者の申立などによって、再生手続を廃止しなければならない（法192条1項）。債権者としては、債務者の財務状況が著しく回復したり、予想よりも再生債権額が少額であったために債務超過でないことなどが判明した場合には、この再生手続の廃止を申し立てることを検討すべきである。

3　経営陣に不信感がある場合

(1) DIP型の問題点

債務者には再生手続の開始原因もあり、債権者としては民事再生を進めること自体は了解せざるを得ない場合でも、DIP型、すなわち債務者の経営陣がそのまま会社の経営を続けることが不当と考えられる場合がある。たとえば、債務者の役員が粉飾決算をしていた場合、詐害行為や偏頗行為を行っている場合、役員個人に横領や背任的な行為がみられる場合、債務者の事業の再建に必要な能力・意思が欠けている場合などが考えられる。

このような場合に、債権者として、適切に再生手続が進められるようにとるべき手段について検討する。

(2) 管理命令の申立

　裁判所は、利害関係人の申立または職権により、再生債務者の業務および財産に関して管財人による管理を命ずることができる（法64条1項）。このような管理命令が出されると、再生債務者の業務を遂行し、財産を管理・処分する権限は管財人に専属するものとされ、再生債務者自身はその権限を失う（法66条1項）。

　民事再生法は、裁判所や監督委員の監督のもとで、債権者や利害関係人の利益を調整しつつ、自主的な再建を望む再生債務者自身が主体となって、事業の再建に取り組むというDIP型を原則としている。したがって、管理命令によって第三者に再建を委ねることは例外的な取扱いとされており、要件も限定されている。再生債務者による財産の管理や処分が失当であるときでも、多くの再生債権者が事業継続を希望しないような場合や、管理命令によっても事業の再生の見込みがない場合には、管理命令を出すべきではないと考えられる。

　再生債務者の役員が背任・横領的な行為をしていたり、多額の粉飾決算をしていたことによって倒産手続に至ったような場合は、再生債務者自身による財産の管理や処分は適当ではなく、債権者とすれば、管理命令の申立を検討することになろう。

　ただし、債権者からの管理命令の申立が棄却された場合には、これに対して即時抗告等の不服申立をすることはできない。

　上記のとおり、管理命令の発令は要件が限定されており、再生手続がDIP型の手続を原則としていることから、裁判所も管理命令の発令には必ずしも積極的ではない（大阪地裁は東京地裁に比べて管理命令の発令件数が多いなど、地域によって裁判所が管理命令の発動に積極的かどうか差があるといわれている）。

(3) 会社更生手続開始の申立

　そこで、債権者とすれば、DIP型ではなく、第三者に事業の再建手続を委ねる方が望ましいとして、会社更生手続開始の申立をすることが考えられる。会社更生手続は、DIP型ではなく、裁判所が管財人を選任し（会社更生法42条1項）、更生管財人の手によって業務の遂行や財産の管理・処

分がなされるのが原則であり、再生債務者の役員から、管財人に会社の経営権が移ることになる。会社更生手続は、債務者の資本金の10分の1以上の債権額を有する債権者であれば、その申立が可能である（会社更生法17条2項1号）。そして、裁判所が、会社更生手続の開始を決定すれば、再生手続が先行している場合でも、再生手続は中止し（法50条1項）、会社更生手続が優先して手続が進むことになる。

ただし、会社更生手続が開始される要件は、再生手続開始の要件とほぼ同じであるが、再生手続が先行している場合には、再生手続によることが債権者の一般の利益に適合するときは、会社更生手続開始の申立は棄却されるので、注意が必要である（同法41条1項2号）。

ここで「債権者一般の利益に適合する」とは、弁済の時期や額のみならず、事業継続による取引先債権者の利益、資本構成の変化等による債権者の企業経営参加の要否等を総合的に考慮し、特定の債権者ではなく、債権者全体の利益に適合するかどうかが判断される（大阪高決平成18・4・26金融・商事判例1244号18頁）。再生計画がすでに可決されていたり、再生計画案が作成され、これに多くの債権者が賛成する見込みという状況などであれば、再生手続の方が債権者一般の利益に適合するという判断がなされやすいといえよう。

(4) 債権者委員会

債権者は、再生債権者をもって構成する債権者委員会を組織し、裁判所の承認を得て再生手続に関与することができる（法117条1項）。

裁判所の承認を受けた債権者委員会は、個々の債権者にはない様々な権限が認められている（法114条前段・117条3項・118条2項・118条の2第1項・154条2項等）。たとえば、再生債務者の業務や財産の管理状況等について意見がある場合、債権者委員会を組織し、債務者による事業の再建等に対して積極的に意見を述べるなどし、関与していくことが可能である。個別の債権者から意見を述べるよりも、その影響力は大きいといえよう。

ただし、債権者ごとに利益状況や意見は異なることも多く、実務的にも、承認を得た債権者委員会が再生手続に関与したというケースはそれほ

ど多くない。

(5) 代理委員

債権者委員会の他に、再生手続において債権者の意見を反映させるための機関として、代理委員制度がある。これは、単独ないし利害を共通にする複数の再生債権者が、裁判所の許可を得て、1人または数人の代理委員を選任することができる制度である（法90条1項）。

代理委員は、債権者委員会のような特別な権限を有するものではないが、これを選任した再生債権者のために、再生手続に属する一切の行為をすることができるとされているので、再生債権者が行使できるすべての権限を、個別の授権なくして代理行使できる（法90条3項）。個々の再生債権者が意見を述べるよりも、共通の利害を有する再生債権者が選任した代理委員から再生債務者の業務や再生計画に意見を述べることによって、より再生債権者の意見は反映されやすくなるといえよう。

4 事業継続の見込みがない場合

債務者が再生手続を申し立てても、債務者にスポンサーがつく見込みがなく、また債務者の財務状況などからすると、およそ事業継続が不可能と思われる場合もある。このような場合に、無理矢理事業を継続し、その間に債務者の財産を処分して資金繰りに充てたり、さらに借入をするなどして負債が増加するということも考えられる。そうすると、およそ事業継続が見込めないのであれば、早期に事業継続を断念し、債務者の財産を散逸させることなく清算した方が、債権者に対する配当率が高くなるケースもある。

このような状況において、債務者が再生手続を申し立てた場合、債権者とすれば、再生計画の作成、可決の見込みがないとして、再生手続の申立を棄却するよう促すことが考えられる（法25条3号）。また、裁判所が再生手続を開始した場合には、このような棄却事由があるのに再生手続を開始したことは違法であるとして、即時抗告を申し立てることが可能である（法36条1項）。民事再生の申立が棄却された場合、債務者はもはや事業継続を断念して自ら破産を申し立てることも多いであろうし、裁判所が職権

で破産手続を開始することも可能であり、債権者の立場で債務者の破産を申し立てることも考えられる（破産法18条1項）。

　債務者に再生手続が開始された場合、その手続中は、債権者は、破産手続の開始を申し立てることはできない（法39条1項）。再生手続開始後、債務者の事業継続が不可能になった場合、債権者とすれば、決議に付するに足りる再生計画案の作成の見込みがなくなったとして、裁判所に再生手続の廃止を求めることが考えられる（法191条1号）。もっとも、これは債権者に具体的な申立権があるわけではなく、裁判所の職権発動を促すという意味しかない。

　裁判所が再生手続を廃止した場合、裁判所の職権で破産手続が開始されることがあるし、債権者として、破産手続を申し立てることも可能となる。

（奥津　周）

Question 15 〔プレパッケージ型再生〕

プレパッケージ型再生手続とはどのようなものですか。プレパッケージ型申立では、金融機関はどのような点に留意して対応すべきですか。

Answer

「プレパーケージ型再生手続」とは、再生手続の申立をする以前に、スポンサーを決定し、再建の方向性や資金繰り等についてあらかじめスポンサーと協議したうえで、申立を行う場合をいいます。しかし、債務者とスポンサーとの間で再建の方向性等について具体的にどこまで固まっているか、またその内容も千差万別ですから、金融機関としては、スポンサー支援の内容、予想される回収額等を勘案し、当該スポンサーによる再生手続に同意するか、再入札等により、別のスポンサーを募集することを求めるのかを判断する必要があります。

解説

1 プレパッケージ型再生手続とスポンサー選定

(1) プレパッケージ型再生手続とは

「プレパッケージ型」再生の明確な定義はないが、日本においては、再生手続の申立をする以前に、スポンサーを決定し、再建の方向性や資金繰り等についてあらかじめスポンサーと協議したうえで、申立を行う場合をいう。

これにより、スポンサーの支援表明やDIPファイナンスにより、再生債務者の信用を補完し、事業価値の劣化を防止する効果が期待できる。再生債務者は、債権者に対して公平誠実義務を負っているため（法38条2項）、スポンサー選定を適正に行う必要があり、プレパッケージ型以外では、申立後に、入札によりスポンサー選定を行うのが通常であるが、事業価値の劣化を防止するべく迅速性が要求されるプレパッケージ型では入札によらない場合が多い。

(2) 再生手続において、スポンサーが必要となる理由

① 再生法上、スポンサーの選定が義務づけられているわけではなく、多くの再生手続の場合は、スポンサーなしに、事業の継続により得られる将来の収益から既存債務の弁済を行うという、いわゆる自主再建が行われている。

しかし、一般的に、再生手続の申立がなされると、金融機関からの新規融資を受けることはできなくなり、受取手形の割引もできず、また、売掛金について債権譲渡担保に供している場合は、これを資金繰りに充てることもできないため、運転資金に窮する。

また、仕入先や下請け先等の商取引債権者に対する既存債務については、弁済禁止の保全処分により支払が棚上げされるが、事業継続のため、新たな仕入、発注を行う際には、そもそも取引を拒絶されるか、仮に応じてくれるとしても、保証金その他の担保提供の要求、手形での支払の拒絶、現金と引換えでの納入、あるいは従前より大幅に支払期日を圧縮した期日での支払等を求められ、事業継続が極めて困難になる。

② そこで、資金繰りについては、スポンサー候補者が、必要運転資金の調達の支援やDIPファイナンスによる運転資金の調達を行うことで問題が解決できる。

また、取引の継続については、スポンサー候補者が、再生債務者に対する支援表明を行うことで、申立後の取引により生じた債務について確実に支払うことができ、スポンサー候補者の支援により事業を従来どおり継続することが可能であることを示し、上記のような信用不安を払拭し、商取引活動を円滑に行うことができる。

③ 窮境にある会社が、スポンサーに期待するのは、法的倒産手続の申立後に発生する信用不安の払拭にあるといっても過言ではなく、商社、メーカー等、多数の仕入先、取引先を有する事業会社の場合は、かかる信用補完をしてくれるスポンサーの支援が不可欠であるともいえる。

再生債務者にとって、再生申立により惹起される一連の信用不安を、申立と同時にスポンサーが支援表明を行うことにより回避でき、その後の事業継続に際しても資金繰りを心配することなく行うことができ、手続も円

滑に進めることができるメリットは、金銭で見積もるのが難しいものの、相当に大きいことは否定できない。いつでもそのようなスポンサーが見つかるとは限らないとはいえ、再生債務者あるいは再建型倒産手続に精通した弁護士としては、可能であれば、プレパッケージ型再生を第一に検討するといっても過言ではない。

債権者である金融機関にとっても、申立時点でスポンサーが選定されていることの有用性については、一般論としては、異論がないものと思われる。

(3) 再生手続において、誰がスポンサーを選定するのか

再生手続は、窮境にある事業会社の経営者が自ら事業の再建を図ることが原則とされており、スポンサーを選定するか否か、あるいは、どのようなスポンサーを選定するかについても、第一次的には、再生債務者の経営判断の問題である。

そして、再生債務者が合意したスポンサーの支援条件は、将来の再生計画に反映され、その計画の当否については最終的に債権者の判断を仰ぐことになる。もし、再生債務者が、スポンサーに対して、再生計画によらない事業譲渡を行う場合は、裁判所の許可が必要であり、その前提として、再生債権者の意見を聴取する必要がある。

このように、本来的に、スポンサーの選定は、再生債務者が行うものであり、その当否については、裁判所もしくは債権者の判断に委ねられることが予定されているといえる（中村清「倒産手続におけるスポンサー募集上の留意点」今中利昭先生古稀記念『最新倒産法・会社法をめぐる実務上の諸問題』258頁）。

2　プレパッケージ型再生における利害関係人

(1) 再生債務者の場合

民事再生の申立を検討せざるを得ない事業会社は、通常、資金繰りが厳しく、金融機関に対する返済も貸出時から条件変更されているか、全部または一部が滞っている場合も多い。したがって、通常は、たとえ再生債務者から運転資金の借入の要請があっても、金融機関は、与信リスクを拡大

させるような新規融資には応じないであろうし、必ずしも再生債務者と協力的な関係にあるとはいえない。

　そうすると、再生債務者が、弁護士、公認会計士等と相談し、事業を立て直すため、民事再生の申立を前提としたスポンサーを募集することになっても、そのことを金融機関に事前に相談するケースはむしろ少ないといえる。

　また、スポンサーを広く募集していることが公になると、そのこと自体により、取引先等から、再生債務者の財務に問題があるのではないかといった信用不安を惹起する可能性もあるため、通常は、秘密裡に行われる。そのため、ＦＡを選定して、広くスポンサーを募集する入札手続を実施することは事実上不可能であり、かつ、再生債務者の資金繰り破綻の時期が迫っている場合は、スポンサーを募集する期間も極めて短期間に限定される可能性がある。

　そのような限られた条件下で、再生債務者にとって最善と思えるスポンサー、すなわち、仕入先、得意先ひいては金融機関にできるだけ迷惑をかけず、今後の事業継続に必要な資金の支援をし、従業員や雇用条件を従来どおり尊重してくれるような先を選定せざるを得ない。

(2) スポンサー候補者の場合

　スポンサー候補者としても、一般的に、法的倒産を選択しない会社の方が、法的倒産による信用失墜による事業価値の毀損が少ないため、支援に要するコストも少なくできる。

　しかし、過大な有利子負債がある場合や簿外債務がある場合等は、法的倒産手続を経て、大幅な債権カットを行うことにより、支援が検討できる場合がある。もっとも、スポンサー候補者としても、実際に法的倒産手続を申し立ててみなければ、信用毀損がどの程度の影響を及ぼすか、事業は間違いなく継続できるのか、将来の収支はどうなるのかを事前に確実に予測することは、極めて困難である。

　この点、申立と同時に自らスポンサーとしての支援表明を行うことにより、スポンサーが存在しない場合に比較して、信用不安の惹起を格段に回避できるとはいえ、再生債務者の申立による事業価値への影響が把握でき

ない段階で、支援表明を行うことは、スポンサー自ら、あえて相当のリスクを背負うことになる。なぜなら、当該支援表明に先立ち、ＤＤ等を含む人的・資金的コストを投入する必要があるうえ、申立後に予想以上に事業価値が劣化したなどの理由で、支援表明を撤回することは、たとえ法的には可能であっても、それまでに投じたコストの回収ができず、また、自社のレピュテーションリスクを勘案したとき、事実上不可能ともいえるからである。

　また、そうでなくても、申立後に、事業価値の毀損の程度を見極めたうえで、別のスポンサー候補者が、自社より有利なスポンサー提案をしてきた場合、申立前のスポンサー候補者と再生債務者とのスポンサー支援に関する契約は、通常、再生債務者への支援は具体的には全部または一部が履行されておらず、また、スポンサーへの事業譲渡や経営権の譲渡等は履行されていないから、開始後に、再生債務者から双方未履行の双務契約であるとの理由で解除されるとする考えもある（法49条）リスクがある。

　したがって、スポンサー候補者としては、申立後に、別のスポンサー候補者が現れても、再度入札等の手続を経ないことを求めたり、仮に、再入札を実施する場合でも、自社に有利な取扱い（別のスポンサー候補者の提示額が高くても、同額を自社が提示できれば、自社がスポンサーになることができる「ラストルック」）や、仮に、落札できなかった場合は、一定額のブレイクアップフィー（当初のスポンサー候補者より好条件を提示した他のスポンサー候補者との間でスポンサー契約がなされた場合に、当初のスポンサー候補者に対して支払われる一種の補償料）を支払うよう求めることになる。

　わざわざリスクを冒して、人的・金銭的コストを投入しても、申立後に必ず入札が行われ、自社がスポンサーになるとは限らないのであれば、わざわざかかるリスクを冒すスポンサーはおらず、申立後の入札に応札すれば足りると考えるのは当然の帰結である。

　また、再生債務者の事業のもつ現在もしくは将来の収益性に着目して投資をするスポンサーの目線からすると、再生手続の中で、金融機関をはじめ取引先が有する再生債権はできるだけ大幅に圧縮して（免除してもらい）、投資額を抑制するか、あるいは、将来の事業継続のための投資に資

金を注入したいと考えるのであって、スポンサーの拠出額が多ければ、金融機関の債権回収額が必ず増加するという関係にあるわけではない。

(3) 金融機関の場合

貸出先が民事再生の申立をした場合、金融機関の最大の関心事は、何といっても、自行の有する債権の最大回収であることはいうまでもない。そのために、再生債務者が自らスポンサーを見つけてきて、同スポンサーが、資金提供等の協力を行うことにより、法的倒産手続に伴う信用不安を可能な限り抑え、事業価値を毀損せずに事業を継続できるとすれば、それは、将来の回収可能性を高めるものともいえ、スポンサー自身の信用に問題があるとか、再生債務者と一蓮托生であるいった場合でなければ、基本的には歓迎すべきことであろう。

しかしながら、一方で、2(1)で述べたように、申立前の段階では、密行性が重視されることから、スポンサーを入札方式で選定することはほとんどなく、いわゆるメインバンクであっても、申立時に、スポンサーが決定していた事実をはじめて知ることも多いといえる。

そのため、申立後にスポンサーの存在を認識した金融機関としては、その選定過程についての情報がなく、真に再生債務者にとってベストなスポンサーであるのか、にわかに判断できないという事態に直面する。一方で、当該スポンサーの協力により、申立後の混乱が抑制されるか、あるいは収まり、事業継続の見込みが確認できた段階で、裁判所もしくは監督委員の監督のもと、改めて、広く入札手続により、スポンサーを募集することができれば、より多くの資金を投入する（ひいては債権回収に資する）スポンサーが現れるかもしれないという期待もある。

そうすると、金融機関としては、債権回収の最大化のため、プレパッケージ型再生の手続が開始された場合でも、常に再度入札によるスポンサー募集を求めるべきとも考えられる。

しかし、2(1)で述べたとおり、本来的に、スポンサーの選定は再生債務者が主体となって行うべきものであるうえ、2(2)で述べたとおり、申立前にリスクを冒してスポンサーに名乗りを上げても、申立後に再度入札手続が行われるのであれば、そもそもそのようなスポンサー自体が現れなくな

り、ひいては債務者の早期再生を阻害するおそれがある。

これでは、再生債務者にとっても、金融機関にとっても、自ら首を絞めることになりかねないため、どのような場合に、入札を求めるべきかが問題となる。

3　スポンサー選定において金融機関が留意すべき点

(1) 申立後に再度入札が必要か否かの基準

前述のとおり、金融機関にとっては、再生債務者から、申立前に、スポンサー選定に関する情報がまったく受けられず、申立後にはじめてスポンサー名やその契約内容等を知るケースも多い。

再生債務者は、申立後、スポンサー契約の内容やスポンサー選定の過程等を裁判所および監督委員に対して説明しつつ、遂行していることが多いと思われるが、金融機関としても、債権回収の最大化を図るため、スポンサー選定過程が適切だったのか、スポンサー契約は相当なのかについての検証を行い、いずれかが不当であると判断した場合は、入札手続の実施により、よりよいスポンサーを募集することを再生債務者等に求める必要が生じる。

具体的には、いかなる経緯で当該スポンサーが選定されたのか、スポンサー条件の内容がどのようなもの等である。

この点、申立前に、再生債務者が、スポンサー等と支援に関する契約書を締結している場合において、申立後に、さらによい条件を提示した者がいた場合、再生債務者は、当該申し出を拒絶し、既存のスポンサー契約等を解除しなくても、公平誠実義務（法38条2項）に反せず、また、監督委員も善管注意義務（法60条）に違反しないのか、という点に関して、再度入札を実施するなどの必要がない場合の要件・基準が複数提唱されている（お台場アプローチなど。詳細については、Q16参照）。

それらは、いずれも、①事業継続のため、スポンサー等を選定する必要があること、②複数の候補者と交渉するなど、実質的に競争が成立するようにスポンサー等を募っていること、③スポンサー契約に債務者側に不相当な内容・条件が含まれていないこと、④事業価値の評価としての妥当性

が第三者の意見等により認められること、⑤スポンサー候補者が資金繰りや事業上の協力等を実施していること等の要件が提案されている。

　むろん、すべての要件を満たす事案はむしろ少ないと考えられ、個別具体的な案件ごとに入札の可否を判断するしかないが、検討する際の手がかりとなることは間違いない。

(2) 金融機関としてチェックすべき点

　金融機関としては、とりわけ、①スポンサーの拠出額（スポンサーへの事業譲渡額等）の相当性、②スポンサー選定過程の透明性がポイントとなろう。

① 価格の相当性

　プレパッケージ型再生では、入札を経ずにスポンサーが選定されていることが多く、金融機関自らが、再生債務者に相応しいスポンサーを見つけ出せる場合を除けば、比較対象となる提案（価格）がないため、事業価値の評価の妥当性を判断することは一般的に困難である。

　少なくとも、スポンサーが誰もつかずに直ちに破産清算に至った場合の清算価値を上回るものであることが必要であることはいうまでもないが、スポンサー候補者の提示する価格が高ければよいともいい切れない。事業計画を実際に遂行するだけの人的・物的・資金的能力があり、従業員の雇用や労働条件の維持、取引先に対する信用供与の可否等様々な要素が、スポンサー選定の要素になり得る。

　そこで、金融機関において、申立後、取引先等で、明らかに有利な条件を提示できるスポンサー候補者の有無を調査し、その可能性があるときは、再生債務者もしくは監督委員に対して、その旨の情報提供を行うとともに、再入札の実施を要求するか、もしくは、現在のスポンサー候補者の支援額の上積みを要請することが考えられる。しかし、限られた時間の中で、金融機関が、そのようなスポンサー候補者を見つけることは現実的には難しい（もし、そのようなスポンサー候補者がいることを金融機関が事前に知っているのであれば、通常は、申立前にそのような働きかけが可能である）。

　したがって、多くの場合は、一債権者として、申立後裁判所に提出された、再生手続申立書もしくは同申立書に添付されているであろうスポンサ

一選定経緯に関する申立代理人作成の報告書、あるいは監督委員の再生手続開始に際しての意見書等を閲覧・謄写し、スポンサー選定に関する経緯およびスポンサー支援の内容が事業価値に見合うものであるかを精査することが考えられる。

② **選定過程の透明性**

金融機関としては、(1)の基準等を参考にしつつ、ＦＡが選定されていたか、当該スポンサー以外の候補者の提案内容や接触方法はどのようなものであったのか、スポンサーと再生債務者との間に不透明な取引や、株主・経営陣に不適切な関係がないか、といった点を独自に調査し、または①と同様の書類等を確認するなどして検証することになる。

その過程で不相当な事項が見つかった場合には、当該情報を監督委員や裁判所に提供し、スポンサー選定経緯に関する積極的な調査あるいは再入札を促す等の方法がとり得る（実際、監督委員の働きかけにより、再入札が実施された例もある）。

ただし、再生債務者とスポンサー候補者が当初から結託して不当に低い価格で事業をスポンサー候補者に譲渡しようとしている場合等の例外的な場合を除けば、①で最終的なスポンサー候補者の提示した価格が不相当ではないことをもって、選定手続も不当ではないという消極的な確認をせざるを得ない場合も少なくないと思われる。

（柴野 高之）

Question 16 〔お台場アプローチ〕

お台場アプローチとはどのようなものですか。

Answer

　お台場アプローチとは、スポンサー候補側の利益と、弁済額の最大化を図りたい再生債権者の利益との調整を図る観点から、再生債務者によるプレパッケージ型再生手続を検証するために提唱されている枠組みのことです。

　プレパッケージ型再生手続をとる必要性、スポンサー選定手続の過程の公平性、再生債務者の事業価値の評価の相当性などの観点から検証することになります。

解説

1　プレパッケージ型再生手続とは

　プレパッケージ型再生手続とは、一般的には、再生手続申立以前に、再生債務者がスポンサーを決定し、支援の内容や再建の方向性等についてあらかじめスポンサーと協議したうえで申立を行う場合をいう。再生手続開始後にスポンサーを選定する場合、公募等による入札でスポンサーを選定することが一般的であるが、再生手続申立前の段階でこれを行うと、風評流布や入札のためのデューディリジェンス期間の経過などによって、一層の事業価値の毀損を招きかねず実行が困難な場合がある。再生手続申立前においては、事業価値の毀損を防止するという観点から、迅速性や密行性が求められることから、プレパッケージ型再生手続では、債務者が主導して、入札によらないか、または限定的な範囲での入札によってスポンサーが選定されることが多い（詳細についてはＱ15参照）。

　事業再生のためのスポンサーを選定するにあたっては、単に金額だけでなく、その後の事業再生の方針や実現可能性等種々の考慮要素が存在し、債権者に対する弁済額の最大化が常に優先される訳ではない。そのため、

スポンサー選定については、債権者の立場からは、時に批判的立場で検討することになる。

この点、再生手続開始後に、公平誠実義務（法38条2項）を負う再生債務者のもとで、公募による入札手続を経てスポンサーが決定されたのであれば、スポンサー選定手続の公平性が裏づけられ、スポンサーによる対象企業の事業価値評価が公正かつ適正なものかどうかという点についても、市場競争の原理によって裏づけられるといえる。

一方、プレパッケージ型再生手続に際してはこのような裏づけを欠くことになるため、再生手続開始後において、特に弁済額の最大化を図りたい再生債権者の立場からは、スポンサー選定手続が不公正なのではないか、スポンサー契約の内容が再生債務者に不当に不利益ではないか、スポンサーによる対象企業の事業価値評価は適正ではなく、より高く評価する先があるのではないかなどの疑念が払拭できない場合もある。特に、再生債務者と再生債権者の考える事業再生方針に隔たりがあり、再生債権者側で、より有利な条件を提示し得るスポンサー候補のあてがある場合などはなお一層その傾向があるといえる。その場合、再生債権者としては、申立前に締結されたスポンサー契約を双方未履行の双務契約として解除し（法49条1項）、再度の入札手続を行って新たなスポンサーを選定するように求めたり、そのまま手続が進んでいく場合には、再生債務者の公平誠実義務違反（法38条2項）や、監督委員の善管注意義務違反（法60条）を主張したりすることになる。

しかしそうなると、後でスポンサー契約が解除される可能性がある以上、スポンサー候補者としては再生手続開始前の段階で手を挙げたり、資金を注入することに躊躇せざるを得なくなり、債務者側でプレパッケージ型再生手続によって、事業価値の毀損を防止しつつすみやかな事業再生を図るというスキームを実現することができなくなってしまう。これはかえって債権者にとっても不利益を生じさせかねない。

2　判断枠組みの必要性

再生債務者によるスポンサー選定手続の公平性、事業価値評価の相当性

や支援内容の適正性について信頼をおくことができ、再生債務者としての公平誠実義務が果たされていると評価できれば、本来再生債務者主導による手続であり、再生債務者の自主的判断を尊重すべきであるという点からして、債権者の立場としては、再生債務者の選定したスポンサーに反対する理由はないはずである。

しかし、そのため、何をもって事業価値評価が相当であり、支援内容が適正だと判断するのか、また、何をもってスポンサー選定手続が公平に行われたと判断するのか、何らかの判断枠組みが必要である。

(1) お台場アプローチ

上記のような事情から、スポンサー候補者側の利益と、弁済額の最大化を図りたい再生債権者の利益との調整を図り、再生債務者の公平誠実義務の内容を画すべく、須藤英章弁護士が提言されたのが「お台場アプローチ」である（須藤英章「プレパッケージ型事業再生に関する提言」事業再生研究機構編『プレパッケージ型事業再生』101頁～111頁）。

お台場アプローチとは、7つの要件がすべて満たされる場合には、再生債務者は、申立前のスポンサーと会社との間のスポンサー契約を尊重しなければならないとするもので、要件が満たされていれば、再生手続開始後にさらによい条件を提示するスポンサー候補者がいても、「手遅れである」として謝絶し、双方未履行の双務契約である既存のスポンサー契約等について法49条1項に基づき解除を選択しなくても、再生債務者としての公平誠実義務（法38条2項）違反にならず、監督委員も善管注意義務（法60条）違反にならないというものである。

お台場アプローチの7つの要件は、それぞれ以下のようなものである。

① あらかじめスポンサー等を選定しなければ事業が劣化してしまう状況にあること

② 実質的な競争が成立するように、スポンサー等の候補者を募っていること（または、それが困難な場合には、スポンサーの提示した価額がフリーキャッシュフローに照らして公正であること）

③ 入札条件に、価額を下落させるような不当な条件が付されていないこと

④ 応札者の中からスポンサー等を選定する手続において、不当な処理がなされていないこと
⑤ スポンサー契約等の内容が、会社側に不当に不利な内容となっていないこと
⑥ スポンサー等の選定手続について、公正である旨の第三者の意見が付されていること
⑦ スポンサー等が、誠実に契約を履行し、期待どおりに役割を果たしていること

これらの要件は、プレパッケージ型再生手続をとらなければならない必要性の観点（上記①、⑦の要件）、事業価値評価の相当性の観点（上記②、③、⑤）、選定手続の公平性および正当性の観点（上記②、④、⑥）に分けられる。事業価値評価が相当かどうか、選定手続が公平かつ正当に行われたかどうかという点は、弁済額の最大化を図りたい再生債権者の利益の保護につながるものである。

(2) 松嶋弁護士の提言

お台場アプローチは、基本的には入札手続を前提とした判断枠組みであるが、それ故、再生債務者やスポンサー候補側にとって要件が厳格に過ぎ、スポンサー候補が萎縮してしまい、事案に応じた柔軟なプレパッケージ型事業再生スキームを阻害する可能性があるとの指摘もなされており、入札に適しない事案の基準として、松嶋英機弁護士により以下のような5要件についての提言も行われている（松嶋英機＝濱田芳貴「日本におけるプレパッケージ型申立の問題点」銀行法務21・631号13頁）。

① メインバンク（または主要取引債権者）がスポンサー交渉に関与し、少なくとも結果について承諾していること
② 複数の候補者と交渉し、少なくとも打診はしたこと
③ 当時の事業価値の評価として一応妥当であること
④ スポンサー契約が民事再生申立の決断または早期申立に寄与したこと
⑤ スポンサー契約にいたる過程において、スポンサー候補者が資金繰りや事業上の協力（仕入、販売、人材派遣、技術提供、不良資産の買取

り、その他）をしたこと（絶対条件ではない）
　そして、これらの要件を満たした場合には、基本的には総体としての債権者の判断に委ねれば足りるとしている。
　上記5要件についても、プレパッケージ型再生手続をとらなければならない必要性の観点（上記④、⑤の要件）、事業価値評価の相当性の観点（上記①、③）、選定手続の公平性および正当性の観点（上記①、②）に分けられる。事業価値評価が相当かどうか、入札手続が公平かつ正当に行われたかどうか、という点は、弁済額の最大化を図りたい再生債権者の利益の保護につながるものである。

3　債権者としての対応

　プレパッケージ型再生手続において、債権者は通常、スポンサーが選定され再生手続が申し立てられた後において、スポンサーの存在を知ることになる。
　そうした場合、再生債権者としては、再生手続開始申立書や、それに添付されているであろうスポンサー選定の経緯についての申立代理人の報告書、監督委員の手続開始にあたっての意見書等を閲覧および謄写するなどして検討したり、独自にスポンサーと再生債務者、経営陣や株主との間に不適切な関係性がないかどうかなどの調査を行うなどして、まずは情報収集する必要がある。そのうえで、上記の判断枠組みを参照しながら、再生債務者によるプレパッケージ型再生スキームに賛同するかどうかの態度を決することになる。
　仮に受け入れ難いとの結論に至る場合は、再生債務者の公平誠実義務違反に疑問を生じる場面であろうが、再生債権者としては、以下のような対応が考えられる。

(1)　再生計画案提出前の段階

　再生債務者に対し、公平誠実義務違反を指摘するなどして、申立前に締結されたスポンサー契約を双方未履行の双務契約として解除し（法49条1項）、入札手続を行って新たなスポンサーを選定したり、または、スポンサーに対して支援額の上乗せを要請するように促すことが考えられる。ま

た、監督委員に対しても、独自に調査した事項があれば伝えて、スポンサー選定経緯についての積極的な調査を促したり、申立前に締結されたスポンサー契約を前提として再生計画案を策定するならば不認可事由（法174条2項4号）が生じ得る旨指摘したりして、再生債務者に対して入札手続を行うことを促すよう働きかけることも考えられる。

このような場面では、再生債権者側でも並行してスポンサー候補の探索を行い、再生債務者に積極的に情報提供をしたり、再生債務者側が新たな事業再生スキームを検討しようとする場合には、再生債権者としての意見を伝えるなどして、これに協力することが望ましい。

(2) 再生計画によらない事業の譲渡が計画されている場合

再生債務者によるプレパッケージ型再生に再生計画によらない事業譲渡が組み込まれている場合（再生債務者の事業の一部または全部をスポンサーまたはその関連会社等に譲渡する場合など）、裁判所による許可を得なければならない（法42条1項）。この場合、裁判所は、再生債権者の意見を聴取する必要があることから（法42条2項）、再生債権者としては、裁判所に対し、事業譲渡に反対である旨の意見を表明することが考えられる。

再生債権者から反対意見を出した結果、裁判所の許可が得られず、事業譲渡ができない場合には、再生債務者としては、新たな事業再生スキームを検討する必要が生じ、スポンサー候補が撤退する可能性もある。その場合に新たなスポンサーがいなければ、最悪の場合には実現可能な再生計画案が提出できずに再生手続が廃止されたり（法191条）、再生計画案が不認可となったり（法174条2項）して破産手続に移行することになる場合もあるから（法249条・250条）、再生債権者としては、新たなスポンサー候補の有無をにらみつつ、反対の意見表明をするか否かを決める必要がある。

(3) 再生計画案提出後の段階

再生債権者としては、最終的には、再生計画案自体に反対票を投じることも考えられる。しかしながら、議決権の割合によっては、反対票を投じたとしても大勢に影響がないこともあるし、逆に再生計画案が否決された場合には、再生手続が廃止されて（法191条）、破産手続に移行することに

なるから（法249条・250条）、経済合理性の観点からは通常とり得ない対応であろう。

(4) 小 括

したがって、再生債権者としては、再生手続開始決定後の早い段階から情報を収集して検討を開始し、仮に再生債務者によるプレパッケージ型再生スキームに賛同できない可能性があるのであれば、早期に再生債務者や監督委員等に接触して感触を伝えて入札手続の実施を検討するように伝える必要がある。また、同時に、新たなスポンサー候補の探索を含め、代替案となり得る再生スキームを提案できるように検討を進めることが望ましい。

（富山 聡子）

4 再生手続開始後における対応

Question 17 〔再生手続開始後の情報収集〕

再生手続開始後に、債権者として、再生手続に関する情報を収集する手段にはどのようなものがありますか。

Answer

再生法上、債権者は裁判所書記官に請求することにより、当該事件に関して裁判所に提出された文書や、裁判所が作成した文書を閲覧、謄写等することができます。このような直接的手段のほか、再生債務者が任意に開催する債権者説明会での情報収集、再生債務者に任意の情報開示を求める、あるいは監督委員に再生債務者に関する調査と報告を促すなどの手段も考えられます。

解説

1 情報収集の必要性

再生手続開始後、債権者たる金融機関は、別除権の行使時期や方法、再生計画案に対する同意・不同意など、様々な事項について判断しなければならない立場に置かれる。そして、これらの検討にあたっては、再生債務者が再生手続開始に至った経緯、再生債務者の業務および財産の状況、足下の経営の状況、スポンサー型の場合にはスポンサー選定の状況などの、様々な情報の収集が不可欠である。

そこで、債権者が再生債務者あるいは再生手続に関する情報を収集するためにどのような手段があり、また、それによってどのような情報が得られるのか。再生法上用意されている方法と、それ以外の方法とに分けて検討する。

2 再生法上の規定に基づく情報収集

(1) 再生債務者からの情報開示

再生法上、再生債務者自ら行う債権者に対する情報開示として、以下のような規定が設けられている。

① 法125条報告書の要旨の報告（法126条1項、規則63条1項）

再生債務者等（管財人が選任されている場合の管財人を含む）は、再生手続開始後遅滞なく（管財人の場合はその選任後遅滞なく）、再生手続開始に至った事情、再生債務者の業務および財産に関する経過および現状、取締役等に対する査定の裁判を必要とする事情の有無、その他再生手続に関し必要な事項を記載した報告書を裁判所に提出しなければならない（法125条1項）。

そして、再生債務者の財産状況を報告するための債権者集会が招集されたときは、再生債務者等は、その集会において、上記の法125条1項の各事項の要旨を報告せねばならない（法126条1項）。財産状況報告集会が招集されない場合には、再生債務者等は、法125条報告書の要旨を記載した書面を債権者に送付し、あるいは債権者説明会を開催するなどの適当な措置をとらなければならないとされている（規則63条1項）。

法125条報告書は、債権者にとって、再生債務者が再生手続開始に至った原因がどこにあるかを把握するための重要な資料であり、今後の事業再生の見込みや、取締役などの経営責任追及の要否等の判断材料とすることができるものである。

② 財産評定および法125条報告書の開示（規則64条1項）

再生債務者等は、再生手続開始後遅滞なく（管財人については、その就職の後）、再生債務者に属する一切の財産につき再生手続開始の時における価額を評定し、財産目録および貸借対照表を作成して、これらを裁判所に提出しなければならない（法124条1項・2項）。これら財産目録と貸借対照表とをあわせ、一般的には財産評定書などと呼称される。財産評定書は、再生債務者の財産の清算価値を把握するものであるから、債権者にとって、清算価値保障原則を前提に再生計画案における最低弁済率を推測

し、あるいは別除権の目的物の処分価額を再生債務者がどの程度であると把握しているかの確認などに有用である（財産評定について、詳細は「Q22 財産評定」参照）。

　再生債務者等は、この財産評定書と法125条報告書の内容を表示したものを、債権者が再生債務者の主たる営業所または事務所において閲覧することができる状態におく措置をとらねばならない（規則64条1項。ただし、再生債務者が営業所または事務所を有しない場合は、この限りでない）。財産評定書および法125条報告書の提出期限は再生手続開始決定書において定められているから、再生債権者は、その提出期限以降に再生債務者の主たる営業所等に出向けば、財産評定書および法125条報告書を閲覧できる。

(2)　債権者が行う情報収集

　債権者は、再生法上の規定に基づいて、以下のような方法で、再生債務者あるいは再生手続に関する情報を収集することができる。

①　文書の閲覧・謄写等（法16条・17条）

　債権者は、以下の方法で、裁判所に提出され、または裁判所が作成した文書等の閲覧・謄写などを請求することができる。ただし、これら文書等の一部については、閲覧等の制限の対象となることがある。

　この方法を活用すれば、一部の閲覧制限等の例外を除き、当該再生手続に関して作成された一件記録の内容を確認することが可能になるから、債権者にとっては有用な情報収集手段である。

　　イ　手　続

　利害関係人は、裁判所書記官に対し、裁判所に提出され、または裁判所が作成した文書その他の物件の閲覧を請求することができる（法16条1項）。また、利害関係人は裁判所書記官に対し、文書等の謄写等を請求することもできる（法16条2項）。

　再生債権者はここでいう「利害関係人」に含まれるから、法16条に基づいて、裁判所において、当該再生事件に係る記録を閲覧し、またその謄写を請求することができる。

　　ロ　閲覧対象となる文書

　法16条により再生債権者の閲覧対象となるのは、当該再生事件に関し

て「裁判所に提出され、または裁判所が作成した文書その他の物件」であるから、再生債務者等が提出した文書等として、たとえば、再生手続開始申立書、月次報告書、再生債権認否書、財産評定書、法125条報告書、許可申請書（例として法42条1項による事業譲渡許可申請）などが対象になる。

裁判所が作成した文書等としては、たとえば、再生手続開始決定書その他の決定書、再生債務者等による許可申請に対する許可書、管理命令・調査命令などの命令書などがある。

これらの文書は、法16条に基づいて請求すれば基本的には閲覧が可能になるものであるから、法16条に基づく閲覧請求を行わなくとも、再生債務者等に任意に開示するよう請求すれば、再生債務者等が応じることも多い。したがって、閲覧したい文書があるときは、まずは再生債務者等またはその代理人に開示を要求するのも1つの方法である。

　ハ　閲覧制限

一部の文書等については、利害関係人が閲覧・謄写等をすることにより、再生債務者の事業の維持再生に著しい支障を生ずるおそれまたは再生債務者の財産に著しい損害を与えるおそれがあることにつき疎明があった場合には、裁判所は、当該文書等を提出した再生債務者等、監督委員などの申立により、支障部分の閲覧等の請求をすることができる者を、当該申立をした者および再生債務者等に限ることができる（法17条1項）。

この閲覧制限の対象になる文書は、裁判所の要許可行為に係る許可申請書（法41条1項・81条3項）、事業譲渡許可申請書（法42条1項）、否認権訴訟提起・和解の許可申請書（法56条5項）、保全管理人の常務に属しない行為についての許可申請書（法81条1項）、調査結果報告書（法62条2項）、および再生債務者または監督委員による再生債務者の業務および財産の管理状況等に関する報告書（法125条2項・3項）である。

文書等の閲覧制限の決定が出されたときは、利害関係人は、裁判所に対し、上記の再生債務者の事業の維持再生や財産に対する支障・損害が生じるおそれという要件を欠くこと、またはこれを欠くに至ったことを理由として、この決定の取消しの申立をすることができる（法17条3項）。

② 調査委員による調査の申立（法62条）

裁判所は、再生手続開始の申立があった場合において、必要があると認めるときは、利害関係人の申立によりまたは職権で、調査委員による調査を命ずる処分をすることができる（法62条1項）。

再生手続開始後は、監督委員による監督を命ずる処分がなされ、監督委員が選任されていることが通常であり（法54条）、監督委員には再生債務者の業務および財産の状況等につき調査する権限があるから、必ずしも監督委員とは別に調査委員による調査を命ずる必要性は高くない。そこで、調査委員による調査の申立をする場合としては、たとえば、再生債務者が所有する不動産の評価について、債権者の評価と再生債務者等の評価との間に乖離があり、不動産鑑定士などに評価してもらう場合などが考えられる。

3 再生法上の規定に基づかない情報収集

(1) 再生債務者等は、債権者に対し、公平かつ誠実に再生手続を追行する義務を負う（法38条2項）。そこで再生債務者等は、再生法上の規定に基づいて情報開示の義務を負う場合のみならず、適時、債権者に対し、必要な情報を自ら提供すべきである。またそのようにすることで、再生計画案に対する債権者らの理解が得やすくなる効果も考えられるから、その目的からしても、再生債務者等は可能な範囲で自ら情報を開示することが多い。

債権者の側からも、得たいと思う情報があるときは、積極的に再生債務者等あるいは再生債務者代理人に対してその開示を求めていけばよい。再生法に基づいて閲覧・謄写等が可能な文書であっても、再生債務者等から直接開示を受けられるようであれば、その方が簡便である。また、たとえば、まだ契約締結等に至っていないために裁判所に報告書等の形で提出されていないスポンサー候補者との交渉状況など、再生法上の手続によっては入手できない情報も、再生債務者等に個別に問い合せることによって開示を受けることができる場合もある。

(2) 再生債務者等からの任意の情報開示

再生債務者等は、任意に、適時、適切と思われる方法で、債権者に対して情報提供を行うことができる。

また、再生債務者等は、再生手続中、任意に債権者説明会を開催することができる。債権者説明会において、再生債務者等は債権者に対し、再生債務者の業務および財産に関する状況または再生手続の進行に関する事項について説明するものとされている（規則61条1項）。そして、再生債務者等は、債権者説明会を開催したときは、その結果の要旨を裁判所に報告しなければならない（同条2項）。

債権者は、再生債務者等が開催する債権者説明会に出席し、適宜、必要な情報を収集することができる。また、債権者説明会では、通常、債権者の質疑応答の時間が設けられているため、内容によっては説明会の場で質問し、あえて他の債権者らが出席するオープンな場での回答を得ておくことも考えられる。

(3) 債権者が行う情報収集

上記(1)のとおり、再生債務者側としては、可能な範囲で債権者に対する情報提供に積極的に応じようとするから、債権者は、再生債務者等または再生債務者代理人に対し、必要に応じ、適宜情報提供を求めるとよい。

また、債権者から監督委員に対し、必要な調査等の実施を促す方法もある。

監督委員は、監督命令の定めに従い、再生債務者の行為に対して同意を与えたり、再生債務者による財産評定等の報告内容の検討、再生計画案の評価などを主な業務とし、再生法上定められた具体的職務として、監督命令により指定された事項に対する同意（法54条2項）、否認権限が付与された場合の否認権の行使（法56条1項）、再生債務者の業務および財産の状況、帳簿、書類その他の物件についての調査ないし検査（法59条1項参照）など多岐にわたる職務がある。そして、監督委員は自ら、あるいは裁判所の指定に従って、意見や調査結果等を裁判所に報告する（規則22条1項）。

そこで、たとえば、再生債務者の業務や財産の状況に不審な点があるよ

うな場合、債権者は監督委員に対し、その調査および報告を行うよう促し、監督委員から裁判所に提出された報告書等の閲覧・謄写を行うか（法16条）、あるいは監督委員に対して直接その報告を求めることが考えられる。

4 まとめ

以上のとおり、再生法上、債権者による情報収集手段として複数の方法が用意されており、また、再生法に基づかない情報収集手段もある。そこで、債権者としては、目的や得たいと思う情報の内容によって、最も適当な手段を検討し、情報収集に努めることになる。冒頭述べたとおり、必要な情報が得られてこそ的確な状況判断が可能になるから、債権者としては自らの権利擁護のため、多様な手続を活用すべきであろう。

（野村 祥子）

Question 18 〔再生債権届出における留意事項〕

再生債権届出について留意すべき点は何ですか。債権者が反対債務を負う場合には、どのような点に留意して再生債権届出をすべきですか。再生債務者等から否認され、または再生債権者から異議が述べられた場合に、金融機関はどのように対応したらよいですか。

Answer

債権届出期間内に、所定の債権届出を裁判所に提出するように留意します。預金など反対債務を負う場合で相殺を実行する場合は、相殺手続(相殺通知等)を債権届出期間内に完了しておく必要があります。再生債務者等による否認や再生債権者からの異議があれば、まずは交渉により認否の変更等を求めるが、奏功しない場合は、査定の申立を行います。

解説

1 債権届出手続

(1) 債権届出の意義

再生債権者は、再生手続が開始すると、原則として、再生計画によらなければ弁済を受けることができず、個別的な権利行使が禁止される(法85条)。一方、再生債権者は、その有する再生債権をもって再生手続に参加することができ(法86条1項)、そのためには、再生債権者は、裁判所が定めた債権届出期間内に、債権の内容や原因等の所定事項を記載した債権届出を、裁判所に提出する必要がある(法94条)。

債権届出を行い再生手続に参加すると、再生計画による権利変更に従い弁済を受けることができる(法157条・179条)ことのほか、債権調査手続における異議権(法102条1項・103条4項)、再生計画案の作成提出権(法163条2項)、再生計画案決議等における議決権(法87条1項)、記録の閲覧・謄写請求権(法16条1項・2項)などが行使できることになる。

また、届出債権は、債権調査において再生債務者等(法2条2号参照。

以下同じ）が認め、かつ、他の債権者から異議がなかったときは確定し、これに基づき作成された再生債権者表の記載は、再生債権者の全員に対して確定判決と同一の効力を有する（法104条）。さらに、債権届出には、再生手続終了までの時効中断の効果も認められる（民法152条）。

(2) 債権届出期間と失権

債権届出期間は、裁判所が、再生手続開始と同時に、原則、再生手続開始決定の日から2週間以上4か月以下の範囲で定める（規則18条1項1号）。当該期間は、裁判所によって公告され、かつ、知れている再生債権者等に対して通知される（法35条1項2号・3号）。この通知は、通常、裁判所が、債務者等が作成した債権者一覧表によって認識した再生債権者に対し、再生手続開始通知書と再生債権届出書の用紙を添付したうえで行われる。なお、実務運営上の届出期間は、東京・大阪地方裁判所の標準スケジュールによると、1か月＋1週間目処となっている（東京弁護士会『弁護士専門研修講座 倒産法の実務Ⅱ』21頁、井上一成ほか「大阪地方裁判所第6民事部における倒産事件処理の概要」民事法情報229号32頁、小久保孝雄ほか「大阪地方裁判所第6民事部における倒産事件処理の概況」判例タイムズ1340号26頁）。

再生債権者は、債権届出期間内に債権届出を行わなければならない（法94条）。この届出期間内に届出を失念すると、原則として失権するので注意する（法178条・181条）。これは、再生手続を迅速にするため、弁済額の基礎となる再生債権総額を早期の段階で把握しておく必要性から、民事再生法においては、会社更生法と同様に失権主義（免責主義）を採用したからである（園尾隆司・小林秀之編『条解民事再生法〔第2版〕』831頁〔三木浩一〕など）。金融機関にとって、貸金債権や保証債権を有している場合は、知れている債権者として、上記通知により、再生手続の発生を探知することが期待できよう。しかし、たとえば、商手割引や商手担保に保有している手形に係る手形債務者に手続が開始された場合は、上記通知は期待できないので、特に取引先が手形の買戻しや担保差替えに応じないようなときは、裁判所公告のチェックや届出期日管理に注意する。

ただし、届出がない債権でも、民事再生法においては、会社更生法と異

なり、①再生債務者等が自認した債権（法101条3項）、②再生債務者が知りながら自認債権として認否表に記載しなかった債権（法181条1項3号）、③再生計画案の付議決定前に届出ができない事由があった債権（同条1項1号・2号）は、衡平等の観点から失権することはなく、再生計画に基づき権利変更され弁済を受けることができる。もっとも、届出を行っていない以上、債権者集会における議決権の行使（法170条）、再生計画提出権（法163条3項）などの再生手続上の権利を行使することはできず、②の債権の弁済は他の再生債権に劣後する取扱いとなる（法181条2項）。

なお、後述(5)のとおり、再生届出期間後に追完等ができる場合がある。

(3) 債権届出の作成

債権届出書の記載事項は、①再生債権の内容（通常の貸金等では、債権金額を指す。民事再生法は、破産法と異なりすべての債権を金銭化・現在化しないので、債権「額」でなく「内容」と規定されている）および原因、②約定劣後再生債権であるときはその旨、③議決権の額、④再生債権者および代理人の氏名等（法94条1項）、ならびに⑤連絡先住所・電話番号等（銀行実務上は、融資所管部の住所、部署、担当者名等を記載する。記載漏れがあると、以後の通知書類が、銀行の登記上の本店住所宛に送付されることになるので注意する）、⑥民事再生法84条2項規定の債権（再生手続開始後に発生した利息請求権や不履行の損害賠償請求権および違約請求権等）を含むときはその旨、⑦執行力ある債務名義や終結判決ある債権であるときはその旨、⑧再生債権について訴訟が継続するときは当該裁判所や当事者氏名等（以上、規則31条）、⑨別除権については、別除権の目的および不足予定額（法94条2項）である。なお、民事再生法では、再生手続開始決定日以降の利息・損害金も（破産法と異なり劣後債権化せず）再生債権として取り扱われる（ただし、この再生債権については議決権がない（法87条2項）。また、再生計画において劣後的取扱いにすることが許容されている（法155条1項ただし書））。債権届出書においては、開始決定日の前日までを算出した確定金額と、それ以降の損害金等につき「開始決定日から完済まで年○％の割合による金員」といった内容で届け出る。

債権届出書は、その写しとともに裁判所に提出する（規則32条）。債権

証書などの証拠書類等の写しは、債権調査を行う再生債務者の手元に証拠書類があるだろうことを理由として（園尾＝小林編・前掲433頁〔岡〕）、添付する必要はないとされている。もっとも、再生債務者等は、認否書作成に必要があるときは、証拠書類の送付を求めることができる（規則37条）。この場合、送付方法は、写しの交付またはファクシミリ送付になるが（法11条、民事訴訟規則47条１項）、実務上は、再生債務者等との話し合いによって決める（最高裁判所事務総局民事局監修『条解民事再生規則（新版）』93頁）。

なお、実際の届出にあたっては、通常、裁判所送付の再生手続開始通知書に、債権届出用紙と記載上の注意事項が同封されているので、これに従い債権届出書を作成する。具体的な書式や提出書類は、裁判所により異なるので注意する。

(4) 別除権の取扱い

別除権は、再生手続によらないで行使することができる（法53条２項）。もっとも、別除権者は、別除権によっても弁済を受けることができない部分について、再生手続に参加できる（法88条）。この場合、債権届出により、別除権の目的および別除権の行使によって弁済を受けることができないと見込まれる債権の額（予定不足額）を届け出る必要がある（法94条２項）。

予定不足額は、公的な評価等による必要がなく、実務的には、金融機関の担保評価に基づき算出した額を届け出てよい。仮に担保評価額を高く見積もれば、予定不足額が減少することになるが、別除権の不足額に係る配当は、競売手続等が終了し不足額が確定すれば、予定不足額にかかわらず弁済を受けることができるし（法182条）、担保権消滅請求や別除権受戻しにおいて債権届出額が基準となるわけではない。また、事後に評価減が生じたとして、届出期間後に予定不足額の増額を届け出ることは、他の債権者の利益を害するので債権届出の追完と同様の制限に服すべきと解されることから（福永有利監修『詳解民事再生法〔第２版〕』461頁〔森　宏司〕）、困難である。結局、予定不足額は、直接的には議決権との関係のみで意味があるに過ぎず、合理的に説明できる額を届け出ればよい。

なお、たとえば東京地裁においては、評価書等の根拠資料や計算書の提出が求められる（中澤智「書記官からみた民事再生実務Q＆A」NBL736号36頁）。

(5) 反対債権がある場合の対応

再生債権者は、再生手続開始時に再生債務者に対し債務を負担している場合は、債権届出期間の満了前に、相殺適状が発生しており、かつ相殺権の行使を行う限り、再生計画によらずに相殺することができる（法92条1項）。したがって、再生債権者が債務者に対し預金等の債務を負担していた場合、必要に応じて失期約款等により期限の利益を喪失させたうえ、相殺の意思表示を、債権届出期間内に、再生債務者に到達させる必要がある。

実務上、この相殺の意思表示は、相殺実行通知書を配達証明付内容証明郵便にて送付することにより行う。記載内容は、基本的に、平時の相殺通知書と同様に考えればよい。送付先は、保全管理人または管財人が選任されている場合は当該保全管理人等となるが、それ以外は、当該再生債務者（株式会社の代表取締役、個人債務者本人など）宛となる。なお、監督委員が選任されていたとしても、再生債務者の財産管理処分権は喪失しておらず、監督委員に送付しても相殺の効力は生じないので注意する。

民事再生法は、自働債権取得または受働債権たる債務負担の時期によって、破産法や会社更生法と同様に、相殺が制限される（法93条・93条の2）。したがって、たとえば預金については、再生手続開始後の入金や、支払不能後にそれを知って専ら相殺目的での入金、または支払停止後にそれを知ってなされた入金分については、相殺を行うことができない。また、自働債権が、失期約款がなく債権届出期間満了後に期限が到来する場合や、条件付債権や将来債権の場合は、民事再生法には破産法103条3項ないし4項に相当する条項がないこともあって、相殺の可否につき議論が分かれているので、慎重な検討が必要である（以上、相殺実体法については、Q42を参照されたい）。

上述にかかわらず、仮に債権届出期間を徒過し、または相殺禁止規定等に反して不適法な相殺手続を実施したとすれば、受働債権の消滅を主張で

きない結果、再生債務者等から預金払戻等請求の履行を余儀なくされることになる。一方で、自働債権は再生計画により弁済を受けるしかないが、これには上述のとおり、原則として債権届出が必要である。たとえば、支払不能時をめぐる事実認定や条件付債権をめぐる法解釈によって、相殺可能性が残っていると判断される場合には、駄目もとで相殺を実行する判断もあり得るが、このような場合は、債権届出において、事後に相殺が認められなかったことも想定して予備的に届出を行っておくべきである（森宏司「再生債権届出・再生債権をめぐる最近の問題点」金融法務事情1660号18頁参照）。

なお、連帯保証人の預金等との相殺については、再生債務者に係る民事再生法上の制約はない（当然、保証人に法的手続開始があれば、当該手続に服する）。もっとも実務上は、早期に相殺等の回収手続を行う。

(6) 再生債権届出を失念した場合の対応

再生債権者がその責めに帰することができない事由によって、債権届出期間内に届出をすることができなかった場合には、その事由が消滅した後1か月内に限り、債権届出の追完ができる（法95条1項・2項）。ただし、再生計画案を決議に付する旨の決定がなされた後は、届出を行うことはできない（同条4項）。この「その責めに帰することができない事由」の射程は明確ではないが、再生計画の早期立案という目的を踏まえ、（金額の多寡や計画立案への影響度により）柔軟に解すべきとの有力な説もあり（園民＝小林編・前掲437頁〔岡〕。一方、厳格に解する説もある（伊藤眞＝田原睦夫監修『新注釈民事再生法 下』472頁〔林圭介〕）、実務上は、まずは届出を行い、その取扱いにつき再生債務者等と協議すべきである。

この届出債権の調査については、特別調査期間が定められる（法103条1項）。その費用は届出債権者が負担し（同条2項）、裁判所書記官は予納を命じる（法103条の2）のが原則である。もっとも、実務では、債権届出期間後提出の届出債権であっても、手続迅速化のため、再生債務者等の任意の判断により、一般調査期間における認否書にて、債権認否を行うことができる（法101条2項・6項）。

なお、金融取引実務では稀であるが、債権届出期間経過後に生じた再生

債権があれば、その権利が発生した後1か月の不変期間内に届け出なければならない（法95条3項）。

2　債権届出への異議等

(1)　再生債務者等から否認ないし債権者から異議が述べられた場合の対応
①　否認等の確認

　再生債務者等は、届出再生債権の内容および議決権について認否書を作成し、裁判所に提出する（法101条、規則38条）。再生債務者等が認否書において届出債権につき「認めない」旨の記載を行った場合（以下、「否認」という）、または、認否書につき他の届出債権者から異議があった場合は、後述の査定の申立等を行わなければ、当該債権は、再生手続における債権確定手段を失い、再生計画認可が確定すれば免責の対象となる（法178条）（なお、異議が撤回されると再生手続に参加できるとする説がある（伊藤眞＝田原睦夫監修『新注釈民事再生法　上』512頁〔島崎邦彦〕））。

　よって、実務上、届出債権者は、届出債権につき否認や異議がないか確認する必要がある。この点、条文上は、再生債務者等は、認否書において否認の旨の記載をしても、届出債権者に対し通知義務がないので、届出債権者としては、能動的に、裁判所や営業所等において認否書を閲覧するか（法16条1項、規則43条2項）、自己の債権については営業所等において書面の交付を受けるしかない（規則43条3項）。もっとも、実際上は、再生債務者等は、否認するとしても、再生計画の理解と協力を得るために事前に再生債権者に協議を申し入れることが多く、また、たとえば東京地方裁判所（東京弁護士会倒産法部『民事再生申立ての実務』357頁）・大阪地方裁判所（伊藤＝田原監修・前掲上490頁〔久松裕子〕）では、否認の旨を通知するよう指導している。実務上は、債権届出期間が終了した頃に、まずは再生債務者等に対して、認否書のコピー等を要求すべきである。この場合、問い合わせ先として代理人弁護士が通知書等に記載されていれば、まずはそこに連絡するのがよい（要求があれば当該債権者分のコピーまたはファックスを送付する実務について、木内道祥監修『民事再生実践マニュアル』245頁）。

一方で、他の届出債権者から異議がある場合は、裁判所から、その旨の通知がある（規則44条）。もっとも、実際上、他の債権者の届出債権に異議を述べる例は稀である（東京弁護士会倒産法部・前掲357頁）。

② 否認等があった場合の対応

実務上は、まずは、再生債務者等に対し、認否書に記載されることがある否認の理由（規則38条1項）を参照しつつ、資料提出や説明をするなどして交渉によって、早急に、認否を変更してもらうべきである。再生債務者等がこれに応じた場合には、認否を認める旨を記載した書面を再生債務者等から裁判所に提出し、届出債権者に対してその旨を通知することになる（規則41条）。なお、認否の変更等がいつまで可能かは議論が分かれるが、東京地裁では、債権調査期間から1か月の不変期間内（『破産・民事再生の実務〔新版〕（下）』208頁〔松井洋〕）、大阪地裁では、再生計画案の変更が許される期間内（伊藤＝田原監修・前掲上492頁〔久松〕）までとする（議決権については、法170条1項・2項参照）。

この交渉が奏功しない場合は、再生債務者等および異議ある届出債権者全員を相手方として、債権調査期間の末日から1か月の不変期間内に、裁判所に再生債権の査定の申立を行う（法105条）。申立書には、申立の趣旨および理由、理由づける事実、証拠等を記載し、その証拠書類の写しを添付する必要がある（規則45条）。裁判所は、異議等を行った再生債務者等や再生債権者を審尋のうえ、異議等ある債権の存否、内容を定める（法105条）。

さらに、査定の申立についての裁判について不服がある場合は、その送達を受けた日から1か月以内の不変期間内に、通常の訴訟手続による異議の訴えを提起することができる（法106条1項）。

(2) **他の再生債権者の届出に対して異議を述べる方法**

実際上、他の債権者の届出に関心を払うことは少ないが、たとえば、債務者の関連会社や役員により債権届出がなされる場合や（中井康之監修『実践！債権保全・回収の実務対応　担保取得と実行のポイント』282頁参照）、劣後借入、たとえば、いわゆる資本的借入は、原則として、法的破綻時の劣後性を備えていると理解されているので（平成23年11月22日付金融庁

「金融検査マニュアルに関するよくあるご質問（ＦＡＱ）（改定部分）」（9-21）5頁参照））、一般債権として届出がなされる場合は、配当率を減少させないようにすべく、異議を述べることもある。

　もっとも、上述のとおり、他の債権者分の債権届出内容は送付されないので、かかる場合は、まずは再生債務者等による任意の開示を求め、最終的には、裁判所等において閲覧を行って、当該内容を把握し、異議の是非を検討する。

　異議を述べる場合は、一般調査期間内に、書面で異議を述べる（法102条1項）。その後の査定の申立、異議の訴えの手続があることについては、上述のとおりである。

　　　　　　　　　　　　　　　　　　　　　　　　　（浅田　隆）

第1　手続編

Question 19〔保証債務の履行と再生届出債権の承継〕

再生債権届出の後、保証人から再生債権の一部または全部について弁済を受けた場合、金融機関は届出債権額を変更する必要がありますか。また、保証人に届出債権を行使させる場合、どのような手続が必要ですか。

Answer

開始時現存額主義により、保証人から全額保証履行を受けるまでは、金融機関は当初届出債権の全額について再生手続に参加することができ、届出債権額を変更する必要はありません。一方、①届出債権の全額の保証履行を受けた場合、または②一部について保証履行を受けるにとどまるものの、金融機関の任意の判断により、履行金額に応じた権利行使を保証人に許容する場合は、金融機関は、保証人による再生手続における権利行使が認められるべく、保証人と連名で届出名義の変更の手続を行うことになります。

解説

1　届出債権額の変更の要否

(1)　開始時現存額主義

主債務者のために連帯保証人がいる場合のように、数人が各自全部の履行をする義務を負う場合において、その全員またはそのうちの一部の者について再生手続開始の決定があったときは、債権者は、再生手続開始の時において有する債権の全額についてそれぞれの再生手続に参加することができる（法86条2項が準用する破産法104条1項）。この場合、他の全部の履行をする義務を負う者が再生手続開始後に債権者に対して弁済その他の債務を消滅させる行為をしたときであっても、その全額が消滅した場合を除き、その債権者は、再生手続開始の時において有する債権の全額についてその権利を行使することができる（法86条2項が準用する破産法104条2

項)。

　このように、複数の全部義務者の全部または一部に再生手続が開始した場合において、債権者に再生手続開始時における債権の全額について再生手続に参加することを認め、その後に一部弁済がなされたとしても（全額が消滅しない限り）引き続き当該債権全額について権利行使を認める取扱いは、一般に「開始時現存額主義」と呼ばれている。開始時現存額主義の根拠としては、実体法上、責任財産の集積により1つの責任財産の不足による危険を分散することが保障されている場合に、この実体法上の趣旨を倒産手続においても貫徹させ、債権者が完全な満足に到達するため各倒産手続から可及的に多くの満足を得られるよう、（一部弁済による一部債権の消滅という）、一般原則を修正するものであると説明されている（園尾隆司＝小林秀之編『条解民事再生法〔第2版〕』369頁〔山本弘・山田明美〕）。

　なお、民法441条は、連帯債務者が破産手続開始の決定を受けたときに債権者がその債権の全額について破産財団の配当に加入できるとし、また、同条を準用する民法430条により、不可分債務者についても同様とされているところ、破産法104条1項は、連帯保証人の場合にもかかる取扱いが及ぼされることを明らかにし、これは再生手続にも準用されている（法86条2項）。また、物上保証人は、担保目的物の価額の限度においてのみ責任を負うに過ぎず、全部義務者ではないものの、開始時現存額主義の適用があるものとされ、再生手続開始後に債権者に対して弁済等した場合においても、債権の全額が消滅しない限り、債権者の再生債権額に影響はない（法86条2項・破産法104条5項・2項）。

　したがって、主債務者に再生手続が開始した場合において、債権者である金融機関は当該再生手続開始の時において有する債権の全額について再生債権として届け出ることができ、その後に保証人から当該再生債権を被保証債権とする保証履行がなされたとしても、それが一部にとどまる限り、引き続き当該再生債権の全額について再生手続に参加することができ、届出債権額を変更することを要しない。

　一方、全部義務者であって再生手続が開始した債務者に対して将来の求償権を有する者も、当該求償権の全額について再生手続に参加することが

認められる（法86条2項・破産法104条3項本文）。なお、民法460条1号は、委託を受けた保証人について、主債務者が破産手続開始の決定を受けた場合に（債権者がその破産財団に参加しない限り）事前求償権の行使を認めるところ、破産法104条3項は、全部義務者一般について破産手続において将来の求償権を行使することを認め、これは、再生手続にも準用される（法86条2項）。ただし、債権者が債務者の再生手続において再生債権を行使する場合に、他の全部義務者も将来の求償権を再生債権として行使することを許容すると、実質的に1つの債権が二重に行使されることになり、他の再生債権者の利益を害することになる。そのため、債権者が再生手続開始の時において有する債権について再生手続に参加したときは、当該全部義務者による将来の求償権についての再生手続への参加は認められない（法86条2項・破産法104条3項ただし書）。

　もっとも、求償権者が再生手続開始後に債権者に対して弁済をし、債権者の債権の全額が消滅した場合には、求償権者は、その求償権の範囲内において、債権者が有した権利を再生債権者として行使することができる（法86条2項・破産法104条4項）。

　なお、かかる求償権者についての取扱いは、物上保証人の場合も同様である（法86条2項・破産法104条5項・3項および4項）。

　以上のとおり、債権者である金融機関が主債務者の再生手続開始の時において有する債権の全額について再生債権として届け出た場合において、その後に保証人が保証履行することにより当該再生債権の全部が消滅したときは、保証人は、その求償権の範囲内において、金融機関が有した権利を再生債権者として行使することができ、債権者は当該消滅した債権額において届出債権額を変更することになる（当該変更は、後述のとおり、届出名義の変更の手続による）。

(2) 近時の最高裁判例

　開始時現存額主義の適用範囲について、近時、注目すべき最高裁判決が出された。いずれも破産手続に関する判決であるが、開始時現存額主義につき破産法を準用する民事再生法（86条2項）において異なる取扱いとする理由はなく、再生手続においても同様に妥当するものと考えられる。

①　複数債権のうちの一部債権の全額保証履行

　まず、複数債権を有する債権者が、債務者の破産手続開始の決定後において、物上保証人から当該複数債権のうちの一部の債権の全額について弁済を受けた事案における開始時現存額主義の適用について、最高裁平成22年３月16日判決（金融・商事判例1339号31頁。以下「①判決」という）は、破産法104条「１項及び２項は、（中略）飽くまで弁済等に係る当該破産債権について、破産債権額と実体法上の債権額とのかい離を認めるものであって、同項にいう『その債権の全額』も、特に『破産債権者の有する総債権』などと規定されていない以上、弁済等に係る当該破産債権の全額を意味すると解するのが相当である。そうすると、債権者が複数の全部義務者に対して複数の債権を有し、全部義務者の破産手続開始後に、他の全部義務者が（中略）破産債権のうちの一部の債権につきその全額を弁済等した場合には、弁済等に係る当該破産債権についてはその全額が消滅しているのであるから、複数債権の全部が消滅していなくても同項にいう『その債権の全額が消滅した場合』に該当するものとして、債権者は、当該破産債権についてはその権利を行使することはできないというべきである。」と判示したうえ、（全部義務者ではない）物上保証人についても、破産法104条５項により準用される同条２項により同様の取扱いとなるとした。

　①判決によれば、連帯保証人が複数債権を有する債権者の全債権について連帯保証を行っている場合において、主債務者に再生手続が開始したときは、当該複数債権のうち一部の債権について全額を保証履行する限り（保証履行金額が当該複数債権の全部を消滅させる金額に不足するとしても）、当該保証履行により消滅した各債権について、債権者に代わり、再生債権者として行使することができる。なお、①判決のように開始時現存額主義が複数債権の各債権毎に適用される考え方は、総債権額について適用されるとする「総債権説」に対比して、「口単位説」と呼ばれることがある（印藤弘二「開始時現存額主義の適用範囲を示した最高裁判決に関する一考察」銀行法務21・719号32頁等）。

　ところで、（後述の②判決にも関連する点であるが）民法488条によれば、弁済者が複数の債務のすべてを消滅させるのに足りない弁済をする場合、

給付の時に、その弁済を充当すべき債務を指定することができ（同条1項）、弁済者が当該指定をしないとき（かつ、弁済者が弁済受領者による充当に対して直ちに異議を述べないとき）は、弁済受領者が、受領の時に、その弁済を充当すべき債務を指定することができる（同条2項）。ただし、民法488条は任意規定と解されており（磯村哲編『注釈民法⑿債権⑶』207頁〔山下末人〕）、一般的な銀行取引約定書において、銀行に対する弁済が複数の債務の全額を消滅させるに足りないときは、同条1項に基づく弁済者の充当指定権を排除するとともに、同条2項ただし書に基づく弁済受領者による充当の指定に対する弁済者の異議権を排除し、弁済受領者である銀行が適当と認める順序方法により充当することができるとする特約（以下、「弁済充当特約」という）が設けられている（全銀協法規小委員会編『新銀行取引約定書ひな型の解説』148頁）。かかる弁済充当特約がある場合、複数の債権を有する弁済受領者は、その受領した弁済金が総債権の全額の弁済に不足するときにおいて、適時に当該弁済金を各債権に分散してその一部のみに充当することにより、口単位説のもとにおいても、実質的に総債権説がとられるのと同様の効果を導くことができる。なお、弁済充当特約により複数の債権に任意に弁済充当を行う際、開始時現存額主義によれば、各債権について1円でも残額が残っている限り届出額の全額について再生債権を行使できることにはなるものの、再生債務者等から権利濫用との誹りを受けかねないので、実務的には、各債権について按分充当を行うことが公平性を説明でき、無難だと思われる。

② 充当指定時期

弁済充当特約による充当指定の時期について何らの制限も課されていないのが一般的であるが、いつまでも充当指定権の行使を留保できるとすると、権利関係が確定せず、法的安定性を著しく害することになり得る。この点、最高裁平成22年3月16日判決（金融・商事判例1339号40頁。以下、「②判決」という）は、連帯保証人の破産手続に際し、債権者が物上保証人から弁済を受けてから1年以上が経過した時期においてはじめて弁済充当特約に基づく充当指定権を行使した事案において、かかる「時期に本件弁済充当特約に基づく充当指定権を行使することは、法的安定性を著しく害

するものとして、許されない。」と判示した。

　なお、民事執行手続における配当については法定充当によって処理するとの判例法理（最判昭和62・12・18金融・商事判例788号３頁。なお、②判決における田原睦夫裁判官の補足意見は、破産債権者は、一般執行手続である破産手続開始決定後、担保権消滅請求手続において実施される配当手続や、破産管財人によって別除権の目的財産の受戻しがなされて別除権者に弁済がなされる場合において、弁済充当特約の効力を破産手続上主張することはできないとする（一方、同意見は、破産管財人が破産債権者一般の利益を図る観点から、別除権の目的不動産の受戻しの際に、別除権者との間で法定充当と異なる充当の合意を行うことを妨げるものではないとする））によれば、倒産手続においても法定充当により処理するとの考え方もあり得るものの、②判決は、そのような考え方に立つものではなく、弁済充当特約に基づく充当指定権の行使自体は同判決により許容されているものと解される（滝澤孝臣「判批」金融・商事判例1349号13頁）。

　②判決を踏まえ、実務的には、債権者として連帯保証人や物上保証人から弁済金を受領した場合には、すみやかに弁済充当指定を行うべきである。

2　保証人の権利行使手続

(1)　全部保証履行時における届出名義の変更

　前述のとおり、主債務者に再生手続が開始した後、保証人の保証履行により債権者が届け出た再生債権の全部が消滅したときは、債権者に代わり、保証人が当該届出債権を行使できることになるところ（法86条２項が準用する破産法104条４項）、かかる保証人が債権者の再生債権を行使するには、弁済による代位があったものとして、届出名義の変更の手続による（法96条）。

　民事再生法96条によれば、届出をした再生債権を取得した新債権者が変更届出権者であるとされ、新債権者単独による届出名義の変更も可能と解されている（伊藤眞＝田原睦夫監修『新注釈民事再生法　上』476頁〔林圭介〕）。一方、届出名義の変更は、他の再生債権者の利益を害しない変更に

含まれ得るところ、そうであれば、従前再生債権の届出を行っていた旧債権者に当該変更について届出義務があるとも解される（規則33条1項参照）（園尾＝小林編・前掲440頁〔岡正晶〕）。いずれにせよ、実務上は、紛争を避けるために旧債権者（金融機関）が当該名義の変更を承諾していることを確認するうえで、新旧債権者の連名により届出名義の変更の届出書（規則35条1項）を提出することが求められる（西謙二＝中山孝雄編『破産・民事再生の実務〔新版〕中 破産編Ⅱ』133頁〔西野光子〕）。当該届出書には、①届出名義の変更を受けようとする者の氏名または名称および住所ならびに代理人の氏名および住所、②再生手続において書面を送付する方法によってする通知または期日の呼出しを受けるべき場所（日本国内に限る）および③取得した権利ならびにその取得の日および原因を記載しなければならない（規則35条1項）。

　届出名義の変更の届出書には、証拠書類の写しを添付しなければならない（規則35条2項）。保証人が債権者の被保証債権を弁済したことを示す証拠書類として、被保証債権の原因証書（金銭消費貸借契約書等）や債権者からの領収書等が必要になると考えられる。ただし、新旧債権者の連名による届出がなされる場合には、証拠書類の写しの添付は要しないと解されている（伊藤＝田原監修・前掲上476頁〔林〕）。

　届出名義の変更を受けた者が以後再生債権者として手続に参加することを明らかにするため、再生債権者表にその内容が記載される（規則35条3項・33条7項）。

　なお、届出名義の変更は、届出金額の変更を伴うものではなく、再生計画の作成に支障を来さないことから、債権届出期間の経過後においても当該変更はできる（法96条）（園尾＝小林編・前掲440頁〔岡〕）。一方、届出名義の変更可能期限は、再生計画は認可決定の確定により効力を生じ（法176条）、認可確定により再生計画の定めに従って権利変更の効力が生じ（法179条1項）、この権利変更に係る裁判所の手続が完了することから、再生計画認可の決定の確定時までと解される（濱田芳貴＝菅野百合「再生債権となる請求権の一部移転と再生手続における処遇について」金融・商事判例1331号7頁。なお、再生計画認可の決定が確定したときは、裁判所書記官は、

再生計画の条項を再生債権者表に記載しなければならず（法180条１項）、再生債権に基づき再生計画の定めによって認められた権利については、その再生債権者表の記載は、再生債務者、再生債権者等に対し、確定判決と同一の効力を有する（同条２項）ところ、再生計画認可の決定の確定時以降の債権者の変更は、再生債権の届出名義の変更の問題ではなく、判決確定後の債権譲渡と同様、通常の債権譲渡の手続によることになり、強制執行等の手続の関係では、承継執行文の付与によることになる（伊藤＝田原監修・前掲上476頁〔林〕）。

(2) 一部保証履行時における任意の届出名義の変更

　開始時現存額主義の適用により、債権者が届け出ていた再生債権の一部について保証人が保証履行した場合（口単位説をとる①判決によれば、複数の再生債権が届け出られている場合において、保証人による保証履行金額が各再生債権の一部の弁済にとどまる場合となる）には、債権者としては届出債権の変更をすることを要しない（法86条２項が準用する破産法104条１項・２項）。もっとも、債権者が自ら権利を一部行使しないでその分を保証人に行使させるとしても他の債権者を害することはないから、保証人から一部弁済を受けた債権者が、届け出た再生債権の一部について任意に保証人のために届出名義の変更をすることは実務上許容されている（岩瀬英雄「届出名義・届出事項の変更及び届出の取下げ」判例タイムズ830号174頁）。この場合も、債権者および保証人が連名で届出名義の変更の届出書を提出することにより変更を行うことになる（西＝中山編・前掲133頁〔西野〕）。なお、届出名義の変更の届出書中の「取得した権利」（規則35条１項３号）の記載においては、名義変更の対象となる「取得した権利」を特定することが必要であるから、取得した権利が届出に係る再生債権の一部である場合には、当該部分を明示して届出をする必要がある（届出に係る再生債権との同一性を明らかにするためには、たとえば、別除権付きの再生債権については、当該再生債権の実体権として範囲のみではなく、再生手続上の地位（行使することができる議決権の範囲を含む）に係る範囲の特定も必要である（伊藤＝田原監修・前掲上475頁〔林〕））。たとえば、別除権付きの再生債権の一部分が移転した場合には、当該部分が別除権により担保されるものかどうか（すなわち、議決権を有しないものかどうか）（別除権を有する再生債権者

は、その別除権の行使によって弁済を受けることができない債権の部分に相当する議決権のみを行使し得る（法88条本文））を、「取得した権利の部分の特定」の一環として、届出書において記載することが必要である。このような権利の一部移転の場合の特定の方法としては、議決権額による特定、給付対象物による特定、履行時期による特定などが考えられる（最高裁判所事務総局民事局監修『条解民事再生規則（新版）』89頁）。

(3) 基準日の定めがある場合

保証債務の履行による再生債権の代位取得の結果、議決権者が変更することがあり得るところ、債権者集会の直前や書面等投票の直前または最中に議決権者が変更されると、議決権行使について混乱を来し、集計作業等の事務処理に支障を来すことになりかねない。そこで、再生計画案に対する投票作業を円滑に行い、議決権者を事前に確定できるようにするため、裁判所が相当と認めるときは基準日を定めて、基準日における再生債権者表に記録されている再生債権者を議決権者と定めることができる（法172条の2第1項）。基準日を定めた場合、基準日以降に再生債権者の変動があっても、基準日における再生債権者を議決権者として扱えば足りる。なお、基準日が定められたとしても、基準日以降に再生債権を譲り受けた債権者は、議決権を行使できないものの、届出名義を変更することは可能である（伊藤＝田原監修・前掲下77頁〔綾克己〕）。

　　　　　　　　　　　　　　　　　　　　　　　（浅田　隆・本多 知則）

Question 20 〔債権の区分〕

再生手続では、再生債務者に対する債権は再生債権・一般優先債権・共益債権に分類されますが、それぞれの内容および取扱いについて説明してください。

Answer

再生債権は、再生手続開始前の原因に基づいて生じた請求権であり、再生計画の定めに従って弁済等される権利です。

一般優先債権は、その債権の性質から優先性が認められ、再生計画によらず随時弁済される債権です。

共益債権は、再生手続遂行のため債権者が共同で負担すべきものとして優先性が認められ、同じく随時弁済の対象となる債権です。

解 説

1 再生債権

(1) 再生債権の意義及び範囲

再生債権とは、再生手続開始前の原因に基づいて生じた財産上の請求権のうち、共益債権または一般優先債権に該当するものを除く債権である（法84条1項）。

金融機関の証書貸付や手形貸付に係る貸出債権、金融機関が提供するサービスに係る報酬や手数料等の各種債権、金融機関が保証を行った場合における求償権など、当該債権の発生原因となる契約締結等が手続開始前であればいずれも再生債権となる。また、債権の発生原因事実が再生手続開始前にあれば、約定の弁済期が到来していることや、停止条件が成就していることは要件ではない。したがって、再生手続開始前の原因に基づいて生じた請求権であれば、期限未到来の債権、条件付債権、将来の定期金債権や事前求償権なども再生債権に含まれる。

また、再生手続開始後の原因に基づく債権であるが、例外的に、①再生

手続開始後の利息の請求権（法84条2項1号）、②再生手続開始後の不履行による損害賠償および違約金の請求権（同項2号）、③再生手続参加の費用請求権（同項3号）も再生債権である。いずれも、開始決定後に生じる請求権であるが、開始前の原因に基づいて生じた再生債権との関係で付随的な性質を有するものであることや、他の倒産処理手続のように劣後的債権とすることで組分けが必要になるなど手続が煩雑になることを回避するため、再生債権として取り扱うこととしている。もっとも、これらの再生債権の債権者は議決権を有さず（法87条2項）、また、再生計画においても衡平を害しない範囲で別段の定めをすることが認められている（法155条1項ただし書）。実務上、再生手続開始後の利息請求権などは再生計画において他の再生債権に劣後するかすべて免除されるとの定めがされることがあり、その場合には再生手続開始決定日の前日までに生じた再生債権の額を確定し、これについて弁済の対象とすることが多いようである。

その他、再生手続開始前の原因に基づいて生じたものではないが、個別の規定により、再生債権とされるものがある（法49条5項（双方未履行の双務契約を再生債務者が解除した場合の契約の相手方の損害賠償請求権）、法132条の2第2項2号（否認権行使の場合における再生債権者の受けた反対給付の価額償還請求権）ほか）。

(2) 再生手続上の再生債権の扱い

再生債権は、再生手続開始後は、法律に特別の定めのある場合（法85条2項（事業の継続に著しい支障を来す中小企業者の再生債権）、同条5項（少額の再生債権））を除き、再生計画の定めによらなければ、弁済をし、弁済を受け、あるいは、これを消滅させる行為（再生債権者による免除を除く）はできない（法85条1項）。すなわち、再生債権者が、再生計画によらずに弁済を請求することはできないし、また、再生債権に基づく個別的強制執行は禁止される。

再生債権者は、再生手続に参加するためには、債権届出期間内に再生債権の届出を要する（法94条）。再生債権届出期間内（再生債権者がその責めに帰することができない事由によって届出ができなかった場合などの追完等の要件が存する場合にはその追完等の期間内）に届出がなされず、あるいは、

再生債務者（管財人が選任されている場合は管財人。以下、同様）が自認しなかった再生債権は、例外として失権しないことが定められた場合を除き（再生債務者が再生債権があることを知りながら自認しなかった場合など）、原則として失権する（法178条）。届出あるいは自認されて再生計画の再生債権者表に記載された再生債権は、確定判決と同じ効力が認められる（法104条3項）。再生債権は、再生計画の認可決定が確定すると、再生計画の定めに従って権利の変更がなされ、弁済等がなされることとなる。

なお、再生債権者は、原則として、債権者集会において（書面等投票の場合も含む）、議決権を行使することができ、これを通じて再生計画案に対する賛否を明らかにすることとなる。

2　一般優先債権

(1)　一般優先債権の意義および範囲

一般優先債権とは、一般の先取特権その他一般の優先権がある債権であり、共益債権に該当する債権を除く債権である（法122条1項）。

一般の先取特権を有する債権は、共益費用、雇用関係、葬式費用、日用品供給によって生じた債権である（民法306条）。また、その他一般の優先権がある債権の典型例は、租税債権（国税徴収法8条、地方税法14条等）であり、その他にも国税徴収の例により徴収し得る請求権（健康保険法182条、労働保険徴収法28条・29条、厚生年金保険法88条・89条、国民年金法95条・98条、国民健康保険法80条2項・4項）、企業担保権で担保される債権（企業担保法2条1項）などが含まれる。

一般的に、金融機関が有する債権について一般の先取特権その他一般の優先権が認められるものは少ないと考えられる。もっとも、関税等の租税債権の納付について金融機関が保証を行う場合があるが、一般優先債権である租税債権について、金融機関が保証履行として代位弁済した場合に、金融機関が取得した原債権を、一般優先債権として行使できるかどうかについては議論がある。これについては後記4で詳細に述べる。

(2)　再生手続上の一般優先債権の扱い

一般優先債権は、再生手続によらずに随時弁済される（法122条2項）。

破産法では、同様の債権が、原則として優先的破産債権（破産法98条1項。一部は財団債権）として、会社更生法では優先的更生債権（会社更生法168条1項2号。一部は共益債権）として、それぞれの手続内に取り込まれているが、再生手続では、手続外債権とすることで、組分けによる手続の複雑化を回避し、簡易かつ迅速な処理を可能としている。

　したがって、一般優先債権者は、随時弁済を請求でき、再生債務者が任意に弁済しない場合には、再生債務者の財産に対する強制執行、仮差押えまたは先取特権の実行としての競売等により、優先的に回収を行うことができる。ただし、強制執行等の対象が再生債務者の業務に必要な財産であった場合（たとえば再生債務者の事業の拠点となる工場）に、強制執行等が再生手続の著しい支障となることも考えられるため、そのような場合には裁判所は中止または取消命令を発することができる（法122条4項）。

　なお、租税債権等に基づく滞納処分、企業担保権の実行、一般優先債権を被担保債権とする担保権の実行は何らの制約を受けないことに注意を要する。

3　共益債権

(1)　共益債権の意義および範囲

　共益債権は、再生手続遂行にあたって、再生手続上の利害関係人の共同の利益のためにされた行為により生じた請求権等の一般総称である。共益債権の種類は多岐にわたるものの、利害関係人の共同利益のためになされた行為によって生じた請求権であり、本来的に利害関係人が共同で負担すべきもののほか、相手方との実質的衡平を図るための政策的配慮に基づいて特別に共益債権とされる請求権が含まれる。破産手続における財団債権、会社更生手続における共益債権に相当するものであるが、その範囲は厳密に一致しているわけではない。

　再生手続上の利害関係人の共同の利益のためにされた行為の一例としては、再生手続開始後に、金融機関が再生債務者に対してDIPファイナンスを行う場合の貸金請求権がある。再生手続開始後の事業の継続に必要な資金を調達し、事業を円滑に進めることは利害関係人の共同の利益に資する

からである。

利害関係人の共同の利益のためになされた行為により生じた請求権は法119条に列挙されている。特別の政策的配慮に基づいて共益債権とされるものは、法120条のほか、請求権の性質に応じて個別に定められている。

(2) 法119条に定められた共益債権

再生手続上の利害関係人の共同の利益のためにされた行為により生じた請求権として、法119条は以下のような請求権を列挙する。

① **再生債権者の共同の利益のためにする裁判上の費用の請求権（1号）**

再生手続に関連する裁判上の手続費用であり、再生手続開始申立の費用、保全処分の費用、各種裁判（開始決定・認可決定・終結決定等）の公告・送達費用、債権者集会の開催に係る費用、再生計画案の送達費用等が含まれる。

② **再生債務者の業務、生活ならびに財産の管理および処分に要する費用の請求権（2号）**

原材料の購入費や仕入代金、従業員の給与等、水道光熱費、賃料等の再生債務者の事業の継続（法人の場合）や生活の維持（個人の場合）に関する費用が含まれる。財産の管理および処分に関する費用には、たとえば、再生債務者が所有する建物の維持管理費用や処分費用が含まれる。

③ **再生計画の遂行に関する費用の請求権（3号）**

再生計画において減増資・定款変更等を要する場合の手続費用、再生債権の弁済に要する費用など、手続が終結するまでの再生計画遂行に関する費用が含まれる。ただし、再生手続終了後に生じる費用は含まれない。

④ **監督委員、調査委員、管財人、保全管理人、裁判所が選任した代理委員等の手続機関に支払うべき費用、報酬および報奨金の請求権（4号）**

監督委員が選任されている場合の監督委員に関する費用および報酬請求権、保全管理人および管財人が選任されている場合の保全管理人および管財人に関する費用および報酬請求権が典型である。

⑤ **再生債務者財産に関し再生債務者等が再生手続開始後にした資金の**

借入その他の行為によって生じた請求権（5号）

本号の請求権は、再生債務者の業務に要する費用の請求権（2号）と重複することが多いが、業務の遂行に不可欠な借入等に基づく請求権の地位を明確にするために特に規定されたものである。再生手続開始後に、金融機関が再生債務者に対してDIPファイナンスを行う場合の貸金債権が本号に該当する。なお、再生手続の申立後、継続的に事業を行うために、開始前までにDIPファイナンスが行われる場合があるが、その場合の貸金債権は、後記(3)③で述べるとおり、裁判所の許可または監督委員の承認により、共益債権として取り扱われることがある。

⑥ **事務管理または不当利得により再生手続開始後に再生債務者に対して生じた請求権（6号）**

再生手続開始後に生じた事務管理または不当利得の場合は、再生債権者全体に利益や利得が生じていることから、かかる請求権を共益債権としたものである。

⑦ **再生債務者のために支出すべきやむを得ない費用の請求権で、再生手続開始後に生じたもの（7号）**

再生債務者について、法人としての組織法上の活動が必要である場合、そのために必要となる取締役会や株主総会の開催費用などが含まれる。

(3) **その他の共益債権**

法119条の規定に基づく共益債権以外には、双方未履行双務契約について再生債務者等が履行または解除を選択した場合の相手方の請求権など、再生手続上の特別の政策的配慮に基づいて共益債権とされる請求権（法49条4項・5項、50条2項、51条、120条3項・4項等）のほか、社債管理者等の費用・報酬請求権など、再生債権者が共同で負担すべき費用としての性質から共益債権とされるものがある（法39条3項、67条5項、120条の2第4項・6項等）。以下は、かかる特別の定めにより共益債権とされるもののうち、実務上、問題となることが多いものである（なお、下記①および②の詳細についてはQ37～Q39を参照）。

① **双方未履行双務契約について再生債務者等が履行または解除を選択した場合の相手方の請求権**

再生手続開始時点において、契約当事者の双方の義務の全部または一部が残っている場合（双方未履行契約）、再生債務者等は、契約を続行し、再生債務者の義務を履行して相手方にも義務の履行を請求するか、あるいは契約を解除するかを選択することができる（法49条1項）。この場合に、再生債務者等が債務の履行を選択した場合、衡平の観点から、契約の相手方の有する請求権は共益債権として扱われる（同条4項）。また、再生債務者等が解除を選択した場合、再生債務者が受けた反対給付が現存しているときは、相手方はその返還請求権を、反対給付が現存していないときにはその価額返還請求権を有するが、いずれも共益債権として行使することができる（同条5項）。この点は、他の債権者との衡平や全部履行の場合（契約の相手方が全ての義務を履行しており双務契約でなくなっている場合）との均衡という点から立法論的に疑問であるとの批判もあるところであるが、再生債務者が民事再生法に基づいて解除権を行使した結果である以上、相手方の地位を保護することが衡平に適うとの立場によったものであり、破産法および会社更生法と規律を同一にする（才口千晴＝伊藤眞監修『新注釈民事再生法〔第2版〕上』272頁）。

　なお、再生債務者等による解除によって生じた相手方の損害賠償請求権は、再生債権である（法49条5項）。

② **継続的給付を目的とする双務契約において相手方が再生手続開始申立後、再生手続開始前にした給付に係る請求権**

　電気、ガス、水道など、供給規程により供給の停止について厳格な要件が定められるなど供給が義務づけられた継続的契約の場合、再生手続開始の申立があったからといって供給を停止することはできないため、かかる相手方の保護を図るべく、再生手続開始の申立後、再生手続開始前にした給付であっても、共益債権として保護を図っている（法50条2項）。継続的給付を目的とする双務契約の範囲については、同条が、その文言上、特に制限を付していないことからすれば、電気、ガス、水道等以外の継続的給付を目的とする双務契約一般においても適用されると解される。もっとも、実務上、本条が適用される継続的供給契約であるかどうかは判断が困難な場合も多く、個別具体的な事情をもとに個々の契約ごとに判断するし

かない。

③ **再生債務者が再生手続開始申立後、裁判所の許可を得て、再生手続開始前に資金の借入や原材料の購入等、事業の継続に不可欠な行為をしたことによって生じる相手方の請求権**

再生債務者が、再生手続開始申立後から再生手続開始前までの間に、事業を継続するために資金の借入や仕入等を行ったことにより生じた請求権は、本来、再生手続開始前の原因による請求権であるが、これらを再生債権として処理すると、かかる借入や仕入等の相手方の協力が得られず、再生債務者の事業の継続が事実上困難となることから、裁判所の許可または監督委員の承認により、相手方の請求権を共益債権とすることができる（法120条3項）。前述のとおり、金融機関が、再生手続開始申立後、開始前にDIPファイナンスを行う場合は本号に該当するが、これに対する裁判所の許可または監督委員の承認の確認が不可欠である。なお、再生手続開始後の業務に要する費用の請求権は当然に共益債権である（法119条2号・5号）。

⑷ 民事再生手続上の共益債権の扱い

共益債権は、再生手続によらないで、弁済期が到来する都度、随時に弁済される（法121条1項）。また、共益債権は、再生債務者の一般財産の範囲内において再生債権に先立って弁済を受けられる（同条2項）。

したがって、共益債権者は、一般優先債権と同様に、その行使について原則として制限を受けず、再生債務者等が任意に支払わないときは、仮差押え等を行い、訴訟を提起し、強制執行、担保権の実行等の手続をとることが可能である。ただし、一般優先債権の場合と同様に、強制執行等の対象が再生債務者の業務に必要な財産であった場合に、強制執行等が再生手続の著しい支障となる場合には、裁判所は強制執行等に対して中止または取消命令を発することができる（法121条3項）。

なお、民事再生法は、一般優先債権と共益債権の優先関係については特段の定めを置いておらず、民法その他の実体法の定めによるものと解される（たとえば、国税徴収法8条による国税優先の原則）。

4　代位弁済と優先性の承継

(1) 弁済による代位

　民法上、利害関係を有する第三者が、他人の債務を弁済し、当該他人（債務者）に対して求償権を取得する場合に、この求償権の効力を確保するため、債権者が有していた債権（原債権）およびこれに付随する担保権その他の権利が、弁済者に移転する（民法501条）。弁済者は、債務者に対して自らの求償権を行使するほか、かかる代位弁済によって取得した原債権およびその担保権等を行使することができるが、原債権の行使は弁済者の求償権の存在を前提とするものであるから、「自己の権利に基づいて求償をすることができる範囲内において」のみ行使が認められる。

　金融実務においては、関税等の租税債権の納付について金融機関が保証を行う場合や、請負工事の前渡金返還請求権について金融機関が保証を行う場合があるが、保証履行の結果、金融機関は債権者が有していた原債権およびこれに付随する担保権その他の権利を取得して行使することができる。

(2) 優先性の承継

　①　再生手続において一般優先債権や共益債権は随時弁済の対象となり、再生計画によらなければ弁済されない再生債権との比較において優先性が認められているが、弁済による代位により、かかる一般優先債権や共益債権を第三者が取得した場合、弁済者の再生債務者に対する求償権が再生債権である一方で、当該第三者（弁済者）は再生手続外で一般優先債権や共益債権を行使することができるかということが問題となる。

　かかる問題について、これまで、「自己の権利に基づいて求償をすることができる範囲内において」の解釈とともに、倒産法において特定の債権が優先的な債権とされる趣旨が何かという倒産法の視点からの議論が重ねられ裁判所の判断も分かれていたが、最高裁で一定の結論が示されている。

　請負契約に基づく前渡金を受領していた請負業者の前渡金返還債務について、金融機関が請負業者の再生手続開始前に保証を行っていたところ、再生手続開始決定後、再生管財人が請負契約を解除した結果、前渡金返還

債務が共益債権となった事案で（法49条1項）、保証に基づいて前渡金返還債務を代位弁済した結果、民事再生法上の共益債権を取得した金融機関が再生手続によらないで当該共益債権を行使することができるかどうか争われたが、裁判所は、弁済者である金融機関が再生手続外で共益債権を行使することを認めた（最判平成23・11・24金融・商事判例1380号27頁）。その理由として、弁済による代位制度について、「代位弁済者が債務者に対して取得する求償権を確保するために、法の規定により弁済によって消滅すべきはずの債権者の債務者に対する債権（原債権）およびその担保権を代位弁済者に移転させ、代位弁済者がその求償権の範囲内で原債権およびその担保権を行使することを認める制度であり、原債権を求償権を確保するための一種の担保として機能させることをその趣旨とする」と指摘し、かかる制度趣旨から金融機関が共益債権として行使することを認めたものである。そして、仮に弁済者が共益債権として権利を行使することができるとした場合でも、他の再生債権者は、もともと原債権者による共益債権の行使を甘受せざるを得ない立場にあったので不当に不利益を被るわけではないということも指摘されている。なお、再生計画によって求償権の額や弁済期が変更されることがあった場合でも、共益債権を行使する限度では再生計画による権利の変更の効力は及ばないとすることが、民事再生法177条2項（再生計画が、別除権者の担保権、再生債務者の保証人、物上保証に影響を及ぼさないことを規定する条文）を参照条文として指摘しつつ述べられている（本件の一審の大阪地判平成21・9・4金融法務事情1881号57頁は共益債権としての行使を否定していたが、原審の大阪高判平成22・5・21金融法務事情1899号92頁は共益債権としての行使を肯定していた）。

　かかる結論は、代位弁済によって共益債権を取得した弁済者は、自らの求償権が再生債権であり再生計画による権利の変更を受ける場合であっても、再生手続によらずに取得した共益債権を行使して債権の回収を図ることができるという金融機関の実務上の考え方を肯定するものであるといえる。

　②　なお、破産手続において、財団債権である労働債権を第三者が代位弁済した事案で、弁済者が破産者に対して取得した求償権が破産債権に過

ぎない場合であっても、弁済者が取得した原債権を財団債権として行使することができるかどうかが争われた事案でも、同様に、破産手続によらないで財団債権を行使することが認められた（最判平成23・11・22金融・商事判例1380号12頁）。上記裁判例も、原債権は求償権を確保するための一種の担保として機能するものであるという代位制度の制度趣旨や、他の破産債権者がもともと原債権者による財団債権の行使を甘受せざるを得ない立場にあったことを指摘しており、その判断枠組みは概ね同一である。

　③　このほかの類似の事案についての下級審の判断には、一般優先債権である租税債権について代位弁済した場合に、金融機関が代位によって取得する原債権が一般優先債権であるか再生債権であるかについて争われた事案として、租税が国家存立の財政的基盤であり租税収入の確保を図るべく一般優先債権とされたものであり、代位弁済によって租税収入が確保された場合にはもはや代位弁済債権を一般優先債権として扱う必要はないこと、また、代位債権を他の再生債権者との関係において債権者平等の例外として扱うべき理由がないこと等を理由として、一般優先債権としての行使を認めなかった事案（東京地判平成17・4・15金融法務事情1754号85頁）があるほか、民事再生手続ではなく旧破産法下の破産手続における事例において、同様に、金融機関が租税債権の納付について保証を行った事案で、弁済による代位によって財団債権である租税債権を取得した場合に、代位債権の財団債権性を否定した事案（東京高判平成17・6・30金融・商事判例1220号2頁）があるが、前記最高裁の判断に照らせば、これらの場合についても、弁済による代位の結果弁済者が取得した原債権の行使にあたっては原債権の一般優先債権性または財団債権性を肯定すべきことになろう。

　④　以上のように、民事再生手続および破産手続に関する前記2件の最高裁の判断からすれば、金融機関が弁済による代位によって取得した原債権が財団債権や共益債権である場合に、かかる優先性ある債権を手続外で行使することができると考えられる。

（山本　淳）

Question 21 〔DIPファイナンス〕

DIPファイナンスとは何ですか。とりわけ、プレパッケージ型の再生手続において、特に留意すべき事項はありますか。

Answer

DIPファイナンスとは、一般的に再建型の倒産手続中の企業に対する融資をいい、再生手続においては、随時弁済が可能な共益債権とされます。プレパッケージ型の再生手続においても、DIPファイナンスを利用することにより、手続中の円滑な資金供給を確保することがありますが、再生手続開始後に改めてスポンサーの選定手続がなされることがあることに、留意する必要があります。

解説

1 DIPファイナンスとは

(1) 定　義

DIPファイナンスとは、一般的に再建型の倒産手続中の企業に対する融資をいう。

DIPファイナンスは、もともと、米国において、米国連邦倒産法のチャプターイレブンが定める手続開始後の債務者（Debtor In Possession）に対する融資として発展したが、日本においても、現在では、民事再生手続や会社更生手続が開始された債務者に対する金融機関、事業スポンサー、ファンドなどからの融資として、広く認識されている。

法的倒産手続において、DIPファイナンスが実行される局面としては、倒産手続中の運転資金の供給のためや、いわゆるエグジットの手法として、再生債権等の一括弁済原資をねん出するために実行される場合などが考えられる。

(2) DIPファイナンスの民事再生手続における取扱い

再生手続中の企業に対するDIPファイナンスは、与信判断の問題はとも

かくとして、法的性格としては、再生債権とは区別された共益債権等として取り扱われることとなり、優先的に弁済を受けることができる。

① 申立後開始決定までのDIPファイナンス

再生手続を申立後、手続開始までの間に、融資を実行する場合、その融資は、手続開始前の原因に基づいて生じた財産上の請求権であるから、本来は、再生債権であり（法84条参照）、再生計画によらなければ弁済を受けることができないのが原則である。

しかし、再生手続の場合には、このような開始前の借入金については、裁判所の許可を得て、共益債権とすることができるとされており、これにより、再生債権に先立って随時弁済を受けることができる債権となり、債権者としての法的保全を図ることができる（法120条1項）。

もっとも、再生手続の場合、実務的には、裁判所は、民事再生申立受理と同時に監督命令を発し、監督委員を選任するとともに、監督委員に対し、共益債権とする旨の裁判所の許可に代わる承認をする権限を付与するのが通例であり（法120条2項）、その場合には、監督委員の承認を得る必要がある。また、再生手続の申立から開始決定までは、通常1、2週間の短期間のスケジュールで進行するが、開始決定前に承認の手続を要するので留意が必要である。

なお、再生手続においても、再生債務者による財産管理または処分が失当である場合には、裁判所は、保全管理人による保全管理命令を発することができる（法79条）。保全管理人が再生債務者の業務および財産に関し、権限に基づいてした資金の借入によって生じる請求権は、特段の裁判所の許可等を要せず、共益債権となる（法120条4項）。

② 開始決定後のDIPファイナンス

再生手続では、監督命令により資金の借入が監督委員の同意事項とされていることが一般的であり、その場合には、監督委員の同意を得ることを要する（同意事項か否かは、手続開始前に発令されている監督命令により確認することができる）。そして、監督命令に従って、再生手続開始後に融資が実行された場合には、その債権は、原則として当然に共益債権として取り扱われ、再生債権と区別されて、随時弁済を受けることができる。

同意を得ないでした借入は無効であるが、貸主が善意であれば、有効として取り扱われる（法54条4項）とされるが、金融機関としては、一般に同意事項であることにつき、善意であるとは評価し難いので留意が必要である。

再生計画案が認可されると、借入は監督委員の同意事項から外されるケースが一般であり、その場合には、監督委員の同意も不要となる。

(3) DIPファイナンスの契約条件

金融機関もDIPファイナンスの出し手となり得るが、DIPファイナンスを実行するに際して、担保価値がある不動産担保を徴求できる場合は稀であり、また、銀行等の金融機関は、金融庁が銀行を検査する時の「金融検査マニュアル」の中の「信用リスク検査マニュアル」に従って、与信の無担保部分に対し100％の引当てをする必要があるので、DIPファイナンスを実行すればするほど、自らの純資産が減少する。こうしたことから、金融機関がDIPファイナンスを行うケースは決して多くはなく、わが国では、一部の投資ファンドによって実行されるか、再生債務者のスポンサーによって実行されることが多い。

融資の手法としては、個別の資金需要に応じた金銭消費貸借契約を締結するケースもあるが、安定的な流動性確保、緊急時の流動性の補完を目的として、コミットメントラインを設定するケースも存する。

融資に対する担保としては、売掛金等の集合債権譲渡担保、在庫動産等の集合動産譲渡担保が利用されることが多い。このような流動資産担保融資（ABL）は、近時、注目され一般的な手法となりつつあるものの、まだ、制度的、インフラ的な問題点も多い。

金銭消費貸借契約を締結する際に、一定の表明保証や書類（裁判所に対する月次報告等）の提出義務や、事業、財務状況、法的手続の進捗に関する報告義務を課したり、キャッシュフローのモニタリングをするなど一定のコベナンツが設定されるケースも存する。

なお、再生手続上、担保提供は、監督委員の同意事項や裁判所の許可事項になっているので、留意を要する。

2 プレパッケージ型の再生手続とDIPファイナンス

(1) プレパッケージ型の再生手続とは

再生手続の申立に先立ち、スポンサー等をあらかじめ選定したうえで、申立を行うことを、一般的にプレパッケージ型（プレネゴシエイテッド型とするのが正確であるとの指摘もある）の再生手続という。

再生手続が申し立てられると、仕入先や外注先といった債権者となる取引先のみならず、再生会社から商品、製品やサービスを受けている得意先も含め、今後の事業継続の可能性につき不安を抱くのは当然であり、その結果、事業毀損が進行する可能性は否定できない。これに対し、民事再生申立をした時点で、すでにスポンサーが決まっていれば、対外的な事業継続についての不安を払拭することにより、事業価値の毀損を最小限度に食い止めることができ、また、円滑に再生手続を遂行することができる場合が多い。

(2) プレパッケージ型スポンサーによるDIPファイナンス

スポンサーの関与の仕方としては、最終的には、再生会社に出資をしたり、事業自体を譲り受けて事業を再生するということになるが、再生手続中にも、資金的な支援や信用供与を行うことが少なくない。

すなわち、再生手続中に、再生会社の一時的な資金繰りに不安がある場合には、スポンサーより、DIPファイナンスという形で資金供給がなされることになる。その場合の貸付金債権は、前述のとおり、共益債権とすることができ、再生債権に優先して弁済を受けることができる。

さらに、さかのぼって、再生手続申立前の段階で、スポンサーから資金供給がされている場合のいわゆるプレDIPファイナンスに関する問題は、さらに、その法的取扱いが問題となる（Q6参照）。

(3) お台場アプローチとあて馬対策

プレパッケージ型再生手続では、そのスポンサー選定過程に裁判所や監督委員等の中立機関が関与せず、専ら債務者の主導で行われることが多いので、せっかく再生手続がプレパッケージ型で申し立てられても、スポンサー選定過程の公正、適正性が問題になり、スポンサーの再選定を余儀なく

される場合もある。

　しかし、民事再生と同時にスポンサー名を公表することと、スポンサーからのDIPファイナンスにより、事業の毀損を防いだ後、維持できた事業価値を前提として、再入札することになれば、当初、スポンサーが事業リスクを負担したことを等閑視することになるし、スポンサーの再選定のために、時間やコストをかけることが必ずしも適切とはいえないケースもある。

　そこで、プレパッケージ型再生手続におけるスポンサー再選定の要否の要件について提言がなされている。いわゆる「お台場アプローチ」であり、これによれば、以下の要件が充足する場合には、再生手続開始後にさらによい条件を申し出る候補者がいても、再生債務者が、再入札を「手遅れである」として謝絶し、既存のスポンサー契約等を解除しなくても公平誠実義務の違反にならず、監督委員も善管注意義務違反とはされないとされる。その要件としては、次のようなものである。

① あらかじめスポンサーを選定しておかなければ事業が劣化してしまう状況にあること
② 実質的な競争が成立するように、スポンサー等の候補者を募っていること。または、これが困難である場合には、価額がフリーキャッシュフローに照らして公正であること
③ 入札条件に、価額を下落させるような不当な条件が付されていないこと
④ 応札者の中からスポンサー等を選定する手続において、不当な処理がされていないこと
⑤ スポンサー契約等の内容が、会社側に不当に不利な内容となっていないこと
⑥ スポンサー等の選定手続について、公正である旨の第三者の意見が付されていること
⑦ スポンサー等が、誠実に契約を履行し、期待どおりに役を果たしていること

ところで、米連邦破産法のチャプターイレブンにおいても、再入札が行

われることが少なくないようであるが、その場合には、当初のスポンサーは、「当て馬」（ストーキング・ホース）として、ブレークアップ・フィーといわれる一定の対価が支払われることがある。

それは、再入札の際の第三者への参入障壁となるが、当初スポンサーのリスクや貢献に照らし、一定の相応の対価が約束されることは合理的であると考えられている。

しかし、わが国では、民事再生申立前の再生支援契約で合意したブレークアップ・フィーを共益債権化するような実務は確立していない。

そこで、プレパッケージ型の再生手続を支援して、DIPファイナンスに応じる時には、再入札時には金銭消費貸借の返済期限の利益が失われるようにする等して、再入札後に、当初スポンサーがDIPファイナンスの与信リスクを早期に免れることができるようにするとともに、これもまた再入札の参入障壁とすることが考えられる。

（上甲 悌二）

Question 22 〔財産評定〕

財産評定とはどのような手続ですか。どのような目的で財産評定がなされるのですか。財産評定の結果に不服がある場合、金融機関としてはどのような対応が可能ですか。

Answer

財産評定とは、再生債務者等が再生債務者の財産を再生手続開始の時における価額で評定することをいいます。再生手続が債権者の利益に適合しているか等を判断する目的で行います。結果に不服がある場合、再生債務者や監督委員に対し、自らの評価資料を提供して評価の見直しを促す方法のほか、裁判所に評価人の選任を申し立てることが考えられます。

解 説

1 財産評定の意義と目的

(1) 財産評定とは

再生債務者または管財人（以下、「再生債務者等」という）は、再生手続開始後（管財人については、その就職の後）遅滞なく、再生債務者に属する一切の財産につき再生手続開始時における価額を評定しなければならない（法124条1項）。これを財産評定という。このときの評価基準は、財産を処分するものとしてしなければならない。ただし、必要がある場合には、処分価額による評定と併せて、全部または一部の財産について、再生債務者の事業を継続するものとして評定することができる（規則56条1項）。ここでいう「財産」には、資産のみならず負債も含まれる。

再生債務者等は、評定を完了したときは、直ちに再生手続開始の時における財産目録および貸借対照表を作成し、これらを裁判所に提出しなければならない（法124条2項）。この財産目録および貸借対照表には、その作成に関して用いた財産の評価の方法その他の会計方針を注記する（規則56条2項）。

財産評定の結果は、再生計画認可の決定等が確定するまで、再生債務者の主たる営業所または事務所において債権者に開示される（規則64条）。

(2) 財産評定の目的

財産評定は、以下のように、再生手続上多様な機能を有している。

再生債務者は、再生債権者に対して清算価値を上回る弁済をする内容の再生計画案を立案せねばならないところ（清算価値保障原則。法174条2項4号）、再生債務者に属する財産の正確な評価を把握することにより、再生債務者は、事業再生の方針を立案し、再生計画案を策定することが可能になる。

再生債権者にとっては、処分価格を前提とする評定がなされた財産評定を、再生計画案に対する同意・不同意の態度を決するにあたっての参考材料とすることができる。また、同じく処分価額を前提とする財産評定について、再生債務者がその評価額に基づいて、別除権協定の締結を申し出たり、あるいは、担保権消滅請求（法148条1項）を行う可能性があるため、この点でも影響を受ける。さらに、債務者が事業譲渡を予定し、事業継続価値を評価基準とする財産評定が行われたときは、債権者として事業譲渡に対する意見を表明するにあたり（法42条2項）、財産評定を当該事業譲渡が債権者にとって有利なものであるかどうかの判断材料ともし得る。

裁判所は、再生計画案について、これを決議することが再生債権者一般の利益に反するときは、再生計画案を決議に付する旨の決定をすることができず（法169条1項3号）、あるいは、計画が可決されたとしても再生計画不認可の決定をしなければならないため（法174条2項4号）、再生計画案を可決することが、これを否決して再生債務者が破産に至る場合よりも再生債権者にとって有利か、すなわち再生計画案が清算価値を保障しているかを確認することになるが、財産評定はこのときの判断材料となり得る。また、特に事業継続価値による財産評定も行われている場合、これが事業譲渡の対価の相当性の検討のための資料として事業譲渡の許可の判断の際に用いられることがある（法42条1項）。事業譲渡についての株主総会に代わる許可や、再生計画案に株式取得の条項等についての定めをおく際の裁判所の許可には、事業継続を前提とした評価を、再生債務者が債務

超過にあるかどうかの参考資料にすることができる（法43条1項・166条2項）。

監督委員としても同様に、上記の各局面において裁判所に意見を述べる際、財産評定を参考資料とし得る。

(3) 別除権者と財産評定

別除権者は、別除権の行使によって弁済を受けることができない債権の部分（以下、「不足額」という）についてのみ再生債権者として権利を行使することができる（法88条）。別除権は再生手続によらずに行使することができるため（法53条2項）、担保権を実行して換価代金によって債権を回収することに関しては財産評定の影響は受けないが、議決権額については、再生債務者は財産評定の結果をもとに議決権額の認否を行うことが通常であるため、この点で別除権者は影響を受ける。

別除権者は、債権届出にあたり、別除権の目的である財産および別除権の行使によって弁済を受けることができないと見込まれる債権の額を届け出なければならないとされている（法94条2項）。このとき、別除権者は別除権の目的財産を別除権者自身で評価し、これをもとに不足額の届出を行うのであるが、これに対し、再生債務者は、財産評定の結果が再生債務者の把握する財産の評価であるから、これをもとに別除権の目的財産を評価し、議決権の額を認めることが通常である。

ここで、別除権者が届け出た不足額が、再生債務者が財産評定による評価額を前提に認めようとする議決権額を下回ることがあり得る。このとき、東京地裁では、再生債務者が別除権者の届出額を上回る議決権を認めることも許容する運用がなされているが、大阪地裁では、原則として届出を上回る議決権額を認めることは許されていない（東京地裁の扱いにつき、中澤智「書記官から見た民事再生実務Q＆A」ＮＢＬ736号37頁。大阪地裁の扱いにつき、安木健ほか編著『新版一問一答民事再生の実務』292頁）。そこで別除権者としては、最大限の議決権額を獲得するために、債権届出にあたり、不足額の届出に加えて、予備的に、届け出た債権額を上限として議決権額を届け出る趣旨であることを届け出ておくことが考えられる。

2 財産評定の方法

(1) 財産評定の主体

財産評定を行うのは、再生債務者である。管理命令が発令され、管財人が選任されているときは、管財人が財産評定を行う（法124条1項）。

(2) 財産評定の時期

財産評定の時期は、再生手続開始後遅滞なく、とされている（法124条1項）。実務上は、再生手続開始から2月以内に提出することとされている、法125条に基づく報告書（法125条・規則57条1項）と同時に提出するよう裁判所から指定されることが多い。

管財人が選任されるときは、管財人は、その就職の後遅滞なく財産評定を行う（法124条1項）。管財人が就職した時点において、すでに財産評定が行われているときは、重ねて財産評定を行う必要はないと考えられる。しかし、すでになされた財産評定の内容に疑義があるときは、改めて財産評定を行うべきである。

(3) 財産評定の対象

財産評定は、再生債務者の財産の清算価値を把握することを目的として行われるから、別除権の対象である資産、簿外の資産または負債など、すべての資産および負債を対象として行われる。

別除権の対象である資産は、別除権の受戻しに要する価額や、余剰価値の有無を把握するために評定が行われる。

簿外の資産としては、たとえばリース資産も評定の対象となる。簿外の負債として、損害賠償債務、まだ現実化していない保証債務などが挙げられる。

(4) 評価基準

① 処分価額による評価

財産評定は、財産を処分するものとしてしなければならない（規則56条1項）。ここでいう処分価額は、破産を前提とした財産の処分価値、すなわち、破産手続において破産管財人が財産を換価処分するとした場合の評価額であるとされている。これは、財産評定が、専ら再生計画案が清算価

値保障原則に適合しているか（破産するよりも債権者にとって利益になるかどうか）を確認するための資料として用いられるからである。

② **事業継続価値による評価**

必要がある場合には、処分価額による評定と併せて、全部または一部の財産について、再生債務者の事業を継続するものとして評定することができる（規則56条2項）。

事業継続価値による評価が必要となるのは、たとえば、再生債務者が裁判所に対して事業譲渡の許可（法42条1項）を申請するにあたり、事業譲渡が再生債権者にとって不利益なものではないことを説明する資料とする場合である。事業譲渡は、再生債務者の事業を生かしたまま譲渡するものであるから、事業継続価値による評定額を参考に、譲渡価額の相当性を判断することが可能になる。もしくは、事業譲渡に関する株主総会の決議による承認に代わる裁判所の許可（法43条1項）を申し立て、または再生計画案に株式取得の条項等の定めを置くことの許可（法166条）を申し立てるにあたり、事業継続価値による評定をした場合でも再生債務者が債務超過の状態にあることを示すための資料として用いることも考えられる。このいずれの場合も、再生債務者の事業継続を前提として株主としての権利に関わる判断をする場面であるから、事業を継続する前提での評価が必要となる。

加えて、再生債務者が事業継続を前提に資産を評価替えしたときは、これにより固定資産等に生じた評価損について、法人税法上、損金算入することが認められている。対象となる資産は、棚卸資産、有価証券、固定資産および繰延資産の一部である（法人税法33条2項、法人税法施行令68条）。事業継続を前提として財産評定を行ったときは、その結果に基づいて資産の評価替えを行うことになろう。

(5) 評価時点（清算価値保障原則の基準時）

財産評定の基準時は、再生手続開始の時である（法124条1項）。

ここで、財産評定の基準時は開始時とされているが、再生計画案が清算価値保障原則を充足しているかどうかを判断する基準時をいつと見るかにつき説が分かれる。

清算価値保障原則は、再生計画案が再生債権者に対して清算価値を上回る配当を保障するものであることを求めており、再生手続開始時から再生計画案の認可決定時までには相当の期間が空くことから、清算価値保障原則は、再生手続開始の時ではなく再生計画認可決定の時を基準として検証すべきとする考え方がある。

再生計画案が清算価値保障原則を充足しているかを判断する基準時は再生手続開始時であるとする説は開始時説、再生計画認可決定時であるとする説は認可時説などと呼称される。

開始時説は、再生手続開始決定によって、再生債務者の財産に対して包括的な差押えがあったものと観念され、以後破産ではなく再生手続を遂行することが認められるのは、債権者に対し、差押時点における清算配当率を保障しているからであるという考え方に基づく。

これに対して認可時説は、再生手続開始後、資産の劣化が進むことは往々にしてあることであり、再生手続が再生債務者に対して事業再生の機会を広く与えることを目的とした手続であることからすれば、認可時における清算価値を充たしているのであれば、開始時における清算価値を保障していないとしても、手続を廃止すべきでなく、その遂行を認めるべき、という考え方に基づく。認可時における清算価値を保障しているのであれば、再生債権者は、認可時点で（開始時の）清算価値保障原則違反として再生計画が不認可とされ、再生手続が廃止されて、破産手続に移行したとした場合と比較しても、より多くの配当を受け得るのであるから、このように解したとしても再生債権者を害することはない。

財産評定は開始時を基準に行われ、以後、重ねて財産評定が行われることはないから、原則としては開始時説によるべきである。しかし、開始後に再生債務者の財産の価値が減少したときにでも、なお破産手続に移行する場合と比較して再生債権者の利益に適う再生計画案の立案が可能であるときは、その再生計画案を債権者の決議に付すべきであろう。その限りでは、認可時説の考え方を取り入れるべきであると考える。

(6) 具体的な評価方法

財産評定における評価は、勘定科目ごとに行う。

現預金は、原則として残高を評定額とするが、預金について金融機関が反対債権を有しており、相殺される見込みであるときは、反対債権の額を表示しておくことが適切である。

売掛金、受取手形等の取引債権は、回収見込額を考慮して評定することになる。

在庫、原材料等の棚卸資産は、それらの属性や処分可能性によって評価額は変わるが、事業を廃止しての処分価額で評定すると、相当に低廉な評価とせざるを得ないのが通常である。

不動産、機械装置、リース資産などは、早期処分する前提での売却見込額から売却に要する費用を控除した額で評定することになる。

(7) 財産目録および貸借対照表の作成

再生債務者等は、財産評定を完了したときは、直ちに再生手続開始の時における財産目録および貸借対照表を作成し、これらを裁判所に提出しなければならない（法124条2項）。

財産目録には、評定方針を示し、個別の資産および負債の目録を記載して、個別の簿価および評定額を記載するのが実務である。貸借対照表は、簿価による貸借対照表（財産評定前の貸借対照表）および財産評定後の貸借対照表を作成し、後者により清算配当率を算出して記載することが多い。清算配当率は、財産評定後の貸借対照表における資産総額から、共益債権、一般優先債権、別除権者に対する支払見込額および相殺見込額を控除した残額を、一般再生債権額で除することによって算出する。

3 財産評定の結果の開示とこれを争う方法

(1) 財産評定の結果の開示

再生債務者等は、再生手続開始の決定の取消し、再生手続廃止または再生計画認可もしくは不認可の決定が確定するまで、裁判所に提出した財産目録および貸借対照表を、再生債権者が再生債務者の主たる営業所または事務所において閲覧することができる状態におく措置をとらなければならない（規則64条1項）。主たる営業所または事務所以外の場所においても債権者の閲覧に供し、あるいはその内容を周知させるための適当な措置を

とることは差し支えない（規則64条2項）。

　また、金融機関債権者など、大きな議決権を有していたり、再生債務者の財産の内容をより詳細に把握することに関心のある債権者に対しては、再生債務者自ら、財産目録および貸借対照表の写しを交付してその内容を説明し、後に行われる別除権の処理に関する協議に備えたり、再生計画案に対する理解を求める前作業とすることが少なくない。

　そのため、金融機関としては、財産評定の結果に関心があるときは、積極的に財産目録や貸借対照表の写しの交付を求めるとよいであろう。また、財産評定の根拠となった資料、たとえば不動産鑑定評価書などを開示するよう再生債務者に求めることも考えられる。

(2) 財産評定が提出されることの効果

　財産評定の機能として先に述べたとおり、再生債務者が、別除権者との別除権協定の締結に向けた交渉に際し、財産を処分価額で評定した結果である財産評定額を協定額とするよう要求してくることが予想される。あるいは、担保権消滅請求が行われるときは、やはり財産評定の結果を目的物の価額として提示してくると考えられる。そして、再生計画案が提出されたとき、裁判所は財産評定の結果を参考資料として、計画案が清算価値保障原則を充足しているかどうかを検証することになる。

　とはいえ、別除権協定の締結には別除権者の合意が必要であるし、担保権消滅請求に際しては価額決定請求の方法で目的物の価額を争うことができる。そうすると、別除権者が財産評定の結果に直接影響を受けるのは、財産評定が、再生計画案が清算価値保障原則を充足するか否かを判断する基準となる、という点かと思われる。

(3) 財産評定に不服があるときの手段

　上記(2)の検討からすれば、再生債権者が財産評定の結果を争う実益がある場面は多くはないと思われるが、再生債務者等が、財産の評価を本来あるべき評価より低廉に評価するなど、財産評定の方法等が適切ではないと考えられるとき、再生債権者としては、再生手続の進行状況を勘案しつつ、以下のような方法をとることが考えられる。

① **再生債務者または監督委員への資料提供**

再生債務者、監督委員に対し、再生債権者が自ら取得した財産の評価資料等を提供することが考えられる。評価資料をもとに再生債務者と別除権協定締結に向けた交渉を行ったり、あるいは担保権消滅申立をしようとする再生債務者に対し、本来あるべき処分価額を提示するわけである。再生計画案に対しては、監督委員が裁判所に意見を述べることになるところ、再生債務者による財産評定が不当に低廉な評価がなされているような場合、再生債権者が提供する資料をもって、監督委員に、清算価値保障原則の基礎となる資料を見直すよう促すことが考えられる。

しかし、このように債権者サイドから資料を提供して評価の見直しを促したとしても、結局、再生債務者ないし監督委員が財産評定を変更しようとしないときは、それ以上は如何ともし難い。

② **評価命令の申立**

再生債権者が裁判所に評価命令の申立を行い、公平中立な立場の評価人を選任してもらって、評価人によって再生債務者の財産を評価させる方法が考えられる。裁判所は、必要があると認めるときは、利害関係人の申立によりまたは職権で、評価人を選任し、再生債務者の財産の評価を命ずることができる（法124条3項）。

評価人の選任を申し立てるときは、評価を希望する財産を特定してしなければならない。そこで、たとえば、再生債権者が再生債務者のある不動産について、公正な第三者による評価を希望するときに評価人の選任を申し立てることが考えられる。

ただ、この評価結果を再生手続に直接反映させる方法は再生法上用意されていないから、財産評定に反映させるには、この結果をもって再生債務者と交渉などするほかない。そして、実務上、債権者が評価命令の申立を行う例は多くはない。

（野村 祥子）

Question 23 〔約定担保権・法定担保権の実行〕

金融機関が抵当権、根抵当権、質権などの約定担保権、あるいは法定担保権としての商事留置権を有していた場合、どのような点に留意して担保権を実行すべきですか。

Answer

金融機関は、上記担保権を別除権として再生手続外で行使することができます。この場合、金融機関は、第三者対抗要件を備えている必要があります。また、実務においては、再生債務者から別除権の受戻しもしくは別除権協定締結の申し出がされることも多いので、担保権の実行を決定する前に、再生債務者の意向確認を行うことも必要です。

なお、取立委任手形に対する商事留置権については、その取立金の弁済充当を認める最高裁判決が出ています。

解説

1 別除権の意義

(1) 別除権の対象となる担保権

再生手続開始時点において、再生債権者が再生債務者の財産に以下の担保権を有している場合、同再生債権者は、その目的である財産について、「別除権」を有するものとされている（法53条1項）。

① 特別の先取特権
② 質権
③ 抵当権・根抵当権（工場抵当法、自動車抵当法等の特別法による抵当権も含む）
④ 商事留置権

(2) 別除権の意義

別除権とは、再生債権者が、再生債務者に帰属する特定の財産上に有している担保権について、これを再生手続外で行使することができる権利を

いう（法53条2項）。したがって、金融機関が上記担保権を有している場合、同金融機関は、再生手続外において、同担保権を行使することができる。

(3) 別除権不足額についての再生債権の行使

なお、債権のうち、別除権の行使によって弁済を受けることができない部分については、同不足金額を再生債権として届け出ることにより、再生債権者としての権利行使をすることになる（法94条2項）。ただし、再生計画に基づく弁済を受けることができるのは、同不足額部分が確定した後である（法88条）。別除権の不足額は、担保権の実行のほか、後述する別除権協定の締結によってもこれを確定させることができる。もっとも、元本が確定した根抵当権については、被担保債権のうち極度額を超える部分の弁済は受けられない蓋然性が高いから、極度額超過部分については、一般的基準に基づく計画弁済額の仮払を受けることができる（法182条ただし書・160条2号）。

2 別除権の行使

(1) 別除権の行使方法

上記のとおり、別除権者は、再生手続によらずに、当該別除権（担保権）の実行手続に従って、同担保権を実行することができる。

たとえば、不動産に抵当権（根抵当権）を設定している場合には、民事執行法の定める担保権の実行としての競売を申し立てることができる（民事執行法180条以下）。また、債権を目的とした担保権の場合には、同債権を第三債務者から取り立てることができるし（同法193条。なお、債権質について民法366条）、預金担保についてはこれを再生債権と相殺することができる。

(2) 第三者対抗要件具備の必要性

別除権者以外の他の再生債権者は、別除権者との関係では民法177条の「第三者」に当たるから、別除権者が、再生手続開始決定後に担保権を実行する（別除権を主張する）場合には、第三者対抗要件を備えている必要がある。

この点、再生債務者も、再生手続開始決定後は、「再生債権者のために公平かつ誠実に、財産を管理処分するとともに再生手続を遂行する責務を有する再生手続の機関として、民法177条の第三者である再生債権者の利益の実現を図るべき再生手続上の責務」を有すると考えられ（法38条1項・2項）、法も、再生債務者が登記をしなければ不動産に関する物件の取得を対抗できない第三者に当たることを前提として、監督委員に対する否認権限の付与（法56条）等の制度を認めていると解される。そのため、他の再生債権者と同様に、再生債務者も、民法177条の第三者に該当し、別除権者は、再生債務者に対して別除権を主張する場合においても、第三者対抗要件を具備していなければならない（大阪地判平成20・10・31金融・商事判例1314号57頁。なお、この点に関連して、自動車の購入者からの委託を受けて販売会社に売買代金の立替払をした信販会社の三者間で、購入者および販売会社との間で販売会社に留保されていた自動車の所有権を、上記立替払により信販会社に移転し、購入者が立替金および手数料の支払債務を完済するまでは信販会社に留保する旨の合意をしていた場合に、購入者に対して再生手続開始決定が出された時点で、上記自動車につき信販会社を所有者とする登録がなされていない限り、販売会社を所有者とする登録がなされていても、信販会社が所有権留保に基づく別除権の行使として自動車の引き渡しを求めることはできないとする最高裁判例（最判平成22・6・4金融・商事判例1353号31頁）がある）。

(3) 別除権協定等との関係

　民事再生手続においては、担保権の目的となっている財産が、再生債務者の事業の継続や経済生活上の再生にとって、必要もしくは有用な財産（本社建物・主力工場の土地建物や、事業に必要不可欠な機械等）である場合も多い。そして、通常、このような場合には、再生債務者から、金融機関に対して、同財産を継続使用することの要望が出されるとともに、そのための手段として、別除権協定を締結し、目的物の評価額相当の金員を支払うことによる同財産の受戻しの申し出がされることが多いものと思われる。

　したがって、金融機関としては、まず、再生債務者に対して、担保目的

財産を継続使用する意思を有しているのかどうかについての意思確認をしたうえで、担保権の実行手続を行うかどうかの判断をすることになると考えられる。

3　各担保権を実行する際の留意点

(1)　抵当権（根抵当権）
①　登記事項証明書・固定資産評価証明書の取得

再生債務者の所有不動産に抵当権（根抵当権）を設定している場合、金融機関としては、まず、対象不動産の最新日付の不動産登記事項証明書を取得し、自社以外の担保権の設定状況や、公租公課に関する差押状況等を確認する必要がある。

また、前述したように、民事再生手続においては、再生債務者から、担保目的不動産について別除権協定の締結もしくは同不動産の受戻しについての申し出がなされることも多い。そして、同申し出に応じるかどうかを判断するにあたって、金融機関としての対象物の評価額（別除権評価額）を早期に把握しておく必要がある。そのため、再生債務者や弁護士等に依頼して、対象不動産の最新年度の固定資産評価証明書も取得しておくべきであろう。対象不動産が土地であれば、路線価等を参照することも有用である。

さらに、立地条件や周辺環境等の特別な要因によって評価が難しい不動産である場合や、金融機関による評価額と再生債務者による評価額との間に大きな差が存するような場合には、不動産鑑定を実施することも検討すべきである。

②　現地確認

対象不動産の現地確認も、できれば行うべきである。現地確認に行くことによって、同不動産の立地条件や周辺環境等を確認できるほか、場合によっては、同不動産上に不法占拠者等が存在する事実を発見でき、保全処分申立の検討を行うべき場合も考えられる。

③　根抵当権の元本の確定

根抵当権を設定している場合、破産手続においては、破産手続開始決定

により当然に元本が確定するが（民法398条の20第1項4号）、再生手続開始決定の場合には、元本は当然には確定しないので、注意が必要である。もっとも、根抵当権者が担保権の実行としての競売手続開始申立を行うことは、元本の確定事由とされているので（同条同項1号）、競売手続開始申立をする場合には、あえて元本の確定手続をとる必要はない。

④　抵当権（根抵当権）の実行

前述したように、民事再生手続においては、抵当権（根抵当権）の対象不動産が再生債務者の事業継続等にとって必要不可欠なものである場合も多く、このような場合、再生債務者から、別除権協定の締結もしくは対象不動産の受戻しについての申し出がされることが通常である。また、再生債務者の事業継続等にとっては不必要な不動産であっても、再生計画案の作成前に債務額を縮減しておきたいとの要請から、再生債務者から、同不動産を任意売却することの申し出がされることもある。したがって、即時に競売申立をする必要があるような特段の事情がなければ、金融機関としては、まず、再生債務者に対し、担保対象不動産について、別除権協定の締結、対象不動産の受戻し、もしくは、任意売却の手続をとる意向があるのかどうかを確認すべきである。

一般的に、競売手続における競落価格は、通常の取引価格を大きく下回ることが多いことからすれば、上記任意売却等の方法によった方が、金融機関にとっても、より多くの債権回収を図ることができ、有益であるといえる。

そのうえで、再生債務者において上記手続をとる意向がない場合、あるいは、上記手続をとる意向を有しているが、不動産評価額（別除権評価額）について金融機関と再生債務者との間での協議が調わない場合等に限って、やむを得ず競売の申立をすることになろう（民事執行法180条以下）。

なお、対象不動産が収益物件であるような場合には、即時に競売申立をしてこれを売却するより、毎月一定の賃料相当額を回収することの方が、時間はかかるがより多くの債権回収を図ることができる場合もある。このような場合には、抵当権の物上代位による賃料債権の差押手続や、不動産収益執行（同法188条）等の方法をとることも検討すべきである。

(2) 質　権

　金融機関の場合、再生債務者が有する債権に対して質権を設定している場合が想定される。債権を目的物とする質権については、債権証書の交付もしくは手形の裏書あるいは第三債務者に対する設定通知および承諾が第三者対抗要件とされているため、かかる対抗要件具備の状況について確認をする必要がある。また、質権者たる金融機関は、第三債務者から直接債権を取り立てることができるところ（民法366条1項）、第三債務者に対して、今後は再生債務者に対して債権の弁済をしないよう早期に通知しておくことも有効な手段である。

(3) 商事留置権

①　商事留置権の実行

　商事留置権者は、債権の弁済を受けるまで目的物を留置することができるほか、同目的物の競売を申し立てることもできる（民事執行法195条）。しかし、同競売代金から優先弁済を受ける権利までは認められていない。平時であれば、商事留置権者は、債務者に対する換価代金の返還債務と、債務者に対する債権とを相殺することにより、事実上の優先弁済を受けることができるが、民事再生手続においては、再生債権者が再生手続開始後に負担した債務と再生債権とを相殺することが禁止されている（法93条1項1号）。そのため、商事留置権者は、留置物の換価代金から優先的に弁済を受けることはできない。

　ただし、目的物が再生債務者の事業継続等に必要不可欠な財産であるような場合、実務においては、監督委員の同意を得て、再生債務者が同目的物の評価額相当の金員を商事留置権者に対して支払うことにより、同商事留置権を解放させる旨の和解をすることも広く行われている。

②　取立委任手形に関する問題

　商事留置権に優先弁済権が認められていないことと関連して、再生債権者である金融機関が、銀行取引約定に基づき占有していた取立委任手形を、再生手続開始決定後に取り立てて、同金員を自らの債権に弁済充当することができるかという問題がある。

　この点については、従来、商事留置権には優先弁済権が付与されていな

い等の理由からこれを認めない立場（東京高判平成21・9・9金融・商事判例1325号28頁）と、留置物たる取立委任手形は、本来、再生債務者の責任財産もしくは事業原資には含まれない等の理由からこれを認める立場（名古屋高裁金沢支部平成22・12・15金融法務事情1914号34頁）が対立していた。

これに対し、最高裁は、平成23年12月15日に、上記のような弁済充当の方法を定める銀行取引約定について、以下のような理由を挙げて、これを「別除権の行使に付随する合意」として民事再生法上も有効であるとする判決を出した（金融・商事判例1382号12頁）。

Ⅰ　留置権者は留置権に基づく競売が行われた場合にはその換価金を留置することができ、これは取立委任手形の場合でも異なるところはないから、取立委任手形につき商事留置権を有する者は、当該手形の取立に係る取立金を留置することができる。そのため、同取立金については、その額が被担保債権の額を上回るものでない限り、通常、再生計画の弁済原資や再生債務者の事業原資に充てることは予定されておらず、弁済充当が認められると解しても、再生債権者らの本来有する利益を害するとはいえない。

Ⅱ　民事再生法は、別除権者に別除権不足額の届出義務を課し、同不足額相当額についてのみ再生債権を行使することを認め、担保目的物の価値の範囲内の被担保債権について再生債権としての地位を否定している。このことからすると、再生債権としての地位が否定されている上記範囲内の被担保債権に関する限り、担保目的物の価値をもって被担保債権の満足に充てるための合理的な当事者間の特約については、別除権の行使に付随する合意として、その有効性を認める余地がある。

同判決（特に補足意見）は、取立委任手形の特性に着目して、実務の運用にも沿った合理的な解決を導くものであって、妥当である。

（浦田 和栄）

Question 24 〔非典型担保の場合の留意事項〕

非典型担保には、どのようなものがありますか。金融機関としてはどのような点に留意して担保を設定し、また、実行すべきですか。

Answer

非典型担保には、譲渡担保や仮登記担保等があります。実務において特に用いられる機会が多いのは譲渡担保ですが、譲渡担保の設定時には、目的物の特定に十分留意する必要があります。非典型担保の実行時においては、金融機関は、第三者対抗要件を備えている必要があります。

また、別除権の受戻しや別除権協定について再生債務者の意向確認を行うとともに、目的物の評価額を早期に把握し、適正価額での処分を行う必要があります。

解説

1 非典型担保とは

非典型担保とは、民法に定めのない慣習上の担保権のことである。具体例としては、譲渡担保や仮登記担保、所有権留保、買戻し特約等がある。

非典型担保（特に譲渡担保）は、抵当権等の典型担保に比べて、その設定や実行を容易かつ柔軟に行うことができるうえに、機械等の動産や売掛金等の債権等、換価価値が比較的高い財産をその目的物とすることが多いことから担保としての実効性も高く、実務において広く用いられている。

非典型担保の取扱いについて、民事再生法は明文の規定を置いていないが、通説によれば、一部の非典型担保については、法53条1項の別除権として扱うべきであり、再生手続によらずに行使できると考えられている。

2 譲渡担保

(1) 譲渡担保とは

譲渡担保とは、債権者が、債務者に対して有する債権を担保する目的で、担保目的物たる財産の所有権を、債務者（もしくは物上保証人）から債権者に対して移転させ、その後、被担保債権の弁済が完了したときに同目的物の所有権を返還するという形式をとる担保方法である。

譲渡担保権については、形式的には同担保権者に担保目的物の所有権が移転しているため、同担保権者は、別除権ではなく、取戻権を行使すべきであると解する説もあるが、通説は、譲渡担保権者に対する所有権の移転は、あくまで担保の目的で行われるものに過ぎないから、同目的物の所有権は実質的には再生債務者に残っており、譲渡担保権者は、別除権者として同担保権を行使すべきであると解しており、実務でも別除権として取り扱うことが定着している。

(2) 設定時の留意点

① 担保目的物の特定

まず、担保目的物を十分に特定するよう留意すべきである。特に、後述する集合動産譲渡担保や集合債権譲渡担保については、担保目的物の範囲についての特定が不十分な場合には、同担保権自体が無効となってしまうため、注意が必要である。

② 対抗要件の具備

譲渡担保権のような非典型担保についても、これを別除権として主張し、実行するためには、他の再生債権者および再生債務者との関係で、第三者対抗要件を備えている必要がある。

譲渡担保権の場合、必要な第三者対抗要件は目的物の種類によって異なる。たとえば、目的物が不動産である場合には、所有権移転登記が必要であるし、動産の場合には、引渡しまたは「動産及び債権の譲渡の対抗要件に関する民法の特例等に関する法律」（以下、「動産債権譲渡特例法」という）上の動産譲渡登記が必要である。また、指名債権については、第三債務者に対する通知または第三債務者の承諾もしくは動産債権譲渡特例法上の債

権譲渡登記が必要となる。

(3) **実行時の留意点**

① 実行の方法

譲渡担保の実行方法には、帰属清算法と処分清算法とがある。帰属清算法とは、譲渡担保権者が担保目的物の所有権を確定的に取得したうえで、同目的物の価額が被担保債権額を上回っている場合には、かかる差額分を債務者に返還して清算する方法をいう。他方、処分清算法とは、譲渡担保権者が、担保目的物を第三者に処分して、その処分代金の中から優先弁済を受け、なお残金がある場合には、これを債務者に返還して清算するという方法である。

いずれの方法による清算方法がとられるかは、当事者間の約定によって決まる。

これらの方法によって譲渡担保権が実行され、清算が終了すると、目的物の所有権は、確定的に、譲渡担保権者もしくは処分先の第三者に帰属することになる。

また、譲渡担保権者には、物上代位を行うことも認められている（動産譲渡担保について、同動産が第三者に転売された場合に、同転売代金債権への物上代位を認めた事例として、最判平成11・5・17金融・商事判例1071号17頁が、後述する集合動産譲渡担保について、同動産の滅失後に支払われた損害保険金請求権への物上代位を認めた事例として、最判平成22・12・2金融・商事判例1362号25頁がそれぞれ存在する）。

② **別除権協定との関係**

ところで、民事再生手続においては、譲渡担保権の目的物が再生債務者の事業継続等にとって必要不可欠なものである場合も多い。そして、通常、このような場合には、再生債務者から、金融機関に対して、使用料相当額の金員を支払って目的財産の継続使用を認める旨の別除権協定の締結や、目的物の評価額相当の金員を支払うことによる同財産の受戻しの申し出がされる場合が多いものと思われる。よって、金融機関としては、まず、再生債務者に対して、担保目的物を継続使用する意思を有しているのかどうかについての意思確認をしたうえで、担保権の実行手続を行うかど

うかの判断をすることになるものと考えられる。

③ 担保目的物の評価

また、別除権協定を締結する際の別除権評価額を定めたり、あるいは、譲渡担保を実行して清算を行ったりするためには、金融機関として、担保目的物の評価額を把握しておく必要がある。担保目的物の評価については、当然、譲渡担保の設定時にこれを行っているものであるが、設定からある程度の時間が経過していれば、同評価額も変動していることが通常であるので、新たに評価をし直すことが必要となる。その方法については、不動産については、最新年度の固定資産評価証明書や路線価等を参照するほか、必要があれば不動産鑑定を実施することになると考えられる。また、動産についても、再生債務者の簿価を参考にするほか、場合によっては動産買取業者等による査定を行うことになろう。

④ 別除権不足額の届出

譲渡担保権について別除権協定を締結した結果、あるいは、譲渡担保権を実行した結果、弁済を受けることができない部分については、同不足金額を再生債権として届け出ることにより、再生債権者としての権利行使をすることになる（法104条）。したがって、金融機関としては、同届出も忘れずに行う必要がある（なお、別除権不足額についての債権届出は、以下に述べるいずれの非典型担保においても必要である）。

(4) 集合動産譲渡担保

① 集合動産譲渡担保とは

集合動産譲渡担保とは、動産の集合体を担保目的物とする譲渡担保である。債務者が機械や商品等の動産を多数所有している場合に、これら動産に対して包括的に担保を設定することができる。

② 特段留意すべき点

集合動産譲渡担保の設定にあたって、最高裁昭和54年2月15日判決（金融・商事判例569号3頁）は、「その種類、所在場所及び量的範囲を指定するなどなんらかの方法で目的物の範囲が特定される場合は、一個の集合物として譲渡担保の目的となりうる」と判示している。つまり、前述したとおり、集合動産譲渡担保が有効に成立するためには、目的物の範囲が十

分に特定されている必要がある。

　集合動産に対する譲渡担保の設定は、譲渡担保設定契約書等の締結によりこれを行う。第三者対抗要件は、引渡し、もしくは、動産債権譲渡特例法上の動産譲渡登記である。

　ところで、集合動産譲渡担保は、担保権者から担保権設定者に対する実行通知、もしくは、再生手続開始決定により、複数の個別動産に対する譲渡担保に転化する（固定化）。そして、同固定化の時点をもって、担保権設定者は同動産に対する処分権限を喪失するが、固定化後にもとの集合体と同一の範囲に新たな動産が加わったとしても、この新たな動産には譲渡担保権の効力は及ばない（なお、民事再生の申立があった時点で、自動的に担保目的物を固定化する旨の事前の特約が締結されている場合もあるが、同特約については、民事再生法の趣旨目的に反するものであるとして無効と解する説が有力である）。

　ただし、固定化後に、再生債務者が動産の処分権限をまったく喪失してしまうとすると、たとえば動産が在庫商品であるような場合には、再生債務者の事業の継続に支障を来すおそれがある。そこで、実務においては、動産の処分権限を再生債務者に残しつつ、その売却代金によって担保価値相当額の被担保債権の分割弁済を行うことの合意をすることも行われている（全国倒産処理弁護士ネットワーク編『通常再生の実務Q＆A120問』184頁〔潮　秀隆〕）。

(5)　集合債権譲渡担保

①　集合債権譲渡担保とは

　集合債権譲渡担保とは、債権の集合体を担保目的物とする譲渡担保である。集合動産譲渡担保の場合と同様、債務者が取引先に対する売掛金債権等の債権を多数有している場合に、これに包括的に担保を設定することができる。

②　特段留意すべき点

　集合債権譲渡担保の設定にあたって、最高裁平成11年1月29日判決（金融・商事判例1062号4頁）は、債権の発生原因や譲渡に係る金額、発生期間の始期および終期等の要素に基づく十分な特定がなされていれば、設

定時に現存している債権だけでなく、将来発生する債権もその対象とすることができる旨判示している。したがって、集合債権譲渡担保においても、上記のような債権の要素でもって担保目的物の範囲を十分に特定することが重要である。

集合債権に対する譲渡担保の設定は、譲渡担保設定契約書等の締結によりこれを行う。第三者対抗要件は、第三債務者に対する通知、もしくは、動産債権譲渡特例法上の債権譲渡登記である。

また、集合債権譲渡担保においては、集合動産譲渡担保と異なり、再生手続開始決定後に発生する将来債権についても、当該債権が担保目的物の範囲に含まれ、かつ、対抗要件を具備している限り、譲渡担保権としての効力が及ぶと考えられる。

ただし、契約当事者の合理的意思解釈や、あるいは、上記平成11年最判が、「期間の長さ等の契約内容が譲渡人の営業活動等に対して社会通念に照らし相当とされる範囲を著しく逸脱する制限を加え、又は他の債権者に不当な不利益を与えるものであると見られるなどの特段の事情の認められる場合には、右契約は公序良俗に反するなどとして、その効力の全部又は一部が否定されることがある」とも判示していることを受けて、譲渡担保権の実行後に発生する将来債権には担保権の効力が及ばないと解する説も有力である。

なお、集合債権譲渡担保の場合も、たとえば、将来の売掛金に対して譲渡担保権が設定されていた場合、再生債務者がこれら売掛金をまったく回収できなくなると、事業の継続に支障を大いに来すと考えられる。そこで、譲渡担保権者との間で別除権協定を締結し、回収した売掛金を原資として被担保債権の分割弁済を行う旨の合意をすることが広く行われている（全国倒産処理弁護士ネットワーク編・前掲181頁〔籠池信宏〕）。

3　代物弁済予約（仮登記担保）

(1) 代物弁済予約（仮登記担保）とは

代物弁済予約（仮登記担保）とは、債務者が債務を弁済しない時には債務者に属する所有権その他の権利を債権者に移転する旨をあらかじめ契約

し、これに基づく債権者の権利について仮登記をしておくという担保方法である。仮登記担保に関して定められた法律として、仮登記担保契約に関する法律（以下、「仮登記担保法」という）がある。通常、仮登記担保に用いられる契約は、代物弁済予約や停止条件付代物弁済契約であるが、売買の予約が用いられることもある。

同仮登記担保については、仮登記担保法19条により、抵当権を有する者に関する規定が適用されるため、民事再生手続においては、別除権として取り扱うこととなる。

(2) 設定時の留意点

仮登記担保については、その名のとおり、登記が対抗要件となるので、これを必ず具備しておく必要がある。

(3) 実行時の留意点

仮登記担保の実行方法には、仮登記担保の担保権を実行して目的物の所有権を移転させる方法と、他の債権者が競売手続を申し立てた場合に配当参加する方法とがある（仮登記担保法17条1項）。そして、前者の方法において、目的物の価額が債権額を超過する場合、仮登記担保権者は差額の清算義務を負う（同法3条1項）。

なお、仮登記担保の目的物が再生債務者の事業の継続に必要不可欠なものである場合に、同目的物について別除権協定を締結する場合が多いことや、その際、同目的物の評価が重要であることは、譲渡担保の場合と同様である。したがって、金融機関としては、仮登記担保を設定している場合においても、再生債務者に対し、同目的物を継続使用する意思があるのかをまず確認し、その後に同実行手続を行うことになろう。

(浦田 和栄)

Question 25 〔担保権実行中止命令への対応〕

担保権実行中止命令はどのような場合に利用されるのですか。担保権実行中止命令に対して担保権者としてはどのような点に留意して対応すべきですか。また、非典型担保にも担保権実行中止命令は適用されますか。

Answer

担保権実行中止命令は、担保権（別除権）が実行されることにより再生債務者の事業継続等に重大な支障が生じ、再生が困難になってしまうような場合に、一時的に担保権の実行を中止させるために利用されます。

担保権実行中止命令手続がとられた場合、担保権者には手続に参加する機会が与えられますので、同機会に自らの意見等を述べたり、必要に応じて不服申立の手続をとったりする必要があります。

なお、非典型担保にも、担保権実行中止命令は適用されます。

解説

1 担保権実行中止命令とは

(1) 担保権実行中止命令の意義

再生債務者の特定の財産上に特定の担保権（抵当権・根抵当権、質権、特別の先取特権、商事留置権）を有する債権者は、別除権者として、再生手続によらずに、同担保権を実行することができる。

しかし、別除権者による別除権の行使（担保権の実行）に何らの制約も設けないものとすると、再生債務者の事業継続または経済生活の再生に必要ないし有用な財産についても担保権が実行され、その結果、再生債務者の再生が困難になってしまい、ひいては他の再生債権者の一般の利益を害することとなる場合も考えられる。

そこで、このような事態が生じるのを防ぐために、担保権実行中止命令

という制度が定められている（法31条1項）。すなわち、裁判所は、民事再生手続開始の申立があった場合に、利害関係人の申立または職権により、担保権者に損害が生じる可能性やその程度を考慮して、一定の要件のもと、一定の期間を定めて、担保権実行手続の中止を命じることができる。

(2) 担保権実行中止命令の限界

もっとも、同制度は、再生債務者に対して、上記のような財産を継続使用する機会を確保させるために、担保権者と交渉して和解等の合意による解決を図るための時間的猶予を与えることを目的とするものであるから、あくまで、担保権の実行を一時的に中止させる効果しか有していない。実務上は3か月程度といわれている。再生債務者が、上記財産を永続的に使用等するためには、同財産に設定されている担保権そのものを消滅させることが必要であり、そのためには、別除権者と担保権抹消についての交渉を行ってこれを解放してもらうか、あるいは、担保権消滅請求（法148条以下）制度を利用する必要がある。

2 担保権実行中止命令の要件

担保権実行中止命令が発令されるための要件は、以下のとおりである。金融機関としては、これら要件の意義について十分に理解をし（特に、金融機関にとっては、3番目の「不当な損害を及ぼすおそれ」の有無が重要になると思われる）、個別事案における該当可能性を検討したうえで、後述する意見聴取手続の際に、担保権実行中止命令発令の可否についての意見を述べることが肝要である。

(1) 再生手続開始申立後であること

担保権実行中止命令を発令することができるのは、民事再生手続開始の申立があった後である。ただし、再生手続開始決定が出されている必要はなく、同決定が出される前であっても、担保権実行中止命令は発令される。

(2) 再生債権者の一般の利益に適合すること

上記のとおり、担保権実行中止命令は、再生債務者の事業継続または経

済生活の再生に必要ないし有用な財産に対して担保権が実行されることで、再生債務者の再生が困難になり、結果、再生債権者の一般の利益が害されるのを防止することをその目的としている。したがって、これが発令されるためには、担保権実行中止命令が発令されることで、再生債務者と担保権者との間で同担保目的物の有効利用についての合意が成立し、これにより、再生債務者による継続事業価値が上昇して、最終的に、一般再生債権者への弁済額が増額することが見込まれるような場合でなければならない。

　この点、担保権の目的となっている財産が、再生債務者の事業継続に必要不可欠なものである場合には、本要件を満たしていることは間違いない。

　他方、当該担保目的物を売却する予定である場合であっても、当該担保権の実行手続によらない方がより高価な売却が期待できるといった事情があるのであれば、売却も担保目的物の有効利用の一方法と考えられ、かつ、担保目的物が高額で売却されれば、最終的には一般債権者への弁済額が増加することが見込まれることから、本要件を充足することになるものと考えられる（園尾隆司＝小林秀之編『条解 民事再生法〔第2版〕』129頁〔髙田裕成〕）。

(3)　競売申立人に不当な損害を及ぼすおそれがないものと認められること

　担保権実行中止命令は、一定期間内に限定しているとはいえ、担保権者が担保権を実行する機会を奪うものであるから、その発令の可否の判断にあたっては、担保権者（競売申立人）に与える損害についても考慮する必要がある。

　そこで、法31条1項は、「競売申立人に不当な損害を及ぼすおそれがない」ことを、同命令発令のための要件とした。そして、再生手続においては、原則として、担保権は別除権として扱われ、手続外での行使の機会が保障されていることからすると、本要件を満たすといえるためには、担保目的物の価値の限度内での被担保債権の回収が確保される蓋然性が必要である。そのため、担保目的物の価値が被担保債権額を上回っているような場合には、かかる蓋然性が認められるから、担保権者に不当な損害を及ぼ

すおそれはないものといえる。

　他方、担保目的物の価値が被担保債権額を下回っているような場合には、上記蓋然性は当然には認められない。このような場合、再生債務者の事業の再生のために担保目的物を必要とする程度、担保目的物の担保余力、担保権者が他に被担保債権のための担保をとっているか否か、中止期間中の担保目的物の滅失や減価の有無と程度、担保権者に対する再生債務者の債務弁済の方針や見込みなどの事情を総合的に考慮して、不当な損害を及ぼすおそれがないといえるかを判断するとされている（全国倒産処理弁護士ネットワーク編『通常再生のＱ＆Ａ120問』203頁〔小笹勝章〕）。

　また、不当な損害を及ぼすおそれがないものと認めることができない場合であっても、たとえば、担保価値の減価分についての代替担保を提供するなどの代償措置がとられることを条件に、担保権実行中止命令を発することもできる。

(4)　その他の要件

①　別除権

　担保権実行中止命令の対象となるのは、民事再生手続において別除権として処遇される担保権（法53条1項）である。なお、非典型担保への準用については後述する。

②　被担保債権

　また、担保権の被担保債権が、共益債権もしくは一般優先債権であるときは、同担保権は、担保権実行中止命令の対象とはならない。共益債権もしくは一般優先債権は、再生手続開始後も、同手続による制約に服することなく、これを随時弁済しなければならないものとされているから（法121・122条）、担保権の実行の中止を認めることは相当ではないと考えられるからである。

③　申立可能な期間

　さらに、担保権実行中止命令は、担保権の実行手続を中止させるものに過ぎないから、同実行手続が終了した後は、もはやこれを利用することはできない。具体的には、抵当権（根抵当権）や質権については目的物の競売手続が、動産譲渡担保については担保目的物の清算が、債権譲渡担保に

ついては第三債務者による弁済が終了すると、もはや担保権実行中止命令手続を利用することはできなくなる。

3　担保権実行中止命令への対応

(1)　競売申立人への意見聴取

担保権実行中止命令は、利害関係人の申立もしくは職権で命じられることになっているが（法31条1項）、裁判所は、中止命令を発令する場合には、必ず競売申立人（担保権者）の意見を聴取することとされている。

したがって、自社の設定している担保権に関して、担保権実行中止命令の名宛人となった場合、金融機関としては、まず、この意見聴取の機会に意見を述べることになる。その際には、上記担保権実行中止命令の要件を充足しないことの申述（とりわけ、同命令の発令により、金融機関に不当な損害を及ぼすおそれがあること）を行うことになろう。

(2)　担保権実行中止命令が発令された場合の対応

上記意見聴取の機会に、担保権実行中止命令を発令しないよう意見を述べたにもかかわらず、担保権実行中止命令が発令されてしまった場合はどうすべきか。

上記のとおり、担保実行中止命令は、一定期間内に限って、一時的に担保権の実行手続を中止させるものに過ぎないから、すでにされた差押えが無効になったり、取り消されたりすることはなく、効力も維持される。したがって、追加の差押え等の手段をとる必要はない。

また、担保権実行中止命令が発令された場合、競売申立人（担保権者）は、同命令に対して即時抗告をすることができる（法31条4項）。もっとも、即時抗告には執行停止効は認められていないから（法31条5項）、即時抗告の申立をしたとしても、担保権の実行手続が再開されるわけではない。

(3)　別除権協定等との関係

担保権実行中止命令が発令された場合の対応として、再生債務者との間で別除権協定についての協議を行うことも考えられる。上記のとおり、担保権実行中止命令制度の趣旨は、再生債務者に担保についての交渉を行う

ための時間的猶予を与えることにあるのであるから、同命令期間を再生債務者との交渉の機会と捉えて別除権協定や担保目的物の受戻しに関する精力的な交渉や任意売却活動を行うことは、上記趣旨によく合致するといえよう。

4 非典型担保への類推適用

(1) 非典型担保への類推適用

担保権実行中止命令の上記制度趣旨は、抵当権等の典型担保権だけでなく、譲渡担保等の非典型担保権についても妥当すると考えられる。また、非典型担保では、簡易な実行が認められ、早期に実行手続が終了してしまうからこそ、中止命令によって、別除権協定の交渉や担保権消滅請求の機会を確保することが必要であるともいえる（小林信明「担保権実行手続中止命令の適切な利用」事業再生研究機構編『民事再生の実務と理論』33頁）。

よって、これら非典型担保権の実行に対しても、担保権実行中止命令の手続が類推適用される。

(2) 裁判例

裁判例においても、東京地裁平成16年2月27日判決（金融法務事情1722号92頁）が、集合債権譲渡担保について、担保権実行中止命令の発令後になされた動産債権譲渡特例法上の第三債務者への通知は無効であると判断しているほか、福岡高裁那覇支部平成21年9月7日決定（金融・商事判例1333号55頁）が、賃料債権に設定された譲渡担保について、同担保権の実行行為である第三債務者からの取立および同取立金の弁済充当を禁じる担保権実行中止命令を発令した原審の立場を支持している。

(3) 債権譲渡担保に関する問題

ところで、これら非典型担保のうち、債権譲渡担保に対する担保権実行中止命令の類推適用に関しては、①中止命令が確定した場合における担保権者の第三債務者に対する通知の効力、および②担保権者に不当な損害を及ぼすおそれ、の2点が、とりわけ問題となる。

まず、前者の問題については、上記東京地裁平成16年判決の控訴審である東京高裁平成18年8月30日判決（金融・商事判例1277号21頁）が、「当

該再生手続においては有効なものとして確定した中止命令であっても、その後、外形的に当該中止命令と抵触する行為の実体法上の効力をめぐって債権譲渡担保と当該債権の債務者間に紛争を生じている訴訟においては、当該中止命令の実体的要件や手続的要件の欠缺を主張して、その有効性を争うことができるものと解する」として、担保権実行中止命令が確定した場合であっても、第三債務者に対する通知が、当然に無効となるわけではない旨判示している。

次に、後者の問題について、大阪高裁平成21年6月3日決定（金融・商事判例1321号30頁）は、中止命令が発令されれば、対象債権が再生債務者へ弁済されて消滅する可能性があるから、担保権者に不当な損害を及ぼすおそれがあるとの担保権者からの主張に対し、裁判所は、集合債権譲渡担保においては、新たに発生して譲渡担保権の対象に組み込まれる債権も存在するから、これらの対象債権全体の状況を考慮して不当な損害の発生の有無について判断する必要があるとし、本件では、再生債務者が今後受け取ることができると見込まれる診療報酬によって被担保債権は十分に担保されるから、不当な損害が生じるとはいえないとして、担保権者の主張を排斥した。

また、賃料債権に対する譲渡担保に関する上記福岡高裁那覇支部の裁判例においても、担保権者は、中止命令に係る停止期間の終了後も、将来にわたって継続的に賃料を収受することができると見込まれるとの理由から、担保権者の被る損害は不当なものとは認められないとの判断がされている。

これら裁判例は、いずれも、担保権実行中止命令が一定期間内に限って担保権の実行手続を中止させる効果しか有していないことを前提に、不当な損害の要件を限定して解釈するものであるが、たとえば、診療報酬債権の場合、将来にわたって継続的に発生するといえるかどうかは、再生債務者の今後の事業の見通しや再生可能性等と大きく関連する事項であるといえるから、慎重に見極める必要がある場合もあろう。

（浦田　和栄）

Question 26 〔別除権協定〕

別除権協定とはどのようなものですか。金融機関が再生債務者との間で協定するに際しどのような点に留意すべきですか。

Answer

別除権者と再生債務者は、別除権の目的財産の価額を合意し、その合意した額を再生債務者が別除権者に分割して支払い、その支払を完了したときに担保を解除する旨を合意しますが、このような別除権の目的財産の受戻方法に関する合意を別除権協定といいます。金融機関は、別除権を実行する場合や、担保権消滅許可を申し立てられた場合と比較して、協定内容が、金額、方法、時期等に照らして経済的に合理的かを検討することになります。

解説

1 別除権協定の意義

再生手続開始の時において、再生債務者の財産上に存する担保権を有する者は、その目的である財産について、別除権を有する（法53条1項）。別除権は、再生手続によらないで行使することができる（同条2項）。ここでいう「担保権」は、条文上、特別の先取特権、質権、抵当権または商事留置権を指すとされているが、譲渡担保権や所有権留保などの非典型担保も別除権として取り扱うのが通説である。また、担保権の目的である財産が再生債務者等による任意売却などの事由により再生債務者所有でなくなった場合において、当該担保権がなお存続するときにおける当該担保権を有する者も、その目的である財産について別除権を有する（同条3項）。

別除権は、再生手続外で行使することが認められている。しかし、再生債務者の事業継続に必要な財産につき別除権が行使されてしまうと、再生債務者の事業継続に支障が生じ得る。そこで、このようなとき、再生債務者は、別除権者と協議して、別除権の目的財産の価額について合意したうえで、再生債務者が別除権者にその合意額を支払うことによって抵当権の

抹消をすることが多い。これを別除権協定という。

2 別除権協定の機能

再生債務者は、別除権者との間で別除権協定を締結することにより、事業継続に必要な財産を確保でき、円滑な事業継続が可能になる。

他方、別除権者にとっては、再生債務者の事業継続に必要な財産を再生債務者の手元に残すことにより、再生債務者の円滑な事業再生を可能にし、再生債権者として再生計画に基づく弁済を受け、あるいは再生債務者との取引を継続して営業上の利益を確保できることもあり得る。再生債務者の事業継続には、取引先、従業員等の多くのステークホルダーの利益が関わっており、別除権者としては、経済的合理性が担保される限りにおいて、再生債務者の事業継続に協力すべき社会的責任を負っているというべきであろう。また、別除権協定を締結せず、再生手続外で別除権を実行したとしても、対象財産は処分価額でしか換価できないところ、別除権協定を締結するときは、交渉次第で処分価額を上回る価額の弁済を受けることができる場合がある（別除権協定額については後述）。

3 別除権協定の一般的内容

(1) 協定において定める事項

別除権協定では、次のような事項について合意するのが通常である。

①別除権の目的となっている財産の評価額、②再生債務者が別除権者に対して①の評価相当額を支払うこと、③②の支払方法、④合意に従った支払がなされている限り、別除権者は担保権の行使をしないこと、⑤再生債務者が合意した金額全額の支払を完了したときは、別除権者は担保権を解除すること、⑥被担保債権が①の評価額を超えるときは、その超える部分を不足額として確定し、これを再生債権として取り扱うこと。

(2) 協定の当事者

協定の当事者は、再生債務者と当該財産について担保権を有するすべての別除権者である。当該財産について後順位担保権者が存するときは、再生債務者は、後順位担保権者との間でも協定を締結しておくべきである。

先順位担保権者との関係で、別除権協定に基づく弁済が進むことにより、目的財産に余剰が生じ、後順位担保権者が別除権を行使する可能性が出てくるからである。

(3) **協定の時期**

別除権協定は再生債務者と別除権者との間の任意の合意であるから、再生手続との関係で特に時期的制限はない。しかし、特に収益弁済型の再生計画案を立案するような場合で、別除権の目的財産が再生債務者の事業継続に不可欠な財産であるとき、当該財産について別除権が行使されないことが確認できなければ、再生計画が遂行される見込み（法174条2項2号）について疑義が生じることになる。また、別除権の目的財産の価額が合意できなければ不足額も確定せず、その結果、再生債権総額も再生計画による弁済額も確定しないこととなり、とりわけ被担保債権額が多額に上るときは、再生計画の遂行可能性についても判断できないこととなりかねない。したがって、再生計画の確実な履行可能性を担保するという観点からは、再生計画案の提出前に別除権協定が締結できていることが望ましい。

とはいえ、別除権者としては、再生計画案の内容を検討してからでなければ協定の締結には応じられない、という場合も多いであろう。その場合、再生債務者としては裁判所、監督委員、他の再生債権者等に対し、別除権協定の締結の見込みがあること等について十分に説明し、対応することになると思われる。

なお、別除権者の立場からは、別除権付再生債権について、不足額が確定しなければ、不足額に対する再生計画に基づく弁済を受けられないから、早期に弁済を受けようと思えば、早期に（弁済期までに）協定を締結する必要がある。

(4) **協定締結の手続**

実務上、通常再生事件では、監督委員が選任されており、別除権協定の締結は、「別除権の目的財産の受戻し」として、監督委員の同意を要する行為に指定されることが多い（法54条2項。なお、法41条1項9号参照）。そこで、このときは別除権協定の効力発生に先立って監督委員の同意を得ておくか、協定書において、監督委員の同意を効力発生の停止条件とする旨

を定めておくことになる。なお、再生計画認可後は、監督委員の同意対象から除外されている場合が多い。

4 協定の具体的内容

別除権協定は、再生債務者と別除権者との合意であるから、様々な内容があり得るが、参考までに目的財産の類型別にいくつか協定例をみると、以下のような内容が考えられる。

(1) 不動産の場合

不動産が再生債務者の事業継続に必要である場合の典型例は、当該不動産が再生債務者の製造等の主要事業に使用されている工場の土地建物の場合である。

再生債務者にスポンサーが選定されるなどして、一括して資金の拠出があるときは、不動産評価額相当の額を一括して別除権者に弁済し、担保権の解除を受けるのが通例である。これに対し、いわゆる自主再建型で、再生債権に対して収益弁済を行うことを予定しているようなときは、再生債務者の手元に不動産評価額を一括して支払う資金がないから、評価相当額を分割弁済する内容の合意をすることが多い。このとき、別除権者としては、弁済を受けるのに相当期間を要するので、評価相当額に対する適正金利の支払を求めて交渉することも考えられる。

(2) リース物件の場合

リース契約に基づいて生じた債権の性質について、詳しくはQ40の解説に譲るが、いわゆるフルペイアウトのファイナンスリース契約に基づく残リース料債権は、別除権付再生債権であると解されている。そうすると、目的財産であるリース物件の評価額を合意して、再生債務者が別除権者に評価相当額を支払う協定を締結することになる。

このとき、工場設備や機械等のリース物件は、使用年数にもよるが、これを処分価額で評価すれば被担保債権である残リース料債権の総額に比較して、相当に低額になることも多い。比較的新しい製品などで、評価額と残リース料総額がほとんど変わらないような場合、従前と同様に月額・年額等のリース料の支払を継続し、リース物件の使用を継続する内容の協定

を締結することも合意方法の１つである。

(3) 譲渡担保手形・集合債権の場合

再生債務者の受取手形や売掛金に対して譲渡担保権を設定している場合、別除権者が別除権を行使すると、たちまち再生債務者の資金繰りに支障を来す可能性が高い。他方で別除権者としては、別除権を行使すればその時点の残高の回収が見込まれるにもかかわらず、残高相当額について長期分割弁済を内容とする別除権協定に応じることに経済合理性が認められない場合が多いであろう。

そこで、再生債務者の資金繰りにめどがつくまでの間、具体的には、たとえばスポンサーとの契約に至るまでの間、再生債務者が新たに取得した受取手形または債権を担保として受け入れるのと引換えに、決済日の早い受取手形または債権について譲渡担保権を解除し、再生債務者に解放するという内容の担保変換についての協定を締結することが考えられる。このときは、再生債務者がスポンサー契約（事業譲渡契約、会社分割契約、出資契約等）を締結するなどして資金手当てがついたときに、別除権者は残高相当額の弁済を受けて担保権を解除するか、担保権を実行できる旨を定めることになろう。

(4) 集合動産の場合

再生債務者の原料や在庫に譲渡担保を設定していた場合も、集合債権の場合と同様の問題が生じる。担保権を直ちに実行すると、再生債務者の在庫等がなくなり事業継続が不可能となる場合もあり得る。別除権者としては、直ちに担保権を実行して回収するか、実行を見合わせて、再生手続開始後に再生債務者が新たに取得する在庫等についても担保権が及ぶ旨を確認したうえ、目的財産の評価額について収益から弁済を受けることとするか、在庫の売却の都度一定額の弁済を求めるか、事業の継続と目的財産からの回収とが両立する内容の別除権協定の締結を検討することになろう。

5　目的財産の評価

(1) 評価の重要性

別除権協定では、別除権の目的たる財産の評価額につき再生債務者と別

除権者とが合意し、その支払方法を定めることになるから、目的財産をいくらと評価するかは、別除権者にとって最大の関心事項であるといってよい。別除権協定における目的財産の評価について、どのように考えるべきか。

(2) 処分価額

別除権は、再生手続外で行使することができるところ、別除権協定は、再生債務者が別除権者に対して一定の合意した額を支払うことにより、別除権の実行をしないことをその内容とするから、別除権協定で合意する別除権の目的財産の評価額は、本来、別除権を行使したとすれば別除権者が得られた価額、すなわち早期処分を前提とした価額になると考えられる。

再生債務者は、再生手続において財産評定を行い（法124条1項）、再生債務者に属する財産を再生手続開始時の処分価額で評価する。したがって、再生債務者としては、別除権の目的財産につき、財産評定によって評価した処分価額を基準に、別除権協定に基づく弁済額を交渉することになると思われる。

しかし、実際には別除権の目的財産は、これを実際に早期処分するのではなく、再生債務者が事業継続するために引き続き使用することが想定されているので、別除権者としては、目的財産を処分価額で評価するではなく、事業継続を前提として評価することを求めて交渉することになる。

(3) 受戻金額

このように、再生債務者と別除権者の交渉により目的財産の評価額、すなわち受戻金額が合意されることになるが、別除権者と再生債務者が合意さえすれば、その評価額の多寡にかかわらず、合意した金額を支払う旨の別除権協定の締結が許されるわけではない。

別除権者が把握しているのは、本来、目的財産の担保権を実行することによって得られる早期処分価額である。しかし、再生債務者は早期処分するわけではなく事業を継続して目的財産を利用するのであるから、再生債務者にはその事業継続価値が帰属することになる。したがって、別除権者としては、早期処分価額ではなく事業継続を前提とした評価額で別除権協定を求めることまでは許容されるとしても、事業継続価値をも上回る金額

で受戻額を合意することは、一般再生債権者の利益を害することになり許されない。再生債務者は、債権者に対し、公平かつ誠実にその業務を遂行し、財産を管理処分する義務を負う（法38条2項）。別除権者を必要以上に優遇することは、再生債務者としてこの公平誠実義務に反することになる。

また、別除権協定は、別除権の目的財産の受戻しとして、裁判所の許可または監督委員の同意がなければ効力を生じない。一般再生債権者の利益を害する別除権協定が締結された場合、裁判所の許可ないし監督委員の同意を得ることはできない。

反対に、再生債務者と別除権者とが、処分価額をも下回る額で合意して別除権協定を締結することは禁止されない。別除権者自らがその弁済額に同意しているのであり、また、それだけ再生債務者に留保される一般財産がふえることになり、一般再生債権者の利益を害さないからである。

このように、別除権協定において再生債務者と別除権者とが合意する目的財産の価額は、実務上は、処分価額を下限とし、事業継続を前提とする評価額を上限として両当事者が交渉し、合意を目指すことになろう。

(4) 担保権消滅の場合

ところで、再生債務者としては、スポンサーが選定されるなどして資金的な余裕があれば、別除権者との協定締結に至らなかったときも、担保権消滅許可申立を行い、目的財産上の担保権を消滅させる方法をとり得る（法148条以下。詳しくはQ46・Q47参照）。別除権者としては、このときは再生債務者が処分価額で評価した申出額を納付することにより担保権が消滅することにも留意して別除権協定締結に向けた交渉を行うべきである。

6 不足額の確定

(1) 減額の登記の要否

別除権協定を締結することにより、被担保債権は、協定に基づいて合意した範囲に変更され、別除権者が担保権の行使によって弁済を受けることができない債権の額（以下、「不足額」という。法88条）が定まる。ところで、被担保債権の範囲が変更されても、その変更について登記を行わなけ

れば、別除権者によって変更前の被担保債権に基づいて担保権を実行されるリスクが残る。そこで、不足額の確定のために、被担保債権の変更の登記を要するかが一応問題となる。

しかし、別除権協定を締結すれば、被担保債権の範囲は協定によって変更され、再生債務者は別除権者にこれを主張し得るのみならず、別除権者から別除権協定に基づく債権を譲渡された債権譲受人に対しても、被担保債権の変更を主張できるから、不足額の確定のために被担保債権の変更登記までは不要である。しかしながら、実体と登記が異なるのは適当でないから、金融機関としては、変更登記に協力すべきであろう。

(2) 別除権協定の不履行

再生債務者が別除権協定の履行を怠ったとき、確定した不足額は影響を受けるのか。

別除権協定の不履行によって、担保権者は協定を解除して協定締結前の被担保債権を復活させ得るとする見解と、不足額が確定したと評価するためには将来の事由によって不足額が影響を受けないことが前提になるとして、被担保債権の復活は認めない見解がある。

復活を認める見解を前提にすると、不足額が確定したとして再生計画に基づく分割弁済金を何度か受け取った後に従前の被担保債権を復活させることとなり、他の一般再生債権者との関係で別除権者をより有利に取り扱う結果になることがあり得る。したがって、別除権協定の不履行があったとしても、被担保債権の額は影響を受けず、協定によって定められた額で固定し復活しないとする見解が正当であろう。なお、これと異なる合意をしても法88条に反し、原則として、裁判所の許可または監督委員の同意は得られないというべきであろう。

再生手続から破産手続に移行した場合、担保権者は、別除権協定に基づいて変更された被担保債権について目的財産に対して担保権を行使できるにとどまることになる。

（中井　康之）

Question 27 〔事業譲渡〕

再生債務者が再生計画外で事業譲渡をするにはどのような手続が必要ですか。金融機関は、どのようにして手続にかかわることができますか。また、どのような点に留意すべきですか。

Answer

再生債務者が再生計画外で事業譲渡をするには、取締役会決議等会社法が定める手続のほか、裁判所の許可またはこれに代わる監督委員の同意を得る必要があります。再生債務者の事業譲渡に対して、金融機関は、再生債権者として意見を述べることができます。この場合、金融機関は、あらかじめ当該事業譲渡の内容について把握しておき、譲受人の選定手続は公正に行われているか、譲渡代金・譲渡条件は相当なものになっているか等の事項について検討したうえで、意見を述べることが必要です。

解説

1 事業譲渡とは

(1) 事業譲渡の意義

事業譲渡とは、会社が、事業を取引行為（特定承継）として他に譲渡する行為をいう。

ここでいう「事業」とは、「一定目的のために組織化され有機的一体として機能する財産であって、得意先関係等の経済的価値のある事実関係を含むもの」を意味する（園尾隆司＝小林秀之編『条解民事再生法〔第2版〕』189頁〔松下淳一〕）。したがって、単なる事業用財産または権利義務の集合の譲渡は、事業譲渡には当たらない。

(2) 事業譲渡の一般的手続

① 事業譲渡契約の締結

事業譲渡は、特定承継の法律効果を発生させるために行われる取引行為であるため、譲渡会社（譲渡人）と譲受会社（譲受人）との間で事業譲渡

契約を締結することによって行われる。事業譲渡契約の内容は個々の事案によって異なるが、一般的な事業譲渡契約においては、①事業譲渡対象部門、②譲渡期日、③譲渡対象財産、④譲渡対価およびその支払方法、⑤財産移転手続、⑥競業避止義務・従業員の引継ぎ等に関する事項、⑦株主総会決議の期日といった事項のほか、譲渡会社の善管注意義務、事情変更による契約解除の可能性、契約に定めのない事項に関する協議義務などが定められることが多い。

② 譲渡会社における手続

事業譲渡は取引行為であるが、譲渡対象となる事業は、通常「重要な財産」に当たることになると考えられる。そのため、株式会社のうち取締役会設置会社においては、取締役会の決議を経ることを要する（会社法362条4項1号）。

さらに、譲渡の対象が事業の全部または重要な一部であり、譲渡対象資産の帳簿価額が譲渡会社の総資産額として法務省令で定める方法により算定される額の5分の1を超える場合には、譲渡会社たる株式会社は、当該譲渡について、譲渡日までに、株主総会の特別決議による承認を受けなければならない（同法467条1項1号・2号）。同株主総会の承認がない事業譲渡契約は、原則として無効となる。

なお、事業譲渡に反対する株主は、株式買取請求権を行使することができる（同法469条）。

③ 譲受会社における手続

事業譲渡は、事業を譲り受ける側の会社にとっては、「重要な財産」の「譲受け」行為に当たる。そのため、譲受会社が株式会社のうちの取締役会設置会社である場合には、譲渡会社同様、取締役会の決議を要する（同法362条4項1号）。

また、譲り受ける事業が、譲受会社が株式会社で、譲受対象事業が他の会社の事業の全部である場合には、取締役会の決議に加えて、株主総会の特別決議による承認も得る必要がある（同法467条1項3号）。この場合、譲渡会社における手続と同様、反対する株主には、株式買取請求権が認められている（同法469条）。

2 民事再生手続における事業譲渡

(1) 民事再生手続において事業譲渡を行うメリット

　債務超過もしくは支払不能の状態に陥り、再生手続開始決定を受けるに至った会社であっても、窮境に陥った原因を分析してこれを除去することができれば、当該事業自体はなお収益力があり今後も十分に存続することが可能である場合がある。このような場合に、同事業自体の価値を査定してこれを第三者に譲渡し、同譲渡代金をもって債権者への弁済を行うことも、事業再生のための一方法として認められている。

　この点、民事再生手続において事業譲渡を行うことのメリットとしては、以下のような点が挙げられる。

　まず、従前の経営者が取引先からの信用を失っているような場合に、事業を第三者に譲渡し、同経営者を同事業から分離することによって、その経営責任を明確にするとともに、取引先の新たな信用を得ることができ、事業を存続することが容易になる場合がある。

　また、事業譲渡代金は、通常は早期に一括して支払われることが多く、同譲渡代金が再生債権者に対する主たる弁済原資となるところ、再生債権者の立場からすれば、破産的清算によった場合よりも高額な弁済を、早期に一括して受けることができることになる。さらに、収益弁済型の再生計画が定められた場合のように、将来の弁済の継続可能性を心配する必要もなくなる。

　以上のようなメリットがあることから、民事再生手続における事業譲渡は、実務では広く行われている。

(2) 再生計画外での譲渡と再生計画内での譲渡

① 2つの方法とその手続

　民事再生手続において事業譲渡を行う場合の方法には、再生計画案の中で同事業譲渡の内容を定める方法と、再生計画によらずにこれを行う方法の2つがある。

　このうち、再生計画案の中で事業譲渡の内容を定める方法による場合は、事業譲渡を行わない民事再生手続の場合と同様に、同計画案に対する

監督委員の意見を聞いたうえで債権者集会の決議を行い、同決議結果を受けて裁判所が認可決定を出すかどうかの判断をする。そして、認可決定が出された場合は、同認可決定の確定後に、計画で定めた内容に従った事業譲渡を行うことになる。

他方、再生計画によらずに事業譲渡を行う場合、同譲渡が、再生債務者の「営業又は事業の全部又は重要な一部」である場合は、後述する一定の要件を満たしたうえで、裁判所の許可を得なければならない（法42条1項）。なお、事業の「全部または重要な一部」の譲渡には当たらない事業譲渡の場合、同譲渡は、法41条1項1号の「財産の処分」行為に含まれると解されるから、これを行う場合にも裁判所の許可（あるいはこれに代わる監督委員の同意）が必要となる。

なお、以下で「事業譲渡」という用語を用いる場合には、特段の指定がない限り、法42条1項の許可を要する「営業又は事業の全部又は重要な一部の譲渡」を指すものとする。

② **再生計画外での事業譲渡に関する問題**

この点、再生債務者の事業が再生手続中に全部譲渡されると、同事業の帰趨が決まるほか、譲渡後に作成される再生計画案は譲渡代金の分配について定めるものとなり、譲渡代金の額次第で再生債権者への弁済率も決まってくる。このように、再生計画によらずに事業譲渡を行うことは、再生債権者の利害に重大な影響を及ぼすものであるから、これを行うにあたっては、必ず再生計画案の中でその内容を定め、債権者集会の決議を経なければならないとする立法を行うことも考えられなくはない。

他方、企業が窮境に陥った場合、取引先が代金の不払をおそれて納入を控えたり、ブランドイメージが崩れて顧客が離れたりする可能性があり、事業価値が急速に毀損してしまう場合もある。そのため、債権者集会の決議等の手続を経ずに、迅速に事業譲渡の可否を決する必要がある（園尾＝小林編・前掲188頁〔松下〕）。

そのため、民事再生法は、再生計画によらない事業譲渡も可能であるとしたうえで、これを行うには後述する要件（当該再生債務者の事業の再生のために必要であることを要件とする裁判所の許可、および債権者からの意見聴

取等）を満たす必要があるとすることで、再生債権者の利益の保護も図りつつ、迅速な事業譲渡を行うことを可能にした。

　なお、実務においては、譲渡先であるスポンサーが、再生債務者に対する資金注入の関係で、早期の事業譲渡を望む場合が多く、再生計画で事業譲渡の内容を定める方法よりも、再生計画によらずに事業譲渡を行う方法が選択されることの方が多い。

3　再生計画外での事業譲渡の要件

(1)　事業再生のための必要性
①　判断要素

　再生債務者が再生計画外での事業譲渡を行う場合には、同事業譲渡が、再生債務者の事業の再生のために必要なものであると認められなければならない（法42条1項）。

　たとえば、事業の一部譲渡によって、残存する事業の再生・継続に必要な資金を得られる場合、現在の経営陣に対する信頼が失われたが、第三者のもとで事業を継続すれば取引の継続が望まれ、事業の再生が可能になる場合、再生債務者による事業の再生も不可能とはいえないが、第三者に譲渡した方がより確実に再生でき、それが再生債権者や従業員にとって有利な場合等がこれに当たると考えられる（西謙二＝中山孝雄編『破産・民事再生の実務〔新版〕下 民事再生・個人再生編』128頁〔中山孝雄〕）。

　また、同要件の有無を判断するにあたっては、「譲受人の選定過程の公正さ」や「譲渡代金、譲渡条件の相当性」なども斟酌される（東京高判平成16・6・17金融・商事判例1195号10頁）。実務上、譲受先の選定手続については、入札手続を行うことが必須とされているわけではないが、上記のとおり、本要件は、再生計画外での事業譲渡に対して直接の意見を述べることができない再生債権者の利益を担保するためのものであるので、再生債務者は、譲受先の選定過程の公正さと譲渡価格の相当性の確保について、十分に配慮をする必要がある（西＝中山編・前掲129頁〔中山〕）。

②　プレパッケージ型民事再生についての問題

　本要件の判断に関連して、いわゆるプレパッケージ型の民事再生手続が

問題となる。

プレパッケージ型の民事再生とは、再生債務者が、再生手続開始申立前に、スポンサーとなる譲受人を見つけ、同スポンサーとの間であらかじめ事業譲渡の約束をしているような場合をいう。このような場合、再生手続の開始後に他の譲受先候補者を募って入札手続を行えば、競争原理が働いて、当初スポンサーとの合意よりも高い譲渡価格がつく可能性があるといえる反面、事業内容によっては競争原理が働くことを期待できない場合もあり、譲受人の選定過程の公正さや譲渡代金・譲渡条件の相当性の判断は、いっそう難しいものとなる。

(2) 手続的要件

① 法42条1項の対象期間

法42条1項の許可の対象となるのは、再生手続開始決定後に、再生計画外で事業譲渡を行う場合である。再生手続開始申立から開始決定までの間の、いわゆる保全期間中は、本項の許可の対象外である。

そもそも、再生手続開始申立を行っても、債務者の財産管理処分権が制約を受けるわけではないから、保全期間中も、債務者が事業譲渡を行うこと自体が制限されるわけではない。それゆえ、債務者が、株式会社である場合には、前述の一般的な事業譲渡手続（取締役会の決議、株主総会の特別決議）を経るほか、監督命令が出され一定額以上の財産の処分行為が監督委員の要同意事項と定められているときにはかかる同意を得ることで、保全期間中であっても、事業譲渡を行うことができる。

しかし、事業譲渡は再生債権者の利害に重大な影響を及ぼす事項であり、同影響に配慮して、法42条1項が特別の要件を定めている趣旨からすれば、保全期間中に事業譲渡を行うことは望ましくない。どうしても早期に事業譲渡を行う必要性がある場合には、裁判所に事情を説明して再生手続開始決定を出してもらう時期を早めてもらい、同開始決定後に、本項の許可を得たうえでこれを行うべきである。

なお、本項の適用の終期は、再生計画の認可決定が確定し、その後再生手続が終結したときまでである。したがって、認可決定の確定後再生手続の終結までの間に、再生債務者が事業譲渡を行う場合にも、本項による許

可を要することとなる。

② 再生債権者への意見聴取

裁判所は、法42条1項の許可をする前に、知れている再生債権者の意見を聴取しなければならない（法42条2項）。事業譲渡は、再生債権者の利害に直結する重大な事項であるから、裁判所がその実施に関する許可の判断をするにあたっては、まず再生債権者の意見を聞く必要があると考えられたためである。

なお、債権者委員会が設置されている場合には、同委員会の意見を聞けば足りる（同項ただし書）。

③ 労働組合等への意見聴取

裁判所は、法42条1項の許可をする前に、労働組合もしくは従業員の過半数を代表する者の意見も聴かなければならない（法42条3項）。

多くの場合、事業継続のためには労働者の協力が必要であるため、労働者が事業譲渡手続に関与する機会を保障するとともに、裁判所も、許可の判断をするにあたって、労働者の協力を得られる見込みについて知っておくことが望ましいからである。

④ 株主総会の承認に代わる裁判所の許可

再生債務者が株式会社である場合、事業譲渡を行うためには株主総会の特別決議による承認を得る必要がある（会社法467条1項1号・2号）。しかし、経済的に破たんしている株式会社の株主は、会社の経営に必ずしも十分な関心をもってくれるとは限らず、また、株式会社においては、株主が不特定多数の者でその所在が拡散していることも考えられ、そのような場合、特別決議の定足数要件や決議要件を充足することが困難となる場合も考えられる。他方、会社が債務超過に陥っている場合には、株主は、会社財産に対する実質的な持分権を失っていることから、株主総会を通じた決定権限を失わせることも正当化できる（園尾＝小林編・前掲194頁〔松下〕）。

そこで、法43条1項は、株式会社が債務超過状態に陥っており、かつ、当該事業譲渡が、再生債務者の事業の継続のために必要であると認められる場合には、株主総会の特別決議に代わる裁判所の許可を得ることで、事

業譲渡を行うことができるものとした。

なお、本項の許可手続をとる場合、株主総会決議は行われないから、反対株主による株式買取請求権の行使も認められない（法43条8項）。

(3) 不服申立手続

裁判所が法42条1項の許可をした場合、再生債権者がこれを不服であると考えても、即時抗告等の不服申立をすることはできない。他方、法43条1項の代替許可の決定に対しては、株主は、即時抗告をすることができる（法43条6項）。

(4) 許可を得ないでされた事業譲渡の効力

法42条1項の許可を得ないでされた事業譲渡は無効である。ただし、譲受人が許可を得ていないことを知らなかったときは、当該譲受人に対して譲渡の無効を対抗することはできない（同条4項）。

4 金融機関の対応

再生債権者たる金融機関が、再生計画外での事業譲渡手続に関与できる機会は限られている。

(1) 裁判所による意見の聴取

まず、金融機関は、再生債権者として、法42条2項に基づき、裁判所に対して、事業譲渡に関する意見を述べることができる。この意見聴取手続は、各裁判所によってその運用が異なっているが、主に、意見聴取期日の開催、書面による照会、あるいは、新聞広告による意見書提出の徴求等の手段が用いられている。

また、通常、再生債務者は、同意見聴取手続が行われる前に、債権者説明会を開催したり、あるいは、事業譲渡の内容について説明をする文書を再生債権者に対して送付したりするなど、再生債権者の理解を得るための活動を行っているものと思われる。そのため、金融機関としては、同説明会に出席したり、あるいは、再生債務者に直接問い合わせたりするなどして、裁判所による意見聴取手続が行われる前に、当該事業譲渡の内容について十分に把握し検討しておくことが重要である。

(2) 事業譲渡の前段階の手続への関与

　上記意見聴取手続は、事業譲渡の直前に行われるものである。事業譲渡を行う前段階の手続である譲受人の選定過程や、譲渡対象財産および譲渡代金の決定過程については、原則として再生債務者が単独でこれを行うことになるから、譲渡対象資産に別除権を設定しているような場合は別にして、再生債権者である金融機関が、これら前段階の手続に直接関与することはまずない。

　しかし、上記のとおり、譲受人の選定過程の公正性や、譲渡代金の相当性は、裁判所が法42条1項の許可の判断をするにあたっての重要な判断要素となっている。したがって、金融機関としても、かかる過程を十分に把握しておく必要がある。

　そこで、金融機関としては、再生債務者が事業譲渡を行うことを予定している場合には、定期的に再生債務者に問い合わせるなどして、その進捗状況を確認するとともに、その過程で手続の公正性等に関し疑問を感じることがあれば、直接、再生債務者と協議をすべきである。

　再生債務者との間での協議が調わないような場合には、監督委員や裁判所に対して、意見を述べることになろう。

(3) 金融機関が株主でもある場合

　金融機関が再生債務者の株主でもある場合、同金融機関は、事業譲渡について決議をする株主総会に出席して、議決権を行使することができる。また、法43条1項の許可が出されたことにより株主総会が開催されない場合は、株主たる金融機関は、同許可に対して即時抗告をすることができる。

（浦田 和栄）

Question 28 〔役員に対する責任追及〕

役員に対する責任追及の方法にはどのようなものがありますか。金融機関も申し立てることができますか。申立に際し、留意すべき点は何ですか。

Answer

再生債務者が法人の場合、役員に、倒産に至った経過の中で何らかの責任があったり、倒産前後の会社資産の散逸に責任があるような場合の責任追及の方法として、民事再生法は、裁判所の判断を簡易迅速に得るための役員の損害賠償請求権の査定の制度を設けています。

再生債権者にも査定の申立権がありますが、再生裁判所は、職権によって査定の決定をすることもできますので、再生債権者は、具体的な事情を上申して職権発動を促すこともできます。

解説

1 損害賠償請求権の査定の制度

再生債務者が法人の場合、役員に、倒産の原因について責任があったり、倒産前後の会社資産の散逸に責任があるような場合には、再生債務者から当該責任を追及し、その個人資産をもって再生債務者の資産の回復を図るべきことになる。

しかし、損害賠償請求訴訟を提起する場合には判決まで長時間を要することが少なくない。倒産裁判所が役員の責任について簡易迅速な判断を示すための損害賠償査定の制度は、民事再生法制定前には、会社更生手続にのみ設けられていたに過ぎない。

ところが、民事再生法の制定に先立つ平成3年頃からのバブル崩壊後の企業倒産では、従前のそれと比し大型のものがふえ、同時に倒産直後に資産隠匿等が図られる悪質な事例が増加し、倒産企業の役員の経営責任は軽視できないものとなっていた。また、その後デフレ不況からの脱却のため

に銀行の不良債権と企業の過剰債務問題を処理するために設立された株式会社整理回収機構は、自己が取得した債権については債務者企業の破綻の原因を作った役員に対する告発義務があると考え、同機構が債務者企業から求められる債権の減免や期限の猶予を受容れる前提として経営責任を明確にすることを求めるようになり、さらに、その後企業再生スキームにも関与することになった際にも経営責任の明確化を再生要件として掲げた（今川嘉文『最新事業再編の理論・実務と論点』165頁参照）ことに見られるように、社会的にも、経営責任の積極的な追及を肯定する空気が大きくなっていた。

そこで、民事再生法は、会社更生法が採用している損害賠償査定の制度を民事再生手続にも取込むことにし、かつ、規定の整備も図ったものである。

2　制度の概要

損害賠償請求権の査定の決定は、申立または職権により、再生裁判所が行う。

申立権は、再生債務者または管財人に与えられているが、管財人が選任されていないときは、再生債権者にも査定の申立権がある。再生裁判所は、職権によって査定の決定をすることもできるから、再生債権者は、査定申立には及ばなくても、具体的な事情を示して、職権発動を促す上申をしてもよい。

相手方は、法人役員であり、法143条1項・142条1項に例示された者とこれらに準じる者である。例示された役職にかつてあった者も含まれる。

制度が対象とする損害賠償請求権は、再生債務者が役員に対して有する債権であるから、再生債務者が株式会社である場合には、株主代表訴訟の対象となる忠実義務違反や善管注意義務違反による損害賠償債権（会社法423条）であり、役員が第三者に対して負担する損害賠償責任（同法429条）ではない。また、資本充実の観点から会社法や会社更生法に定められた損害賠償請求権も除外されていると解されている（深山卓也ほか『一問

一答民事再生法』183頁)。

　なお、再生手続が開始されたが再生債務者等が役員の責任追及をしない場合に、株主代表訴訟の提起が許されるか否かについては、民事再生法施行後の解釈と運用に委ねられている(深山ほか・前掲185頁)。会社更生手続中の株主代表訴訟を否定する判例(東京地判昭和41・12・23判例タイムズ202号201頁、東京高判昭和43・6・19判例タイムズ227号221頁)にならって消極説を採る説もあるが、管財人が選任されている場合に限って消極説を採る説や、管財人の選任の有無を問わず、株主代表訴訟の提起を認める積極説もある。

　ちなみに、再生手続開始時に係属している代表訴訟についても、従前の原告であった株主が継続して訴訟遂行できるとする考え方(最判平成15・6・12金融・商事判例1181号24頁参照)と、訴訟手続は中断し、再生債務者らが受継するとする考え方(東京地判平成12・1・27金融・商事判例1120号58頁参照)とがある(垣内秀介「責任追及の訴え」倒産判例百選〔第4版〕43頁と引用の文献参照)。

　損害賠償請求権の査定の申立の方式については、民事再生規則69条に定められており、査定の申立または職権による査定手続の開始決定には時効中断効がある(法143条5項)。申立には疎明が必要であり(法143条3項)、相手方である役員の審尋が必要とされている(法144条2項)。

　査定の裁判または申立を棄却する裁判は、理由を付した決定でなされ(法144条1項)、当事者に送達されるが(同条3項)、査定の裁判に不服がある者は、その送達を受けた日から1月の不変期間内に、異議の訴えを提起することができ、再生裁判所がこの裁判を管轄する(法146条)。

　異議訴訟では、訴えを不適法として却下する場合を除いて、査定の裁判を認可し、変更し、また取り消すことになり(同条3項)、査定の裁判を認可または変更した判決の主文は給付命令が掲げられていないが、強制執行については給付判決と同一の効力を有し(同条4項)、あらかじめ仮執行宣言をすることもできる(同条5項)。

　期間内に異議の訴えの提起が行われないか、異議訴訟が却下された場合には、査定の裁判は、給付を命ずる確定判決と同一の効力を有する。

3 保全処分

　査定の裁判が確定してから法人役員に対して強制執行をしても、それまでの間に責任財産を隠匿その他の処分をされてしまうおそれのある場合があるので、民事再生法は、法人の役員の財産に対する保全処分の制度を設けた。

　この保全処分制度には立担保の規定がない。申立は、再生手続開始後に再生債務者等によって行われるのが原則であるが（法142条1項）、開始決定前にも、保全管理人が選任されている場合にはその者が、そうでない場合には再生債務者または再生債権者が行うことができる（同条2項・3項）。

　この保全処分、あるいはこれを変更または取消す裁判に対しては即時抗告することができるが（法142条5項）、即時抗告には執行停止効がない（法142条6項）。

4 金融機関債権者の立場

　再生債務者の経営状況や預金口座の動きについて詳しい金融機関は、査定制度の活用を念頭において、倒産に至る経過、倒産前後の財産の異動等を点検し、再生債務者たる法人の役員に忠実義務違反や善管義務違反による損害賠償責任があると判断するときは、再生手続開始後に損害賠償請求権の査定の申立をしたり、あるいは、それに先立ち保全処分の申立をしたり、職権の発動を促すことができる。

　もっとも、損害賠償請求権の査定制度は運用によっては経営の萎縮効果を招くおそれがあり、金融機関債権者としては、個々の事例に応じて、顧客支援の営業戦略との調和を図りながら、それらの行為の是非を決断することになる。

5 損害賠償請求権の査定の制度についての問題点

(1) 裁判を受ける権利

　憲法32条は、「何人も、裁判所において裁判を受ける権利を奪われない」

と定めるが、ここにいう「裁判」は、憲法82条に定める「対審の公開法廷」で行われるものである。

ところで、破産手続開始決定に対しては、最高裁昭和45年6月24日判決（判例タイムズ249号138頁）が、憲法によって保障されるのは、「固有の司法権の作用に属するもの、すなわち、裁判所が当事者の意思いかんにかかわらず終局的に事実を確定し当事者の主張する実体的権利義務の存否を確定することを目的とする純然たる訴訟事件についての裁判のみ」であるとし、「破産宣告決定およびこれに対する抗告事件についての抗告棄却決定は、口頭弁論を経ないでなされても、憲法82条に違反しない。」との判断を示している。いわゆる非訟事件の裁判は対審の公開法廷で行われることを要しないとする一連の判例（倒産関係判例に限れば、最判平成3・2・21金融・商事判例866号26頁、最判昭和45・12・16金融・商事判例249号8頁、最判昭和60・1・22金融・商事判例716号45頁参照）の1つである。

ところで、再生債務者たる法人の役員の損害賠償請求権の存否は、破産手続開始決定とは異なり、再生債務者と役員との間の実体的権利義務の存否の問題に他ならない。それを非訟手続たる損害賠償請求権の査定によって行うことが許されるのは、損害賠償の査定に異議のある当事者のために異議訴訟が準備され、対審公開の法廷で権利義務の最終確定を図ることができるためである。

ところが、東京地方裁判所は、平成21年2月23日に申し立てられ、翌24日に開始された株式会社SFCGの民事再生手続につき、翌月24日再生手続の廃止と破産手続開始決定前の保全管理の命令を行い、さらに翌4月21日に破産手続開始決定をしたうえで、同年6月3日に元代表取締役に対し、破産法178条に基づき、金717億円を超える損害賠償請求権の査定の決定をした。元代表取締役がこの決定に対して異議申立をすると報じられたが、平成21年6月5日破産裁判所によって個人についても破産手続開始決定されたことにより、異議訴訟の遂行適格を喪失してしまった。

株式会社SFCGの倒産事件がいかに特殊であろうとも、このような一連の手続で、本来の訴訟事件を非訟手続の中で処理し、当事者から対審公開の裁判を受ける機会を奪うことは憲法に違反すると考えられる。異議訴訟

が落着するまでは、元代表取締役に対しては、破産手続開始決定をすることはできないと解すべきであろう。

(2) 民事再生手続における損害賠償請求権の査定の事例

民事再生法における法人役員の損害賠償請求権の査定の制度の運用は、前記の事情により、当初は、法人役員に対して厳しいものであったといえる。

たとえば、株式会社そごうの民事再生事件については、再生裁判所であった東京地方裁判所は、平成12年12月8日再生会社の代表取締役と業務担当取締役らに対し、架空取引に基づく損害賠償請求権26億円、トルコ共和国内法人に対する貸付に基づく損害賠償請求権16億2570万円、配当が違法であったとする損害賠償請求権最高額で17億9606万1611円の査定をした。

これは、損害が発生したという事実を前提として、査定の申立の対象となる役員の行為を分析したうえで、レトロスペクティブに注意義務違反がなかったか否かを検討するものであった。

しかしながら、そのような結果責任を追及するものとも見られかねない運用は、責任の脅威によって会社の経営を萎縮させかねないのであって、米国では、経営判断の原則が認められているといわれており、その内容は紹介者によって異なるものの、概ね、ａ経営判断の対象に利害関係を有しないこと、ｂ経営判断の対象に対して適切であると合理的に信ずる程度に知っていたこと、ｃ経営判断が会社の最善の利益に合致すると相当程度に信じたことの3要件を満たすときは、役員は責任を免れるという考え方である。

わが国でも、少なくとも当該経営判断が法令の禁止に抵触しない限り、経営判断の原則の考え方を踏襲すべきであると考えるが、下級審判例については、企業経営につき通常の能力を有する経営者の立場から見て、合理的選択の範囲内にあるか、または明らかに不合理なものでないかを具体的事例に即して検討し、責任の有無をプロスペクティブに判断するという仕方でこの原則を踏襲しているとする分析がある（末永敏和『テキストブック会社法』122頁）。

そして、民事再生法の運用が積み重ねられるなかで、損害賠償請求権の査定に関しても、今日の判例、実務は、当初のレトロスペクティブな思考をとらず、経営判断の原則を上記のような意味において踏襲するに至っているものと理解することができる。

　すなわち、前記株式会社そごうの民事再生事例については、異議訴訟の結果、東京地方裁判所は、平成16年9月28日トルコ共和国内法人に対する貸付については損害賠償査定決定を取り消し、平成16年10月12日配当についての損害賠償査定決定も取り消した（いずれも判例時報1886号111頁）。

　なお、東京地方裁判所は、平成17年6月14日架空取引に関しては、損害賠償請求権の査定の決定を認可したが、この事例は、原告らは、いずれも再生会社の代表取締役であるとともに、架空取引先である超音波株式会社については、2人併せて発行済株式の84％（一部処分後は50％）の株式を保有する株主でもあり、また、同社の取締役や代表取締役であったというものである。したがって、原告らは、本件については自らの利害に関する行為について責任の追及を受けていたのであるから、そもそも、経営判断の原則の適用を受けることのできない立場にあったというべきである（同旨・南賢一「損害賠償査定決定に対する異議訴訟」中島弘雄＝多比羅誠＝須藤英章編集『民事再生法判例の分析と展開』（金融・商事判例増刊1361号）43頁）。

　なお、東京地方裁判所は、平成18年3月13日に、株式会社そごうとは異なる再生会社の役員に対して再生裁判所が平成15年2月20日および同年12月2日になした損害賠償請求権の査定の決定に対する異議訴訟において、損害賠償請求権の時効消滅および損害発生行為への原告の無関与を理由として、原決定を取り消している（東京地判平成18・3・13判例秘書ID番号06130195）。

（四宮　章夫）

Question 29 〔再生計画案に対する対応〕

金融機関は、再生計画案が提出された場合、どのような点に留意して検討を行うことが必要ですか。金融機関が再生計画案に意見を述べたい場合、どのような方法がありますか。

Answer

再生計画案の送付を受けた場合、再生債権者は、再生計画案、再生計画案補足説明書、財産評定書、監督委員の意見書（調査報告書）等を主に参考にしたうえで、清算価値保障原則を充足しているか、履行可能性があるか等を十分に精査したうえで、再生計画案の賛否を検討します。また、再生計画案に対して意見がある場合は、再生債務者に対して再生計画案を修正するよう促すか、再生債権者として再生計画案を作成して裁判所に提出することを検討します。

解説

1　再生計画案の提出の流れ

(1) 再生債務者による再生計画案の提出

再生債務者は、債権届出期間終了後、裁判所の定める期間内に再生計画案を提出する（法163条1項）。

(2) 再生債権者への送付

裁判所は、監督委員から意見書（調査報告書）が提出されると、再生債権者に対して、以下の書類とともに、再生計画案を送付する。通常、裁判所は事前に裁判所の封筒を再生債務者に預けて、再生債権者に対する発送作業は再生債務者が行い、再生債務者がその送達状況を裁判所に報告するという方法で、再生計画案の送付が行われる。なお、債権者説明会の日程の告知や再生計画案に対する賛同を求める内容が記載された申立代理人作成の説明文書も同封されることが多いが、この説明文書は、裁判所作成の書類ではなく、申立代理人が裁判所の許可を得て同封する書類である。な

お、法125書面や財産評定書は添付されないことに留意されたい。

【送付書類】
① 債権者集会期日呼出状および通知
② 再生計画案
③ 再生計画案補足説明書（送付されない場合もある）
④ 監督委員の意見書（調査報告書）
⑤ 議決票（ただし、未確定債権者には送付されない）
⑥ 議決票作成にあたっての注意事項（ただし、未確定債権者には送付されない）
⑦ 申立代理人作成の説明文書
⑧ 返信用封筒

2 再生計画案の検討

(1) 検討のための資料収集の必要性

再生債権者は、再生計画案を受領したら、再生計画案の内容を検討する必要があるが、再生計画案に記載されている情報だけでは、その内容を判断するには不十分であるので、各資料を収集する必要がある。

(2) 具体的な資料

① 監督委員の意見書

再生計画案が裁判所に提出されると、監督委員が、民事再生法174条2項記載の不認可事由の有無を調査したうえで、再生計画案に対する意見書（調査報告書）を裁判所に提出して、その調査結果を報告する。監督委員は、裁判所が選任した弁護士であり、かつ、再生計画認可後の再生計画の履行についても監督する立場であるため、その監督委員が作成した意見書（調査報告書）は、再生計画案に賛成するか否かを判断する際には、非常に有益な資料となる。

② 記録閲覧・謄写

再生債権者は、民事再生法16条1項および2項の「利害関係人」に該当するため、再生手続の記録の閲覧・謄写請求をすることができる。再生債権者は、裁判所書記官に対し、利害関係を疎明する資料等を添付して閲

覧等申請書を提出して（添付資料は、各裁判所により運用が異なるので、事前に問い合わせるとよい）、閲覧・謄写請求を行う。

閲覧・謄写の対象となる文書は、再生手続開始の申立書、同添付書類、財産評定書や法125条に基づく報告書、その他の報告書、許可申請書、債権認否書、監督委員に対する同意申請書、裁判所が作成した裁判書等である。再生計画案の内容にもよるが、再生計画案補足説明書や監督委員の意見書にも記載されていない情報が記載されているので、積極的に記録の閲覧・謄写を利用するべきである。監督委員は、自身の意見書（調査報告書）に補助者の公認会計士の調査報告書を添付することが多いが、監督委員の意見書（調査報告書）に引用されるのみで、公認会計士の調査報告書自体は、再生債権者に対しては送達されないことが多いため、その場合は、記録閲覧・謄写をして内容を確認するべきである。

③　債権者説明会への出席

再生債務者は、再生計画案を提出した後、再生計画案の内容を説明したうえで再生計画案への賛同を求めるために、債権者説明会を開催することがある（規則61条）。債権者説明会に出席するか否かは、再生債権者の任意であるが、再生計画案の内容について、再生債務者および申立代理人から直接説明を受けられる有用な機会であるため、積極的に参加するべきである。

2　再生計画案の賛否検討

(1)　再生計画案の賛否検討の必要性

再生計画案が提出されると、再生債権者は、再生計画案に賛成するかどうか検討しなければならない。再生計画案に賛成するか否かは、再生債権者がおかれた立場で、再生債務者の再生に協力するか否かを検討したうえで、様々な事情を考慮して判断することとなる。

(2)　再生計画案の内容について考慮すべき事項

①　清算価値保障原則

イ　再生債権の権利の変更条項

再生計画案における弁済は、再生債務者が破産したと仮定した場合に再

生債権者が受け得る利益（破産配当）を上回る必要がある（法174条2項4号。いわゆる、清算価値保障原則）。「全部又は一部の再生債権者の権利の変更に関する条項」が再生計画案の絶対的必要事項とされており（法154条1項1号）、実務的には、再生債務者の弁済資金計画を前提に弁済率が記載されるが、弁済率は、直接清算価値保障原則に関わる条項であり、再生債権者にとって再生計画案の中で最も重要な条項である。

　ロ　清算価値保障原則の判断

　再生計画案が提出される前に、民事再生法124条1項に基づく財産評定書が提出されており、財産評定書には、再生債務者が破産したと仮定した場合にどれほどの配当が可能なのかという「清算配当率」が記載されている。財産評定は、再生債務者の清算価値を算定するものであって、再生計画案が清算価値保障原則を充足しているか否かの重要な判断材料となる。もっとも、財産評定における再生債務者の財産の評価については、一般には、通常の市場価額ではなく、会社が倒産状況になっているため早期の処分をしなければならないことを考慮した早期処分価額で評価されており、かつ、その後の再生計画案が賛成されるようにするために可能な限り低く評価されている場合が多く、不当に清算配当率が低く算定されている可能性もある。また、負債の額も債権調査の結果が反映されている訳ではないので、膨らんでいる可能性もある。

　したがって、再生債権者として、清算価値保障原則を判断するにあたっては、財産評定書を参考にしながらも、財産評定において再生債務者の財産が不当に低く算定されていないか、負債が正確かを十分に検討する必要がある。再生債務者が所有する不動産については、不動産鑑定士による鑑定がなされている場合が多いが、在庫商品、売掛債権、貸付金等については、一律何％として評価されている場合が多く、その評価率が不当に低くないか否かは確認しなければならない。また、負債については、再生債務者が破産する場合に必要な清算費用が計上されることも多いが、根拠なく高額な清算費用が計上されていないかも確認しなければならない。

　②　履行可能性

　　イ　履行可能性検討の必要性

いかに弁済率が高い再生計画案であるとしても、実際に、再生計画案が履行されなければ、まさしく画に描いた餅の再生計画案となる。したがって、再生債権者は、提出された再生計画案に履行可能性の有無を確認しなければならない。

　ロ　自主再建型の再生計画案の履行可能性

自主再建型の再生計画案の場合は、将来収益による分割弁済がなされるので、売上げの予想推移、経費削減策がとられているか否か、業界の競争力等を考慮して、再生計画案の履行可能性の有無を判断する。民事再生を申し立てた企業は信用力が著しく低下するため、収益計画は厳しい目で確認する必要がある。また、事業の継続が可能か否かは、どのような経営者・従業員が今後の事業継続に関与するかが大きく影響するため、その点についての確認も怠ってはならない。

具体的には、中小企業の場合は営業担当者が残るか否かが売上に直接影響する可能性があるし、高い技術力が必要な業種の場合は高い技術力を維持できるだけの従業員が残るかも今後の事業継続可能性に大きく影響する。

　ハ　スポンサー型の再生計画案の履行可能性

スポンサー型の再生計画案の場合は、一括弁済がなされるので、配当原資がすでに確保されているか、すでに確保されていない場合には確保の見込みがあるか、弁済すべき共益債権・一般優先債権がないか等を考慮して、再生計画案の履行可能性の有無を判断する。

③　平等原則

再生計画案による権利の変更の内容は、再生債権者の間では平等でなければならない（いわゆる、「平等原則」。法155条１項）。金銭債権における「平等」とは、債権額の割合に応じた弁済がなされるということを指す。もっとも、平等原則に違反するか否かは、形式的な平等が保たれているかではなく、実質的に平等といえるか、個別具体的に判断することになる。実務的にも、債権の金額部分ごとに免除率を変更するものや、分割弁済か一括弁済かを再生債権者に選択させるものがある。再生債権者としても、再生計画案が平等原則に違反するものでないか判断する必要がある。

3 再生計画案に対する意見提出方法

(1) 再生債権者による再生計画案の提出

　再生計画案は、再生債務者のみならず、再生債権者も提出することができる（法163条2項）。再生債務者の再生計画案に対して意見がある場合には、再生債権者として再生計画案を提出することを検討するべきである。もっとも、再生計画案の作成は再生債務者の諸々の状況を十分に把握していなければならないため、再生債権者が再生計画案を作成するのは難しく、実際に再生債権者から再生計画案が提出されるケースは多くない。

　なお、再生債権者が再生計画案を提出する場合の提出期限は、「裁判所の定める期間内」とのみ規定されており（法163条2項）、規則上も特段の規定はない。再生債権者が提出する再生計画案は、再生債務者の提出した再生計画案に対する対抗手段であることから考えると、再生債権者が提出する再生計画案の提出期限も、再生債務者が提出する再生計画案の提出期限と同時期にするべきとする見解もあるが、先に再生債権者に再生計画案を提出させて、それを踏まえて再生債務者に再生計画案を提出させる運用を推奨する見解もあり、必ずしも統一した見解はない。

(2) 再生計画案の修正方法

　再生債務者は、再生計画案提出後も、再生計画案を決議に付する旨の決定（付議決定）をするまでの間は、裁判所の許可を得て、再生計画案を修正することができる（法167条本文）。また、議決権行使方法として、債権者集会が開催される場合でも、再生債権者に不利な影響を与えない変更であれば、再生債権者の利益となることであり、再生債権者に混乱を招くおそれもないと考えられるため、再生債務者は、裁判所の許可を得て、再生計画案を修正することができる（法172条の4）。

　したがって、再生債権者は、再生計画案の内容を十分に吟味したうえで、修正するべきと考えた場合には、債権者集会までに再生債務者に対して、修正の必要性を説明し、付議決定前までに、もしくは、債権者集会において修正するべきであると交渉することとなる（なお、再生計画案を修正できるのは、当該再生計画案の提出者のみであり、仮に債権者集会で再生債

務者が提出した再生計画案に対して再生債権者が修正動議を出したとしても、再生計画案の修正手続としては扱われる余地はないので注意するべきである）。

(3) 代理委員の利用

大規模な再生事件では、債務額が多額で、かつ、再生債権者の数が多数になるため、個別の再生債権者が、個別に権利行使しても、交渉力に欠ける。そこで、再生債権者は、裁判所の許可を得て、共同してまたは各別に、1人または数人の代理委員を選任し、代理委員を通じて、再生債務者と交渉をすることができるとされている（法90条1項）。

個別の権利行使では交渉力に欠けるような場合には、再生債権者は、代理委員を通じて、再生債務者が提出した再生計画案に対して意見を述べ、また、必要に応じて再生債権者から再生計画案を提出する必要があるかも検討するべきである。

代理委員の資格に制限はないが、弁護士や公認会計士その他事業再生に詳しい専門家を代理委員に選任するのが適当であると思われる。

（大林 良寛）

Question 30 〔再生計画案の議決権行使〕

再生計画案の決議の方法には、どのような種類がありますか。金融機関として議決権の行使についてどのような点に留意すべきですか。

Answer

再生計画案を決議する方法には、①債権者集会を開催して、債権者集会の期日において議決権を行使する方法（法169条2項1号。集会型）、②書面等投票により裁判所の定める一定の期間内に議決権を行使する方法（同条同項2号。書面型）、③集会型および書面型を併用し議決権者がそのいずれかを選択する方法（同条同項3号。併用型）の3種類があります。金融機関としては、いずれの議決権行使方法によるとしても、再生計画案に対する賛否を検討したうえで議決権行使をするよう留意する必要があります。

解説

1 再生計画案の決議の方法の種類

(1) 再生計画案の決議の方法の種類

① 決議の方法の種類

再生計画案を決議する方法には、①債権者集会を開催して、債権者集会の期日において議決権を行使する方法（法169条2項1号。集会型）、②書面等投票により裁判所の定める一定の期間内に議決権を行使する方法（同条同項2号。書面型）、③集会型および書面型を併用し議決権者がそのいずれかを選択する方法（同条同項3号。併用型）の3種類がある。

従前は、議決権の行使方法としては集会型および書面型の2種類しかなかったが、平成14年改正により併用型が新しく創設された。東京地方裁判所破産再生部では、併用型導入の趣旨が、集会決議を基本としつつ、再生債権者が集会当日に差支えがある場合に当該債権者の便宜を考慮して不在者投票のような事前投票の制度を実現したことにあることから、そのメ

リットを活用するためとして、併用型を原則としているが（西謙二・中山孝雄編『破産・民事再生の実務〔新版〕下　民事再生・個人再生編』270頁〔伊藤　聡〕）、最終的には、各議決方法のメリット・デメリットを考慮したうえで、裁判所が、再生債務者の意見を聞きつつ、裁量により決定している。

②　集会型における決議方法

債権者集会における議決権の行使は、出席者が議決票に自署し、再生計画案について賛成か反対かを当該議決票に記載して投票して、裁判所が当該議決票を回収する方法で行われる。白票の場合は反対票と扱われるので注意を要する。

③　書面型における決議方法

　　イ　行使期間

書面による議決権行使は、裁判所の定める期間内に書面投票をすることが必要である（法169条2項2号・3号）。したがって、再生債権者は、裁判所の定める期間内に書面投票をするよう注意する必要がある。

　　ロ　期間後の書面投票の扱い

書面による議決権行使は、裁判所の定める期間内に行うことが求められているが、当該期間後に行われた書面投票でも、議決権行使者の意思を尊重して、極力有効として扱う運用がなされている。もっとも、いつの期限後投票まで有効票として扱うかは裁判所の裁量に委ねられているので、期限内に書面投票をしておくべきことに変わりはない。

　　ハ　投票後の変更・撤回の扱い

書面投票後に再生計画案の賛成・反対意見の変更および撤回の申し出があった場合、変更・撤回の申し出を受け付ける運用もあり得るが、多くの裁判所で変更・撤回の申し出は受け付けられていない。

2　可決要件

再生計画案が可決されるためには、議決権を行使した議決権者の過半数の同意（頭数要件）があり、かつ、議決権者の議決権の総額の2分の1の議決権を有する者の同意（議決権行使要件）が必要とされる（法172条の3

第1項)。このうち、頭数要件も充足する必要があるとされた趣旨は、少額債権者を保護するためであるが、同趣旨を潜脱した方法により決議がなされた場合には、不認可事由があるとされる可能性があることについては、後述する。

3　議決権の行使

(1) 議決権行使額

議決権行使額は、民事再生法104条1項により確定した議決権を有する届出債権者の場合は確定した額を基準とし、その他の債権者の場合は再生債務者等や他の再生債権者から債権者集会の期日に異議がなければ届出の額を基準とし、異議があれば裁判所が定めた額が基準となる（法170条1項・2項1～3号）。

異議があったとしても、裁判所が定めた額が基準となるが、議決権行使額について争いが生じる場合もあるので、裁判所は、事前に、争いが生じ得る再生債権者の議決権行使額については、再生債務者および監督委員の意見を聞いておくことが多いが、まったく予想もしていなかった再生債権者から議決権行使額について異議があった場合には、裁判所はその場で再生債務者及び監督委員の意見を聞いたうえで決定をする。

(2) 議決権の不統一行使

従前は、議決権者は、その議決権を統一しないで行使することを定めた明文規定はなかったが、債権回収会社（いわゆるサービサー）や再生債権者が合併した場合等に、議決権を統一しないで行使する必要性が認められることから、平成16年改正により、議決権の不統一行使を認める明文が規定された（法172条2項）。なお、代理人が議決権を行使する場合も不統一行使が可能である（同条3項）。

裁判所は、再生計画案の付議決定をなす際に議決権の不統一行使をする場合における裁判所に対する通知の期限を定め、その期限を公告したうえで、届出債権者等に通知する（法169条2項・3項）。議決権者が、議決権の不統一行使をしようとする場合は、裁判所の定めた期限までに裁判所に対して議決権の不統一行使をする旨を書面で通知する必要がある（法172

条2項)。もっとも、裁判所によっては、議決権の不統一行使について期限を定める趣旨は、裁判所の事務処理の便宜のためであるとして、議決権者の利益のために期限を定めない運用を行っているので、議決権の不統一行使を検討している場合は、期限が定められているか否かについて確認をする必要がある。

議決権の不統一行使がされた場合、可決要件との関係では、議決権者としては1とカウントし、同意票としては2分の1とカウントする（法172条の3第7項)。

(3) 代位弁済・債権譲渡した場合の議決権行使方法
① 投票前に代位弁済・債権譲渡があって届出がなされた場合

届出がなされた再生債権を取得した者は、債権届出期間経過後も、届出名義の変更を受けることが可能であるので（法96条)、投票前に再生債権を代位弁済・債権譲渡により取得した場合には、裁判所に届出債権の名義変更届出書を提出した上で議決権を行使することができる。

名義変更届出書には、①届出名義の変更を受けようとする者の住所・氏名等、②再生手続において書面を送付する方法によって通知または期日の呼び出しを受ける場所、③取得した権利、その取得の日および原因、④名義変更に関する証拠書類の写しを添付する必要がある（規則35条)。なお、債権譲渡の対抗要件（確定日付ある通知。民法467条）は、別途具備しておく必要がある。

② 基準日制度

上記のように決議の前であれば、代位弁済・債権譲渡があった場合でも、名義変更届出さえされれば、代位弁済した者または債権を譲り受けた者が議決権を行使することが可能である。しかし、再生債権者が多数にのぼる事案において、決議がされるまでの名義変更届出をすべて許した場合、決議の集計作業に著しい混乱を与えるおそれがある。

そこで、会社更生法における基準日制度（会社更生法194条）にならい、平成16年改正により、裁判所が相当と認めるときは、付議決定と同時に基準日を定め、基準日における再生債権者表に記録されている再生債権者を議決権者として定めることができることとした（法172条の2第1項)。

(4) 再生債権の一部譲渡と再生計画の不認可

　再生計画案が可決されるためには、議決権を行使した議決権者の過半数の同意（頭数要件）が必要とされるが、頭数要件を充足させるために、再生債務者の取締役が第三者から回収可能性のない再生債務者に対する債権を譲り受け、さらに、その一部を再生債務者の別の取締役に譲渡したうえで、民事再生を申し立て、その後、再生計画案が可決された事案で、最高裁平成20年3月13日判決（金融・商事判例1294号54頁）は、民事再生法174条2項3号所定の「再生計画の決議が不正の方法によって成立するに至ったとき」には、「再生計画案が信義則に反する行為に基づいて可決された場合も含まれる」と判示して、当該再生計画は、民事再生法172条の3第1項1号の少額債権者保護の趣旨を潜脱し信義則に反する行為によって成立したものというべきであり、民事再生法174条2項3号所定の不認可事由があると認め、不認可とした。

　再生債権者が、他のすべての再生債権者の来歴を調査することは不可能であるが、不自然な債権譲渡（一部譲渡を含む）がなされている場合には、当該債権譲渡に関する記録を閲覧・謄写する等して、頭数要件を充足させるために、少額債権者保護の趣旨を潜脱するような債権譲渡がなされていないか確認をする必要がある。

（大林　良寛）

Question 31 〔再生計画認可決定〕

再生計画は、どのような手続を経て認可決定がなされるのですか。認可決定が確定すると、どのような効果が生じますか。再生計画認可決定に対する不服申立方法についても説明してください。

Answer

再生計画は、裁判所で不認可事由の有無を判断し、これがない場合には認可決定がなされます。認可決定が確定した場合には、再生計画の定めによって認められた権利は再生計画どおりに変更され、法律で認められた権利を除き、それ以外のすべての再生債権が免責される等の効果が生じますが、認可決定に対しては不服申立が可能です。

解説

1 再生計画認可決定手続

(1) 再生計画案の提出と再生債権者への送付

再生債務者または管財人(以下、「再生債務者等」という)は、債権届出期間の満了後、裁判所の定める期間内に、再生計画案を作成して裁判所に提出しなければならないとされている(法163条1項)。ここで提出された再生計画案は、付議決定までの間に、裁判所および監督委員からの指摘や大口債権者との交渉も踏まえて修正がなされることがある(法167条)。その後、裁判所は、監督委員の調査報告書を踏まえて、法169条1項各号所定の事由がない限り付議決定をすることになる(法169条)。

付議決定後、裁判所から再生債権者に対して、債権者集会期日呼出および通知、議決票、再生計画案、再生計画案補足説明書、監督委員の調査報告書の写しが送付される。

(2) 再生債権者(金融機関)の検討

① *検討の方法*

再生計画案の送付を受けた再生債権者としては、再生計画案への賛否を

検討することになるが、そのための資料収集方法については、Q29を参照されたい。

なお、裁判所は、債権者委員会（法117条以下）の申立、または総再生債権の10分の1以上に当たる債権を有する再生債権者の申立があったときには、債権者集会を招集しなければならないとされており、裁判所が相当と認めるときには、職権で債権者集会を招集することもできるため（法114条以下）、ここでの情報収集も可能である。

② **再生計画認可の条件（不認可事由について）**

金融機関としては、再生計画につき意見を述べる際、または後述の不服申立を検討するに際しては以下のような事由（認可不許可事由）の存否を十分に検討する必要がある。

　イ　再生債権者の一般の利益に反するとき（法174条2項4号）〜清算価値保障原則

「再生債権者の一般の利益に反する」とは、特定の再生債権者ではなく、再生債権者全体としての利益が、実質的に害されることを意味する（園尾隆司＝小林秀之編『条解民事再生法〔第2版〕』813頁〜814頁〔三木浩一〕）。再生計画に定めた弁済率が、破産手続による配当率より低いような場合（いわゆる清算価値保障原則に反するような場合）である。また、分割弁済の場合に、第1回弁済までの期間（いわゆる据置期間）が不相当に長期間にわたるような場合もこの要件に該当する（福永有利監修『詳解民事再生法〔第2版〕』544頁〔森恵一〕）。

前述の清算価値保障原則を満たしているか否かの判断基準時については、様々な見解がある（伊藤眞ほか編『注釈民事再生法　上〔第2版〕』690頁参照）。

なお、清算価値保障原則について判断する際の財産評価の基準は、処分価値基準による（規則56条1項本文参照）。ただし、事業譲渡を検討している場合においては、必要に応じて事業継続価値による評価を行うこともできる（同条同項ただし書参照）。

　ロ　再生計画が遂行される見込みがないとき（法174条2項2号）〜履行可能性

再生計画は、反対者の権利をも制限するものであるから、たとえ再生債権者の多数が賛成したからといって、遂行の見込みがないものは認可されない。

　具体例としては、再生計画に定められた弁済計画について弁済原資の調達見込みがない場合や、再生債務者等の事業に不可欠な施設に対して担保権を有する別除権者が再生計画案に反対しており、しかも担保権消滅請求権が行使できるだけの資金手当ての見込みがない場合などが挙げられる（伊藤眞『破産法・民事再生法〔第２版〕』308頁）。

　再生債権者としては、事業計画について、開始決定後の債務者の収支の状況を精査しつつ、①根拠のある数字に基づいて作成されているか、②再生債務者等として最大限の努力を示していることが窺えるか、③事業計画内の数値に相互矛盾が生じていないか、④事業維持に必要な設備等への投資が織り込まれているか、という観点から、再生計画案が履行可能か最終的に確認することになる（木内道祥監修『民事再生実践マニュアル』249頁以下）。

　　ハ　再生計画の決議が不正の方法によって成立するに至ったとき（法174条２項３号）～公正性・衡平性

不正の方法とは、贈収賄および再生債権者に対する利益供与等のほか、信義則に反する行為を意味するものを解されており（伊藤眞＝田原睦夫監修『新注釈民事再生法 下〔第２版〕』111頁〔須藤力〕）、会社更生法199条２項４号の要件を消極的に規定したものである。

　　ニ　再生手続または再生計画が法律の規定に違反し、かつ、その不備を補正することができないものであるとき（法174条２項１号本文）～適法性

再生手続が法律に違反する場合には、再生手続開始決定後の事由のほかに、たとえば、手続開始決定前の事由も含まれる。ただし、当該違反の程度が軽微であるときは除かれる（法174条２項１号ただし書）。

　　ホ　社会的妥当性

明文にはないが、上記諸点に加え、債務者を存続させることが社会経済上相当といえるかという点も考慮要素の１つとなる。すなわち、雇用確保

や連鎖倒産防止等が地域社会にとって積極的意味をもつこと、社長や従業員が「やる気」に溢れていることなどである。なお、債権者が「経営責任」の実現を社会的妥当性の問題として要求することもあるが、経営者の法的責任が問われるような場合は別として、これも結局は旧経営陣による事業継続の可能性・再生計画の履行可能性の観点から判断されることになる（全国倒産処理弁護士ネットワーク編『通常再生の実務Ｑ＆Ａ120問』259頁〔中村隆次〕）。

2　認可決定の手続

再生計画案が可決されたときは、裁判所は再生計画不認可事由が認められるときには、不認可の決定をし、それ以外のときには認可の決定がなされることになる（法174条1項）。

再生債務者、管財人、届出再生債権者および再生のために債務を負担しまたは担保を提供する者（法115条1項参照）等は、再生計画案を認可すべきかどうかについて、意見を述べることができる（法174条3項）。意見陳述の方法については特に定められておらず、口頭でも書面でもよいが、再生計画案の決議を行う債権者集会で、可決後直ちに意見聴取が行われ、問題がなければ認可決定がなされるというのが一般的である（福永監修・前掲545頁〔森〕）。裁判所が意見陳述の機会を与えなかった場合の効果としては、法115条1項に規定する者については、審問請求権が実質的に奪われることになるので、この場合の再生計画の認可・不認可の決定は、当然に違法になるものと解されている（園尾＝小林編・前掲815頁〔三木〕）。

なお、再生計画の認可・不認可の決定は、その主文および理由の要旨を記載した書面が法115条1項記載の関係者に対して送付される（法174条4項）。

3　認可決定の効果

(1) 認可決定の効力
①　免責の効力
再生計画認可決定が確定すると、再生計画に定められた権利を除き、再

生債務者等は原則としてすべての再生債権についてその責任を免れる（法178条）。本条で免責されるのは、再生債権である。したがって、別除権（53条）、共益債権（法119条）、一般優先債権（法122条）は、本条による免責の対象とはならない。

再生債権のうち免責されるのは、再生計画に定めがなく、法律に特別の定めもない債権である。典型例としては、債権届出もなく再生債務者等がその存在を知らずに自認もしなかったため再生計画に記載されなかった債権が挙げられる。この意味で、金融機関としては、債権管理・債権届出を怠ってはならないといえる。

② 権利変更の効力

届出再生債権および未届出再生債権であっても認否書に記載されたもの（いわゆる自認債権）は、再生計画の定めに従って権利変更されることになる（法179条1項）。この権利変更は、手続内の変更ではなく、実体的権利の変更である。

再生債権者は、再生債権が確定している場合に限り、権利を行使できる（同条2項）。たとえば、届出再生債権について再生債務者等が認めず、または届出再生債権者が異議を述べ査定の裁判（法105条）、異議の訴え（法106条）がなされている間は、再生債権が未確定であるから当該再生債権者は再生計画に従った権利の行使ができないので注意する必要がある。

③ 会社組織上の効力

民事再生法は、株式会社の再生手続利用の便宜のため、債務超過の場合に、裁判所の許可のもとに、再生債務者等の株式取得、株式併合等を再生計画に定めることができることとしている（法154条3項・4項、166条・166条の2）。これらは、債務超過により株主の権利が事実上価値を失っていることを根拠に、会社法の定めによらずして、民事再生法所定の手続によって、会社組織上の効力を生じさせることを認めたものである（法183条）。

④ 中止した手続の効力

再生手続が開始した際、債務者の財産に対してなされている強制執行等は、再生手続が優先する関係で中止される（法39条1項）。そして、再生

計画の認可決定が確定した段階では、これらの手続はもはや無意味となるので、その効力を失うものとされている（法184条）。もっとも、再生に支障を来さない等の事情で続行された手続に関しては、この効力が存続する（法39条2項・184条1項ただし書）。

(2) 再生計画の効力発生時期

再生計画の効力は、認可決定が確定したときから生じる（法176条）。したがって、認可決定に対する即時抗告（法175条）の期間が経過してから、または即時抗告の却下もしくは棄却が確定してはじめて再生計画はその効力を生じることになる（後記4(1)参照）。

他方で、会社更生法においては、後に認可決定が覆された場合の混乱をある程度犠牲にしても、早期に更生計画の遂行を図る必要性が高いことなどから、更生計画は、裁判所の認可決定の時から効力が生ずるものとされているので（会社更生法201条）、金融機関としては、会社更生と民事再生の差異につき留意しておく必要がある。

(3) 再生計画の効力の及ぶ範囲

① 効力の及ぶ範囲

再生計画は、①再生債務者等、②すべての再生債権者、③再生のために債務を負担し、または担保を提供する者に対して効力を有する（法177条1項）。

② 効力の及ばない権利

再生計画は、別除権者が有する担保権、再生債権者が再生債務者等の保証人その他再生債務者等とともに債務を負担する者に対して有する権利および再生債務者等以外の者が再生債権者のために提供した担保に影響を及ぼさない（法177条2項）。

もっとも、住宅資金貸付特別条項を定めた再生計画の認可決定が確定した場合は、法177条2項の適用を排除し、民法の原則に戻って、住宅資金貸付債権に係る担保権や保証人に対しても効力を有するものとした（法203条1項前段）。再生債務者等の住宅の保持を目的とした住宅資金貸付特別条項付再生計画の制度趣旨を貫徹するためであるが、金融機関としては、住宅資金貸付特別条項がある場合には、注意が必要である。

4 認可決定に対する不服申立方法

(1) 不服申立の方法について

再生計画の認可・不認可決定に対しては、利害関係人は即時抗告をすることができる（法175条1項）。

即時抗告は、利害関係人が抗告状を原裁判所に提出する方法により行う（法18条、民事訴訟法331条・286条1項）。即時抗告の期間は、認可決定等が送達された日から1週間（法18条、民事訴訟法332条）、または送達に代わる公告がされた場合には、公告の日の翌日から2週間の不変期間とされている（法10条2項・9条後段）。申立期間が非常に短いため、金融機関としては、不服を申し立てる場合には早急に判断する必要がある。

なお、即時抗告に対する裁判に対しては、最高裁判所に特別抗告（法18条、民事訴訟法336条）または許可抗告（法18条、民事訴訟法337条）の申立をすることができる。

(2) 即時抗告できる利害関係人

① 再生債権者

再生債権者の種類としては、届出再生債権、未届再生債権者、議決権のない再生債権者があるが、いずれも即時抗告権を有する。ただし、約定劣後再生債権者は、再生手続開始決定時において優先する債権について、再生債務者等が完済できない状況にある場合には、再生債権は実質的に無価値であり、即時抗告はできない。

② 再生債務者等

再生債務者等には、再生計画の効力が及ぶため、即時抗告権が認められる。

③ 再生のために債務を負担しまたは担保を提供する者

再生のために債務を負担しまたは担保を提供する者については、個別的な同意自体に意思の欠缺があった場合や、同意の手続が違法であった場合に限って、即時抗告権が認められるものと解される（園尾＝小林編・前掲822頁〔三木〕）。

④　その他

別除権者が有する担保権に対しては、別除権の行使によって弁済を受けることができない部分については、再生計画の効力を受けるので、即時抗告権が認められる。

その他管財人や株主にも即時抗告権を認めるか否かについては見解が分かれている（東京高決平成16・6・17金融法務事情1719号61頁参照）。

（花房　裕志）

Question 32 〔再生計画が履行されない場合の対応〕

再生計画が履行されない場合、金融機関はどのように対応すればよいですか。監督委員がいる場合とそうでない場合について説明してください。また、再生計画が未履行のまま手続が終了した場合についても説明してください。

Answer

再生計画が履行されない場合、再生債権者である金融機関は、再生債務者と協議して履行を促すこと、再生債権者表の記載により強制執行を行うこと、再生計画の取消しを申し立てることができます。これらは、監督委員の有無および再生手続終結の前後を問わず行うことができます。

再生計画の不履行は、管理命令の一因となり得るので、金融機関は管財人による管理を命ずることを申し立てることができます。ただし、再生手続の終結前で、かつ、再生債務者が法人の場合に限られます。

再生計画の不履行は、再生計画変更の一因となるので、金融機関は、再生計画の変更を申し立てることができます。ただし、再生手続終結の前に限られます。監督委員がいる場合には、監督委員に変更の申立を促すこともできます。

また、再生計画の不履行は、再生手続の廃止事由にもなり得ます。ただ、金融機関に再生手続の廃止を申し立てる権限はないので、金融機関は監督委員がいれば監督委員に申立を促すか、裁判所に職権発動を促すことになります。なお、再生手続の終結の前に限られます。

解説

1 再生計画認可決定確定後の再生手続

再生計画認可の決定が確定すると、再生債務者が、再生計画遂行の機関

として遂行する（法186条１項）（管理命令が出され、管財人が存在する場合には管財人が履行する）。そして、再生計画の遂行機関が再生債務者の場合で、監督委員が選任されているときには、監督委員は再生債務者の再生計画の遂行を監督することになる（同条２項）。

しかしながら、再生計画の遂行が完了しないままに再生手続が終結し、その後、再生計画が履行されない事態に陥る場合もある。

再生計画が履行されない場合に、再生債権者である金融機関が、とり得る手法は、①再生計画の取消し（法189条１項２号）、②強制執行（法180条３項・４項）、③再生計画変更の申立（法187条１項）、④再生手続廃止（法194条）を促すことの４つが存在するが、③再生計画変更の申立や④再生手続の廃止は、再生手続終結前に限られる。

このように再生手続の終結の前後により、金融機関がとり得る手法は異なるので、以下、終結前後に分けて、概観する。

2　再生手続終結前の再生計画不履行に対する対抗措置

(1)　再生計画の履行の強制

①　個別回収交渉

再生債務者が、再生計画を履行せず、債務を弁済しない場合には、通常の債務不履行の場合と同様に、金融機関は再生債務者と交渉をして履行を促し、また、個別に弁済条件を変更することも考えられる。

②　強制執行の申立（法180条２項・３項）

再生債務者や管財人が、再生計画の履行を怠った場合には、再生債権者である金融機関は、再生債権者表の記載に基づき強制執行を申し立てることができる。

再生債権については、調査の結果が再生債権者表に記載され、確定した再生債権については確定判決と同一の効力を有するものとされているが（法104条２項・３項）、これは変更前の債権額に関するものであるので、再生計画により変更された再生債権についてまで適用のあるものではない。そこで、法180条２項・３項により、再生計画により変更された再生債権についてもその旨の裁判所書記官の記載に対し、確定判決と同一の効

力を与えて紛争を防止し、かつ、強制執行も認めたものである。

なお、簡易再生手続および同意再生手続では再生債権の調査・確定の手続がないので、本条の適用は排除される（法216条・220条）。

③ 管理命令の申立

再生債務者自らの業務遂行や財産管理が失当であることが原因で、再生計画を履行できない場合には、金融機関は管財人による管理を命ずる処分を行うよう裁判所に申し立てることができる（法64条1項）。

裁判所の管理命令後は、管財人が再生債務者の業務および財産を管理し（法66条）、再生計画の遂行機関となるので（法186条1項）、以後の再生計画の適正な履行を期待できる。

なお、管理命令を発令できるのは、再生債務者が法人である場合に限られ（法64条1項）、かつ、再生計画認可の決定が確定したときに監督委員が選任されている場合に限られる。監督委員が選任されていないまま、再生計画認可の決定が確定したときには再生手続の終結決定が発令されるからである（法188条1項）。

(2) 再生手続の終結等

① 再生計画の取消しの申立（法189条1項2号）

イ　はじめに

再生債務者や管財人が再生計画の履行を怠った場合には、再生債権者である金融機関は再生計画の取消しを申し立てることができる。このような場合に、再生計画の効力を維持する理由がないからである。取消しの申立に時的制約はなく、再生手続の終結後であっても申し立てることができる。

なお、再生計画の取消決定は必要的なものではなく、裁判所は、当該事由の程度により再生計画の効力を維持することができる。

ロ　取消しを申し立てる再生債権者の要件（法189条3項）

なお、申し立てることのできる再生債権者については制約がある。すなわち、①再生計画の定めによって認められた権利の全部（履行された部分を除く）について裁判所が評価した額の10分の1以上に当たる権利を有する再生債権者であること、また、②その有する履行期限が到来した当該権

利の全部または一部について履行を受けていないものである必要がある。

①の要件に関しては、共同申立人の権利を合算することが可能であるので金融機関一社で10分の1以上を占める必要はない。なお、再生計画によっては、再生債権者に対する弁済時期が異なることもあるので、再生計画の履行状況により、金融機関の再生債権の評価額の占める割合は異なってくる。

　ハ　再生計画取消決定の効果

再生手続の終了前に再生計画取消決定が確定すれば、再生手続は、当然に終了する。そのため、監督命令や管理命令も効力を失う（法189条8項・188条4項）。その他再生手続に付随する手続（否認の請求・役員の責任を追及するための査定手続）も終了する。

再生手続終了に伴い、原則として牽連破産が開始される（法249条・250条）。

実体法上の効果としては、再生計画取消決定が確定すると、再生計画によって変更された再生債権は原状に復する（法189条7項）。そして、確定した再生債権であれば、再生債権者表の記載は、再生債務者に対し確定判決と同一の効力を有し、同表の記載により強制執行することもできる（法189条8項・185条）。

もっとも、再生計画取消決定の確定は、再生債権者が再生計画によって得た権利に影響を及ぼさないので（法189条7項）、取消決定確定時までに受けた弁済等は有効であり、また、再生計画によって設定された人的または物的担保（法158条）も影響を受けない。

　ニ　実際の運用について

履行監督期間中に不履行となった場合には、再生債務者や再生債権者からその旨監督委員に情報が伝わり、後掲の再生計画の変更を含めた対策が講じられ、変更も難しい場合には手続廃止となるので取消しの申立まで至る事案は少ない。

②　**再生計画の変更の申立（法187条1項）**

　イ　はじめに

再生計画認可の決定があった後やむを得ない事由で再生計画に定める事

項を変更する必要が生じたときは、裁判所は、再生手続終了前に限り、再生計画を変更することができる。変更は申立によるが、届出再生債権者も申立することができる。

　したがって、再生債務者や管財人が再生計画の履行を怠った場合には、再生債権者である金融機関は、やむを得ない事由と変更の必要性を述べて、再生計画の変更を申し立てることができる。

　このやむを得ない事由としては、経済情勢の変化や取引先の倒産に加え、将来収益の見込みが外れたこともやむを得ない事由として認めてよいとされており、変更の必要性は、事業資金を確保するためなどが典型である。

　変更内容は、弁済率や弁済期間などであるが、変更であっても再生計画の内容に関するものである以上、平等原則（法155条1項）や債務の期限の猶予についての10年間の制限（同条3項）を満たす必要がある。

　　ロ　変更の手続

　申立は書面で行う必要がある（規則2条1項）。申立書には、前記要件を満たす事由だけでなく、変更計画案も提出する必要がある（規則94条3項）。

　変更の内容が弁済率の削減や弁済期間の延長といった再生債権者に不利な影響を及ぼすものである場合、再生計画案の提出があった場合の手続に関する規定が準用され、変更計画案についての決議および裁判所の認可を経て、変更計画の効力が生じる（法188条2項）。ただし、再生計画の変更によって不利な影響を受けない再生債権者は、手続に参加することを要せず、また、変更計画案について議決権を行使しない者で、従前の再生計画に同意したものは、変更計画案に同意したものとみなされる（法187条2項ただし書）。

　③　**再生手続の廃止の申立の上申と破産の申立**

　　イ　再生手続の廃止（法194条）

　再生計画認可決定が確定した後に再生計画が遂行される見込みがないことが明らかになったときは、裁判所は再生債務者等もしくは監督委員の申立によりまたは職権で、再生手続の廃止の決定をしなければならない。

再生計画が遂行される見込みがないことが明らかであるにもかかわらず、再生手続を継続することはかえって利害関係人の利益を害することになるので、手続の廃止を認めたものである。

　再生債権者である金融機関は、申立権者ではなく、裁判所の職権発動を促すことができるにとどまるが、裁判所は廃止を検討するにあたり再生債権者の意見を聴取するものとされている（規則98条）。

　なお、再生手続が終結していたり（法188条）、再生計画の取消し（法189条）によって、再生手続が終了している場合には、再生手続はすでに終了しているので廃止の余地はない。

　　ロ　破産手続への移行について

　a　再生手続の廃止決定、再生計画取消しの決定がなされた場合、再生債権者も再生手続の終了までに、当該再生債務者についての破産手続開始の申立をすることができる。裁判所は、破産手続開始の原因となる事実があると認めるときは、再生手続の廃止決定や再生計画の取消決定が確定した後、職権で、破産法に従い、破産手続開始の決定をすることができる（法249条・250条　牽連破産）。

　再生手続の廃止決定や再生計画の取消決定に対し即時抗告がなされたような場合、これら決定の確定に時間がかかり、破産手続の開始を決定できないこともあるので、その間の再生債務者の財産の散逸等を防止するため、裁判所は職権によって、他の手続の中止命令（破産法24条1項）、包括的禁止命令（破産法25条2項）、財産保全処分（破産法28条）などの保全処分を命じることもある（法251条1項1号）。

　このため、金融機関としては、再生債権者表の記載に基づき強制執行手続を行っても、破産手続開始前の保全処分がなされると功を奏さないことがある。

　なお、牽連破産の場合、場合により再生債権の届出をしていた債権者について、破産債権の届出を要しない旨を決定することができるが（法253条1項）、再生手続開始から破産手続の開始まで時間が経過することが多く、その間の利息・損害金が劣後的破産債権とされたり（法253条4項3号）、代位弁済により債権者の変更があることなどより、再度債権届出を

することが多い。

　b　再生計画認可決定の確定後3年が経過するなどして再生手続が終結したが、その後、再生計画を履行できなくなり、再生債務者が、新たに破産を申し立て、破産手続に移行する場合もある（新破産）。破産債権の届出に関しては、法253条1項が準用される（法253条7項）。

　c　再生計画の履行完了前に再生債務者について破産手続開始の決定がなされた場合、牽連破産にせよ、新破産にせよ、再生計画によって変更された再生債権は、原状に復する。ただし、再生債権者が再生計画によって得た権利に影響は及ぼさないとされる（法190条1項）。

　破産債権の額は、従前の再生債権の額から同項の再生計画により弁済を受けた額を控除した額となる（法190条3項）。しかし、配当手続においては従前の再生債権の額をもって参加でき、ただ実際の配当は他の同順位の破産債権者が自己の受けた弁済と同一の割合の配当を受けるまでは配当を受けることができない（法190条4項）。

　たとえば、金融機関Aが1000万円の再生債権を有している場合に、70％を免除し、残額を10年間均等で弁済する再生計画が認可され、2回支払った時点で破産手続が開始されたとする。この場合、1000万円の再生債権は、再生計画認可決定の確定により300万円に変更されるが、破産手続きの開始により弁済を受けた60万円を控除した940万円が破産債権として届出するべき額となる。しかし、配当手続において参加する金額は1000万円となる。

　このとき再生債権500万円をBが有しており、再生手続中に弁済を受けることができず、破産財団が40万円であったとすると、本来の破産での配当率は、（60万円＋40万円）÷1500万円×100＝6.66％であるのに対し、金融機関Aはすでに6％の弁済を受けているので、Bは破産財団より30万円（＝500万円×6％）を優先的に弁済を受けることができる。そして、破産財団の残りの10万円を金融機関AとBとで按分して配当を受けることになる。

(3)　**監督委員がいる場合**

　監督委員は、再生債務者の再生計画の遂行を監督する義務を負い（法

186条2項)、そのために、再生債務者に対して、その業務および財産の状況につき報告を求め、帳簿、書類その他の物件を検査する権限が付与されている(法59条1項)。

再生計画における弁済履行期限を徒過しても再生計画が履行されない場合、通常であれば、再生債務者は監督委員に説明を行う。再生債務者からの説明がなければ、監督委員は、再生債務者に対して、再生計画不履行の原因やその背景事情等について、詳細な報告を求め、その監督義務を果たす。

監督委員は、報告を受けて、再生計画の不履行が再生計画認可決定後のやむを得ない事由によるもので、再生債務者を破産させるより、再生計画を変更して再生手続を継続した方が再生債権者にとって有利な場合には、再生債務者に対して再生計画の変更の申立を促すことになる(監督委員が申し立てることもできる)。他方、変更しても再生計画の履行の見込みがないような場合には、監督委員は、再生手続の廃止を申し立てるよう再生債務者に促すことになる。監督委員は、これらの手続を履践するにあたり適宜裁判所に報告し、対応を協議する。

金融機関としては、監督委員がいる場合には、再生計画の不履行に対し、強制執行の準備を行い再生債務者に対する履行の圧力をかけつつ、監督委員に対して、再生計画の遂行を監督する義務を果たすよう促していくことが通常といえる。再生計画取消の申立や裁判所に職権による手続廃止を促すことは、監督委員が適切な対応をとらない場合に検討することになる。

3 再生手続終結後の再生計画不履行に対する対抗措置

(1) 再生手続が終結する場合

①再生計画認可の決定が確定した場合で、再生計画の遂行機関が再生債務者で(管財人が選任されていない場合)、かつ、監督機関である監督委員が選任されていないときには、裁判所は再生手続終結の決定を行う(法188条1項)。

次に、②再生計画の遂行機関が再生債務者で、かつ、監督委員が選任さ

れている場合には、再生計画認可決定の確定後3年が経過したときに、裁判所は、再生計画の履行が完了していなくても、再生手続終結の決定を行う（法188条2項）。

③再生計画の遂行機関が管財人である場合は、裁判所は再生計画が遂行されることが確実であると認めるに至ったときには、再生手続の終結を決定する（法188条3項）。

なお、④再生計画が遂行されたときにも再生手続は終結する（法188条2項・3項）。

(2) 債権者のとり得る手法

以上の①②③の場合に、再生計画の遂行が完了していなくても再生手続が終了することになる。

再生債権者は、このように再生手続が終結している場合、再生計画の変更をすることはできず、任意の履行を促すか、強制執行を行うか、再生計画の取消しを行うことになるが、債権者として新しく破産手続開始申立をすることもできる。

もっとも、再生債務者としては、大口債権者（主として金融機関）との間で話をまとめることができれば事業を継続できる場合もあるので、再生計画取消および強制執行を回避するべく、金融機関に対し、金融機関への弁済のみ長期分割とする旨の合意を成立させることができないか申し入れることが少なくなく、この場合、金融機関としては新たな対応が必要となる。

（宿　龍太）

第 2

倒産実体法編

1 再生手続開始決定の効果

Question 33〔再生手続開始の効果－債権者への影響〕
　再生手続が開始されると、金融機関にはどのような影響がありますか。再生手続が開始した再生債務者から金融取引の申込がありますが、どのような点に注意すればよいのですか。

Answer
　再生手続が開始されると、金融機関は、再生債務者から貸付金の返済を受けることができなくなるなどの影響を受けます。金融機関は、再生債務者からの金融取引の申込を受ける場合は、新規融資、手形割引などの一定の金融取引については、監督委員の同意が必要になります。

解説

1　再生手続開始の効果（総論）

再生手続の開始による効果としては次のものが挙げられる。

(1) 再生債権の弁済の禁止

再生債権は、再生手続開始決定後は、原則として弁済をすることが禁止される（法85条1項）。

(2) 再生債務者の行為制限

再生債務者は、再生手続開始後も、業務遂行権・財産管理処分権を保持することになるものの（法38条1項）、新規融資、手形割引などの一定の金融取引については、監督委員の同意（法54条2項）が必要となる。

(3) 他の手続の中止等

再生債務者の財産に対する再生債権に基づく強制執行、仮差押え等の申立はすることができず、すでにされている強制執行等の手続は中止される（法39条1項）。

2 再生債権の弁済の禁止

(1) 再生債権の弁済の禁止の内容

再生債権は、再生手続開始後は、この法律に特別の定めがある場合を除き、再生計画の定めるところによらなければ、弁済をし、弁済を受け、その他これを消滅させる行為（免除を除く）をすることができない（法85条1項）。これは、再生債権に対する個別的な権利行使や弁済を許したのでは、債権者間の平等に反し、また、再生債務者の事業または経済生活の再生が図れなくなるからである。

したがって、金融機関などの再生債権者は、再生手続開始後は、再生債務者に対して再生債権である貸付金の返済を求めることも、再生債務者から返済を受けることもできなくなる。仮に、再生債務者から返済金を受領した場合には、無効となり、これを不当利得として返還する必要がある。

(2) 保証人に対する履行請求

ただし、再生債務者以外の保証人に対して、保証債務の履行を求めることや、返済を受けることは可能である。これは、再生手続の開始決定の効力は再生債務者に対するものであり、保証人には及ばないからである（法177条2項参照）。また、実質的にも、再生債務者の財産を減少させることにはならないからである（保証人から債権の一部または全部について弁済を受けた場合の債権届出の方法や変更届出の要否等については、Q19参照）。

(3) 相殺、担保権の実行

また、金融機関が再生債務者から預金を受け入れていた場合には、預金との相殺によって、貸付金を回収することは可能である（法92条1項。債権届出期間までに相殺の意思表示をしておく必要があることに注意を要する。Q18参照）。さらに、金融機関が、抵当権、根抵当権、質権等の担保権を有しているときは、その担保権を実行して、貸付金の回収を図ることも可能である（法53条。Q13参照）。

3 再生手続開始と担保権の対抗要件

再生手続開始決定と担保権の対抗要件との関係について説明する。

(1) 金融機関が、再生手続開始前に締結した根抵当権設定契約に基づいて、開始決定後に根抵当権設定登記を備えたとしても、法45条1項により無効となる（ただし、善意の登記権利者は別である。同項ただし書）。これは、再生債権者の地位を再生手続開始の時点で固定し、その後の事情によって権利者間の平等・衡平が害されるのを防ぐ趣旨である。

(2) 同様に、金融機関が、再生手続開始前に根抵当権設定契約を締結したものの、登記未了の間に再生手続が開始された場合には、再生債務者に対して根抵当権設定登記手続を請求することは、法45条1項により許されない（田頭章一「大阪高判平成21・5・29判批」金融・商事判例1361号34頁。判決は公判物未登載。原審は大阪地判平成20・10・31金融・商事判例1314号57頁）。

(3) それでは、抵当権付債権が譲渡された場合において、債権譲受人が、第三者対抗要件である確定日付のある通知・承諾を備えた（民法467条2項）ものの、抵当権の付記登記が未了の間に、債権譲渡人に再生手続が開始した場合には、債権譲受人は、再生債務者である債権譲渡人に対して、抵当権の付記登記を求めることができるであろうか。

まず、債権譲渡人が譲受人に対して、抵当権付債権を譲渡した場合は、その随伴性により譲受人は抵当権を取得することになる（ただし、付記登記を備えていないため確定的に取得したとはいえない状態である）。他方で、債権譲渡人が、債権譲受人に対して抵当権付債権を譲渡し、債権譲受人が確定日付のある通知・承諾を備えた以上は、当該債権は確定的に債権譲受人に帰属することになり、その反面、債権譲渡人は、当該債権を喪失することになる。

したがって、債権譲受人は、再生債務者である債権譲渡人に対して、抵当権の付記登記を請求することができると考えるべきである。実質的に考えても債権譲渡人は、被担保債権を喪失している以上は、当該債権を行使することも、当該抵当権を実行することもできないのであるから、債権譲受人の債権譲渡人に対する抵当権の付記登記請求を認めても、債権譲渡人の財産を害することにはならない。

もっとも、金融機関としては、無用のトラブルを回避するために、債権

譲渡の第三者対抗要件とともに、抵当権の付記登記も得ておくべきことは当然である。

4 再生債権の弁済禁止の例外

(1) 中小企業者への弁済許可（法85条2項〜4項）

再生債務者を主要な取引先とする中小企業者が、その有する再生債権の弁済を受けなければ、事業の継続に著しい支障を来すおそれがあるときは、裁判所は、再生債務者等の申立によりまたは職権で、その全部または一部の弁済をすることを許可することができる（法85条2項）。これは、再生債権の弁済が禁止されることによって、再生債務者を主要な取引先とする中小企業者が資金繰りに行き詰まり、連鎖倒産に至ることを防止する趣旨である。

(2) 少額債権の早期弁済の許可（法85条5項）

下記の①または②に該当する少額債権は、裁判所は、再生債務者等の申立により、その弁済をすることを許可することができる（法85条5項）。

① 少額の再生債権を早期に弁済することにより再生手続を円滑に進行することができるとき（法85条5項前段）

これは、債権者数が多いと債権者集会への呼出し等の労力や費用がかさむことになることから、債権者数を減らすために少額債権の弁済が認められたものである。

② 少額の再生債権を早期に弁済しなければ再生債務者の事業の継続に著しい支障を来すとき（同項後段）

この要件を充たすかどうかは、当該債権者との取引継続の必要性の程度、代替的な取引先確保の可能性の有無、当該債権者に弁済を行うことの合理性の有無（少額の債権を弁済する費用よりも、取引継続によって得られる経済的価値の方が大きく、他の再生債権者に対する弁済率が向上する場合など）等の諸般の事情を総合考慮して判断されることになる。

5 再生債務者との金融取引

(1) 再生債務者の行為制限との関係

　金融機関は、再生手続が開始された後も、再生債務者を相手として金融取引をすることになる。これは、再生債務者は、再生手続が開始された後も、その業務を遂行し、またはその財産を管理し、もしくは処分する権利を保持しているからであり（法38条1項）、この点が、破産手続や会社更生手続と異なる民事再生手続の大きな特色である。

　もっとも、裁判所は、再生債務者の不当な財産処分・不当な金融取引等によって財産状態が悪化することを防止するために、監督命令の発令と同時に、監督委員の同意を要する再生債務者の行為を指定するのが実務の多くの運用である（法54条2項。裁判所は、再生債務者の一定の行為を裁判所の許可事項とすることもできるが（法41条1項）、東京地裁、大阪地裁など多くの裁判所では、許可事項を定めることなく、監督委員の同意事項を指定している）。

　監督委員の同意を要するとされる再生債務者の行為の代表例は、①再生債務者の財産に係る権利の譲渡、担保権の設定、賃貸その他一切の処分、②無償の債務負担行為または権利の放棄、③財産の譲受け、④借財（金銭の借入）、手形割引または保証、⑤別除権の目的である財産の受戻しなどの行為である（ただし、再生債務者の円滑迅速な業務を阻害しないように、①に関して常務に属する取引を除外し、あるいは①から⑤の全般にわたって常務にあたる行為を除外するのが通例である）。

　したがって、金融機関としては、再生債務者に対する監督命令のコピーを入手して、監督委員の同意事項を確認しておく必要がある。金融機関が、再生債務者との間で監督委員の同意なしにこれらの行為をした場合には、原則として無効となる（法54条4項）。

　以下、金融取引の代表例である預金口座の開設、預入れ・払戻し、新規融資、手形割引について解説する。

(2) 預金口座の開設、預入れ・払戻し

　金融機関は、再生債務者から預金口座の開設等の依頼を受けたときはこ

れに応じることができる。これに対し、預金の払戻しの請求を受けたときは、これに応じなければならない。

(3) 新規融資、手形割引の申込

　一般に、民事再生ないし会社更生手続中の債務者に対して、事業継続に必要な運転資金等の新規融資を行うことをDIPファイナンスと呼んでいる。一度倒産した企業に対して融資を行うことのリスク（再倒産リスク）等を重視して、DIPファイナンスを行うことを敬遠する金融機関も多いと思われるが、再生債務者の事業に収益力があり、再建可能性が高く、かつ債権保全手段があるケースであれば、十分検討に値する融資である。

　また、手形割引についても、信用力のある手形の場合には、期日に支払がなされる蓋然性が高いものと見込まれることからすれば、金融機関としてはこれに応じることも十分検討に値する。そこで、金融機関が再生債務者に対して新規融資をする場合や手形割引をする場合の民事再生法上の留意点を説明する。

①　監督委員の同意

　前記のとおり、新規融資、手形割引はいずれも監督委員の同意事項であることから、金融機関は、再生債務者に対して新規融資や手形割引を行うには、監督委員の同意を得ていることを確認する必要がある。

　また、新規融資を行うに際して、担保の設定を受ける場合にも、担保設定に関する監督委員の同意を得ていることを確認する必要がある。

②　共益債権

　金融機関は、再生手続開始決定後に、再生債務者に対して新規融資等を行った場合には、共益債権として、再生手続によらずして約定の返済を受けることができ（法119条5号・121条1項）、万一、破産手続に移行した場合でも財団債権として扱われるなど（法252条6項）、再生債権（破産債権）に優先して弁済を受けることができる。

　もっとも、共益債権だからといって実際の回収が保証されるわけではなく、また、破産手続に移行した場合にも、財団債権の全額を弁済するに足りる財産がない場合には、割合的弁済を受ける（破産法152条1項）にとどまるというリスクがあることには注意を要する。

③ 担保その他の検討事項

以上のことから、金融機関が再生債務者に対して新規融資を行う場合には、再生債務者の事業の収益力や再建可能性の検討は不可避であり、また、再生債務者から担保の設定を受けるなどの債権保全手段を講じておく必要がある。また、手形割引についても、再生債務者の再建可能性等のほか、信用力のある手形かどうかの検討を要することになる。

もっとも、実際上は、再生債務者から根抵当権等の不動産担保の設定を受けることが期待できないケースが多いことから、再生債務者の売掛債権や在庫資産等の流動資産に対する担保設定や根抵当権の余裕枠の有無等を検討する必要がある（流動資産の担保化についてはQ24を、根抵当権に「余裕枠」がある場合の新規融資についてはQ48を、各参照のこと）。

（清水 俊順）

Question 34 〔再生手続開始の効果－再生債務者財産への影響〕

再生手続が開始されると、再生債務者財産はどのような影響を受けますか。

Answer

1 再生手続開始後も、原則として、再生債務者は、再生債務者財産についての管理処分権を有していますが、処分行為については裁判所の許可や監督委員の同意を必要とする等の制限を受けます。

2 再生手続開始決定により、再生債務者は、債権者に対し、公平かつ誠実に債務者財産の管理処分権を行使し、再生手続を追行する義務を負うことになります。このことから、再生債務者は第三者性を有するといわれています。そして、再生手続開始決定前の取引自体は開始決定後も原則として有効ですが、相手方は再生手続開始決定前に登記等の対抗要件を具備していなければ、再生手続開始決定後は、原則として、再生債務者に対し、その権利を主張し得なくなります。また、たとえ再生手続開始決定後に対抗要件を具備しても、原則として、その権利を主張することはできません。

解説

1 再生債務者財産に対する効果

再生債務者は、再生手続開始後も、原則として、再生債務者財産についての管理処分権を有する。

(1) 再生債務者財産の概念

再生債務者財産とは、民事再生手続開始決定の前後を問わず、再生債務者に帰属する一切の財産をいう（法12条1項1号かっこ書）。再生債務者には、法人および個人を含み、法人は株式会社に限らない。

(2) 再生債務者の財産管理処分権の有無と制限

民事再生手続は、経済的窮境にある債務者自身が主体的に事業または経済生活の再生を図ること（DIP型。Debtor In Possessionの略称）を原則とする再建型手続である。そのため、再生債務者は、再生手続開始後もその業務を遂行し、またはその財産を管理・処分する権利を有するとされている（法38条1項）。このように、いわゆるDIP型手続においては、再生債務者は、再生手続開始後も再生債務者財産についての管理処分権を喪失しない。しかし、DIP型は、再生債務者に対する信頼を基礎に成り立つ手続であって、再生債務者は、再生手続開始後は、債権者に対して公平誠実義務を負うから、再生債務者の有する再生債務者財産についての管理処分権は無制約のものではなく、裁判所の許可ないし監督委員の同意を要するなど一定の制約に服する。

他方、裁判所から管理命令が発令され管財人が選任される場合（管理型）は、再生債務者は、再生債務者財産についての管理処分権を喪失する（法66条）。

(3) 再生債務者財産に対する担保権者への影響

再生債務者財産に担保権を有する債権者は、再生手続開始後、別除権者として扱われ（詳細はＱ13参照）、再生手続によらずに担保権を行使することが認められる（法53条）。

2 再生債務者の第三者性

(1) 公平誠実義務

① 原　則

再生債務者は、再生手続が開始された場合、債権者に対して公平かつ誠実に、業務遂行権や財産の管理・処分権を行使すべき義務を負う（法38条2項）。公平義務とは、原則として、同等の地位にある債権者を公平に扱う義務をいい、誠実義務とは、一般に、自己または第三者の利益と債権者の利益が相反する場合に、自己または第三者の利益を図って債権者の利益を害してはならない義務をいうとされている。

② 管理命令が発令された場合の例外

裁判所により管理命令が発令され、管財人が選任された場合は、再生債務者は、業務遂行権や財産管理処分権を喪失し、これらの権限の行使に伴う公平誠実義務も負わない（法38条3項・64項1項）。なお、破産手続、会社更生手続では、債務者が公平誠実義務を負う旨の規定はない。

(2) 再生債務者の第三者性

このように再生手続上の再生債務者は、DIP型手続の場合は、その主体としての地位を有する一方で、自らの利益のみを追求するのではなく、債権者の利益を適切に代表する地位（再生手続開始決定により再生債務者の財産に一種の包括的差押えがあったものとして開始決定後の財産を総債権者のために確保する地位）をも有している。このような理由から、再生債務者は「第三者性」（差押債権者類似の地位）を有するといわれている。再生法上の根拠条文としては、法45条1項が、「再生手続開始前に生じた登記原因に基づいて、再生手続開始後に登記等を具備しても、再生手続との関係においは、その効力を主張することができない」旨規定していることが挙げられる。

(3) 公平誠実義務違反の効果

再生債務者が公平誠実義務に違反した場合には、再生手続開始申立の棄却（法25条）、再生手続開始決定の取消し（法37条）、再生手続の廃止（法191条以下）、再生計画の取消し（法189条）、さらに再生債務者が法人の場合には管理命令が発令（法64条）されることがある。

3　再生債務者の財産処分

再生債務者と取引するにあたっては、裁判所による要許可事項（実務では監督委員による要同意事項とされるのが通常）か否かを確認し、かつ要同意事項である場合監督委員の同意取得の有無をも確認することが重要である。

(1) 裁判所および監督委員による行為制限

再生債務者の有する再生債務者財産についての管理処分権は無制約のものではなく、一定の重要な行為をする場合には、裁判所の許可を要する

(法41条1項)。また、監督委員が選任されている場合には、裁判所は監督委員の同意を得なければ再生債務者ができない行為を指定する（法54条2項）。通常は、裁判所の許可を要する事項を監督命令により監督委員の同意事項とすることで、迅速に対応することが行われている（監督委員の同意事項についてはQ33参照）。

(2) 行為制限違反の効果

裁判所の許可を要する行為について、裁判所の許可なしに行われた行為は無効であるが、善意の第三者には対抗できない（法41条2項）。監督委員の同意を要する行為について、同意を得ずに行われた行為も同様である（法54条4項）。

4 再生手続開始決定が取引行為等に与える影響

再生債務者から、開始決定前に融資等に際し担保権の設定を受けた場合でも、第三者対抗要件を具備しないうちに再生手続開始決定がなされると、担保権を主張し得なくなることに注意する必要がある。

(1) 再生手続開始前に再生債務者が行った法律行為の効力に与える影響

①　再生手続開始前に再生債務者と取引等を行った相手方は、原則として、再生手続開始決定後はその効力を再生債務者に対して主張できない。

　　イ　再生手続開始前に再生債務者が行った法律行為は、否認（法127条以下）の対象とならない限り有効であるから、相手方は、当該法律行為の効果を、再生手続開始決定後も、再生債務者等に対して主張し得るのが原則である。たとえば、売買契約を締結した相手方が、再生債務者から商品受領後（再生債務者が売主の場合）、あるいは代金受領後（再生債務者が買主の場合）、再生手続開始決定がなされた場合、相手方は、再生債務者からの代金支払請求（前者の場合）、あるいは商品引渡請求（後者の場合）に応じて履行しなければならない。

　　ロ　しかし、再生手続開始決定時、再生債務者の義務のみが残っている（相手方の債権のみが残っている）場合は、相手方の債権は再生債権となるため（法84条1項）、以後、再生債務者に対して、別除権付債権でない限り、再生計画外での任意の義務履行を求めることができなくなる。

たとえば、売買契約を締結した相手方が代金支払済み（再生債務者が売主の場合）、あるいは商品納品済み（再生債務者が買主の場合）の状態で開始決定がなされた場合（再生債務者の義務のみが残っていた場合）、相手方の再生債務者に対する商品引渡請求権（前者の場合）、あるいは代金支払請求権（後者の場合）は再生債権となるから、相手方の再生債権が別除権付債権でない限り、再生債務者に対して、商品の引き渡し、あるいは代金の完済を求めることができなくなる。

ハ　再生債務者も相手方も双方の義務が未履行の状態で再生手続開始決定がなされた場合については、特別の規定が存在しておりそれに従うことになる（Q37参照）。

②　再生手続開始前に再生債務者と取引等を行った相手方が、登記等の対抗要件を具備しないまま再生手続開始決定がなされた場合、相手方は、再生手続開始決定後も再生債務者に対して、その権利を主張できるか。

イ　再生債務者は、再生手続開始決定後は、「第三者」としての地位をも有する。そのため、再生手続開始前に再生債務者がその財産を相手方に譲渡したが、未だ対抗要件（民法177条・178条・467条2項、動産及び債権の譲渡の対抗要件に関する民法の特例に関する法律3条・4条等）を備えない間に再生手続が開始された場合には、相手方は、再生債務者等に対して、再生手続の関係では、権利取得を主張し得なくなる（法45条1項ただし書きによる例外がある）。

ロ　また、虚偽表示に基づく無効、詐欺による取消し、錯誤無効、解除に基づく原状回復義務などを相手方が再生債務者等に対して主張する場合にも同様であり、相手方は、再生手続の関係では、無効等を主張し得なくなる。善意・悪意は、再生手続開始時の再生債権者を基準とし、その中に1人でも善意の者があれば、再生債務者等は自らの善意を主張し得る（伊藤・前掲661頁）。

(2) 再生手続開始決定後の登記・登録等の効力に与える影響

①　再生手続開始前に再生債務者と取引等を行った相手方が、登記等の対抗要件を具備しないまま再生手続開始決定がなされた場合、その後に対抗要件を具備しても、再生手続の関係では、その効力は否定される（法45

条1項本文)。

　前述のとおり、再生債務者は、再生手続開始決定後は、「第三者」としての地位をも有することを前提に、再生手続開始決定前に登記原因が生じているのに登記等の対抗要件を具備しないまま再生手続開始決定がなされた場合、再生手続の関係では、相手方はその効力を主張できないが、法45条1項本文は、たとえ再生手続開始決定後に登記等の対抗要件を具備してもその効力を主張し得ないことを規定して、その徹底を図るものである。

　イ　したがって、再生債務者との間で金銭消費貸借契約および担保権設定契約等を締結したが、担保権設定登記等が未了のまま開始決定がなされた場合、開始決定後に登記等を具備しても効力が否定されるから、そもそも、債権者は、開始決定後は、再生債務者に対し、開始前の担保権設定契約等を原因とする本登記等の請求もできない。この場合、金銭消費貸借契約に基づく再生債務者に対する貸付債権は、無担保の再生債権となる。

　ロ　また、再生債務者から開始決定前に担保権設定登記手続に必要な書類一切の交付を受けていたとしても、開始決定前に登記を完了していない限り、債権者は、担保権を主張することはできず、また担保権設定登記の請求をすることもできないことに留意を要する。

　ハ　本条により権利取得の主張ができない場合、たとえば、再生債務者と売買契約を締結し代金支払済みの買主は、開始決定前に所有権移転登記が未了であった場合、本条により所有権移転請求が認められないため、履行不能を理由に売買契約を解除して売買代金の返還を求めることができるが、代金返還請求権は開始前の原因に基づくものであるため再生債権となる。

　②　同条項本文は、不動産または船舶に関する開始決定後の登記・仮登記（不動産登記法105条1号の仮登記）の効力を否定する旨規定しているが、他の対抗要件（債権譲渡における債権者の通知もしくは債務者の承諾、動産債権譲渡特例法による登記等）についても、本条が準用されると解される。

　③　もっとも、相手方が、対抗要件を具備した当時、再生手続開始決定について善意である場合は、効力を主張することができる（法45条1項ただし書）。この点、開始決定直前になされた登記等が対抗要件否認の問題

になり得る（効力が否定され得る）ことを考慮すると、本条ただし書により善意者を保護することには疑問の余地もあるが、開始決定の公告後は相手方の悪意が推定されるから（法47条）、実際上の適用範囲は、たとえば再生手続開始前に善意で登記申請をしていたが登記具備完了が開始決定後になった等、極めて限定されたものとなろう。

④　本条2項は、権利の設定、移転もしくは変更に関する登記もしくは仮登記または企業担保権の設定、移転もしくは変更に関する登記についても準用される旨定めている。

⑤　本条により開始決定後の登記・登録等の効力が否定されるのは、「再生手続の関係において」であるから、何らかの理由で再生手続が終了した場合、当該登記・登録の効力は認められる。

⑥　再生手続開始決定前にすでに不動産登記法105条1号の仮登記がある場合、開始決定後、この仮登記に基づき本登記を請求することは本条により妨げられない。再生手続開始決定前に、すでに仮登記によって確定的に本登記請求をなし得る地位を有しているからである。

(3) 再生手続開始後に再生債務者等が行った法律行為の効力に与える影響

再生債務者に対して、管理命令が発令されるかどうかをあらかじめ知ることは容易ではない。しかし、管理命令に関する公告後は、悪意と推定されるから、再生手続中は、常に当該再生事件の進行を注視すること、たとえば再生債務者に対する預金の支払についても、金額の多寡等に注意して、疑問を感じる取引に接した場合は、監督委員に問い合わせをするなどして、取引行為の効力が否定されることがないよう留意する必要がある。

①　管理命令発令後に再生債務者が行った法律行為の効力

イ　再生手続開始後も、再生債務者は再生債務者財産についての管理処分権を有しているから、再生手続開始後、再生債務者が再生債務者財産に関して行った法律行為の効力は否定されないのが原則である（ただし、前記の裁判所の要許可事項ないし監督委員の要同意事項に属する行為については許可ないし同意の取得が必要となる）。

ロ　しかし、再生債務者が、再生手続開始後、業務を遂行していたところ、管理命令が発令され、その後も再生債務者が再生債務者財産に関し

て法律行為を行った場合、相手方は、再生手続の関係においては、その効力を主張することができない（法76条1項本文）。ただし、相手方がその行為の当時管理命令が発せられた事実を知らなかったときは、この限りではない（同条ただし書）。相手方は、管理命令に関する公告（法65条1項）の後は、悪意と推定される（法76条4項・47条）。

　法76条1項は、再生手続開始後も再生債務者が業務の遂行を継続しているため、管理命令発令後、管財人が業務に着手するまでの間に、再生債務者による取引がなされる可能性があるうえ、管理命令は再生債務者の意図に反することも少なくないことから、このような再生債務者による取引行為の効力を否定して再生債務者財産の回復を図ることと相手方の取引の安全の調和を図った規定である。なお、相手方から効力の主張をすることが否定されるだけであり、管財人が効力を維持することに合理性があると判断する場合、管財人から有効と主張することは否定されない。

② **管理命令発令後の再生債務者に対する弁済の効力**

　イ　管理命令発令後に、相手方がその事実を知らずに再生債務者に対して弁済をした場合、善意・悪意については、再生手続の関係においてもその効力を主張できる（法76条2項）。管理命令に関する公告の後は、悪意と推定される（同条4項・47条）。善意の弁済者を保護する趣旨である。

　ロ　相手方が、管理命令発令の事実を知って再生債務者に対して弁済をした場合は、再生債務者が受けた利益の限度においてのみ、再生手続の関係において、その効力を主張できる（法76条3項）。弁済者が悪意であっても、実質的に見て、再生債務者財産が利益を受けた限度ではその効力を否定する理由がない（管財人が回収した場合と効果は同じである）ことから、これを有効としたものである。

（小谷　隆幸）

Question 35 〔再生手続開始の効果－係属中の裁判への影響〕

再生手続が開始されると、係属中の裁判はどのような影響を受けますか。

Answer

再生手続が開始されると、再生債務者の財産関係の訴訟手続のうち、再生債権に関するものは中断します。その他の裁判は原則として影響を受けません。ただし、管理命令が出された場合は、財産関係の訴訟手続は中断します。

解説

1 再生手続開始決定と訴訟手続

再生手続開始決定がなされると、財産関係の訴訟手続のうち、再生債権に関するものは中断する（法40条1項）。

中断とは、その訴訟手続を受継することができる者が受継するまで訴訟手続が停止することをいい、受継とは、中断した訴訟手続を旧訴訟当事者に代わって受継資格者が続行することである。なお、再生手続開始決定以前の申立の段階においても、裁判所が必要があると認めるときは訴訟手続の中止を命ずることができる（法26条1項3号）。この中止とは、その訴訟手続の進行を将来に向けて停止させることである。

訴訟手続が中断するのは、再生手続開始決定により再生債権者は再生手続外での権利行使が制限され（法85条1項）、一方で再生手続内において債権確定手続が用意されており、いわば包括的でより簡易迅速なこの手続に委ねることが妥当だからである。

他方、再生債権に関する訴訟以外の訴訟は原則として影響を受けない。破産手続や会社更生手続のように開始決定により破産者・更生会社がその財産の管理処分権を失うのとは異なり、民事再生手続において再生債務者はその財産の管理処分権を失わないからである（法38条1項）。ただし、管理命令がなされた場合、再生債務者は財産の管理処分権を失うため（法

66条)、財産関係の訴訟手続で再生債務者が当事者であるものは中断する(法67条2項)。

その他、後述のとおり、債権者代位訴訟等や執行・保全手続、他の倒産手続にも影響がある。

2　中断の対象となる訴訟手続

(1) 再生債権に関する訴訟の中断

再生手続開始決定により中断される訴訟は、再生債務者の財産関係の訴訟手続のうち再生債権に関する訴訟である(法40条1項)。再生債権の給付訴訟や不存在確認訴訟がこれに当たる(中断後の手続については、後述3を参照)。

これに対し、財産関係に関しない訴訟は中断しない。たとえば、会社設立無効の訴え・合併無効の訴え等会社の組織やその存立に関する訴訟である。株主総会に関する決議無効確認の訴えや決議取消しの訴えについて、蛸配当など財産関係に影響する内容の決議が訴訟の対象となっている場合は中断するとの見解もあるが、訴訟の中断について個々の決議の内容で中断するか否かを決するのは手続の安定を欠き妥当ではないから、一律に中断しないと解すべきである(園尾隆司＝小林秀之編『条解民事再生法〔第2版〕』173頁〔河野正憲〕)。

また、財産関係の訴訟であっても、再生債権以外の権利義務に関する訴訟は中断しない。共益債権や一般優先債権は随時弁済されることとされており(法121条1項・122条2項)、これらに関する訴訟は中断しない。所有権(取戻権)に基づく物の引渡訴訟や担保権(別除権)の確認訴訟、再生債務者財産の帰属に関する訴訟(たとえば、再生債務者による所有権の確認訴訟)も中断しない。

このように権利の性質により訴訟手続が中断されるか否かが決せられるため、共益債権か再生債権かが問題となる。これらは受訴裁判所において最終的に判断されるが、再生債権であると判断されたときにはすでに債権届出の終期が到来していることが多く、再生手続において失権するおそれがある(法178条)。そこで訴訟において共益債権か再生債権かを争ってい

る場合には、共益債権であると主張しつつも、予備的に再生債権として債権届出を行うことが望ましい。

(2) 債権者代位訴訟等の中断

債務者や破産者について再生手続開始決定がなされた場合、再生債権者が提起した債権者代位訴訟（民法423条）、債権者取消訴訟（同法424条）、破産法による否認訴訟（破産法173条１項）、否認の請求を認容する決定に対する異議訴訟（同法175条）、も中断する（法40条の２第１項）。

中断した債権者代位訴訟は、再生債務者および管財人が受継することができる（法40条の２第２項前段）。債権者取消訴訟、否認訴訟および否認の請求を認容する決定に対する異議訴訟は、否認の権限を有する監督委員または管財人が受継することができる（法140条１項前段）。いずれも訴訟の相手方も受継の申立をすることができる（法40条の２第２項後段、法140条１項後段）。

(3) 管理命令による中断

管理命令が発令された場合、財産関係の訴訟で、再生債務者が当事者であるものは、すべて中断する（法67条２項）。管理命令の発令により再生債務者の財産は管財人が管理処分することとなる一方で（法66条）、再生債務者はその財産の管理処分権を失って、財産関係の訴訟の当事者適格を失うためである。破産手続や会社更生手続が開始された場合に、破産者・更生会社に対する訴訟手続が中断する（破産法44条、会社更生法52条）のと同様である。

したがって、中断される訴訟手続の範囲は再生債権に関するものに限られず、共益債権や一般優先債権、所有権に基づく物の引渡請求訴訟や担保権の確認訴訟、再生債務者財産の帰属に関する裁判も中断する（中断後の手続については後述４を参照）。

他方、会社設立無効の訴え等財産関係に関しない訴訟手続が中断しないことは、管理命令が発令されない場合と同様である。

3 再生債権に関する訴訟手続

(1) 再生手続開始決定による中断

前述（2(1)）のとおり、再生債権に関する訴訟手続（給付訴訟等）は再生手続が開始されると中断する（法40条1項）。もっとも、受訴裁判所は再生手続が開始されたことを通常認識していないため、当事者から受訴裁判所に対して再生手続開始決定により中断している旨を上申することが必要である。当事者のいずれが上申してもよいが、中断中になされた訴訟行為は無効であり手続を進めることは無意味であるから、相手方の対応を待つことなく上申すべきである。

(2) 再生債権の届出

係属中の訴訟の訴訟物である再生債権についても債権届出（法94条以下）が必要となる。再生手続開始決定により訴訟が中断するのは債権調査・確定手続において債権の内容を確定すべきであることを理由とするところ、債権調査・確定手続は適法に届出のあった再生債権についてなされるものであるからである。

届出がなされなかった場合、訴訟手続についていかなる取扱いがなされるかについては、訴訟を終了することができるとする説、再生手続が終了するまで中断は解消せず、手続終了により再生債務者が受継するという説もあるが、再生計画が付議された時点で再生債務者が受継するとする説が有力に主張されている（森宏司「破産・民事再生に伴う訴訟中断と受継」判例タイムズ1110号37頁。なお、裁判例として大阪高判平成16・11・30金融法務事情1743号44頁がある）。

(3) 再生債権の調査と受継

① 再生債権の調査において異議等がない場合

債権届出後の再生債権の調査において異議等がなかったときは、当該再生債権の内容は確定する（法104条）。この場合、中断していた訴訟を続行する必要がなくなることから、当然に終了する（手続としては受訴裁判所の訴訟終了宣言により終了する）。

② 再生債権の調査において異議等がある場合

一方、異議等があった場合、再生債権者は異議者等の全員を当該訴訟の相手方として中断した訴訟について受継を申し立てなければならない（法107条1項）。中断までの訴訟の結果を利用することが合理的であり、これを無視することは公平でないから、訴訟とは別に査定の申立をすることは認められない（法105条1項ただし書）。

受継の申立は、異議等のある再生債権に係る調査期間の末日から1か月以内の不変期間内になさなければならない（法107条2項・105条2項）。期間内に受継申立がなされなかった場合には、異議等が撤回されない限り未確定の状態におかれ、再生計画の付議決定時に再生債務者が受継することになるが、再生計画の認可決定が確定すれば失権する（法178条）と解されている（森・前掲39頁）。

なお、執行力ある債務名義や終局判決のある再生債権については、再生債権者ではなく、再生債務者または異議者が受継を申し立てなければならない（法109条2項）。受継がなされなかった場合は、異議がなかったものとみなし、異議者等が再生債務者等であるときは再生債務者等においてその再生債権を認めたものとみなされる（同条4項）。

③ 受継前に民事再生手続が終了した場合の取扱い

受継申立の期間が満了する前に、決議に付するに足りる再生計画案の作成見込みがない（法191条1号）などの理由により再生手続が終了することがある。この再生手続終了時までに法107条1項等による受継がなされていない場合は、再生債務者が当然訴訟手続を受継する（法40条2項。管理命令が発令されている場合について68条1項）。

④ 受継の手続

受継の手続は民事訴訟法の定めによる。具体的には受継申立権を有する者が受継申立書を受訴裁判所に提出する（同法126条）。これに対して裁判所は決定により受継を認めるか否かについて判断する（同法128条1項）。

再生債権に関する訴訟の受継の申立は異議者等の全員を相手としなければ不適法であり、却下される。また、受継された再生債権に関する訴訟手続は査定手続と同様、再生債権の確認訴訟となると解されるため、たとえ

ば、中断前の訴訟が給付訴訟であった場合には請求の趣旨を確認の訴えに変更する必要がある。

(4) 受継後の取扱い

① 従前の訴訟の拘束力

受継した場合において、受継後の当事者は中断時の訴訟状態に拘束される。中断した訴訟を受継させることとしたのは、従前の訴訟追行の結果を利用することが合理的であり、公平であるからである。

② 再生債権者の受継後に管理命令が発令された場合の取扱い

開始決定により中断されたのち再生債権者が受継した訴訟について、その後に管理命令が発せられた場合は、当該訴訟手続は管理命令により再度中断する（法67条2項）。この場合においては、管財人は受継しなければならず、再生債権者も受継を申し立てることができる（同条4項）。

③ 受継後再生手続終了した場合の取扱い

再生債務者が受継し当事者となった場合において、訴訟係属中に再生手続が終了した場合、再生債務者が当事者であることに変わりがないため、訴訟は中断せず、引き続き再生債務者が訴訟を追行する（法112条の2第5項かっこ書の反対解釈）。ただし、管財人が受継して当事者となっていた場合は中断し（法68条2項）、再生債務者が受継しなければならない（法68条3項）。

訴訟は受継されたが再生債務者等が当事者とならない場合（たとえば、ある再生債権について、再生債務者等は認めたが、他の再生債権者が異議を述べた場合において、当該再生債権者が受継を申し立てた場合、再生債務者等は当事者とならない。法107条1項）において、再生手続が再生計画認可決定の前に終了した場合、再び訴訟手続は中断し（法112条の2第5項前段）、再生債務者が受継しなければならない（同条6項・68条3項）。

他方、再生債務者等が当事者でない場合であっても、再生計画認可決定の確定後に再生手続が終了した場合には、訴訟手続は中断しない（法112条の2第5項後段）。再生債権について再生計画によって認められた権利を行使するためには再生債権が確定している必要があるからである（法179条2項）。

④ 判決の効力等

受継した訴訟について判決が確定すると、再生債務者等または再生債権者の申立により裁判所書記官が再生債権者表に訴訟の結果を記載する（法110条）。再生計画が認可され確定すれば、当該再生計画の定めに従って、再生債権者表に記載された再生債権の内容が変更され、再生債権者は当該再生計画により認められた権利を行使することができる（法179条）。

なお、受継後の訴訟手続においてなされた判決は、再生債権者の全員に対して効力を有する（法111条）。確定した再生計画の定めによって認められた権利は確定判決と同一の効力を有するが（法180条2項）、再生手続中は強制執行等を行うことができない（法39条1項）。

4　再生債権以外の財産関係に基づく訴訟手続

(1) 中　断

前述（2④）のとおり、再生債権以外の財産関係に基づく訴訟手続（共益債権や一般優先債権、取戻権、別除権に関する訴訟手続）は、再生手続が開始されたとしても中断しないが、管理命令が発令されると中断する（法67条2項）。中断につき受訴裁判所へ上申すべきことは再生債権に関する訴訟の場合と同様である。

(2) 受　継

① 管財人による受継

管理命令により中断した訴訟手続のうち再生債権に関しないものは、管財人においてこれを受け継ぐことができる。この場合においては、受継の申立は相手方もすることができる（法67条3項。法文上は「できる」とあるが、相手方にとって無関係の管理命令により相手方が訴訟追行の結果を奪われるのは適当でないとして、管財人は受継しなければならないと解されている）。なお、再生債権に関する訴訟の場合と異なり、受継について期間制限はない。

受継手続が民事訴訟法の定めによることは前述（3(3)④）の再生債権に関する訴訟の場合と同様である。

② 受継前に再生手続が終了しまたは管理命令の取消決定が確定した場合

中断後管財人の受継前に、再生手続が終了しまたは管理命令が取り消され確定した場合は、再生債務者が当然に受継する（法68条1項・4項）。

(3) **受継後の取扱い**

① 従前の訴訟の拘束力

受継後において管財人は従前の訴訟状態の拘束を受けるが、管財人の地位に基づく固有の攻撃防御方法（たとえば否認権の行使）を提出することは妨げられない。

② 受継後に再生手続が終了しまたは管理命令の取消決定が確定した場合

管財人が受継した後、再生手続が終了しまたは管理命令が取り消され確定した場合は、訴訟手続は中断する（法68条2項・4項）。この場合、再生債務者が受継しなければならず、相手方は受継の申立をすることができる（同条3項・4項）。

③ 判決の効力

訴訟物が共益債権や一般優先債権である場合、再生債権に関する訴訟と異なり強制執行等が認められ、再生手続外で権利の実現を図ることができる。ただし、再生債務者財産に対し、これらの債権に基づく強制執行または仮差押えがなされた場合、その強制執行または仮差押えが再生に著しい支障を及ぼし、かつ、再生債務者が他に換価の容易な財産を十分に有するときは、裁判所は、再生手続開始後において、再生債務者等の申立によりまたは職権で、担保を立てさせて、または立てさせないで、その強制執行または仮差押えの中止または取消しを命ずることができる（法121条3項・122条4項）。

取戻権に基づく物の引渡訴訟についても強制執行が認められる（法52条1項）。

5 強制執行手続・保全手続等について

(1) **再生債権による強制執行手続等の中止**

再生債権に基づく強制執行、仮差押えもしくは仮処分または再生債権を被担保債権とする留置権（商法または会社法の規定によるものは除く）によ

る競売の手続で、再生債務者の財産に対してすでにされているものについては、破産手続開始決定により中止される（法39条1項）。

これは、民事再生手続は包括執行手続であり、再生債権による個別執行を制限し、債権者間の衡平を図りつつ再生債務者の再生を実現させることが適当であるからである。

中止されるのは再生債権による強制執行等のみであり、原則として共益債権や優先債権、別除権等によるものは制限を受けない。

(2) 強制執行手続等の続行

裁判所は、再生に支障を来さないと認めるときは、再生債務者等の申立または職権で、中止した強制執行の続行を命じることができる（法39条2項前段）。事業の再生のために処分すべき財産について、強制執行等を利用して換価する方が、再生に資する場合もあるからである。

(3) 強制執行手続等の取消し

他方、強制執行等の中止とは手続が進行しなくなるのみであり、それまでになされた差押え等の効力は消滅しない。したがって、預金の差押え等の効力は再生手続が開始されただけでは消滅しないため、事業の継続に支障を来すおそれがある。そこで裁判所は、再生のために必要があるときは、再生債務者等の申立または職権で、強制執行等について手続の取消しを命じることができる（法39条2項後段）。

（中尾 佳永）

2 契約の処理関係

Question 36 〔各種契約における特約条項の有効性〕

取引先と締結する契約には、特約条項として次の条項を定めることがありますが、金融機関としては有効なものとして処理して構いませんか。

① 倒産解除条項－法的倒産手続の申立等の事由が生じた場合には、契約を解除できる旨の条項
② 期限の利益喪失条項－法的倒産手続の申立等の事由が生じた場合には、債務者は期限の利益を喪失する旨の条項
③ 違約金条項
④ その他

Answer

各契約条項が有効であるかどうかは、倒産手続の性質（趣旨・目的）、契約の内容、特約の内容、倒産解除条項の適用を受ける当事者が当該契約のいずれの当事者であるか等を踏まえて個別的に検討をする必要があります。①ファイナンス・リース、所有権留保売買に関する倒産解除条項については、再生手続、更生手続の関係では無効と解されますが、破産手続との関係やその他の契約類型については争いがあります。②期限の利益喪失条項については有効とする見解が多いです。③違約金条項も原則として有効であるものの、その内容が倒産手続の趣旨・目的に反するとして効力が制限される場合もあり得ます。④コベナンツ契約等その他の契約条項の倒産手続上の効力については争いがあります。

解説

1 はじめに

取引関係を規律する私法上の法律関係については私的自治の原則が妥当

し、契約当事者が合意により定めた事項は有効なものとして契約当事者を拘束するのが原則である。そのような合意の効力は、契約当事者の一方について倒産手続が開始された場合にも、基本的には相手方当事者を拘束するものと考えられる。しかしながら、たとえば、当事者の一方について再生手続が開始された場合には、当該当事者の事業の再生を図り、それにより債権者の間において当該債務者の財産を平等に分配するとの要請が働く。そこで、契約当事者が倒産手続開始前に定めた約定が、このような再生手続の趣旨・目的等から制限され得るのではないかという点が問題となる。さらに、当該当事者につき開始された手続が更生手続である場合には、更生手続の中では担保権の個別行使が禁止されることとの関係で（会社更生法47条1項・2条12項）、その趣旨・目的を害する合意は制限され得る。同様に、破産手続の趣旨・目的に反するものとして、合意が無効となる場合がないかについても問題となる。

　この点については、破産法、民事再生法、会社更生法といった倒産法には直接的な定めはなく解釈に委ねられている。そこで、当該契約条項が、各契約の内容を踏まえて、当該倒産手続の趣旨・目的等を著しく害するものであるか否か等の点を個別に検討することが必要となる。

2　倒産解除条項について

(1)　はじめに

　倒産解除条項とは、法的倒産手続の申立等の事由が生じた場合には、契約を解除できる旨の条項をいう。平成12年の民事再生法施行前の契約条項の中には、解除原因として和議の申立を挙げる事例もあるが、その条項の合理的解釈として再生手続が含まれると解されるときは、再生手続開始申立も解除原因となる（最判平成20・12・16金融・商事判例1319号45頁においても同旨の原判決の判断が維持されている）。

　倒産解除条項も、私的自治の原則からすると原則的には有効であるはずであるが、このような特約は倒産手続の趣旨・目的を著しく害する等との理由でその効力が制約される場合がある。

(2) 倒産解除条項の有効性を判断した重要判例について

これらの点について、判断した最高裁判例として、以下のものがある。

① 最高裁昭和57年3月30日判決（金融・商事判例645号12頁）

所有権留保特約の付された売買契約に関する倒産解除条項につき、「債権者、株主その他の利害関係人の利害を調整しつつ窮境にある株式会社の事業の維持更生を図ろうとする会社更生手続の趣旨、目的（会社更生法1条参照）を害するものであるから、その効力を肯認し得ないものといわなければならない」として、上記特約は、効力を有しない旨判断した。

② 最高裁平成20年12月16日判決（金融・商事判例1319号45頁）

いわゆるフルペイアウト方式のファイナンス・リース契約に関する倒産解除条項につき、「民事再生手続の趣旨、目的に反するものとして無効と解するのが相当である」と判断した。

このうち①の判例は更生手続について判断されたものであるが、その事案は所有権留保特約付の機械の売買契約であって、その留保所有権は担保としての実質を有するものであり、更生手続開始後には更生担保権として個別権利行使が禁止されると解され得るものであった（『最高裁判所判例解説民事編昭和57年度』295頁〔加茂紀久男〕はこの点を示唆する）。そのような事案を踏まえて上記①の判例を理解すると、担保たる実質を有する権利について、更生手続開始前にその担保権行使を行うことを可能とするような倒産解除条項は、無効となるものと解される。そのため、所有権留保のほか、譲渡担保、ファイナンス・リース等の非典型担保権については、基本的に同様のルールが妥当すると考えられる。

これに対して、再生手続においては、担保権は別除権として個別権利行使が許容されるところ（法53条）、ファイナンス・リースのユーザーに係る倒産解除条項を再生手続においても無効としたのが②の判例である。判旨によれば、ファイナンス・リースに限らず、所有権留保、譲渡担保等実質的に担保としての意義を有する契約について、債務者側の再生手続開始の申立等を理由とする倒産解除条項が盛り込まれている場合には、同様に無効となり得るものと解される（集合債権譲渡担保につき、伊藤眞「集合債権譲渡担保と事業再生型倒産処理手続再考－会社更生手続との関係を中心として」

法曹時報61巻9号2783頁）。

3　期限の利益喪失条項について

　期限の利益喪失条項、すなわち法的倒産手続の申立等の事由が生じた場合には、債務者は期限の利益を喪失する旨の条項については、すでに発生している債務の弁済期を到来させることにとどまり、倒産解除条項と比較して効力が制限的であって、倒産手続の趣旨・目的に反するとまでいえないことから、倒産手続下においてもその有効性を承認する見解が有力である。

　上記2(2)②の判例についての田原睦夫裁判官の補足意見においても「リース契約では、ユーザーが倒産手続開始の申立をした場合、ユーザーは、リース料金についての期限の利益を失い、直ちに残リース料金の全額を支払うべきものとする定めが置かれているが、かかる期限の利益喪失条項の効力は、一般に否定されてはいない」と述べられている。いわゆる差押えと相殺に関して無制限説を採用した最高裁昭和45年6月24日判決（金融・商事判例215号2頁）が、差押債権者に対して期限の利益喪失条項の効力を主張することを認めていることからも、期限の利益喪失条項は倒産手続においても基本的に有効と解するべきである（森倫洋「民事再生手続における各種契約条項の拘束力の有無」事業再生研究機構編『民事再生の実務と理論』77頁、東京地裁平成14・3・14金融・商事判例1153号41頁、東京地判平成16・6・8金融法務事情1725号50頁）。

　もっとも、更生手続において期限の利益喪失条項の有効性について疑問を呈する見解もある（山本和彦ほか『倒産法概説〔第2版〕』263頁、伊藤眞『破産法・民事再生法〔第2版〕』274頁、本間靖規「各種契約の倒産解除特約の効力」河野正憲＝中島弘雅編『倒産法体系』566頁）。更生手続上は、相殺権の行使が債権届出期間内に限る旨の制限がなされていること（会社更生法48条1項）、担保権の行使も拘束されることから相殺権の行使についても調整を要すること等が理由とされるが、一般的に期限の利益喪失条項の効力を否定するほどの根拠となるかは疑問が残る。

4 違約金条項について

　違約金条項とは、契約当事者の一方または双方が債務不履行等を生じたことにより、相手方当事者が損害賠償請求権を行使する場合に、その損害額をあらかじめ合意により定めておく条項をいう。このような条項も私的自治の原則のもとで原則として有効である（民法420条）。

　もっとも、契約当事者の一方に倒産手続が開始した場面で、多額の損害賠償額を約する違約金条項が倒産手続の趣旨・目的に反する場合には、無効とされる余地がないかについては議論がある。たとえば、賃貸借契約の賃借人につき倒産手続が開始し、管財人等が双方未履行双務契約として賃貸借契約の解除をした場合に（破産法53条、法49条、会社更生法61条）、多額の違約金の請求権を成立させる旨の違約金条項については、倒産手続の効力として管財人等に付与された双方未履行双務契約の解除権の行使を制約することからその効力には疑義が生じる。とりわけ敷金が預託されている場合には、倒産債務者の財産を著しく毀損することからより一層深刻であって、実損額を明らかに超えるような違約金を定める条項につき倒産手続上制約される場合があり得る点に留意を要する。

　裁判例には、賃借人の再生手続の事例で違約金条項の拘束力を認めたものとして大阪地裁平成21年1月29日判決（判例時報2037号74頁）、賃借人の破産の事例で違約金条項の拘束力を認めたものとして東京地裁平成20年8月18日判決（金融法務事情1855号48頁）、当該違約金条項は破産法53条の解除には適用されないとしたものとして東京地裁平成21年1月16日（金融法務事情1892号55頁）、一部制限したものとして名古屋高裁平成12年4月27日判決（判例時報1748号134頁）、請負人の破産の事例で工事請負契約約款の注文者の解除権に伴う違約金条項の適用を否定したものとして、名古屋高裁平成23年6月2日判決（金融法務事情1944号127頁）があり、事案に応じて個別的に判断されているといえる（裁判例の判断の詳細および分析につき、森・前掲78頁、全国倒産処理弁護士ネットワーク編『通常再生の実務Q&A120問』360頁〔小畑英一〕）。

5 その他の契約条項について

　その他の契約条項につき倒産手続下での有効性が議論されるものとして、いわゆるコベナンツ条項がある。たとえば、集合債権の譲渡担保契約において、対象債権の状況を逐次担保権者に報告をすること、対象債権の残高を一定額以上に維持すること等について定めるものなどがこれに該当する。このような譲渡担保権の設定者について再生手続が開始した場合に、再生債務者等は当該コベナンツ条項に拘束されるかという点が問題となる。担保権者の立場からは、当該コベナンツ条項に基づき、再生債務者に対して、対象債権の状況の報告や残高の維持等を求めることができるかという問題となる。

　これについては、前提としての集合債権の譲渡担保契約の効力自体の考え方が分かれている。そもそも倒産手続の開始に伴い担保対象債権が固定化すると解するならば、倒産手続開始後に成立する債権には譲渡担保の効力が及ばないので、その管理等に係るコベナンツ条項は特に意味をもたない。これに対して、倒産手続開始後の財産を含めて担保権として効力を有し、たとえば再生手続下では別除権に該当するとの見解が有力であり、このような見解によると倒産手続開始後の担保対象財産に係るコベナンツ条項の効力が管財人等を拘束するかという点が重要な問題となる（集合債権譲渡担保の倒産手続における取扱いの詳細について、伊藤・前掲355頁参照）。

　そして、このようなコベナンツ条項の効力について、別除権に付随する条項として拘束力を認める見解や、別除権ではあるものの本質的内容ではないため再生債権に過ぎないと解する見解等に分かれている。この点について直接的に判断をした判例はないが、破産管財人は別除権たる質権の担保価値を維持する義務を承継する旨を判断した最高裁平成18年12月21日判決（金融・商事判例1264号39頁）の判断内容との関係が問題となる。担保権者側の実務対応としては条項が有効であると主張しつつ債務者側とある程度柔軟に協議をすることが考えられる（再生手続におけるコベナンツ条項を含めた集合債権譲渡担保等についての対応実務につき、木内道祥監修『民事再生実践マニュアル』216頁参照）。

（木村 真也）

Question 37 〔双方未履行の双務契約－その①〕

再生手続では、双方未履行の双務契約はどのように処理されますか。たとえば、建築請負契約（特に未施工部分）は「双務契約」に該当するのですか。

Answer

再生手続において、双方未履行の双務契約については、再生債務者等に当該契約を解除するか履行を請求するかの選択権が与えられます。いずれが選択された場合であっても、相手方の有する原状回復請求権または履行請求権は共益債権として再生手続外で権利行使することが認められます（ただし、解除に伴う損害賠償請求権は再生債権です）。このため各種の契約が双務契約として扱われるか否かは重要な問題になります。

解説

1　双方未履行双務契約の処理について

民事再生法49条は、双務契約（当事者の双方に対価的な関係のある債務が発生する契約）のうち、当事者の双方が債務の履行を完了していない場合の規律を定めている。すなわち、再生手続開始決定時点において、再生債務者とその相手方との双務契約についていずれの当事者も自らの債務の履行を完了していないとき、再生債務者等（再生債務者または管財人）は当該契約を解除するか、あるいは自己の債務を履行して相手方に債務の履行を請求するかを選択することができる（法49条1項）。特に倒産の直前の時期には、債務者は資金繰りに苦しんで不利益な双務契約を締結することがあり得るが（たとえば、その資産を廉価に売却して目先の資金を得ようとする場合など）、履行を残しつつ倒産に至ってそのような不利益を倒産債権者が負担することは適当でない。他方で一方債務の履行が完了しているときにまで無制限に契約の解除を認めることは他方当事者の契約上の地位を不安定にする。そこで、双方の債務の履行が完了していないときに限って、

相手方の債務不履行を問わず再生債務者等に契約解除権を付与したのが本条であり、既存の契約の効力を消滅させる点でその機能においてこの解除権と否認権とは類似している。会社更生法、破産法にも共通する規律である（ただし、最高裁平成12年2月29日判決（金融・商事判例1090号4頁）は、契約を解除することによって相手方に著しく不公平な状況が生じるような場合には解除権を行使できないとしている点に注意を要する）。

　再生債務者等が契約を維持して履行の請求を選択した場合、相手方の有する履行請求権は共益債権になる（同条4項）。これを認めず、再生債権として取り扱うとしても、相手方が同時履行の抗弁権を有することは否定できないところであり、結局のところ、再生債務者等は契約の履行を得ることができない。両すくみの状態に陥ってしまうことになるのである。また、再生債務者等は相手方から履行を受けることにより再生手続開始後に資産を増大するのであるから、それと対価関係のある相手方の権利を保護することはほかの再生債権者との関係で公平を害するものでなく、むしろ契約当事者間の公平に資するということもできよう。

　他方で、再生債務者等が契約を解除することを選択した場合、再生債務者等において履行済みの部分について相手方に返還を求めることができることはもちろん、相手方がすでに債務の一部を履行していたときは、相手方もその履行部分について再生債務者の財産に現存していれば返還を求めることができ、現存していない場合にはその価額について共益債権として権利行使することができる（同条5項、破産法54条2項）。契約履行の場面においても、解除による原状回復の場面においても、対価的な均衡が保障されているわけである（ただし、解除に伴う損害賠償請求権は再生債権として取り扱われる（同条5項、破産法54条1項）。これまでもが共益債権として取り扱われるならば、再生債務者等に解除権を与えて不利益な契約からの解放を認めた意味がなくなるからである）。

　契約の相手方は、再生債務者等に対して、契約の履行を請求するのか解除するのかについて、相当の期間を定めて確答するように催告することができる。その期間内に回答がなかった場合、民事再生手続では再生債務者等において解除権を放棄したものとみなされる（同条2項）。清算を目的

とする破産手続では、逆に契約が解除されたものとみなされるとの規律が採用されており、この点が破産と民事再生（ないしは会社更生も）との間の唯一の違いとなっている。

　再生債務者等においてすでに相当部分の履行を受けており、他方でその対価たる債務の履行がほとんど行われていないような場合、再生債務者等は残余の債権を放棄して（双方未履行状態を解消して）、相手方の権利を倒産債権として取り扱うことができるであろうか。双方未履行の双務契約に関する倒産法の規律が、倒産債務者を不利益な契約の拘束から解放することを目的としていることからすると、そのような取扱いも認められてよさそうである。しかし倒産法は、前述のように、不利益な契約からの倒産債務者の解放だけでなく、契約の相手方との関係において、履行の場面でも解除の場面でも契約全体として対価的な均衡を保障することを指向しており（履行されずに残っている部分の均衡を問題としない）、そのような制度趣旨からすると、いわば契約の一部の解除を承認するかのような上記の取扱いは認められないであろう。

2　建築請負契約（特に未施工部分）について

　建築請負契約が双務契約に該当することについて異論はない。請負契約は、請負人の仕事完成義務と注文者の報酬支払義務とが対価関係に立つからである。ただし、請負人が倒産した場面において、請負契約に双方未履行双務契約に関する規律が及ぶか否かについては争いがあった。請負業務の内容にもよるであろうが、請負人の仕事完成義務について、当該請負人がいわば職人としてその個性を発揮しつつ仕事を完成することに意味があり、管財人などの第三者が契約関係に介入することが認めがたいような場合に、管財人等に履行や解除の選択権を与えることは意味をなさない。労働契約にその規律が及ばないとされている（法49条3項）のと同様である。最高裁昭和62年11月26日判決（金融・商事判例789号3頁）は、破産の事案について、「請負契約の目的である仕事が破産者以外のものにおいて完成することのできない性質のものであるため、破産管財人において破産者の債務の履行を選択する余地のないときでない限り」、請負契約にも双

方未履行双務契約に関する規律が妥当するとしており、業務内容についての代替性の有無が適用の有無を分けるポイントになることを示している。近時の大方の工業化・規格化された建築請負契約については、請負人の倒産の場面で双方未履行双務契約に関する規律が及ぶと考えてよい。

次の問題は、請負契約が解除された場合、どのように清算が図られるのかである。請負人に再生手続が開始された場合、再生債務者たる請負人は請負契約の履行または解除を選択できる。解除が選択された場合に契約が遡及的に消滅し、原状回復が求められるとすると、請負人はすでに受け取った請負代金を全額返還すると同時に、すでに行った工事の出来高部分を撤去しなければならなくなる。代替性のある請負業務において、そのようなことを強制することは社会経済的に見ても損失であり、現実的でもない。大審院昭和7年4月30日判決（民集11巻780頁）は、民法541条に基づく注文者による解除について、請負契約が可分であって既履行部分について当事者が利益を有するときは、すでに完成した部分を除いて、未完成部分についてのみ請負契約を解除できるとしているが、これも同様の考慮に基づくものであろう。かくして、再生債務者たる請負人は、請負業務が可分である限り（代替性のある請負業務は可分であることが普通であろう）、解除権を未履行となっている将来の未成工事部分についてのみ行使することができると解される。

請負人が将来に向かって請負契約を解除（終了）させたとき、すでに受けている請負代金が出来高を下回っているならば、請負人は出来高に満つるまで残代金を請求することになる。注文者は、工事が中断し、別途の部材や請負業者を手配しなければならなくなったこと、工期が遅れたこと等による損害について請負人に賠償を求めることになるが、その請求権は民事再生法49条5項、破産法54条1項により再生債権である。請負人による残代金請求には観念的には再生手続開始前の出来高に対応する部分と再生手続開始後契約解除までの出来高に対応する部分とがあるため、後者との関係で、請負人の請求に対して注文者が損害賠償請求権を自働債権として相殺を主張することができるかは1つの問題であるが、肯定してよいであろう。注文者の損害賠償請求権は政策的に再生債権とされているとはい

え、本来的には請負人の解除に伴って再生手続開始決定後の原因に基づいて発生したものということができ、これを自働債権とする相殺を行ったとしてもほかの債権者との関係で公平を害するとまではいえないと考えられるからである。

　逆に請負人がすでに受けている請負代金が解除時点における出来高を上回っている場合、請負人はその差額を注文者に返還して清算すべきことになる。この返還を契約関係の終了に伴う原状回復と見るならば、民事再生法49条5項、破産法54条2項により当該債権は共益債権ということになる。実際に先の昭和62年最判は破産の事案につき、財団債権性を認めている。しかしながら、近時、注文者が出来高を超えて行っていた前払は請負人に対する与信に他ならないとし、また、将来に向けて請負契約が解除されても注文者側には何らの同時履行の関係に立つ原状回復するべき債務が残らないことなどから、財団債権（共益債権）性を否定する考え方も有力に主張されている。しかしながら、融資などと異なり、多くの場合、発注する以上は注文者に選択の余地はなく、着手金、中間金などと行った形で前払を強制されることを考えると、単純に与信と断ずることはできないというべきであろうし、法は解除に伴う原状回復は義務者側の履行の有無を問わずに共益債権としているのであるから、判例の考え方を是認してよい。

　注文者が再生手続開始決定を受けた場合も、同様に注文者は契約の履行または解除を選択することができる。履行が選択された場合、手続開始後の工事に対応する請負代金債権が共益債権になることは当然として、開始決定までにすでに行われた出来高部分に対応する請負代金債権も含めて、未払額の全額が共益債権になるか否かについては争いがある。請負といえども工事は進行に応じて段階を分けて捉えることができ、それに応じて代金債権も発生すると考えるならば、開始決定前の工事に対応する代金債権はあくまでも再生債権ということになるであろう。実際に注文者から解除が選択された場合、注文者に帰属している出来高が前払金を上回っているとしても、その差額は再生債権である。しかしながら、給付が可分か否かということと契約の一体性とは別の議論であり、解除の場合と平仄を合わ

せた考え方をとるべき必然性はないうえ、一個の契約を分断して捉える合理性もない。浮動状態にある双方未履行の請負契約につき注文者から履行が選択された以上、解釈論としては、請負代金は開始決定前の工事に対応する部分も含めてその全額が共益債権になると解することが正当であろう。ただし、実務においては、いったん解除を選択のうえ、別の業者さらには同一業者に事後の工事を別契約として発注することもあり得るところ（この場合、開始決定前の出来高に対応する請負代金は当然に再生債権である）であり、そのような場合と対比しながら、合理的な落としどころを探ることが行われている。

　注文者が解除を選択した場合も、解除権は未履行となっている将来の未成工事部分についてのみ行使することができるというべきだろう。問題は、既成の出来高が誰に帰属するかである。資材を注文者が供給するなどして、出来高の所有権が原始的に注文者に帰属していると認められる場合には、請負人の未収となっている請負代金債権は前述のように再生債権にならざるを得ない。他方で多くの請負契約では資材の供給も請負人において行われており、このような場合、出来高に係る所有権は引き渡しが行われてはじめて請負人から注文者に移転すると解され、将来に向けて契約が終了するとしても、単純に注文者に出来高が帰属するとはいい難い点に注意する必要がある。ここで請負契約は単なる労務提供だけでなく、資材の売買たる性格も併せ有すると捉えることができるわけである。そうすると注文者が解除を選択しつつ、注文者においてそれまでの出来高を確保しようという場合、少なくとも資材の対価相当額が注文者から請負人に対して別途に支払われなければならず、これが行われるまで請負人としては出来高の引き渡しを拒絶することができるというべきだろう。実務的に解決の困難な問題であるが、請負人としても注文者の仕様に係る出来高を抱えていても意味がないため、関係者の努力により和解を通じて合理的な落としどころを探ることが行われている。

（服部　敬）

Question 38 〔双方未履行の双務契約－その②〕

Q37に挙げたほか、次の契約も双方未履行として処理されますか。
① 会員制レジャークラブ、預託金制ゴルフ会員権
② フランチャイズ契約
③ 外国為替取引・デリバティブ取引
④ 信託契約

Answer

各種の契約の趣旨に応じて、双務契約の対価関係がどこに認められるかを分析しつつ、処理が検討される必要があります。具体的には本文を参照ください。

解説

1 会員制レジャークラブ、預託金制ゴルフ会員権

会員制レジャークラブ契約には様々なタイプのものがあるが、会員が施設利用権を債権的に取得するにとどまるもの（預託金制ゴルフ会員権契約もほとんどがこれに当たる）のほか、施設の一定部分を共有にて一定の人数で購入するとともにすべての施設について購入者が相互利用することを承認して利用するものなどが典型である。ただ、いずれのタイプにあっても、会員申込者と施設事業者との間の施設利用契約を本質的要素とするものであることに変わりなく、共有会員制は債権的な施設利用契約に共有持ち分を購入することが加重条件として付加されているだけと理解することが一般的である（服部弘志ほか編『ゴルフクラブ等会員契約の法律相談』20頁）。レジャークラブ、ゴルフクラブなる団体が観念される場合にあっても、その多くは施設事業者が規約を定め、さらに改変できるものとされており、理事者などの役員も事業者の役員や関係者であったりすることが一般であり、独自の権利帰属主体としての社団性をクラブに認めることができるケースはほとんどない。

契約は、申込者が施設事業者に対して所定の方式によってクラブへの入

会の申込をした後、施設事業者の承認を得るとともに、所定の預託金、入会保証金などを納付することをもって成立し、その効果として、申込者において、施設事業者に対し、所定の施設を所定の利用料を支払って所定の規則に従い非会員に優先して利用する権利および預託した入会保証金を所定の据置期間が満了した後に返還するよう請求する権利を取得するとともに、年会費を納入する義務を負担する。施設事業者においては施設を開設してそれが利用可能な状態に維持する義務を負うとともに、申込者の各権利に対応する各義務を負担し、各義務に対応する各権利を取得する。このような契約上の地位を当事者の双方に取得させるものが入会契約であり、通常は申込者と施設事業者との間で締結されている。様々な権利義務が複合的に組み合わさるため、そのうち相互のどの義務が対価関係を有するといえるかについては、個々の契約に応じて分析するほかないが、上記の典型例においては、申込者が施設事業者に対して有する①「所定の施設を開設し、利用できる状態に維持することを求める権利（基本権たる施設提供請求権）」と「預託金を預け入れる義務」、さらに②「特定の日に個別の利用契約を非会員に優先して申し込むことのできる地位（申し込むか否かの選択権＝支分権たる施設利用申込権）」と「年会費支払義務」とが、それぞれ別個に対価関係にあると捉えるべきであろう。

　ただ、それゆえに一方当事者に再生手続が開始した場合に民事再生法49条による解除や履行の選択ができると解することは相当でない。たとえば、施設事業者側に再生手続が開始した場合、施設事業者は通常は会員契約の維持を望み、履行を選択することになるであろう。しかしながら、それ故に民事再生法49条4項が適用され、会員の預託金返還請求権が共益債権になると解することはできない。上記のように会員契約は①・②がそれぞれ対価関係にある双務契約と解されるが、施設事業者側の義務である「施設を開設し、利用可能な状態に整備して提供する義務」、「正当な理由なく会員の個別利用申込を拒絶してはならない義務」は、施設が開設され通常に運営されている限りは常に履行されているということができ、いわゆる双方未履行状態にはないというべきだからである。会員側に再生手続が開始した場合でも同様であり、会員において仮に入会にあたって支払

うべき預託金を未納とし、あるいは年会費を未納としていたとしても、民事再生法49条による解除はできない。

なお、東京地裁平成11年1月27日判決（金融・商事判例1078号37頁）は、会員制レジャークラブの入会契約について会社更生法103条1項所定の双務契約に該当することを認めている。また、預託金制ゴルフ会員契約についても同様に双務契約であることを前提とする裁判例は多数ある（結論として破産管財人による解除権を否定したが、最高裁平成12年2月29日判決（金融・商事判例1090号4頁）ほかは双方未履行双務契約であることを前提にしている）。これらの裁判例がレジャークラブやゴルフクラブの入会契約について双務契約性を認めたことについては異論ない。しかしながら、平成11年東京地判が会員側の会社更生手続開始を理由に会社更生法103条1項による解除を認め、預託金について即時の返還を認めた点（預託契約において据置期間が定められている場合であっても契約解除に基づく返還請求であるため即時の返還が認められることになる）、平成12年最判等が結論として会員側の破産管財人による解除を認めなかったもののその理由として施設事業者に著しく不公平な状況が生じることを掲げた点はいずれも疑問である。これら判例は会員契約について双方未履行状態にあると前提しているが、上記のように相当でないうえ、仮に双方未履行であるとして倒産法の規律にかからしめると、会員側だけでなく施設事業者側の倒産の場面であっても同様の理解をするべきところ、施設事業者側の履行の選択ないしは解除の選択に応じて、会員側の預託金返還請求権ないしは預託金相当の不当利得返還請求権が共益債権になると解することは不合理といわざるを得ないからである。なお、上記最判にかかわらず、実務において多数発生しているレジャークラブ、ゴルフクラブの倒産事件において、会員の預託金返還請求権を共益債権として取り扱っている事例は皆無といってよい。

2　フランチャイズ契約

フランチャイズシステムとは、一般に、フランチャイザー（本部）が、フランチャイジー（加盟者）と契約を結び、フランチャイジーに対して、

自己の商標、サービスマーク、トレード・ネームその他の営業の象徴となる標識および経営のノウハウを用いて、同一のイメージのもとに事業を行う権利を与えるとともに経営に関する指導を行い、その見返りとしてフランチャイジーから契約金、ロイヤルティ等の一定の対価を徴するフランチャイズの関係を組織的・体系的に用いて行う事業の方法のこととされている。フランチャイズ契約はそのような関係を構築するフランチャイザーと個々のフランチャイジーとの契約であり、法的には委任、賃貸借、売買等の複数の契約の要素を併せもつ混合契約といわれている。また、フランチャイズ契約においては、契約締結時にフランチャイジーからフランチャイザーに対して一定の保証金の預託が行われることが多い。

フランチャイズ契約で規定される当事者間の複合的な権利義務がどのような対価関係を有しているかについては、個々の契約を分析する必要があるが、少なくともその本質的要素であるフランチャイジーの負担するロイヤルティとフランチャイザーの提供する経営指導等のサービス提供とが対価関係にあることは明らかであり、フランチャイザーから個々のフランチャイジーに対して個別の積極的な役務提供が継続的に求められる点（この点でレジャークラブやゴルフ会員権契約とは異なる）に着目すると、これらは契約が維持される限り、常に双方未履行の状態にあると見てよいであろう。そうすると、一方当事者に再生手続が開始した場合、フランチャイズ契約は双方未履行双務契約として民事再生法49条の規律に服することになる。

フランチャイザーに再生手続が開始した場合、再生債務者たるフランチャイザーが事業を再生するためには、多くのフランチャイジーとの契約関係を維持することが不可欠であり、通常は履行が選択されることになるであろう。これに応じて相手方たるフランチャイジーの権利は共益債権として遇されることになる。ただし、フランチャイジーからフランチャイザーに対して保証金などが預託されている場合、預託金返還請求権は再生債権として扱われるべきであろう。保証金の預託契約はフランチャイジーがフランチャイザーに対して負担する債務（継続的な仕入取引に伴う買掛債務やロイヤルティ債務など）を担保するために締結されるのが通例であり、そ

の返還請求権は預託を原因として生じてそれで完結しており、フランチャイズ契約に基づく権利義務とは対価関係が認められない。フランチャイズ契約を契機としてそれとは別個の消費寄託が契約されたものと捉えることが可能だからである。

　次に、フランチャイジーに再生手続が開始された場合、多くはフランチャイズ契約においていわゆる倒産解除特約が付されているであろうことから、民事再生法49条を待つまでもなくフランチャイズ契約は原則として終了することになるであろう。この点、賃貸借契約において賃借人の倒産の場面で賃貸人からの契約解除が制限されるのと同様に倒産解除特約を無効と解する立論も可能である。ここでもその解決はフランチャイズ契約の趣旨、内容に応じて個別の契約解釈を通じて判断せざるを得ないが、個々の物件ごとの使用収益が問題となる賃貸借とは異なり、長年にわたり培われたブランドイメージを基盤にして成り立っているフランチャイズ契約にあって、フランチャイジーの倒産はそのブランドイメージを毀損することになることを踏まえると、特約が有効と解されるケースは多いというべきだろう。

3　外国為替取引・デリバティブ取引

　民事再生法51条は、債務者に再生手続が開始されたときに破産法58条の規定を準用する。これにより、「取引所の相場その他の市場の相場がある商品の取引に係る契約であって、その取引の性質上特定の日時または一定の期間内に履行をしなければ契約をした目的を達することができないもの」について、再生手続の開始により当然に解除されるものとし、また損害賠償については、再生手続開始決定時における商品の相場と契約上の商品の価格との差額とし、迅速な契約関係の清算を図っている（破産法58条1項・2項）。同条にいう「商品」は有体物に限らず金融商品等も含み、「取引」としても売買に限らず、先物、オプション、スワップなどいわゆるデリバティブ取引も含むと解されている。本来的にはこれら取引も、債務者の再生手続開始により当然に履行不能になるわけでなく、民事再生法49条の原則に従い、再生債務者等により履行または解除の選択を行わせ

ることも考えられるが、履行の可能性を信用力の落ちた再生債務者の支払い能力に依存させることは市場の機能を害すると考えられ、さらには再生債務者等に個々の取引ごとに有利なもののみ引き受け、不利なものは解除するというつまみ食いを認めると、取引の相手方は不測の損害を被る可能性がある。このため法は49条による一般的な規律を排除して、即時に契約を終了させ迅速な清算を図ったものといわれている。

　さらに、民事再生法の準用する破産法58条5項は、「第1項の取引を継続して行うためにその当事者間で締結された基本契約において、その基本契約に基づいて行われる全ての同項の取引に係る契約につき生ずる第2項に規定する損害賠償の債権または債務を差引計算して決済する旨の定めをしたときは、請求することができる損害賠償の額の算定については、その定めに従う」と規定している点に注意を要する。デリバティブ取引で広く利用されるISDAが制定するマスターアグリーメント、外国為替取引で利用されるIFEMAなどでは、当事者のいずれかに破産や民事再生の申立など、一定の事由が生じた場合に、一定範囲の取引から生じる債権債務について履行期や通貨を異にする場合であっても、すべてを対象に差引計算を行い、当該履行期に履行すべき債権を一本化しておくこととする合意（一括清算ネッティングと呼ばれる）が定められているところ、かつてはこのような合意の有効性について疑義があった。一括清算により、取引の相手方は、自己が負担する損害賠償債務の範囲内で相手方当事者に対して有する損害賠償債権が担保され、完全な履行を受けることができることになるが、他方で双方未履行双務契約として管財人側は履行や解除を選択する機会が奪われるほか、実質的に相殺と変わらない一括清算について相殺制限の規定に抵触する場面も想定されたからである。また清算の基準時についても倒産手続開始時よりも早く、申立時などとされることが一般であり、この点からも倒産法の一般的な規律とは異なる処理が行われることになる。現行法は、デリバティブ取引等の決済の安定性を確保することを重視し、一括清算ネッティング条項の有効性を認める規定を置いた。ただし、デリバティブ取引は日々新たな金融商品が開発されているところであり、そのすべてについて一括清算ネッティングの有効性を正面から認めたもの

と解することはできない。あくまでも相場商品性と定期行為性を備えた取引に係る契約を継続して行うという前提のもとで基本契約が定められている必要があり、その有効性は個々の契約により確認される必要がある。

4　信託契約

　信託契約の当事者に再生手続が開始された場合、民事再生法49条による履行や解除の選択が可能かについては議論がある。委託者に義務の残らない信託契約の場合は双方未履行という状態が生じ得ないため問題はない。他方で、委託者に義務が残る信託契約について、信託法163条8号は、委託者に再生手続が開始された場合、民事再生法49条1項による信託契約の解除があり得ることを前提にしている。ただ、委託者に義務の残る信託契約であれば、いかなる内容のものでも解除が可能なのかについては、なお解釈に委ねられる問題であり、特に議論のあるのが、委託者の受託者に対する報酬支払特約付の信託契約についてである（信託法上、受託者の報酬は信託財産から支弁されることが原則であり（信託法54条）、報酬支払特約はこの原則に対する特約ということになる）。

　前述のように、双務契約といえるためには、契約当事者相互の義務が互いに対価関係にあることが必要であるが、信託の場合、その契約の本質は財産の信託的移転にあり、それ自体は無償で行われる。受託者の信託財産事務遂行義務は受益者に向けられたものであり、委託者から特約に基づく報酬の支払が仮に怠られても受託者は財産管理を拒絶できない。このような信託の特質を考えると、信託による財産の移転が完了していれば、仮に報酬支払い特約のある信託契約であったとしてもすでに委託者の双務契約としての義務履行は完了しており、委託者に再生手続が開始したとしても再生債務者たる委託者は信託契約を解除することはできないというべきではないかということが議論されている。

　また、受託者に再生手続が開始した場合、信託財産は受託者の責任財産には属さないため、再生手続による影響を受けない契約として双方未履行双務契約に関する規律の適用はないと解する見解が有力である。

（服部　敬）

Question 39 〔継続的給付を目的とする双務契約、市場の相場のある商品の取引に関する契約〕

継続的給付を目的とする双務契約には、電気・ガス・水道・電話等の契約が挙げられますが、それ以外にどのようなものがありますか。

取引基本契約を締結し、個別契約で対処している場合には、継続的給付契約に該当しますか。どのような条項を定めると、継続的給付を目的とする双務契約に該当しますか。

市場の相場のある商品の取引に関する契約とはどのようなものですか。

Answer

電気・ガス・水道・電話等の契約のほか、継続的な運送・清掃・警備契約、エレベータ等の保守管理契約、人材派遣契約、倉庫保管契約などが、民事再生法50条の適用される継続的給付を目的とする双務契約に該当するとされています。原材料や部品の継続的供給契約もこれに該当する場合があります。

取引基本契約を締結し、個別契約で対処している場合は、継続的給付を目的とする双務契約には該当しません。他方、一定期間、反復継続される各給付につき、あらかじめ給付者が給付義務を負担しており、その個別の承諾は必要ないことが契約条項から明確であれば、これに該当することになるでしょう。

市場の相場のある商品の取引に関する契約には、民事再生法51条により準用される破産法58条の適用が問題となります。同条が適用される契約としては、金融商品取引所、各種商品取引所の取引、外国為替市場、銀行間取引市場での取引などが挙げられます。店頭取引のデリバティブ取引もこれに該当する場合があるとされています。さらに、鉄のスクラップ取引などがこれに該当するとの見解もあります。

解説

1 継続的給付を目的とする双務契約

(1) 民事再生法の規律

再生債務者の事業継続のためには電気・ガス・水道等の継続的な供給を確保する必要があることから、再生債務者に対して継続的給付の義務を負う双務契約の相手方は、再生手続開始の申立前の給付の対価につき弁済がないことを理由として、再生手続開始後の給付義務の履行を拒むことができないものとされる（法50条1項）。その一方で、契約の相手方を保護するため、再生手続開始の申立後再生手続開始前にした給付の対価については再生債権ではなく共益債権として取り扱われる（同条2項）。また、その継続的給付が一定期間ごとに対価となる債権額を算定すべきものであるときは、申立の日の属する期間内の給付の対価も共益債権となる（同項かっこ書）。

(2) 継続的給付契約とは

再生手続において上記の取扱いを受ける継続的給付契約（以下、「継続的給付契約」という）とは、当事者の一方が、一定期間（ただし期限の定めはなくともよい）、反復継続的に種類をもって定められる可分性のある給付をする義務を負い、他方が給付ごとにまたは一定期間ごとにその対価を支払う義務を負う契約をいう。この継続的給付義務は電気・ガス・水道等法令に基づくものだけでなく、契約に基づく場合も含まれる。

なお、賃貸借契約やリース契約は、相手方に反復継続的な給付義務があるとはいえず、契約解除のない限り、ある期の対価の支払がないことを理由にその後の給付を拒絶することが想定されないので、継続的給付契約に当たらない。また、労働契約は明文でこれに当たらないものとされている（法50条3項）。

継続的給付契約の典型例としては電気・ガス・水道の供給契約が挙げられるが、種類物売買の一種であるこのような継続的供給契約のほか、請負契約その他の継続的な役務提供契約や製作物供給契約等もこれに含まれ得る。具体的には、電話加入契約、携帯電話契約、通信回線使用契約、継続

的な運送契約・清掃契約・警備契約、エレベータ等の保守管理契約、人材派遣契約、倉庫保管契約等を挙げることができる（三日月章ほか『条解会社更生法（中）』333頁、全国倒産処理弁護士ネットワーク編『通常再生の実務Q＆A120問』118頁〔池上哲朗〕等参照）。原材料や部品の継続的供給契約もこれに該当する場合がある。

(3) 取引基本契約の締結と個別契約で対処している場合

上記のとおり、民事再生法50条の適用される継続的給付契約であるには、法令または契約により相手方が継続的給付の義務を負っていることを要する。したがって、たとえ継続的な取引関係にあったとしても、再生債務者がその都度、品質・数量や施工方法等を指定して注文しなければならない場合には、注文の都度、個別の契約が成立しているとみるべきであり、同条は適用されないと一般に解されている（三日月ほか・前掲334頁）。

再生債務者との間で取引基本契約を締結した相手方が、その給付をするにつき取引基本契約とは別に再生債務者と個別契約を締結している場合には、各給付義務は個別契約に基づき生じるものであり、相手方において各給付義務を包摂した取引基本契約に基づく継続的給付義務が相手方にあるとは認められない。したがって、この場合は民事再生法50条の適用を受ける継続的給付契約には当たらない。

2　民事再生法50条の適用を受ける基本契約の条項

継続的取引には基本契約が締結されることが多いが、どのような条項を定めると民事再生法50条の適用がある継続的給付契約となるのであろうか。一定の期間、反復継続される各給付について、あらかじめ給付義務を負担している場合がこれに該当することから、基本契約にその旨の給付義務を明示する条項を設けることが、本条適用の可能性を高めることになる。

そして、一定期間中に反復継続される給付義務につき、その数量および種類・施工方法等の給付内容が基本契約に定められ、各給付の都度、それらを指定する注文が必要とされないときは本条の適用が認められよう。なお、その場合、一定期間が経過すれば次の一定期間につき給付の数量・内

容を改定することが予定されていても、そのことで本条の適用が否定されることはないと考えられる。

　一方、たとえ基本契約等に継続的給付の一般的な義務を明示する条項があっても、前述のように別途個別契約を締結している場合はもとより、そうでなくとも実態として各給付に給付者の承諾が必要とされていれば、契約解釈上、継続的給付義務が否定され、本条の適用は否定される。

　それでは、基本契約にあらかじめ給付数量の上限や給付内容の種類・施工方法を限定して一定期間の継続的給付義務が定められており、その範囲内で一方から注文があれば他方は給付に応じなければならないとされる場合、本条の適用はあるであろうか。前述のとおり、注文の都度、品質・数量や施工方法等を指定して注文しなければならない場合には、その都度、個別の契約が成立しているとみるべきであるとして、本条の適用を否定する見解が一般的である。しかし、たとえ各給付の前提として一方からの注文が必要であっても、それに対する各給付義務が他方の承諾なく自動的に生じることがあらかじめ明確であるならば、本条の適用は否定されないものと解される。

　なお、一定期間の継続的給付を目的とするものであっても、契約の性質または当事者の意思により、各給付がすべて履行されなければ契約の目的が達し得ないという意味で給付に可分性がない場合には、本条の適用が否定される（三日月ほか・前掲333頁）。すなわち、当該各給付が不可分な場合には、その全体を一個の給付と見て、双方未履行双務契約に対する原則規定である民事再生法49条により処理することになる。もっとも、給付の可分性・不可分性は常に明瞭であるとは限らないから、契約条項においてその点に係る当事者の意思が明確にされていれば、その認定に資することとなる。たとえば、契約期間の定めがないものは、それがあるときに比べ可分性が認められやすいといえよう。さらに端的に各給付の不可分性を否定し、あるいは可分性を確認する条項があれば、通常はそのように認定されよう。もっとも、これら条項は契約の経済的目的に即してその要否を考えるべきであって、民事再生法50条の適用を企図する余り経済的目的から乖離した定めをすることは本末転倒である。

3 市場の相場のある商品の取引に関する契約

(1) 民事再生法の規律

① 当然解除と差額決済

　民事再生法は、双方未履行の双務契約につき再生債務者側に解除と履行との選択権を付与しているが（法49条）、市場の相場のある商品の取引に関し、その適用を排除する特別規定（以下、「本規定」という）を設けている。

　すなわち、金融商品取引所での有価証券取引、商品取引所での商品取引等を典型とする「取引所の相場その他の市場の相場がある商品の取引に係る契約であって、その取引の性質上特定の日時又は一定の期間内に履行をしなければ契約をした目的を達することができないもの」について、その時期が契約当事者の再生手続開始後に到来すべきときは、当該契約は、解除されたものとみなされる（法51条、破産法58条1項）。そして、この場合の損害賠償の額は、「履行地又はその地の相場の標準となるべき地における同種の取引であって同一の時期に履行すべきものの相場と当該契約における商品の価格との差額」によって定められる（法51条、破産法58条2項）。ここに差額算出の基準となる法文上の「同一の時期」とは、手続開始時を指すと解するのが多数説であるが、契約で予定された本来の履行時期を指すとする有力説もある（伊藤眞ほか『条解破産法』432頁）。このようにして定まる損害賠償額について、再生債務者の相手方に損害賠償請求権が生じたときは再生債権となり（法51条、破産法58条3項）、再生債務者に賠償請求権が生じたときはその行使が可能となる。

　ただし、この解除擬制と損害賠償額の算出方法について、当該取引所または市場において別段の定めがあるときは、それに従うものとされている（法51条、破産法58条4項）。

② 一括清算ネッティング

　一般に、デリバティブ取引等の基本契約書では、当事者の一方に倒産手続開始の申立等の一定の信用悪化事由が生じたときには当該基本契約書に定める取引から生じるすべての債権債務を一括して差引決済し残額につい

てのみ請求できることとする条項（一括清算ネッティング条項）が設けられている。

このような一括清算ネッティング条項の倒産法上の有効性について従前議論の余地があったことから、平成10年（1998年）に「金融機関等が行う特定金融取引の一括清算に関する法律」(以下、「一括清算法」という)が成立し、一方当事者が国内金融機関の場合のデリバティブ等特定の金融取引（一定の担保取引を含む）について、当該条項の有効性が明文をもって確認されている。しかしながら同法にはこのように取引主体ならびに取引内容の限定があることから、民事再生法は、取引主体を限定することなく、また、一括清算法所定の特定金融取引と同種あるいは新たに開発される取引類型についても一括清算ネッティングの有効性を認めることを明らかにする規定を設けた。

すなわち「取引所の相場その他の市場の相場がある商品の取引に係る契約であって、その取引の性質上特定の日時又は一定の期間内に履行をしなければ契約をした目的を達することができないもの」について、その基本契約において、それらすべての取引につき生じる損害賠償（上記①の差額算出により定まる額）の債権債務を差引計算して決済する定めをしたときは、これを認めることとしている（法51条、破産法58条5項）。

(2) 市場の相場のある商品の取引に関する契約

① 当然解除・差額決済および一括清算ネッティングの適用を受ける取引

以上のように民事再生法は、市場の相場のある商品の取引に関する契約につき、双方未履行双務契約の規律の例外となる当然解除と差額決済ならびに一括清算ネッティングに係る特別規定を設けていることから、その適用対象となる取引とは何かが問題となる。上記のとおり法文上、相場商品の取引であることに加え、取引の性質上定期行為性のあることが要件とされている。

② 相場商品の取引

法文にある「取引所の相場その他の市場の相場がある商品の取引に係る契約」とは、「取引所の相場」に代表され、それと同等の公正な価格形成機能の発現といえる「市場の相場」がある商品の取引に係る契約を意味し、

その特徴は、ⓐ激しい価格変動にさらされる可能性があること、ⓑその中にあって、需給を統合し、客観的かつ公正に価格を形成する「場」が存在すること、ⓒその「場」を通じて代替取引が可能なことにある（小川秀樹編著『一問一答　新しい破産法』100頁）。

また、取引対象は、株式や債券等の有価証券、金属や穀物等の有体物のみならず、金利、通貨あるいは一定の金融指標によるデリバティブ商品等広く金融商品も含まれ、取引形態は現物売買のほか、スワップ取引、オプション取引、先物取引等のデリバティブ取引も含まれる（竹下守夫編集代表『大コンメンタール破産法』246頁〔松下淳一〕）。

具体的には、金融商品取引所、各種商品取引所の取引のほか、外国為替市場、銀行間取引市場での取引等がこれに当たる。なお、フォワード等個別性の強い店頭取引（相対取引である）のデリバティブ取引であっても、市場の相場を認識できる場合があるとされており（小川編著・前掲101頁）、そうであれば、本規定の適用を受け得る。

また、鉄のスクラップ取引には相場商品取引性があり、後述の定期行為性も肯定できるとして本規定の適用を肯定する見解が有力である（伊藤ほか・前掲431頁）。これに対し、中古車市場や不動産市場での中古車や不動産の取引は、上記ⓐⓑⓒの特徴が備わっておらず、また後述の定期行為性も認め難いことから、本規定の適用は否定されよう（小川編著・前掲100頁）。

ところで、デリバティブ取引から生じる債権の担保目的で行われる担保取引に対しては、本規定の適用の有無につき議論があるが、金銭または有価証券の貸借または寄託、あるいは有価証券の譲渡等の形式をとるものであって基本契約と不可分なものは適用を受ける場合もあるとの見解が有力である（竹下編集代表・前掲247頁〔松下〕）。

なお、一括清算法は「金銭又は有価証券の貸借又は寄託」の形式による担保取引をその適用対象としている（一括清算法2条1項、同施行規則1条）。

③　**定期行為性**

本規定の適用を受けるには、当該取引に係る契約が、上記②の相場商品

取引性に加え、「その取引の性質上特定の日時又は一定の期間内に履行をしなければ契約をした目的を達することができないもの」であること、すなわち、当該取引に当事者の主観的意図や個別事情を基礎としない客観的な属性としての定期行為性が必要である。もっともその判断は、実際上、相場商品取引性の判断と截然と区別し難い場合が多く、上記②のⓐⓑⓒの諸要素をすべて備えていれば通常性質上の定期行為性も認められると解される。

　すなわち、取引所で行われた取引には類型的に定期行為性が認められ（竹下編集代表・前掲247頁〔松下〕）、また、外国為替取引、銀行間取引等にも類型的な定期行為性が肯定できる。さらに、取引所に上場されている商品の取引であれば相対取引であっても通常は定期行為性が認められよう。

　したがって、本規定の適用対象となる取引の具体例としては、上記②に列記した取引がこれに当たるといってよいであろう。

（印藤　弘二）

Question 40 〔リース契約〕

1　ユーザーが再生手続開始の申立をした場合、リース会社はユーザーとの間で締結したリース契約を解除できますか。

2　ユーザーに開始決定がなされた後、ユーザーは再生債権であるので手続外で処理できないとして一切リース料を支払うことがないまま、リース物件を使用していますが、リース会社はリース物件を引き揚げることができますか。また、どのような手順を踏めばリース物件を引き揚げることができるのですか。

3　ユーザーの依頼で、本社建物についてリースバックをし、毎月リース料の支払を受けていましたが、ユーザーが民事再生開始決定の申立をしました。どのような影響を受けますか。

4　ユーザーの再生手続申立後も、また、開始決定後も、リース料はユーザーの引落し口座から振替入金されていますが、そのまま領収してかまいかせんか。

5　ユーザーから別除権協定の締結を提案されていますが、どのような点を留意して締結すればよいのでしょうか。

Answer

　　リース会社は、再生手続申立前からユーザーによる債務不履行があれば、リース契約を解除することができますが、リース契約に定められている倒産解除特約条項を理由にするのであれば、解除は判例上否定されています。

　　再生手続開始決定後もユーザーがリース物件の使用を続けている場合には、リース会社は上記債務不履行による解除、約定違反による契約解除で目的物を引き揚げることができます。ただ、リース会社は、解除によりリース物件を引き揚げるのではなく、これまでどおりリース料の支払を受ける方途として再生債務者であるユーザーと別除権協定の締結することも検討すべきでしょう。

　　リースの中には、ユーザーが所有権を有している不動産等を譲

り受けつつ、これまでどおりユーザーに利用を認めるリースバックという形態もありますが、基本的な構造は事業所の備品等を対象とするファイナンス・リースと同じです。

　再生債務者の中には、誤って、申立後または開始決定後も振替金融機関を通じてリース料を振り込んでくるユーザーもいますが、リース債権は再生債権ですので、再生手続外でリース料を受け取ることができません。ユーザーに連絡をとり、返済すべきでしょう。

解 説

1　倒産解除特約条項の有効性

(1)　「リース取引」とは、企業会計基準第13号（改正平成19年3月30日企業会計基準委員会）の定義を借りれば、特定の物件の所有者たる貸手（レッサー）が、当該物件の借手（レッシー）に対し、合意された期間（以下、「リース期間」という）にわたりこれを使用収益する権利を与え、借手は、合意された使用料（以下、「リース料」という）を貸手に支払う取引をいうとされている。リース契約の中には、その経済的機能に重きをおくファインナンス・リースと、貸手側に作為を付加するオペレーティング・リースに大別されるが、前者もフルペイアウト方式（貸手がリース期間中にリース目的物の取得費その他の投下資本の全額を回収することが予定されている）とそれ以外、後者もオペレーティングの内容により各種多様なリース取引が見られる。そこで、本問では、リース取引の中で最も数が多い、フルペイアウト方式のリース取引を念頭において説明する。

(2)　リース取引は、民法等に直接の規定がないことから、基本的に取引の内容は私的自治の原則の下、契約条項、約款で定められている。

　倒産解除特約条項もその1つであり、倒産事由、多くは倒産手続の開始にとどまらず、倒産手続の申立という事実が存在する場合に、貸手の一方的な意思表示により契約を解除することが認める条項をいう。かかる条項が有効か否かについては、私法秩序と倒産法秩序の調整の問題であり倒産手続ごとに諸説が存在するが、最高裁平成20年12月16日判決（金融・商

事判例1319号45頁）は、「民事再生手続開始の申立があったことを解除事由とする部分は、民事再生手続の趣旨、目的に反するものとして無効と解するのが相当」と判示した。これによれば、リース会社は民事再生手続開始の申立があっただけでは、リース契約を解除することはできないという結論になる。

2　債務不履行による解除、約定違反による解除の可能性

(1)　民事再生申立前の時点で、借手である債務者にリース料の支払遅延等の事情があれば、貸手であるリース会社は債務不履行を理由にリース契約を解除することができる。民事再生手続申立および手続の開始は、リース債権の弁済期の変更等の対外的な効果は生じさせるものではないので（前掲最判平成20・12・16の田原裁判官補足意見）、いったん発生した再生債務者の履行遅滞という効果が変更することはない。

(2)　また、リース契約に定められている期限の利益喪失条項（期失条項）のうち、倒産手続の申立を期限の利益喪失事由と定める条項は有効であると解するのが一般的見解である。そのため、リース会社には、期失条項の適用およびそれに基づく約定違反を理由とする解除という手段が残されていることになる。

ただし、再生債務者は申立の際、同時に弁済禁止の保全命令（法30条）の発令を受けるのが通常であり、再生債務者はリース料の弁済も禁止されることから、その反射的効果として、リース会社は再生手続開始申立後の不履行を理由にリース契約の解除はできないことになる（会社更生手続に関する裁判例として、最判昭和57・3・30金融・商事判例645号12頁）。ただし、東京地裁の保全命令のひな型等は「事業所の備品のリース料」は弁済禁止の対象から除外されており、そのような命令の下で開始決定前に弁済を遅延した場合には、債務不履行解除の可能性は残ることになろう。

3　リース料債権の法的性質

(1)　リース料債権の法的性質について、以前争いがあったが、現在は、担保付の金銭債権（その性質は各倒産手続において破産債権、更生債権、再生

債権)という理解が定着している(会社更生手続に関する裁判例として、最判平成7・4・14金融・商事判例973号3頁)。リース債権が単純な再生債権であれば、再生手続外での権利行使が制限されるが(法85条1項)、担保付である限り、再生手続では、担保権は別除権として扱われるので(法53条1項)、リース会社は、再生手続によらないで別除権を行使することができる(同条2項)。

　担保権の性質については所有権か利用権かの争いがあるが、いずれの立場に立ったとしても、別除権の行使にはリース契約の解除が必要である(担保の性質の理解により、解除により担保権実行が完了するのか、その後に引揚げを必要とするのかといった違いが生じる)。

　リース会社は、上記の債務不履行による解除、約定違反による解除により、リース契約を解除し、リース物件を引き揚げることができる。

(2)　リース会社による有効な解除(担保権実行)がなされているにもかかわらず、ユーザーがリース物件の引揚げに応じない場合には、リース会社は、所有権ないし利用権に基づき、物件の返還を求めて法的手続(リース物件の引渡執行、返還請求権を被保全債権とする仮処分執行)を申し立てることになる。

　なお、リース会社による解除通知の送付後、リース会社に返還するまでユーザーがリース物件の使用している部分について使用料相当損害金の支払を請求できるか否かは、リース会社の担保権実行がいつ完了したと理解するかにより結論が異なることになる。また、使用料相当損害金の法的性質等も争いがある。

(3)　では、リース会社がリース物件の引き揚げを求めてきた場合、再生債務者はこれを阻止することができないのか。中止命令(法31条)の類推適用の可否が問題となる。

　中止命令(法31条)の類推適用、中止命令の射程距離(非典型担保への適用の可否)および中止の対象となる実行手続の有無(解除通知の送達で担保権実行が完了すると理解すると、事実上、中止の対象となる実行手続が存在しないことになる)等諸々の議論があるが、前掲最判平成20・12・20および田原裁判官補足意見は、リース取引における担保権実行も中止命令の対

象となることを前提としている。したがって、再生債務者は、リース会社がリース物件の引揚げを求めてきた場合には、その阻止を求めて中止命令の発令を求めること、さらには、中止命令の申立をリース会社との交渉材料に利用することが考えられる。

(4) さらに、リース債権の担保権に担保権消滅請求（法48条1項）の類推適用の可否も問題とされている。理論的には非典型担保への類推の可否が問題となるが、かかる理論的問題よりも「財産の価額」の評価方法が問題となる。とりわけフルペイアウト方式では、リース期間中は契約が終了することなく、期間満了時に目的物の残存価値がないようにリース料を設定しているのであるから、リース期間途中でその価値を処分価値で評価することになるとリース取引の制度設計自体に影響を与えることになりかねない重大な問題である。

4 リースバックについて

(1) リースバック（Sell and Lease Back）とは、所有する不動産をリース会社等第三者に売却するものの、売主は、購入したリース会社等第三者より借り受け、そのまま使用を継続するという手法で、本社建物や自社ビル等を有する企業が不動産の所有と利用を分離する流動化手法の1つとして利用している。もともとの所有者が引き続き当該不動産を利用するため、利用実態が変わらない一方で、不動産のオフバランス化や売却代金の獲得に伴う財務指標の改善等の効果を得ることが可能となる。

リースバックでは、多くの場合、その目的物が不動産であることが多いが、目的物が不動産か事務機器等の動産かによりリース取引の性質が変わることはない。リース会社は、上記説明と同様、上記の債務不履行による解除、約定違反による解除により、リース契約を解除し、リース物件である不動産の明渡しを求めることは可能である。

(2) ただ、ここでのリース会社の意図は、不動産の明渡しを求めることではなく、再生手続開始後も確実にリース料の支払を受け取ることが可能かというものであろう。

そこで、リース会社がユーザーからリース料の支払を得る方法について

検討する。前提として、リース債権は再生債権であるから、別除権を行使しない限り再生手続内に取り込まれる。具体的には、開始決定と同時にリース料の支払は凍結され（法85条1項）、リース会社は再生債権届出を行い、認可された再生計画に基づき弁済を受けることになる。

これを回避するためには、リース会社は、再生債務者との間で別除権について協定を締結することになる。また、別除権協定の内容が、従前のリース契約において定められたリース料を期間満了まで支払うということになれば、結果として、双方未履行の双務契約であるリース契約について、再生債務者が履行の選択をしたというのと状況としては変わらない。ここでは深入りしないが、民事再生法49条の類推適用の可能性も検討してみる意味はあろう。

5 別除権協定について

(1) 別除権協定の項目については、法律に規定があるわけではなく、基本的には、リース会社と再生債務者の交渉に委ねられるが、多く見られる条項は、①継続的に利用する物件については、従前のリース契約において定められたリース料を期間満了まで支払う、②リース料が支払われている限りにおいて、リース会社は再生債務者が引き続きリース物件を使用することに異議を述べず、リース契約の解除その他の担保権実行を行わない、③リース契約に定めるその他の条項はそのまま適用する、④再生手続が廃止、計画が不認可または取り消された場合、会社更生手続が開始された場合には当該協定は将来に向かって効力を失う、というものである。

(2) 別除権協定の内容は、別除権の行使に関する事項であるから、再生手続外の問題として基本的には私的自治に委ねられるものであるが、倒産法秩序の下、債権者平等原則が機能し、公平誠実義務（法38条2項）の制約に服するものと考えられている。また、担保権を実行しないことの見返りとはいえ、再生債務者の支払総額（受戻額）が目的物の評価額（処分価値）を超えること（継続企業価値まで獲得すること）については、その当否・理論的根拠について争いがある。とすると、上記条項、とりわけ①について期間満了までの支払総額を無制約に受け取ることができるか否かは

必ずしも確実とはいえないことに留意しておく必要がある。

6　リース料の支払－口座振替の取扱い

(1)　東京地裁での申立と同時に発令される保全処分の雛型では「事業所の備品のリース料」は弁済禁止の対象から除外されていたため、申立後もこれまでどおりリース料が支払われており、再生手続開始決定後であっても、従前、少なくとも継続して使用するリース物件に関する債権は共益債権であるとの理解（誤解）の下、開始決定後も数か月にわたってリース料の支払がなされるという例が散見された。近時は、リース料債権は担保権付再生債権との理解が定着し、（保全命令の弁済禁止から除外されているか否かにかかわらず）申立と同時にリース料の支払を凍結し、再生債権としての届出を促すことが一般的である。しかしながら、リース料の支払の多くは口座振替であることから、再生債務者が振替金融機関に対し振替停止の指示を失念する等の事情から、稀に開始決定後のリース料がリース会社に振り込まれる例がみられる。

(2)　振替金融機関のシステムに基づく振替・振込であっても、再生債務者の指示に基づく支払である以上、再生債権の弁済禁止（法85条1項）に抵触し、リース会社が再生手続の申立等の事実（支払停止等、法127条1項2号）があったことおよび再生債権者を害することを知らない限り、偏頗行為として否認の対象となる（法127条の3第1項柱書）。

したがって、リース会社としては、管財人または監督委員から否認される可能性があり、返還を求められた場合にはこれに応じざるを得ないのであるから、リース会社は振替分をそのまま受領するのではなく、再生債務者に連絡をとって返還し、振替停止等の対処を要請すべきである。

なお、返還の時期が再生債権の届出期間（法34条1項）内であれば、リース会社は改めて再生債権の届出をすれば無事に処理されるが、すでに届出期間が経過している場合には、リース会社は既受領分の返還を余儀なくされつつ、再生債権の弁済を受ける機会を失することになり複雑な問題を招来することがある。

（阿多 博文）

Question 41 〔賃貸借契約〕

金融機関がテナントとして入居しているビル所有会社が再生手続開始を申し立てました。金融機関が差し入れている敷金・保証金はどうなりますか。

民事再生法92条3項の射程についても議論があるようですが、最終的にビルを明け渡したときに返還される敷金・保証金について、具体的に教えてください。

Answer

敷金・保証金がどのように扱われるかは、再生計画の内容によって異なります。再生計画における敷金・保証金の取扱いには、実務上、①未払賃料等の当然充当および共益債権化が権利変更に先行し、かつ共益債権化とは別枠で当然充当を認める方法と、②共益債権化⇒権利変更⇒当然充当の順に処理する方法という2つの方法が用いられています。

いずれの方法に基づく再生計画も適法とされていることから、金融機関としては、自らに有利な再生計画となるよう、再生債務者に働きかける必要があります。

なお、当然充当のメリットを享受するために賃料を一定期間未払とする場合には、債務不履行解除のリスクに留意する必要があります。

解説

1 「敷金」について

賃貸借契約に際しては、「敷金」「保証金」等の名称で賃借人から賃貸人に対して、多額の金員が差し入れられている。

これらのうちには、賃貸人が全額を取得し、そもそも賃借人への返還を要しない金員の差し入れも見られるが、通例、名称の如何にかかわらず、「賃貸借終了後家屋明渡までの損害金等の債権をも担保し、その返還請求

権は、明渡の時に、右債権をも含めた賃貸人としての一切の債権を控除し、なお残額があることを条件として、その残額につき発生」（最判昭和48・2・2金融・商事判例353号5頁）する性質（以下、「敷金性」という）を有するものを「敷金」という。

2　再生計画による敷金返還請求権の権利変更の範囲

上記1の敷金性を有する敷金を前提として、その敷金返還請求権が、再生手続における再生債権であることに争いはないが、では、建物賃貸人の再生手続における再生計画によって、賃借人の敷金返還請求権はどのように権利変更されるのであろうか。

この点は、①敷金返還請求権の法的性質　②民事再生法92条3項によって共益債権化される部分は権利変更の対象となるのか　③同条同項の射程距離として、同条同項による共益債権化とは別枠で反対債権の充当を認めるのか　についてどう考えるかによって、見解が分かれる。

(1)　敷金返還請求権の法的性質

A説：当然充当先行説

この説は、敷金返還請求権は、目的物の明渡し時に、未払賃料等の反対債権を控除して、なお残額があることを条件として発生するのであるから、条件成就までの間は、再生計画の認可決定が確定しても、権利変更の効果は留保され、条件成就後、未払賃料等を控除して具体的に発生した敷金返還請求権について、権利変更の効果が生じることを前提としている。

すなわち、目的物明渡しという停止条件が成就し、未払賃料等の反対債権を充当した後の敷金返還請求権について、権利変更をするという見解である。

B説：権利変更先行説

この説は、敷金返還請求権は、停止条件付債権として成立しているから、再生計画の認可決定確定の時点で、賃借人の差し入れた敷金額面につき、権利変更の対象とすることが可能であることを前提としている。

すなわち、停止条件付権利として権利変更したうえで、条件成就（建物明渡しの履行）の際に未払賃料等の反対債権を充当して、敷金返還請求権

を確定する、とする見解である。

(2) 共益債権化された部分の権利変更

α説：共益債権化先行説

法92条3項により共益債権化される部分は、権利変更の対象外である。

β説：権利変更先行説

法92条3項により共益債権化される部分も権利変更の対象となる。

β説は、「賃料が約定通り支払われても、明渡し前の時点では確定した共益債権は発生しておらず、法的にはなお再生債権に過ぎないので、賃借人が差し入れた敷金額面全体が権利変更の対象となる」とする考え方である。

ただし、共益債権化部分をすべて権利変更の対象とし、法92条3項の意義を失わせることの妥当性に疑義があることから、実務上は、この見解に基づく再生計画が立案されたことはないようである。

(3) 法92条3項の射程距離

次に、法92条3項は、敷金債権を有する賃借人が、再生手続開始後に弁済期の到来する賃料債務について、弁済期に弁済したときは、当該賃借人が有する敷金返還請求権は、再生手続開始時の賃料の6か月分に相当する額の範囲内で、その弁済額が共益債権となるとしている。ただし、同項かっこ書により、「(法92条2項)の規定により相殺をする場合には、相殺により免れる賃料債務の額を控除した額」とされている。

これは、再生債権者が敷金債権以外の債権を自働債権として同条2項により賃料債務と相殺（賃料の6か月分を上限として認められる）することに加えて、同条3項により敷金債権につき賃料の6か月分の共益債権化を認めると、結果的に賃料の6か月分を超える（最大12か月分）範囲で、賃借人が敷金債権を含む債権を他の債権者に優先して回収してしまうことになるため、これを防止する趣旨である。すなわち、賃料債務を負担するゆえに認められる優先（敷金債権以外の債権の相殺又は敷金債権の共益債権化による優先）は、あくまでも再生手続開始時の賃料の6か月分を上限にするということである（いわゆる6か月ルール）。

しかし、後記3の事例にように賃料の滞納があった場合に、明渡し時に

敷金が滞納額に当然充当されることを認めると、結果的に賃料6か月分を超える範囲で賃借人が他の債権者に優先して回収してしまうことになる。

そこで、当然充当の範囲に何らかの制限を設けるべきではないかが問題となる。

X説：二重利用肯定説

法92条3項による共益債権化とは別枠で、さらに未払賃料等の当然充当が認められる。

Y説：二重利用否定説

当然充当は、法92条2項および同条3項かっこ書に定める相殺と同視できるので、当然充当の上限額は賃料6か月分となり（同条2項類推）、当然充当と共益債権化との合計の上限額も賃料6か月分となる（同条3項類推）。

ただし、法92条2項および3項の「相殺」に当然充当が含まれるとの解釈は、相殺と当然充当とを峻別する最高裁の立場（最判平成14・2・28民集56巻3号689頁）に照らして困難であることから、実務上、この見解に基づく再生計画が立案されたことはないようである。

(4) 前記(1)でA説（当然充当先行説）をとった場合

A説は、条件成就までの間は、再生計画の認可決定が確定しても、権利変更の効果は留保され、条件成就後、未払賃料等を控除して具体的に発生した敷金返還請求権について、権利変更の効果が生じることを前提としている。この見解をとった場合、法92条3項の適用対象部分は、条件成就により共益債権として現実化・具体化するので、再生債権を権利変更する再生計画の射程外となると考えるのが論理的と思われる。

したがって、前記(2)ではα説につながり、β説をとる余地はない（ただし、伊藤眞「民事再生手続における敷金返還請求権の取扱い」伊藤眞ほか編・青山善充先生古稀祝賀論文集『民事手続法学の新たな地平』646頁は、当然充当先行説においてβ説をとる考え方にも合理性があるとする）。

前記(3)では、X説・Y説いずれの見解もあり得る。

(5) 前記(1)でB説（権利変更先行説）をとった場合

B説は、敷金返還請求権は、停止条件付債権として成立しているから、

再生計画の認可決定確定の時点で、賃借人の差し入れた敷金額面につき、権利変更の対象とすることが可能であることを前提としている。

そして、法92条3項の共益債権化の趣旨をどこまで強調するかによって、前記(2)ではα説・β説いずれもとり得ると思われる。ただし、実務上、β説による再生計画が立案された例がないことは前記のとおりである。

前記(3)は、権利変更前における敷金への当然充当をどの範囲で認めるべきかという争いなので、B説ではそもそも問題とならない。

(6) 小　括

以上より、論理的にとり得る組合せとしては、AαX説、AαY説、Bα説、Bβ説となる。ただ、実務的には、前記(2)(3)記載の理由から、AαX説またはBα説に基づく再生計画が立案されることになると思われる。

3　事例における具体的帰結

上記見解の違いが、数値としてはどのような違いになるのかを具体的に示してみる。次の事例を前提にする。

（事例）
- 敷金5000万円、賃料月額500万円
- 再生手続開始決定後、再生計画認可決定確定までの期間　9カ月
  うち、7か月分支払済み、2か月分未払
- 再生計画の内容は70％免除、30％弁済
- 現時点でも賃貸借契約は継続中であり建物の明渡しは行われていない。

AαX説とBα説を比較した場合、賃借人保護に厚いのは前者ということができるが、いずれの見解による再生計画も適法と考えられていることから、自らの敷金返還請求権がどのように権利変更されるかは事案によることになる。

① 再生計画がAαX説に基づいて立案された場合

この場合の再生計画においては、未払賃料等の当然充当および共益債権

化が権利変更に先行し、かつ共益債権化とは別枠で当然充当を認めることになる。したがって、以下のとおりとなる。

- 5000万円から1000万円が控除されて、条件成就時に4000万円の敷金返還請求権が発生する（A説）
- 4000万円のうち、3000万円が共益債権化される（αＸ説）
- 残額の1000万円が再生債権として権利変更の対象となる
- 1000万円×70％＝700万円を免除することになり、1000万円×30％＝300万円が再生計画に従って弁済される
- 条件成就時に賃借人に支払われるのは、3000万円＋300万円＝3300万円

② 再生計画がＢα説に基づいて立案された場合

この場合の再生計画においては、共益債権化⇒権利変更⇒当然充当の順に処理されることになる。したがって、以下のとおりとなる。

- 5000万円のうち3000万円が共益債権化される（α説）
- 残額の2000万円が再生債権として権利変更の対象となる（Ｂ説）
- 2000万円×70％＝1400万円を免除することになり、2000万円×30％＝600万円が再生計画に従って弁済されることになる。
- この段階で、敷金から、賃借人の未払賃料1000万円が控除される（Ｂ説）
- 条件成就時に賃借人に返還されるのは、3000万円＋600万円－1000万円＝2600万円

（丹羽 浩介）

3 相殺（相殺禁止）

Question 42 〔相殺権行使の可否〕

1 相殺禁止の例外はどのような場合に認められますか。
2 「前に生じた原因」とは、どのような場合ですか。
3 金融機関が委託を受けない保証債務を再生手続開始後に履行した場合、金融機関は再生債務者に負担する債務と再生債務者に有する事後求償権とを相殺できますか。

Answer

1 再生債権者による相殺の禁止は、法93条・93条の2が規律していますが、いずれも2項に相殺禁止の例外が規定されています。法93条は受働債権（再生債権者が負う債務）に関する例外として、①債務の負担が法定の原因に基づく場合、②債務の負担が危機時期を知る前に生じた原因に基づく場合、③債務負担が再生手続等の申立時より1年前に生じた原因に基づく場合の3つを規定します。法93条の2は自働債権（再生債権者の再生債権）に関する例外として、①再生債権の取得が法定の原因に基づく場合、②再生債権の取得が危機時期を知る前に生じた原因に基づく場合、③再生債権の取得が再生手続等の申立時より1年前に生じた原因に基づく場合、そして、④再生債務者に対して債務を負担する者が再生債務者との間の契約に基づいて再生債権を取得した場合の4つを規定しています。

2 「前に生じた原因」（法93条2項2号・93条の2第2項2号）は、危機時期を知る以前の段階で相殺に対する合理的期待が生じている場合を指します。

3 委託を受けない保証債務を履行して取得した事後求償権も再生債権に当たり、法93条の2第1項1号が類推適用されます

ので、金融機関による相殺は禁止されます。

解説

1 民事再生法における相殺の位置づけ

(1) 相殺は、互いに同種の債権を有する当事者間の債権関係を円滑かつ公平に処理することを目的とする合理的な制度であって、担保的機能を有するとされている（最判昭和45・6・24金融・商事判例215号2頁参照。ただし、旧破産法に関するもの）。この担保的機能に対する債権者の期待を保護することは、必ずしも再生債権者間の公平・平等な扱いを基本原則とする再生手続制度の趣旨に反するものではない。かかる点を明らかにするため、法92条は再生手続開始であっても再生債権者による再生債権を自働債権とする相殺を認め、再生債権者が再生手続によることなく一般の再生債権者に優先して債権の回収を図り得ることを容認している。

(2) 他方、再生債権者による再生債権を自働債権とする相殺であっても、上記基本原則を没却し再生手続上許容し難い相殺もあり得る。法93条・93条の2は、禁止されるべき相殺を類型化している。法93条が受働債権（再生債権者が負う債務）に関する、法93条の2が自働債権（再生債権者の再生債権）に関する相殺禁止の類型である。

(3) これらが規律する禁止類型相殺は再生債権者による一方的意思表示である法定相殺であるが、合意相殺にも類推適用される。また、再生手続開始決定前に、債権者・債務者の間で相殺禁止の効力を排除する旨を合意しても、本条による禁止を覆せない。法93条・93条の2に該当する相殺がなされた場合の効果は無効である。

(4) 金融機関は再生債務者に対する貸金の回収として相殺を利用することが多いので、ここでは金融機関が負う債務である受働債権に関する制限（法93条）を中心に説明し、禁止の例外の部分で、自働債権に関する例外（法93条の2第2項）に触れることにする（後記3・(2)参照）。

2　受働債権に関する制限（法93条）

(1) 再生手続開始後の債務負担（法93条1項1号）

　再生債権者が再生手続開始後に再生債務者に対して債務を負担したとしても、当該債務を受働債権とする相殺は禁止される。当該債務との相殺を許すと、再生債権者の既存の債務ために再生手続開始後に担保権を設定するのと変わらないからである（これ自体、禁止される）。1号は再生債権者が手続開始を知っていたか否かを問わないが、再生手続が開始した以上、再生債権者の予測可能性を保護する必要はないことを根拠にする。

　1号の具体例として、再生手続開始後に再生債務者に債務を負う第三者が、その弁済として、再生債務者が開設する金融機関口座宛に振り込んだことにより金融機関が負担する預金払戻債務を受働債権として、金融機関が自らの貸付債権との相殺を主張する場合が挙げられる。

　債務の負担とは、債務の現実の発生を意味する。ただし、履行期が到来している必要はない。法94条1項が定める期間内に履行期が到来すれば足りる（法92条1項後段）。しかし、再生債権者が負担する停止条件付債務が開始決定後に条件が成就した場合に相殺が許されるか否かは争いがある（破産法67条2項後段は相殺を認めるが、民事再生法には規定がない）。

(2) 危機時期の債務負担（法93条1項2号～4号）

　①　再生手続開始前に再生債務者に対して債務を負担したとしても、債務負担の時期が再生債務者の支払不能、支払停止または再生債務者につき破産手続開始・再生手続開始・特別清算開始の申立後（危機時期）に当たる場合には、相殺が禁止されることがある（法93条1項2号～4号）。危機時期の担保供与行為が否認の対象となる（法127条の3第1項第1号）のと同趣旨である。

　危機時期の債務負担に基づく相殺の禁止は、禁止の対象となる債務負担の原因が限定的か一般的かにより、支払不能後の相殺とそれ以外の危機時期（支払停止、再生手続等開始申立）後の相殺に分けられる。

　②　**支払不能後の相殺（法93条1項2号）**

　再生債権者が、再生債務者の支払不能後に、再生債務者が支払不能にあ

ることを知りながら、イ専ら再生債権をもってする相殺に供する目的で、再生債務者の財産処分を内容とする契約（財産処分契約）を再生債務者と締結し、また、ロ再生債務者に対して債務を負担する者の債務を引き受けることを内容とする契約を締結し、イ、ロにより再生債務者に対して債務を負担した場合に、当該債務を受働債権とする相殺を禁止する（2号）。

　イの財産処分契約の例として、再生債務者の有する不動産を再生債権者に売却し、再生債権者が代金債務を負担する場合や、再生債務者が金融機関口座に預金する場合（預金により金銭消費寄託が成立するが、金銭所有権の移転を伴うので、金銭消費寄託は財産処分契約に相当する）がある。

　ただし、債権回収を「専ら」目的としている必要があるから、たとえば、再生債権者が自己の事業の継続に必要な原材料を再生債務者から継続的に購入している場合は、「専ら」に該当せず、相殺は許される。この「専ら」という要件は、通常取引と乖離する程度、時間的密着性、再生債権者が相殺権行使を確実にするための措置を講じていたか否かにより判断される。

　近時の裁判例として、銀行が、再生債務者が支払不能の状態にあることを知りながら、第三者から再生債務者宛に振り出された約束手形を譲渡担保として交付するよう要求するとともに、再生債務者に対する貸付金相当額から同約束手形の額面額を控除した額に相当する金員の預入れを要求し、再生債務者は要求された金員を新たに開設された口座に入金したという事実関係において、上記金員の預入れは、専ら再生債権をもってする相殺に供する目的でされた財産処分契約に該当するとした事例がある（大阪地判平成22・3・15金融・商事判例1355号48頁）。また、牽連破産の場合における「前に生じた原因」（破産法71条2項2号）の解釈にあたっては、再生手続、破産手続を通じて相殺の担保的機能に対する債権者の期待が合理的であったか否かにより判断すべきであるとした裁判例がある（東京地判平成23・8・8金融・商事判例1373号14頁参照）。

　なお、再生債務者が差押え回避を目的として誤って再生債権を有する銀行口座に一方的に振り込み、銀行が再生債権をもって相殺した案件につき、銀行が「専ら再生債権をもってする相殺に供する目的」を有していた

と認めることができないとされた事例として、東京地判平成21・11・10判例タイムズ1320号275頁（サンライズ事件）参照。

③ その他危機時期における債務負担に基づく相殺（法93条1項3号・4号）

再生債務者が支払停止後、再生手続等開始の申立後の状況にあることを債権者が知って負担した債務を受働債権とする相殺は、支払不能の場合と異なり一般的に禁止される（もっとも、支払停止は支払不能を推定するので、支払停止後の債務負担であっても、その当時、支払不能の状態になかったことが証明されれば、相殺は許される）。

3 相殺禁止の例外

(1) 受働債権での例外

受働債権では、危機時期の相殺禁止について（法93条1項2号・3号・4号）、共通の3つの例外がある（同2項。逆にいうと、再生手続開始後の債務負担（法93条1項1号）には例外はない）。①債務負担が法定の原因に基づくとき、②債務者が危機時期にあることを再生債権者が知った時よりも前に生じた原因に基づくとき、③再生手続等の申立時から1年以上前の原因に基づくときである。例外要件を満たす場合には、相殺が認められる。

① 債務負担が法定の原因に基づくとき（法93条2項1号）

法定の原因の具体例は、相続・合併・事務管理・不当利得が挙げられている。債務負担が法定原因に基づく場合には、債務者が危機時期にあることを知ったうえで殊更に債務負担をしたという事情が考え難いからである。なお、不法行為は、受働債権の場合、民法509条が理由になり相殺できない。

② 前に生じた原因に基づく債務負担のとき（法93条2項2号）

危機発生前に生じた原因に基づく相殺への合理的期待は保護に値するとの判断に基づく（同趣旨の規定として、破産法67条2項・70・71条2項2号・72条2項2号参照）。したがって、危機時期を知る以前の段階で再生債権者の相殺に対する合理的期待が生じているかどうか、具体的には再生債権者が負う債務に期限、停止条件が付いているか否かにより例外の適用が

決まる。

イ 再生債権者となる金融機関と再生債務者との間で危機時期前に当座勘定取引契約や普通預金契約を締結しただけでは、危機時期に振込入金があって再生債権者が債務を負担しても、「前に生じた原因」には該当しない。

ロ 再生債務者の債務者から再生債務者に対する支払を、再生債権者でもある銀行の再生債務者名義の口座への振込以外の方法では行わない旨の三者間合意があるとき（強い振込指定）、この合意は「前に生じた原因」に該当する。三者間合意がある以上振込みの確実性が見込まれ、金融機関が再生債務者に対して負担する停止条件付債務は、担保信用の担保として適切な財産であると見ることができるからである。

ハ 代理受領では、第三債務者がその債務を再生債務者に弁済する際、金融機関のみに代理受領権限を付与し再生債務者は取り立てないことが三者間で合意され、代理受領権付与に付いて撤回不可能とされている場合は、代理受領の合意を「前に生じた原因」と見ることができる。

ニ 金融機関と再生債務者の間に、再生債務者が債務の履行をしなかったときは金融機関が占有する手形等を取立てまたは処分して、その取得金を金融機関の再生債務者に対する債権の弁済に充てることができる旨の条項を含む取引約定が締結され、その後、金融機関が再生債務者より手形取立てを委任され裏書交付を受けた場合も、当該手形取立ての委任と手形の裏書交付は、「前に生じた原因」に当たる（旧破産法につき、最判昭63・10・18金融・商事判例810号3頁）。再生債務者が委任を撤回し手形を取り戻さない限り、再生債務者が自ら取り立てたり第三者に取立を委任したりできない点で、金融機関が再生債務者に対して負担する停止条件付債務は、担保信用の担保と見ることができる。

ホ ＭＭＦに係る受益証券を販売した金融機関が、その後に再生手続が開始された購入者に対して購入者に対する貸付金債権を自働債権、受益証券の解約金返還債務を受働債権とする相殺は、その受働債権が購入者の支払停止後に金融機関が購入者に対する債権者代位権を行使して委託者に解約実行請求をしたことによって解約金が入金されたことに伴い発生した

債務であって、購入者の支払停止を金融機関が知ったときよりも前に生じた原因に基づいて発生した債務であると認めた裁判例として、名古屋高判平成24・1・31金融・商事判例1388号42頁がある（原審：名古屋地判平成22・10・29金融・商事判例1388号58頁はこれを否定）。なお、同種事件に肯定した裁判例として、大阪地判平成21・10・22金融・商事判例1382号54頁、その控訴審判決である大阪高判平成22・4・9金融・商事判例1382号48頁がある。

③ **申立１年以上前の原因に基づく債務負担のとき（法93条２項３号）**

相殺の合理的な期待が生じているのに、それを有効に行使できる（た）か否かを１年以上も曖昧な状態に置くことは再生債権者の予測可能性を害するとの趣旨に基づく（法131条参照）。

(2) **自働債権での例外**

再生債務者に対して債務を負担する者が再生債務者との間の契約に基づいて再生債権を取得したとき（法93条の２第２項４号）

自働債権でも、危機時期の相殺禁止について（法93条の２第１項２号〜４号）、受働債権と共通の３つの例外があるほか（同２項１号〜３号）、４つ目の例外がある。再生債務者に債務を負う者の再生債権の取得がこの者と再生債務者との間の契約に基づくときである。

典型例は銀行が預金者の支払不能後に定期預金を引当てに支援融資をした場合（消費貸借契約に基づく貸金債権の取得）で、契約により債権が取得される場合には、再生債務者に対して相当の置赤が供給されるのが通常であるからである。同時交換的取引には偏頗行為の危機否認は適用されないという法理（同時交換的取引の法理）（法127条の３第１項かっこ書）の相殺場面での展開である。

4　委託を受けない保証に基づく事後求償権との相殺

(1) 近時、委託を受けない保証債務を手続開始決定後に履行し取得した事後求償権を自働債権として預金債務との相殺を禁止する最高裁判決（最判平成24・5・28金融・商事判例1393号14頁。ただし、破産法に関するもの）が公表された。同判決の判旨は民事再生手続にも当てはまるので紹介して

おく（上記最高裁判決の補足意見（須藤正彦）は、上記論理は民事再生、会社更生の局面でも同様に当てはまる旨指摘している。法93条の2第1項1号、会社更生法49条の2第1項1号参照）。

ポイントは2つである。①事後求償権は破産債権、再生債権に該当するのか（「後」、「他人」、「破産債権」の解釈）、②相殺が可能か、という点である。1審・原審は、①は破産債権に該当する、②は相殺禁止に抵触しないとして相殺を認めた（1審：大阪地判平成20・10・31判例時報2060号114頁、原審：大阪高判平成21・5・27金融法務事情1878号46頁）。

これに対し、最高裁は、①は肯定しつつも、②は相殺禁止に抵触すると判断した。

以下、ポイントを解説する。

(2) 破産債権、再生債権の該当性

① 保証人が保証債務を履行すれば、原債権者に代位して原債権と取得するほか、民法の規定に従って主たる債務者に対する求償権を取得する（民法459条・462条）。このことは、保証が主たる債務者の委託を受けているか否かでは異ならない。

しかし、原債権の行使は、実体法上債権の移転とみなされるので、これを自働債権とする相殺は、破産法72条1項1号、民事再生法93条の2第1項1号によって禁止される。他方、求償権の行使は、原債権とは別個の権利であり、求償権者自身に発生した債権であるから「他人の」再生債権には該当しないので、上記規定は直接に適用されない。

② 委託のない保証人の保証債務の履行が手続開始後になされても、保証契約が主たる債務者の破産手続開始前に締結されていれば、事後求償権の発生の基礎となる保証関係は、その手続開始前に生じているから、当該事後求償権は、手続開始前の原因に基づいて生じた破産債権・再生債権である。

(3) 相殺禁止（破産法72条1項1号、法93条の2第1項1号）の類推適用の可否

手続開始前に締結された保証契約が債務者の委託に基づく場合に、保証人が取得する求償権を自働債権とする相殺は、債権者の公平・平等な扱い

を基本原則とする破産手続・再生手続の下においても、他の破産債権者・再生債権者が容認すべきもので、同相殺に対する期待は、破産法67条・法92条によって保護される合理的なものである。

しかし、保証債務が債務者の委託に基づかない場合は、破産者・再生債務者の意思や法定の原因とは無関係に優先的に取り扱われる債権が作出されることを認めるに等しい。この場合における相殺に対する期待を、委託を受けて保証契約を締結した場合と同様に解することは困難である。そこで、最高裁は、「無委託保証人が上記の求償権を自働債権としてする相殺は、破産手続開始後に、破産者の意思に基づくことなく破産手続上破産債権を行使する者が入れ替わった結果相殺適状が生ずる点において、破産者に対して債務を負担する者が、破産手続開始後に他人の債権を譲り受けて相殺適状を作出した上同債権を自働債権としてする相殺に類似し、破産債権についての債権者の公平・平等な扱いを基本原則とする破産手続上許容し難い点において、破産法72条1項1号が禁ずる相殺と異なるところはない」と判示し、委託のない保証人が取得する求償権を自働債権とし、主たる債務者である破産者が保証人に対して有する債権を受働債権とする相殺は、破産法72条1項1号の類推適用により許されないと結論した。

したがって、保証債務の履行も委託に基づくか否かにより相殺の可否に差異が生じるので、金融実務では委託を証する資料を徴収しておくことが重要となる。

(阿多 博文)

3　相殺（相殺禁止）

Question 43 〔投資信託解約金返還債務と貸付金との相殺〕

　Ａ金融機関は、融資先であるＢ社に対し、投資信託を販売しました。ところが、投資信託の販売から３年後、Ｂ社は支払停止状態に陥りました。そこでＡ金融機関は、Ｂ社の有する投資信託受益権について解約実行請求を行い、Ｂ社との間の受益権管理委託契約に基づいて解約金を受領し、Ｂ社に対し、解約金返還債務と貸付金とを対当額で相殺する旨の意思表示を行いました。その後間もなく、Ｂ社につき再生手続が開始しました。
　Ａ金融機関のこのような相殺処理は認められるでしょうか。Ａ金融機関による投資信託の解約実行請求が再生手続開始後であった場合、あるいは再生手続開始前に解約したが、Ａ金融機関が解約金を受領したのが再生手続開始後であった場合はどうですか。

Answer

　投資信託解約金の返還債務は、停止条件付債務であり、投資信託の販売会社は、解約金を受領したときに、解約金返還債務を負担すると解されています。すると、Ａ金融機関は、Ｂ社が支払停止に陥った後、そのことを知ったうえで解約金返還債務を負担しているため、法93条１項３号により、相殺は禁止されそうです。しかし、Ａ金融機関が解約金の返還義務を負担したのは、平時においてＢ社との間で締結した受益権管理委託契約等の契約に基づくため、法93条２項２号により、Ａ金融機関による相殺は認められると解されます。
　手続開始後に解約した場合、または手続開始前に解約したが、解約金の受領が手続開始後であった場合については争いがありますが、相殺が認められると解する余地があります。

解説

1 投資信託解約金と債権保全

　証券取引法（現：金融商品取引法）の改正により、平成10年以降、登録金融機関は投資信託を窓口にて販売することが可能になった。そこで、金融機関が顧客に貸付金などの債権を有する場合には、顧客の預金と並び、投資信託も債権保全のための引当財産として、重要な意味を有することになる。

　投資信託取引には、委託者、受託者、受益者という複数の当事者が登場すること、当事者間の契約関係も複雑であることなどから、販売会社たる金融機関が負担する解約金返還債務の法的性質、受益者が法的倒産手続に入った場合の解約金返還請求権を受働債権とする相殺の可否など、投資信託解約金をめぐる議論がある。

　以下、これらの論点について、近時の裁判例を踏まえつつ検討する。

2 投資信託取引をめぐる契約関係

　(1) 投資信託は、「投資信託および投資法人に関する法律」に基づく有価証券である。委託者指図型投資信託（同法2条1項）において、委託者（投資信託委託業者）は、信託財産の投資・運用を受託者（信託金融機関）に委託する。また、委託者は投資信託の受益権を均等に分割し、受益証券を発行する。販売会社（登録金融機関）は、受益証券を受益者に販売する（なお、受益証券は紙媒体としては発行されず、口座管理機関において振替口座簿に記載または記録される）。

　一般的には、委託者・受託者間で信託契約が締結され、委託者と販売会社間に募集委託販売契約、販売会社と受益者間に投資信託取引に関する約款、受益権の管理委託契約などが締結される。

　(2) 受益者が投資信託を解約しようとするときは、販売会社が受益者の窓口になっていることから、販売会社と受益者間の管理委託契約等に基づいて、受益者は販売会社に対して解約手続実行の請求を行う。販売会社がこれを委託者に連絡し、委託者において受託者との間で投資信託の解約手

続を行う。解約金は、受託者から委託者へ、委託者から販売会社へ、そして販売会社から受益者へと支払われる。

(3) 金融機関が融資先に対して投資信託受益証券を販売し、その後、当該融資先が支払停止に陥ったとき、金融機関としては、投資信託を解約し、融資先のために金融機関が受け取る投資信託解約金と、貸付金とを相殺したいと考える。

しかし、この場合、金融機関が受益者に対し、投資信託解約金の返還債務を負うのは、受益者が支払停止に陥った後になるため、その後に受益者について再生手続が開始した場合、金融機関による相殺は、法93条1項3号に定める相殺禁止の場合に当たり、許されないのではないかとの疑問が生じる。

3 販売会社（金融機関）による解約実行請求

まず、そもそも投資信託の解約実行を請求し得るのは受益者であり、販売会社ではない。そうすると、受益者の投資信託を解約し、販売会社たる金融機関が解約金の返還債務と貸付金とを相殺するにあたり、どのような方法で投資信託を解約すべきか。

この点、債務者の無資力が前提となるが、金融機関としては、債権者代位権（民法423条）の行使として委託者に対する解約実行請求を行うことが考えられる（名古屋高判平成24・1・31金融法務事情1941号133頁参照）。

また、金融機関が、受益者たる債務者との間で別途締結している銀行取引約定の「債務者が債務を履行しなかった場合には、銀行はその占有している債務者の動産、手形その他の有価証券について、適当と認められる方法により取立または処分のうえ、債務者の債務の弁済に充当できるものとする」といった規定を根拠にして、受益者の了解を得ることなく委託者に対して投資信託の解約実行請求を行ったことについて、不法行為には当たらないとした裁判例がある（大阪地判平成23・1・28金融法務事情1923号108頁）。ただ、この事案では解約手続の適法性のみが問題とされており、その後の金融機関による、受益者に対する債権への弁済充当の適法性までは判断の対象とされていない。

4 投資信託解約金返還債務の法的性質

投資信託解約金返還債務の法的性質は、議論のあるところであるが、最高裁は、受益者の債権者が、販売会社を第三債務者として投資信託解約金を差し押さえ、差押債権者の取立権に基づくものとして訴状により販売会社に対して解約の実行請求を行い、一部解約金の支払を求めた事案において、販売会社は受益者に対し、委託者から一部解約金の交付を受けることを条件として一部解約金の支払義務を負い、受益者は販売会社に対し、上記条件の付いた一部解約金支払請求権を有するものと解するのが相当であるとして、当該事案における契約関係のもとで、販売会社の受益者に対する投資信託解約金の支払債務を停止条件付債務であると解した（最判平成18・12・14金融・商事判例1262号33頁）。

上記最判は、具体的な契約内容等を前提に、相当な解決を導くうえで投資信託解約金返還債務の法的性質を停止条件付債務と解したとも理解でき、この解釈をどこまで一般化できるかについては議論があるところであろうが、上記最判の事案における契約内容と異なる特異な契約内容を基にした事案でなければ、投資信託解約金支払債務は停止条件付債務であると解してよいであろう。

5 停止条件付債務を受働債権とする相殺

(1) 支払停止後・再生開始前に解約手続をして販売会社が解約金を受領した場合

① 法93条1項3号の適用の有無

イ　投資信託解約金支払債務が停止条件付債務であるとすると、販売会社はその債務をいつ負担したといえるのか。

民事再生法は、93条1項各号において、再生債権者が再生債務者に対する債務を負担した時期に応じ、相殺を禁じる規定を置いている。債務が期限付又は停止条件付である場合、法93条1項各号にいう「再生債務者に対して債務を負担した場合」とは、①停止条件付債務が成立した時点をいうのか、あるいは②停止条件が成就した時点をいうのか。

ロ　この点、投資信託解約金返還債務と貸付金との相殺の可否が問題になった事案において、以下のように述べて②の解釈をとることを明らかにした下級審裁判例があり（名古屋地判平成22・10・29金融法務事情1915号114頁）、同訴訟の控訴審でもその解釈が維持されている（前掲名古屋高判平成24・1・31）。

「民事再生法においては、破産法67条2項後段のように、停止条件付債務を受働債権とする相殺を許容する明文規定がなく、平成17年判決（筆者注：最判平成17・1・17金融・商事判例1220号46頁）にいう主要な根拠（筆者注：旧破産法99条後段（現破産法67条2項後段）の規定の存在）が存しない。これは、民事再生手続が、いわゆる清算型の倒産手続である破産と異なり、いわゆる再建型の倒産手続であって、相殺による決済をゆるやかに認める理由が、破産と比較して乏しいことに起因するものと解されるが、いずれにせよ、このような明文規定を設けていない民事再生手続においては、停止条件付債務につき再生手続開始後の停止条件成就による相殺は許容されていないと解され、停止条件付債務については、停止条件成就時が再生法93条1項1号にいう『債務を負担したとき』にあたり、結果、相殺が禁止されることになるものと考えられる。そして、再生法93条1項1号と同条1項3号とで『債務を負担したとき』に特段異なる解釈をすべき理由はないものと解される。」

ハ　この裁判例を前提にすると、再生債権者が停止条件付債務を負担した時期は、停止条件が成就した時期をいうと解すべきことになる。

そこで、販売会社が受益者の支払停止後に投資信託解約金を受領し、受益者に対して解約金の返還債務を負った後、受益者について再生手続が開始したときは、法93条1項3号により、販売会社は受益者に対する貸付金と投資信託解約金返還債務とを相殺することは許されないことになる。

② 　法93条2項2号該当性～前に生じた原因

イ　投資信託解約金支払債務による相殺が、上記①のように法93条1項3号の相殺禁止に当たると解した場合でも、販売会社がこのような債務を負うことになったのは、受益者との間に締結した受益権管理委託契約等によるものであるから、「支払不能であったこと又は支払の停止若しくは

再生手続開始の申立て等があったことを再生債権者が知った時より前に生じた原因」による債務負担であるとして、法93条2項2号により相殺が許されるのではないか。

ロ　法93条2項2号は、再生債権者が、債務者が支払不能であったこと等を知る前に生じた原因により負担した債務については、その債務を受働債権として相殺することに対する合理的な期待が認められるから、同条1項2号ないし4号の相殺禁止に当たる場合でも例外的に相殺が認められるとしたものである。

この点、前掲の名古屋地裁の裁判例では、対象となる投資信託には、受益者が受益権を当該販売会社以外の金融機関等への振替が可能なものがあり、他の金融機関等への振替が行われれば、販売会社は解約金返還義務を負わないことになること、受益権の換価方法は、解約の他に、買取請求、信託期間終了時の償還などの方法もあることから、販売会社に解約金返還債務が発生する確実性は乏しく、投資信託解約金の支払債務は「前に生じた原因」によるものとはいえないとした（前掲名古屋地判平成22・10・29）。

これに対し、控訴審では、受益権が管理委託契約に従って販売会社の下で管理されている限りは、投資信託解約金は、必然的に販売会社から受益者に支払われる関係となること、受益権の換金方法としては解約の方法が一般的であることは明らかであることなどから、販売会社の相殺への期待は合理的なものでないとはいえないとして、投資信託解約金返還債務は「前に生じた原因」によるものであるとし、販売会社による相殺を認めた（前掲名古屋高判平成24・1・31）。

ハ　停止条件付債務の負担が「前に生じた原因」によるものといえるかの判断にあたっては、停止条件成就の蓋然性が問題になると思われる。投資信託解約金の場合、確かに受益者には解約以外の換価方法を選択する余地があるものの、換価方法としてはやはり解約によることが一般的であるといえるから（そのことは、受益者の販売会社に対する投資信託解約金請求権が差押えの対象とされうることからも伺われる）、販売会社の相殺への期待は保護に値するものと考えられる。

③　よって、設問のケースのうち、Ａ金融機関が支払停止後・再生手続開始前に解約金を受領した場合は、Ａ金融機関によるＢ社に対する投資信託解約金を受働債権とする相殺は、法93条２項２号により認められると解される。

(2)　再生手続開始後に販売会社が解約金を受領した場合

①　支払停止後再生手続開始前、もしくは再生手続開始後に解約手続を行い、開始後に販売会社が解約金を受領した場合は、上記(1)①ロの名古屋地裁の裁判例を前提とすれば、これは手続開始後に再生債権者が再生債務者に対する債務を負担した場合に当たり、かつ、再生法には破産法67条２項後段のような規定もないため、この解約金返還請求権を受働債権とする相殺は、再生法93条１項１号により許されないことになる。

②　しかし、破産手続の場合であれば、破産法67条２項後段により、破産手続開始時に停止条件付債務を負担していれば、条件成就が破産手続開始後であっても相殺は可能である。債権者の立場からすれば、同じように相殺に対する期待を有するときに、債務者が破産手続を選択するか再生手続を選択するかという債権者の関与しない事情によって相殺の可否が変わるのは不合理である。

そこで、破産法67条２項は注意的な規定であって、このような規定のない再生法の下でも、停止条件付債務の条件不成就の利益を放棄して相殺することは民法上も禁じられていないと解されるから、債権届出期間満了までに相殺適状にあれば、停止条件の成就が再生手続開始後であっても再生債権者は相殺が可能であると解する説もある（山本和彦ほか『倒産法概説第２版』264頁〔沖野眞巳〕）。この説からは、支払停止後、再生手続開始前に解約手続を行い、開始後に解約金を受領した場合、及び再生手続開始後に解約手続を行って解約金を受領した場合のいずれも、解約金の受領が債権届出期間の満了前であれば解約金返還債務を受働債権とする相殺が可能となる。

③　なお、再生手続が開始したときは、再生債務者には差押債権者と同等の第三者性が認められると解されるところ、再生債務者の有する解約金返還請求権も差押えを受けたのと類比される状態となるから、再生手続開

始後に解約手続が行われ、販売会社に解約金が交付された場合には、そこに合理的相殺期待は存せず、新たに解約金返還債務が負担されたものと見て、法93条1項1号が適用されて相殺は認められないとする説もある（中西正「証券投資信託における受益者の破産・民事再生と相殺―名古屋高裁平成24年1月31日の検討―」倒産実務交流会編『争点　倒産実務の諸問題』289頁）。

6　金融機関としての対応

　以上のとおり検討したところを前提にすれば、債務者について支払停止後、再生手続開始前に停止条件が成就した場合、債権者は停止条件付債務を受働債権として相殺することが可能であり、再生手続開始後に停止条件が成就した場合でも相殺が可能であると解する余地がある。

　そこで、債務者である受益者について支払停止などの信用不安が生じた場合、販売会社である金融機関としては、債務者との間の銀行取引約定等に基づき、あるいは債権者代位権の行使として、すみやかに委託者に対し、投資信託の解約実行請求を行い、受領した投資信託解約金をもって、その返還義務と貸付金とを相殺することを検討すべきであろう。

（野村　祥子）

4 債権のプライオリティ

Question 44 〔債権者平等原則〕

債権者平等原則とは、どのような内容ですか。平等原則の例外として、どのような場合がありますか。

Answer

再生債権は弁済額、弁済期などにおいて平等に取り扱われるのが原則ですが、相手方の同意のあるとき、少額債権など法律が例外を明記している場合のほか、債権者間に差を設けたとしても衡平を害しない場合には例外が認められます。

解説

1 債権者平等の原則

再生手続開始後は、再生債権については個別の権利行使ができず、原則として再生計画の定めによらなければ弁済を受けることができない（法85条1項）。

再生計画には再生債権者の権利の全部または一部を変更する条項を定めなければならないが（法154条1項1号）、この条項には債務の減免、期限の猶予その他の権利の変更の一般的基準を定める必要がある（法156条）。再生計画による権利変更の内容は、原則として再生債権者間では平等でなければならない（法155条1項本文）。類似の規定は、会社更生法168条1項、特別清算に関する会社法565条にもある。

倒産処理手続における基本原則としては、公平・衡平と平等がある。前者は異質な権利者間の、後者は同質の権利者間の権利変更の原則といわれている。このように倒産手続では、破産手続のみならず特別清算や再建型の倒産手続においても、債権者の平等は基本的な原則とされている。破産手続を除いては多数決原理を採用し、債権者の個別同意なくして権利を変

更するので、少数者（反対者）の権利を保護するために債権者平等の原則が定められたものといわれている。なお、金銭債権の場合には債権額の割合に応じた弁済がなされることが平等の内容となる。会社法537条1項は特別清算の場合についてその趣旨を規定している。

破産手続では形式的な平等が図られているが、再生手続では、次のとおり実質的な衡平が図られることを理由として例外が認められている（会社更生法168条1項も同趣旨の規定である）。

以下の例外事由に該当しないにもかかわらず、特定の債権者を他の債権者に比べて劣後的に取り扱う内容の再生計画案が債権者の多数により決議されたとしても、当該計画案は民事再生法155条1項前段に違反するものとして認可されない（法174条2項2号）。

2　例外その1（法155条1項）

(1)　不利益を受ける債権者の同意があるとき

不平等を受け入れる債権者の同意がある場合には、例外を認めることとした。

平等原則は、多数決原理の濫用から少数者を保護するものであるが、自ら不利益な取扱いを受けることに同意している場合にまで平等を貫く必要はないからである。

実際にも親会社について、その同意を得て他の債権者よりも多い免除率としたり、スポンサーの債権について弁済期を遅らせたりする例がある。

(2)　少額の再生債権

少額の再生債権については、たとえば、民事再生法85条5項により裁判所の許可を得て再生手続進行中に弁済することがある。

再生計画の定めにおいても少額債権者が経済的な弱者であることが多いという政策的な考慮と少額債権者を大口債権者と形式的に平等に取り扱うと計画の遂行の手続を煩雑にし、経費倒れとなり再生債務者にも不利な場合があることが特別の扱いが認められる理由とされている。

そこで、少額債権については、他の債権よりも免除率を少なくすることにより弁済額を多くしたり、弁済期を早くしたりして有利な定めをして

も、衡平を害することはないとされている。

　当該事件においてどの金額までの債権を少額債権として取り扱うかは、事業規模・負債総額・弁済能力・債権者間の債権額の分布等により、「衡平」の観点から決定される（三日月章『条解会社更生法（下）』565頁）。衡平とは、形式上不平等とみえる弁済を行ったとしても、その後の再生手続事務を省力化できたり、零細と思われる取引先の倒産を防止して再生債務者の事業価値の毀損を防止したりすることによって（法85条5項後段）、他の再生債権者に実質的には不利益を与えないことをいうものと解される（伊藤眞＝田原睦夫監修『新注釈民事再生法　下〔第2版〕』17頁〔岡　正晶〕）。金額の決定に際しては、当該事件において、申立に伴う保全処分において例外とされた少額債権の額（法30条）、民事再生法85条5項に基づき裁判所が弁済を許可した少額債権の額との均衡も考える必要がある。なお、一定の金額までの少額債権について100％弁済するという定めをする場合には、その金額を超える債権者についても、その少額部分までは100％弁済するとの定めにしなければ衡平を害するとされる場合もある。

(3) 民事再生法84条2項に掲げる請求権について別段の定めをする場合

　民事再生法84条2項は、①再生手続開始後の利息の請求権（1号）、②再生手続開始後の不履行による損害賠償および違約金の請求権（2号）、③再生手続参加の費用の請求権を再生債権としている。これらの権利は、旧会社更生法において劣後的更生債権として取り扱われていたものである。民事再生法では、手続を簡素にするために劣後的再生債権という範疇は設けずに再生債権として取り扱うこととされた。しかしながら、議決権も与えられていない（法87条2項）うえ劣後化される取扱いが定着している。そこで、通常の再生計画においては、100％免除するとの定めがなされるが、通常の再生債権が100％弁済されても、なお余剰が残るなど特別の事情があれば、このような取扱いは衡平を害することになる。

(4) その他再生債権者間に差を設けたとしても衡平を害しない場合

　実際の再生計画において定められることが多いものとしては以下のような例が挙げられる（伊藤＝田原監修・前掲18頁〔岡〕）。

　①　債権の金額部分ごとに免除率を変更し、高額部分の免除率を高くす

る例
② 数回にわたる分割弁済の各回の弁済額が少ない債権者に対して、定額まで繰上弁済を行うことによって、少額債権者の弁済時期を早める例
③ 分割弁済か合理的な割引率による一括弁済かを債権者に選択させる例
④ 保証債務履行請求権については、主たる債務者が弁済中はその支払を留保し、主たる債務者が期限の利益を喪失した時点で、その債権額を基準に権利変更をする例

3　例外その2（法155条4項）

民事再生法97条に規定される再生手続開始前の罰金等は、民事上の手続により減免することには親しまない。また、現実の弁済を強要することにより、制裁としての役割を果たすことに本来の目的がある。そこで以下のとおりの取扱いとされている。
① 再生計画により減免の定めを置くことができない。
② 再生計画で定められた弁済期間満了時までの弁済を禁じた（法181条3項）。
③ 届出をしなくとも失権しない（法178条ただし書）。
④ 議決権がない（法87条）。

4　例外その3　約定劣後再生債権（法155条2項）

約定劣後再生債権は、当該再生債権者と再生債務者との間において再生手続開始前に、当該再生債者について破産手続が開始されたとすれば、その配当の順位が劣後的破産債権に遅れる合意がなされたものである（法35条4項）。そこで、再生計画においても、一般の再生債権との間に公正かつ衡平な差を設けられなければならないものとされている（法155条2項）。上述した不利益を受けることについて同意がある場合の一種である。主として金融機関や生命保険会社の民事再生で問題となることが多い。

（森　恵一）

Question 45 〔債権者平等原則の例外〕

債権の優先化・劣後化とはどういう意味ですか。商取引債権や非金銭債権が保護される場合はありますか。

優先債権の代位弁済した場合、代位者は優先権の主張できますか。法律の規定に基づく場合と任意の場合とで差異はありますか。

Answer

再生債権は弁済額、弁済期などにおいて平等に取り扱われるのが原則ですが、例外としてどのような種類の権利がどのような条件で優先的な取扱いを受け・劣後的な取扱いを受けるとされるかが問題となります。これに関して一定の場合に商取引債権や非金銭債権が保護されています。また優先債権を弁済した場合に代位者が優先を主張できるかについては争いがありますが、近時の最高裁判決により、一定の場合について代位者が優先権を主張できるものとされましたので参考になります。

解説

1 債権平等の原則の例外について

再生計画による権利の変更の内容は、再生債権者の間で平等でなければならない（法155条1項）。この債権者平等の原則には、法律による個別の例外のほかに、債権者間に差を設けても衡平を害しないという観点から他の再生債権より弁済額、弁済期などについて有利な取扱いを受ける場合がある一方で、他の再生債権より弁済額、弁済期などについて不利な取扱いを受ける場合がある。

前者を債権の優先化、後者を債権の劣後化という表現で説明されることがある（債権者平等の原則についてはQ43を参照）。その他の実務上の再生計画の定めの例としてはQ44の2(4)を参照されたい。

2　優先化と劣後化について

(1) 優先化

① 優先化の例は以下のとおりである。

不法行為債権（特に人身被害の場合）について他の債権より弁済額、弁済時期について優遇したとしても、衡平を害しない場合があると解される。実際にも更生事件のケースではあるが、デパート火災事件の被害者が有する債権、じん肺の被害者が有する債権が優遇された実例がある。この点、個人再生の場合には、①悪意で加えた不法行為に基づく損害賠償請求権、②故意または重大な過失により加えた人の生命または身体を害する不法行為に基づく損害賠償請求権、③民法752条・760条・766条・877条から880条までの規定あるいは契約に基づく扶養料支払請求権が同意なしに減免されない債権とされていることが参考になる（法229条3項）。

② 下請債権や派遣料債権についても、労働債権と同視できる場合には優先的な取扱いは衡平を害さないといえる場合がある。

(2) 劣後化

劣後化の例は以下のとおりである。

親会社あるいは支配株主または経営者（スポンサー、旧経営者も含む）などの内部者が有する債権を、他の再生債権者に対する弁済率よりも低い弁済率とするか（減額の場合）、弁済から除外する（免除の場合）ことを定めるような場合である。

これらの債権は劣後的に取り扱ったとしても、一般には衡平を害さないとされている。

更生事件のケースではあるが、代表取締役の債権について、同意を得ることなく全額免除とした更生計画案について平等原則違反を理由に取り消した例（名古屋高金沢支決昭和59・9・1判例タイムズ587号237頁）がある。これに対して、経営者や親会社の債権の免除率を他の債権よりも高くした更生計画について衡平を害しないとした例がある（福岡高決昭和56・12・21判例時報1046号127頁）。

このように判例が分かれているところ、実際の取扱いとしては、前者の

判例に従い、親会社や内部者の同意を得て劣後させることが多い。

3　商取引債権の保護

　再建型の倒産処理手続は事業を継続しながら再建を図ることから、再建に必要な取引先との商取引を継続する必要がある。その場合に取引先から取引継続の条件として再生債権の弁済を要求されることがある。しかしながら、商取引債権を一律に他の再生債権と比較して有利に取り扱うことは、債権者平等の原則からは許されない。

　そこで、以下のような手法をとることにより、実務上はその保護が図られる場合がある。すなわち、再生手続申立後開始前は、①保全命令の適用除外として処理する方法　②民事再生申立後の取引として共益債権の許可あるいは承認を受けて共益債権化する。これに対して、再生手続開始後は民事再生法85条5項後段により弁済の許可をすることなどの方法が考えられる。

　この点、同趣旨の規定である会社更生法47条5項後段の弁済については、東京地方裁判所において、主として事業の毀損を防止するとの観点から以下の要件の下でこれを認める運用がされている。

①　債権者が、従来の約定弁済および支払条件での取引継続を承認していること

②　更生会社の規模、負債総額、資金繰りの状況を踏まえて、相対的であっても、商取引債権一般が「少額」といえること

③　商取引債権を全額弁済することで事業価値の毀損が防止され、商取引債権野弁済を行わない場合と比べて金融債権者への弁済率も向上する事情が認められること

　この取扱いは、民事再生法85条5項後段の運用についても参考にすることができるといえよう。

4　非金銭債権の取扱い

　非金銭債権として実務上よく問題とされるのは以下のような権利である（小畑英一「再生債権をめぐる諸問題」事業再生研究機構編『民事再生の実務と

理論』128頁)。
① 学校法人における学生や生徒の授業を受ける権利
② スポーツクラブの前売りチケット利用権
③ 小売業におけるポイントカード

再生手続では、破産手続と異なり、非金銭債権は金銭化されない。ところで、非金銭債権であっても、再生債権である以上は、再生手続により弁済が禁止され、個別の権利行使もできないことになる。

ただ、上記①学生が授業料を全額支払っていない場合には、未払授業料の支払と授業を受ける権利とが双方未履行の双務契約に該当するものといえ、再生債務者の側で履行の選択をすれば相手方の債権は共益債権となるので、そのような方法により相手方の権利が保護される。

これに対して、上記②の前売りチケットの利用権については、再生債務者側の請求権がないのでこのような手法をとることができない。

また、非金銭債権も再生計画による権利変更の対象となるが、具体的には再生計画でどのような権利変更がなされるかが問題である。非金銭債権のうち事業の継続上必要不可欠なものについては、権利変更せずに非金銭債権としての義務の履行を認める再生計画を定めても、衡平を害さないとされる場合があるのではないかと考える。

5　優先債権の代位弁済によって取得した債権の取扱い

民事再生法上の共益債権・一般優先債権を弁済により代位した者が民事再生手続によることなくこれを行使することができるかどうかについては、次のとおり争いがある。

すなわち、原債権は共益債権・一般優先債権であるが、求償権は再生債権であって再生計画の定めによらなければ弁済等が許されないという行使についての手続上の制約が存するから、原債権を求償権と独立して行使することができない以上、原債権の行使は再生債権と同様の制約を受けるという説がある（瀬戸英雄「破産債権の処理」『新版破産法』426頁、山本和彦「労働債権の立替払いと財団債権」判例タイムズ1314号5頁）。これに対して代位弁済者は、求償権が再生債権であっても、求償権の性質とは無関係

に、求償権の金額を上限として、共益債権・一般優先債権である原債権を民事再生手続外で行使できるとする説がある（伊藤眞『破産法・民事再生法〔第2版〕』227頁、伊藤眞「財団債権（共益債権）の地位再考」金融法務事情1897号12頁、松下淳一「共益債権を被担保債権とする保証の履行と弁済による代位」金融法務事情1912号20頁）。この問題は、現在も議論がなされているところであり、一定の結論が定まったものではないが、法律の規定による場合と任意の場合とでは異ならないものとして議論がなされているように思われる。

以下では原債権を3つの種類に分け、それぞれについて裁判例を概観することとする。

(1) 原債権が労働債権の場合

再生手続開始後に、一般優先債権である労働債権を代位弁済した独立行政法人労働者健康福祉機構が取得する求償権は、一般優先債権であると解されている（破産手続開始後の事例として、横浜地川崎支判平成22・4・23金融・商事判例1324号14頁）。

他方、第三者が破産手続開始前に労働債権を代位弁済した場合について、最高裁平成23年11月22日判決（金融・商事判例1380号12頁）は、原債権は破産債権として取り扱われるべきものとした原判決（大阪高判平成21・10・16金融法務事情1897号75頁）を破棄して、弁済による代位により財団債権を取得した者は、同人が破産者に対して取得した求償権が破産債権に過ぎない場合であっても、破産手続によらないで上記財団債権を行使することができるというべきであるとした（最近の評釈として、遠藤元一「弁済による代位と財団債権・共益債権の倒産手続外での権利行使—最三小判平23.11.22、最一小判平23.11.24—」季刊事業再生と債権管理135号11頁など）。

(2) 原債権が民事再生法49条5項に基づく請求権の場合

再生手続開始後に、請負人の再生管財人により、民事再生法49条5項に基づき請負契約が解除されたことにより生じた共益債権（前渡金返還請求権）について、最高裁平成23年11月24日判決（金融・商事判例1380号12頁）は、原判決（大阪高判平成22・5・21金融・商事判例1343号12頁）と同様、弁済による代位により民事再生法上の共益債権を取得した者は、同

人が再生債務者に対して取得した求償権が再生債権に過ぎない場合であっても、再生手続によらないで上記共益債権を行使することができるというべきであるとした。

　ただ、上記最高裁平成23年11月22日判決と同年同月24日判決の理由付けからすれば、原債権が租税債権の場合も、弁済による代位の結果取得した財団債権を行使することができることになるのではないかと考えられる。

(3) 原債権が租税債権の場合

　一般優先債権である租税債権を連帯保証していた金融機関が再生手続開始後に代位弁済し、その後に再生手続から破産手続へ移行した場合、代位弁済した金融機関が租税債権を取得したとしても、一般優先債権には該当せず、したがって、破産手続によらずには行使できないものとした裁判例がある（東京高判平成17・6・30金融・商事判例1220号2頁）。この判決は、租税債権が一般優先債権とされる趣旨は、国家の租税収入の確保を図ることであり、自然人が租税債権を立替払した場合の立替金返還請求権についてまでその趣旨が及ぶものではないということを理由としている。

　　　　　　　　　　　　　　　　　　　　　　　　（森　恵一）

5 担保権

Question 46 〔担保権消滅許可の対象〕

金融機関が再生債務者とその代表者との共有不動産の上に抵当権を有している場合、この抵当権は、担保権消滅許可の対象となりますか。

再生債務者が、再生手続開始前に代表者持分も取得したと主張していますが、その旨の登記がなされていないときはどうですか。

Answer

担保権消滅許可の対象不動産が共有である場合、この抵当権は担保権消滅許可の対象とはなりません。担保権消滅許可が認められるためには登記名義が再生債務者である必要はないので、登記がなされていなくても実質的に再生債務者が再生手続開始前に代表者持分も取得したと認められる場合には、担保権消滅許可の対象となります。

解説

1 民事再生手続における担保権消滅許可制度について

民事再生手続では再生手続開始時点において、再生債務者の所有不動産の上に抵当権の設定を受けていた抵当権者は、別除権者として手続外での権利行使が可能となる（法53条1項・2項）。

しかし、当該不動産が再生債務者の事業の継続に欠くことのできないものであるときは、再生債務者等は、再生手続が継続する裁判所に対して、当該不動産の価額に相当する金銭を裁判所に納付して当該不動産につき存するすべての担保権を消滅させる担保権消滅許可の申立をすることができる（法148条1項）。

このような担保権消滅許可制度は、再建型の手続である民事再生手続において、再生債務者の事業の継続に欠くことのできない財産に対して担保

権を有する債権者と、他の債権者との間の公平を図るために設けられた制度である。つまり、同じ経済的価値を有する財産であっても、たとえば、再生債務者の事業継続のために不可欠な本社や主要工場などと、統廃合の対象となるような支店では、再生債務者が行う事業との関係においてその位置づけが異なる。しかし、再生債務者の事業の継続に欠くことのできない財産が担保割れとなっているにもかかわらず、これを担保にしている債権者が被担保債権の全額回収を要求した場合、再生債務者は自らの再建を図るためにこれに応じざるを得ない。この場合には、他の債権者への配当原資を以てその分の資金を捻出することになるから債権者間の平等を害する結果となる。そこで、このような状況を排除するために担保権消滅許可の申立が再生債務者等に認められている。

このように民事再生手続における担保権消滅許可制度は、担保権者に別除権が認められていることを前提としていることから、再生債務者等が納付した目的物の価額に相当する金銭から担保権者に対して配当がなされる。この点、担保権の行使自体が手続によって制限されている会社更生手続の場合と異なる（会社更生法109条参照）。また、担保目的物を含む再生債務者の財産を再建の基礎として保持することを目的とするものであることから、破産の場合と異なり（破産法187条1項・188条参照）、担保権者は、担保権実行や買受けの申し出をもって対抗することができない。

2　担保権消滅許可の対象

担保権消滅許可の対象となる担保権は、「再生債務者の財産」に設定された担保権である。上記のとおり、担保権消滅許可制度が再生債務者の事業の再建を目的とするものであることから、被担保債務が第三者の債務であって再生債務者が物上保証しているような場合であっても、当該担保権は消滅許可の対象となる。

逆に再生債務者の債務を担保するものであっても第三者が物上保証している場合の担保権は対象とはならない。

3　共有不動産の上に抵当権を有している場合

　担保権消滅許可の対象となるのは、「再生債務者の財産」に設定された担保権である以上、再生債務者と第三者との共有不動産の上に抵当権を有している場合、その対象となるのは再生債務者の持分に関するもののみとなり、これは共有者が再生債務者の代表者であっても変わることはない。

　そこで再生債務者の共有持分に対する抵当権のみを対象として、担保権消滅許可をすることが許されるかが問題となる。

　この点、明確に判断した裁判例は見当たらないが、共同担保となっている不動産の一部についてのみ担保権消滅許可の申立がなされた事例に関する裁判例（札幌高決平成16・9・28金融法務事情1757号42頁、最決平成17・1・27で抗告棄却）が参考になる。

　この事例は、再生債務者が自らの事業であるパークゴルフ場として利用している一団の土地および建物のうち、一部のみを対象として担保権消滅許可を申し立てたところ、対象となった不動産を含む多数の不動産を共同担保としていた金融機関等から、担保権者はパークゴルフ場の一団の土地および建物を一体として担保価値を把握しているのであり、その一部のみの担保権消滅請求が認められると、残地部分の担保価値が大きく減少し、担保権者が著しい不利益を被るから、担保権消滅請求は権利濫用に該当し、許されないとして争われた事案である。なお、決定においては、一団の土地および建物を一体として評価すると2億2000万円余りであるが、担保権消滅請求の対象となった不動産だけを評価すると8000万円余り、残地部分だけを評価すると4000万円ないし5000万円であるとの意見を述べる不動産鑑定業者もある旨、指摘されている。

　決定ではまず、民事再生法の担保権消滅許可の制度は、「担保権者に対して担保の目的財産の価額に相当する満足を与えることにより、再生手続開始当時当該財産の上に存するすべての担保権を消滅させ、再生債務者の事業の継続に欠くことのできない財産の確保を図るものであり、その限度で担保権者に犠牲を強いるものであるが、それを超えて担保権者に著しい不利益を及ぼすことは、民事再生法が予定していないところであり、再生債

務者と担保権者との衡平の観点からも権利の内容として許されないと解するのが相当である。」としたうえで、本件における共同担保の一部についてのみの担保権消滅許可が認められれば、「共同担保の残地部分の担保価値は大きく減少し、担保権者は著しい不利益を被るということができる。」として、これを認めなかった。再生債務者からは、担保権者が担保権によって把握している担保価値の保障の問題は不動産の価額に相当する金銭の納付の要件に関するものであり、この点に不服がある担保権者は価額決定の請求を行うというのが民事再生法の予定した手続である（法149条）旨の主張もなされているが、再生裁判所が財産の価額の決定において、対象となっている不動産の評価額に残地部分の担保価値の減少分を上乗せして対象不動産の価額をすることはできないと解される（規則79条）ことを理由に、この主張は排斥されている。

　このように担保権消滅許可制度を捉えると、抵当権者が共有となっている目的物全体の価値を把握しているにもかかわらず、再生債務者の共有持分のみに対する担保権消滅許可を認めた場合には、残る共有者（代表者）の持分に対する担保価値は大きく減少し、担保権者は著しい不利益を被るという点で、上記共同担保の場合と同じ状況となる。

　加えて、再生債務者の共有持分のみに対する担保権消滅許可を申し立てたとしても、代表者の共有持分に対する担保権実行を止めることができず、再生債務者の事業の継続という実効性からはこれを認める必要性に乏しい。また、再生債務者としては、共有物分割請求（民法256条）を行ったうえで、分割後の単独所有部分について担保権消滅許可の申立をすることも可能である（なお、分割制限特約については、法48条1項により排斥されている）。

　したがって、金融機関が再生債務者とその代表者との共有不動産のうえに抵当権を有している場合、この抵当権は担保権消滅許可の対象にはならないと考える。

4　登記名義の要否

　担保権消滅許可の対象となるのは「再生債務者の財産」である以上、債

務者が対象不動産の所有権を取得している必要があるが、それに加えて登記名義上も再生債務者の所有名義である必要があるのかという点については争いがある。

　この点に関する裁判例としては、福岡高裁平成18年3月28日決定がある（判例タイムズ1222号310頁）。この事例における再生債務者は、6筆の土地を所有し、パチンコ店およびその立体駐車場として一体的に使用しており、このうち2筆の土地については、再生債務者の代表者の名義であったが、実質的な所有者は再生債務者であるとして、6筆全体について担保権消滅許可の申立がなされたという事案である。

　決定においては、「『再生債務者の財産』という要件が、当該財産の実体的な所有権が再生債務者に帰属していることを前提としているのはいうまでもない。他方、この担保権消滅許可の制度そのものが、再生債務者が当該担保権の有効な設定を承認していることを前提としているのも同様である。そうである以上、この担保権消滅許可を求める所有者である再生債務者と担保権者との関係はいわゆる対抗問題とはならないことになるから、この消滅許可を求められている担保権者には、所有者である再生債務者の登記欠缺を主張する利益はないことになる。すなわち、再生債務者が担保権消滅の許可を申し立ててこれを受けるためには、その所有権について必ずしも対抗要件としての登記を備えていることを要しないとすべきである。」とした。そのうえで、民法94条2項の類推適用に基づく権利保護要件としての登記の要否についても、「再生債務者の財産」との要件は、「あくまで再生手続開始の時における所有権の帰属を問題とするものであり、登記の外観を信頼して利害関係を有するに至った第三者の保護が要請される場面ではないから、94条2項の類推適用の余地もないと解される。」として、登記名義が再生債務者名義となっていることは不要であるとした（その後、特別抗告・許可抗告がなされたが、最決平成18・8・9により抗告棄却）。

　かかる裁判例に鑑みれば、現在の実務上は、登記名義が再生債務者名義でなかったとしても「再生債務者の財産」として担保権消滅許可の対象となり得る。

ただ、単に再生債務者が自らの所有権を主張しているだけでは足りず、実質的な所有権を再生債務者が取得している必要がある。

上記福岡高裁の決定においても、当該土地が、再生債務者名義で取得された他の土地と同一時期に再生債務者の借入金により取得されていること、その借入金を被担保債務として、再生債務者が債務者となって各不動産を共同担保とする根抵当権の設定がなされていること、以来、各不動産は再生債務者の事業用財産として一体的に使用されており、再生債務者において、会計上、その資産として取り扱うとともに、固定資産税も負担していたこと、2筆の登記名義人である代表者自身、当該土地が再生債務者の所有であると認めており、代表者の破産手続において、再生債務者への真正な登記名義の回復を原因とする所有権移転登記手続が承認されている等の事情を考慮して、実質的な所有権は再生債務者にあることを認定している。

なお、上記決定と同じ事案においては、担保権者が行った担保権実行に対して、再生債務者が民事再生法31条1項に基づく競売手続中止命令の申立を行っており、同申立も担保権消滅許可の申立と同様に「再生債務者の財産」に対する担保権実行の中止命令を求めるものであることから、登記名義が再生債務者名義である必要があるか否かが争われている。この点については、上記決定とは異なり、民法94条2項類推適用により再生債務者が担保権者に対して自らの所有権を主張することができるかは疑問であること、競売手続中止命令という手続において実体的判断が迫られることが問題であることから、あくまで登記上の名義によって形式的に判断すべきであることを理由として、競売手続中止命令の対象となるためには再生債務者名義の登記が必要である旨の判断がなされている（福岡高決平成18・2・13判例タイムズ1220号262頁、特別抗告後、最決平成18・5・26により抗告棄却）。

証拠が制限されている手続であるという点において、担保権消滅許可手続と競売手続中止命令手続とでは変わるところはなく、手続上、登記とは異なる実体的判断を行うべきか否かについては同様の問題が生じる。

しかし、手続を中止するという効力を有するに過ぎない競売手続中止命

令とは異なり、担保権消滅許可の制度は、担保権という実体法上の権利の存否に直接かかわる手続であり、登記に公信力を認めない以上、担保権消滅許可の手続においては、登記と実態が異なる旨の主張がなされれば、裁判所はいずれにしても登記以外の要素も勘案して所有権の存否を認定しなければならないはずである。また、競売手続中止命令が出されると担保権者は、担保権実行の手段を一時的にせよ失うことになるが、担保権消滅許可については、これが認められたとしても担保権者は、担保物の価額に相当する金銭の支払を受けることができ、価額を争う機会も認められている（法150条5項）。

このような両手続の差異に鑑みれば、担保権消滅許可においては、競売手続中止命令手続とは異なり、登記名義を不要として実体的判断を行うとすることにも合理性が認められ、両裁判例は、矛盾するものではない。

したがって、再生債務者が再生手続開始前に代表者持分も取得したと主張している場合、その取得経緯や資金の動き、固定資産税の支払状況などの事情を考慮し、実質的に再生債務者が代表者分も取得したと認められる場合には、たとえ登記名義が再生債務者となっていなかったとしても、担保権消滅許可の対象となる。

なお、以上のように担保権消滅許可の対象となる財産であるか否かの判断は、担保権者の不利益に直結する問題であり、かつ実質的な検討を行わなければならないものであることから、東京地方裁判所破産再生部などでは、担保権消滅許可の申立がなされた場合には、担保権者からの意見を聴取すべく、通常、直ちに申立書が担保権者に送付され、概ね1週間後に審尋期日が指定されている（西謙二＝中山孝雄編『破産・民事再生の実務〔新版〕下 民事再生・個人再生編』169頁〔松井　洋〕）。

（森　拓也）

Question 47 〔担保権消滅許可の要件〕

金融機関が抵当権を設定している再生債務者の不動産について、再生債務者は処分予定であるとして担保権消滅許可を申し立てました。このような場合でも担保権消滅許可の要件を充たしますか。

また、再生債務者の主要工場に設定されていた抵当権について、一旦、担保権消滅が許可された後、再生計画案が否決されて再生手続が廃止された場合、これまでの担保権消滅許可の効力に影響はないですか。

Answer

担保権消滅許可の要件の1つとして、「当該財産が再生債務者の事業の継続に欠くことのできないものである」ことが必要ですが、再生債務者が処分予定である財産については、通常、この要件を充たさないことが多いです。ただし、再生債務者の事業における販売用財産の場合、ビジネスモデル等の事情を考慮して要件を充たす場合もあり得ます。

また、再生債権などの弁済資金調達を目的とする場合でも、事業の継続のため必要不可欠であり、かつ、その再生のため最も有効な最後の手段であると考えられるようなときは、例外的に担保権消滅許可が認められる場合もあります。

担保権消滅許可がなされると、その後再生計画案が否決されて再生手続が廃止されても許可の効力に影響はありません。

解説

1 担保権消滅許可の制度における事業継続不可欠性要件ついて

担保権消滅許可制度は、Q46にもあるとおり、再建型の手続である民事再生手続において、再生債務者の事業の継続に欠くことのできない財産に対して担保権を有する債権者と、他の債権者との間の公平を図るために設けられた制度である。

再生債務者が事業の継続に不可欠な物件を担保に供している場合、再生

債務者は、自らの再建のために、当該担保権者に対して、被担保債権の金額が担保目的財産の価額を上回っていても（さらには後順位担保権者に対しても）、その担保権実行を回避するために全額の弁済を行わなければならなくなる状況におかれる。しかし、これでは他の債権者との平等を害することから、民事再生手続においては、担保権の不可分性（民法296条）の例外としての担保権消滅許可制度を認めている。これにより、再生債務者は、被担保債権の一部を支払うことにより、担保権者の同意を得ずして担保権を消滅させることができる。

ただ、手続上、担保権の目的財産の価額を評価により決定することとなっている会社更生手続と異なり、民事再生手続において本来は、別除権者として自由に行使することができる担保権者の権利を制限するものである。そこで、会社更生手続における担保権消滅許可は、「事業の再生のために必要」であれば認められるのに対し（会社更生法104条）、民事再生手続における担保権消滅許可は、再生債務者の事業の継続を図るという再生手続の目的を達成するのに必要不可欠な範囲に限定するのが相当であることから、「当該財産が再生債務者の事業の継続に欠くことのできないものであるとき」に限り認められている（法148条）。

2　担保権消滅許可を踏まえた事前交渉について

担保権消滅許可制度を再生債務者が利用するには、制度上、一括支払をしなければならないことから、再生債務者にはこれに対応する資金が必要となる。したがって、いわゆる自力再建を目指す再生債務者においては、これを利用することが困難である場合がほとんどである。逆に事業譲渡がなされる場合など、スポンサーからの資金によって一括支払が可能な場合には、担保権者が行う担保評価との間に大きな違いがなければ交渉による妥結の可能性が高く、担保権消滅許可制度を利用する必要はない。

再生債務者側としても担保権消滅許可の申立を行った場合の担保権評価がどのような結果になるのかがわからない以上、通常は、いきなり担保権消滅許可を申し立てることはなく、同申立は、別除権協定の交渉がまとまらない場合の最終的な選択肢の1つとして位置づけとなる。

このように同制度は、もともと再生債務者が担保権者と担保価値の評価に関する折衝を行ううえでの武器としての機能が期待されているものであり、頻繁に行使されることが予定されている制度ではない。

実際、平成12年から平成19年までの8年間で、東京地裁における担保権消滅許可申立の件数は、64件であり（西謙二＝中山孝雄編『破産・民事再生の実務〔新版〕下 民事再生・個人再生編』168頁〔松井 洋〕）、年間平均では10件に満たず、大阪地裁でも同様の状態である（「事業再生と債権管理」113号31頁）。

再生債務者との別除権協定に関する交渉にあたっては、以上の状況を踏まえ、登記名義やその実態、再生債務者が行う事業における当該財産の役割といった点、さらには、担保権者のもつ担保権の内容（第1順位なのか、通常、配当がない後順位担保権者なのか）といった事情を総合的に考えながら再生債務者に担保権消滅許可の申立をさせるべきか否かを考慮して交渉を進めることになる。

3 「事業の継続に欠くことのできない」の意義

「再生債務者の事業の継続に欠くことのできないものであるとき」の要件（事業継続不可欠性要件）を充たす財産について立法担当者は、「担保権が実行されて当該財産を利用することができない状態になった場合には再生債務者の事業の継続が不可能となるような代替性のない財産」であると解している（深山卓也ほか『一問一答民事再生法』191頁）。

したがって、一般に、まったくの遊休資産を売却して事業資金を捻出するような場合は、事業継続不可欠性要件を充たさないと考えられている（四宮章夫ほか編『詳解民事再生法 理論と実務の交錯』412頁〔山本和彦〕ほか）。

これに加え、再生債務者が処分予定の財産についても、この要件を充たさないのではないかが問題となる。なお、「処分予定」の中には、当該財産が再生債務者の事業において販売用資産である場合と、再生債権の弁済を行うためなどといった資金繰りのために資産売却をする場合とでは、考慮すべき事情が異なり、裁判例も別に存在することから分けて検討する。

4　販売用資産の処分について

　販売用資産の処分の際にも担保権消滅許可を認めるべきか否かが問題となった裁判例としては、東京高裁平成21年7月7日決定（金融・商事判例1323号16頁）がある。

　事案としては、土地付戸建分譲、マンション分譲などを主たる事業とする再生債務者がその販売用の土地を販売するに際し、担保権消滅許可の申立を行ったというものである。

　決定では、まず一般論として、民事再生法における担保権消滅許可制度が事業継続不可欠性要件の下で担保権者の利益と事業再生の目的および一般債権者の利益との調整を図ることとした趣旨から、事業継続不可欠性要件を充たす財産とは、「担保権が実行されて当該財産を活用できない状態になったときには再生債務者の事業の継続が不可能となるような代替性のない財産であることが必要である。」とし、典型例として、再生債務者が製造業者であってその工場の土地・建物に担保権が設定されている場合や、再生債務者が小売業者であって店舗の土地・建物に担保権が設定されている場合を挙げる。

　そのうえで、販売用財産が事業継続不可欠性要件を充たすか否かについては、再生債務者の事業の形態や仕組みに即して検討する必要があるとしている。そして、本件において再生債務者は、「金融機関からの融資を受けて用地を取得し、同土地に抵当権を設定し、数筆に分筆の上、それぞれ住宅建物を建築し、土地付き戸建住宅として売り出し、買い手が付けば、売却代金から先の融資の返済を行い、抵当権を抹消させて、顧客に土地建物の所有権登記を移転するという一連の事務の流れにより事業の仕組みが構成され、確立されており、取引金融機関もこれを承知して融資をしていた」ところ、「このような場合、敷地に設定された担保権の消滅なくしては戸建住宅を通常の不動産市場で売却して利益を得るという事業の仕組みそのものが機能しなくなり、結局、事業そのものが継続できなくなる蓋然性が高いと考えられる。そうすると、相手方の戸建分譲事業にとっては、その敷地部分に相当する土地は、その担保権が実行されてこれを活用できな

い状態になったときにはその事業の継続が不可能になる代替性のないものと言うことができる」として、販売用財産ではあるが事業継続不可欠性要件を充たすと判断した。

　ただ、この決定においては、各区画ごとの返済額については、再生債務者と担保権者との間で、土地面積按分、販売価格按分等の方法により融資の時点で具体的に申し合わせられており、このようなビジネスモデルに着目して担保権消滅許可をしていることから、この決定を根拠に販売用資産一般について、担保権消滅許可の対象とすることを認めることはできない。

　会社更生法における担保権消滅許可と異なり、民事再生法においては、「事業の継続に欠くことのできないものであるとき」と限定的に規定されている。これは民事再生手続における担保権消滅許可制度は、当該財産が事業継続にとって不可欠であり、売却できないことから、裁判所が評価人の評価に基づいて定める価額によって担保権の消滅を認めているものである。このような制度趣旨から考えれば、販売用資産であれば、担保権者には、裁判所の評価による価額決定ではなく、破産法における担保権消滅制度に類似した市場に出すことによる価額決定の方法が保障されるべきである（才口千晴＝伊藤眞監修『新注釈民事再生法 上』〔第2版〕852頁〔木内道祥〕）。

　したがって、販売用資産を対象として担保権消滅許可の申立がなされた場合には、原則として事業継続不可欠要件を充たさないが、例外的に上記決定のように再生債務者のビジネスモデルなどの事情から要件を充たす場合もあり得ると考える。

5　弁済資金捻出のための担保権消滅許可の可否

　上記のように、再生債務者が売却処分する予定の財産であっても、再生債務者が行うビジネスモデル等との関係で事業継続不可欠性要件を充足する場合がある。では、さらに再生債務者が行う事業内容とは直接の関わりなく、再生債権の弁済など、再生債務者の再建のための弁済資金を捻出するための担保権消滅許可の申立についてはどうか。

この問題が争点になった事例として名古屋高裁平成16年8月10日決定（判例時報1884号49頁）がある。
　この事例における再生債務者は、再生計画認可後の唯一の継続事業であり、かつ、再生債務者の事業の継続のために欠くことのできない財産である駐車場部分を含む建物全体を所有していた。しかし、建物全体を受け戻すことは資金的に不可能であるため、駐車場部分とそれ以外の部分に建物を分けて区分所有とし、駐車場以外の部分を売却して、その売却代金を駐車場部分の受戻しのための資金と再生債権の弁済資金に充て、駐車場部分の賃貸事業を継続して再生を図ることとした。担保権者との交渉の末、先順位の担保権者との間では別除権協定が成立したが、後順位の担保権者がこれを了承しないことから、再生債務者が担保権消滅許可の申立を行ったものである。
　決定においては、「148条1項は、『当該財産』が『再生債務者の事業の継続に欠くことができないものであるとき』と定めており、文理上は、当該財産そのものが、今後、再生債務者が事業を継続していくうえにおいて使用する必要があるなど欠くことができないときと解されないではないが」、「本条が例外的とはいえ別除権行使の自由を制限してまで企業の再生を優先させる制度を設けている趣旨及び目的にかんがみると、そのように限定するものと解するのは相当でなく、当該財産を売却するなどの処分をすることが、事業の継続のため必要不可欠であり、かつ、その再生のため最も有効な最後の手段であると考えられるようなときは、処分される当該財産も再生債務者の事業の継続に欠くことができないものであるときに該当するものと解すべきである。」として、担保権消滅許可を認めた。
　かかる決定に対しては、再生債務者の事業担保権の目的である財産自体ではなく、その換価金に事業継続不可欠性要件の充足性を見出すものであり、担保権消滅許可の制度が担保権者の権利行使に重大な制約を課すこととのバランスから、事業継続不可欠性要件が設けられた趣旨よりも、再生債務者の事業の再生に重きを置き過ぎたものであるとの批判もある（事業再生研究機構編『民事再生の実務と理論』176頁〔高山崇彦〕）。
　また、上記決定については、売却する区分所有建物について1番抵当権

者に弁済する金額は別除権協定により決まっているが、2番抵当権者がいわゆる「判子代」による抵当権抹消に同意しないために売却ができず、別除権協定の実行もできないという事案であり、賃貸ビルの事業譲渡に伴う担保権消滅許可の申立であると解することもできる（新堂幸司・山本和彦編『民事手続法と商事法務』125頁〔田原睦夫〕）。

再生債務者としては、上記決定を根拠として広く再生債務者が行う事業に関連するものではない財産に対する担保権消滅許可の申立を行うことも考えられるが、これらの見解を踏まえると、上記決定は直ちに普遍的なものと判断することができず、一般には事業継続不可欠性要件を充たさない事例が多いと思われる。

6　担保権消滅許可後に再生計画案が否決された場合

担保権消滅許可がなされるか否かは、上記のとおり事業継続不可欠性要件を充たすか否かが大きなウエイトを占めることになるが、この点は、再生債務者の再生計画の内容と密接に関連する問題である。そして、担保権消滅許可の申立がなされた場合、裁判所は申立がなされた時点での事業計画に基づいてこれを判断せざるを得ない。

そのため、ある財産が手続の当初段階で想定していた事業計画では不可欠であることから、これに対する担保権消滅許可を得たところ、認可された再生計画における事業計画では、当該財産が不要になるということが事態は常にあり得る。このような場合についても、上記許可決定は取り消されることはないと解されている（四宮ほか編・前掲413頁）。

かかる結論は、たとえ再生計画案が否決された場合であっても同様と考えられる。

したがって、担保権消滅許可後に再生計画案が否決されて再生手続が廃止された場合でも、これまでの担保権消滅許可の効力に影響はないと考える。

ただし、再生計画案が否決された時点で金銭納付が未了の場合は、その後、再生債務者が金銭を納付しないことによって許可決定が取り消されることになる（法152条4項）（全国倒産処理弁護士ネットワーク編『通常再生の

実務Q&A120問』205頁〔上床竜司〕）。

　なお、会社更生法では、担保権消滅許可決定は更生計画案を決議に付する旨の決定があった後はすることができないが（会社更生法104条2項）、民事再生法ではそのような制約は存在しないため、担保権消滅許可の申立は再生計画案の付議決定の前後、認可決定の前後を問わず行うことができる。

　実際に上記名古屋高裁平成16年8月10日決定の事案も再生計画が認可された後の担保消滅許可に関する事案である。

（森　拓也）

Question 48 〔根抵当権の「余裕枠」と新規融資〕

再生債務者の所有不動産上の根抵当権の被担保債権額は極度額を下回っており、元本は未だ確定していない場合、金融機関は再生債務者に対してDIPファイナンスを行おうとするとき、その貸付金は極度額の範囲内で当然に根抵当権の被担保債権に含まれますか。また、別除権協定に基づく弁済によって再生債権たる被担保債権額が減少したときは、その分だけDIPファイナンスの被保全部分が増大すると考えてよいのですか。

Answer

DIPファイナンスについての裁判所の許可または監督委員の同意があれば、新たな貸付金は極度額の範囲内で当然に根抵当権の被担保債権に含まれると考えられます。また、別除権協定に基づく弁済によって、再生手続開始前の貸付金（再生債権）が減少して根抵当権の余裕枠が拡大した場合、その分だけDIPファイナンスによる貸付金を保全する部分が増大すると考えられます。

解説

1 DIPファイナンス

(1) DIPファイナンスとは

DIPファイナンスとは、一般的には、法的倒産手続や私的整理手続が係属している債務者に対して、その事業の継続または事業の再構築に必要な資金の調達を目的に行われる新規融資のことを指す。

経営破綻企業に対する融資とはいっても、たとえば、法的倒産手続の開始後に行われる新規の融資については、倒産手続開始前の原因に基づいて発生した倒産債権に優先して弁済を受けられることから、必ずしもリスクの高い融資とはいえず、他方、一度は経営破綻した企業に対する融資であり、経営の安定した企業に対するよりも一定のプレミアムを上乗せして融資を行うことが可能となるため、金融機関にとっても相応のメリットを享受できる取引となり得る。

(2) 再生手続下におけるDIPファイナンスの扱い

　再生手続開始後のDIPファイナンスによる貸付金は、「再生手続開始後にした資金の借入その他の行為によって生じた請求権」（法119条5号）として、法律上当然に共益債権と扱われ、再生手続によらずに随時全額の弁済を求めることができる優先的な債権となる（法121条1項・2項）。

　仮に再生手続による再建の見込みがなくなり、再生手続が廃止されて破産手続に移行した場合などであっても（法191条・250条等参照）、再生手続中のDIPファイナンスによる貸付金は、移行後の破産手続において「財団債権」として扱われ（法252条6項参照）、破産手続によらずに優先的に弁済を受けることができる。つまり、仮に破産手続に移行したとしても、弁済についての優先性は維持されることになる。

(3) 裁判所の許可または監督委員の同意

　法41条1項は、再生手続開始後の再生債務者の一定の行為について裁判所の許可事項とすることができると定めており、その中には、「財産の処分」（法41条1項1号）、「借財」（法41条1項3号）などが含まれている（「財産の処分」には担保権の設定も含まれる）。

　しかし、実務上は、裁判所が許可事項の設定により再生債務者を直接監督するという運用はなされておらず、監督命令（法54条1項）の発令の際に監督委員の同意事項を定めて（法54条2項）、監督委員の適切な同意権の行使を通じて再生債務者の行為を監督するという運用がなされている。監督委員の同意事項として定められる事項は裁判所によって必ずしも統一はされていないようであるが、本稿における論点と関連する「金銭の借入」や「担保権の設定」は、通常、監督委員の同意事項として定められる。たとえば、大阪地裁の実際の例として、「再生債務者の財産に係る権利の譲渡、担保権の設定、賃貸その他一切の処分（債権取立てを除く。）」、「借財、手形割引又は保証」という同意事項の指定により、金銭の借入や担保権の設定が監督委員の同意事項とされている。なお、監督委員の同意事項は、再生法人の登記事項となっており（法11条3項1号）、履歴事項全部証明書などを法務局で取得することによって確認が可能である。

　このように、再生手続開始後のDIPファイナンス、つまり、再生債務者

に対する金銭の貸付（再生債務者にとっては「金銭の借入」）については、裁判所の許可または監督委員の同意が必要となり、裁判所の許可または監督委員の同意を得ずになされた場合には、原則として当該貸付は無効となる（法41条2項・54条4項）。裁判所の許可または監督委員の同意を得ずになされた行為も「善意の第三者」との関係では有効とされるが（法41条1項ただし書・54条4項ただし書）、監督委員の同意事項は再生法人の登記事項でもあり、同意の欠缺を看過した金融機関が「善意の第三者」として保護されることはかなり困難であるため、金融機関の担当者としては、DIPファイナンスについての裁判所の許可または監督委員の同意は必ず確認しておかなければならない。裁判所の許可または監督委員の同意を停止条件として契約を締結することもあろうが、その場合においても実際の貸付の実行までに必ず許可または同意の取得を確認しておく必要がある。

2 根抵当権と元本の確定

(1) 根抵当権の特性

根抵当権とは、一定の範囲に属する不特定の債権を極度額の限度において担保する、抵当権の一種である（民法398条の2）。

抵当権が特定の債権（ただし、特定していれば複数の債権でも可）を被担保債権とするのに対し、根抵当権は、あらかじめ合意されて登記された一定の範囲に属する不特定の債権を極度額の範囲で担保するという点で根本的な違いがある（本稿においては、再生債務者との間の金銭消費貸借取引が根抵当権によって担保される種類の取引であるとの前提で議論を進める）。

したがって、抵当権の場合は、被担保債権たる特定の債権が弁済により消滅した場合には、特定の債権を担保する目的で設定される抵当権は存続する意味を失って消滅するが、根抵当権の場合は、後述の元本の確定がない限り、今後新たに発生する債権も、根抵当権の被担保債権とされた種類の債権である限り、極度額の範囲内で引き続き担保される。

(2) 根抵当権の元本の確定

根抵当権の基本的な特徴は(1)で指摘したが、根抵当権によって担保される債権およびその具体的金額がいつまでも確定しないままでは、実際に根

抵当権を実行して担保目的物から優先的に回収を受けることができない。そこで、法は、根抵当権の元本が確定する場合、すなわち、根抵当権によって担保される債権が具体的に確定する場合を定めている（民法の規定では「元本の確定」というが、「根抵当権の確定」という用語が用いられるケースもある）。たとえば、確定期日の到来（民法398条の6）、根抵当権者による確定請求（同法398条の19第2項）などであるが、これらに加えて、債務者または根抵当権設定者について法的倒産手続である破産手続開始決定がなされたことも元本確定の事由とされている（同法398条の20第1項4号）。

他方、同じ法的倒産手続であるものの、民事再生手続の開始は根抵当権の元本確定事由に含まれていない。したがって、根抵当権実行のために根抵当権者が元本確定の請求（同法398条の19第2項）を行うなど、元本確定の事由が生じない限り、根抵当権の元本が確定することはない。

3　元本の確定がない場合のDIPファイナンスの取扱い

(1) 問題の所在

再生手続の開始は根抵当権の元本確定事由ではないため、被担保債権額が極度額を下回っている場合に、再生手続が開始した後であっても、極度額と被担保債権額との差額が余裕枠として残るケースが生じる。その場合、金融機関が再生債務者に対して新たな融資を行ったとして、この貸付金が根抵当権の極度額の範囲（余裕枠の範囲）で当然に担保されることになるのかが問題となる。

元本の確定がない限り新たな貸付金は当然に極度額の範囲内で根抵当権によって担保されるという扱いが、再生手続の開始という事情によって妥当しなくなるのかという問題である。

(2) 再生手続下でのDIPファイナンス

民事再生手続において、根抵当権は別除権とされており（法53条1項）、再生手続に拘束されることなく、再生手続の枠外で自由に担保権の実行を行うことができる（同条2項）。融資先の再生手続が開始した場合、金融機関の多くは当該融資先との取引の継続を望まず、むしろ既存の融資の回収に焦点を絞るケースが多い。したがって、金融機関としては、実際に根

抵当権を実行するか否かは別として、元本を確定させないままの状態で根抵当権を維持する必要性に乏しく、むしろ、今後の担保権の実行も視野に入れて、元本を確定させることが実務的には多いであろう。

　しかし、たとえば、再生債務者の収益力に問題はなく、過大な債務のカットによってプラスのキャッシュフローがほぼ確実に見込まれる場合など、再生手続開始後の新規の融資（DIPファイナンス）を検討すべきケースもあろう。その場合、再生手続の開始前から再生債務者の所有不動産に根抵当権を設定していた金融機関としては、DIPファイナンスによる貸付金が既存の根抵当権によって担保されるのか否かが、融資実行の判断に影響を与えることもあり得る。

　再生手続開始後のDIPファイナンスによる貸付金が共益債権と扱われ、再生手続によらずに随時全額の弁済を求めることができる優先的な債権となることは第1項で指摘したとおりであるが、通常の融資にもまして慎重な対応が要求されるDIPファイナンスにおいて、適正な担保取得は非常に重要な要素となるため、元本を確定させることなくDIPファイナンスを実行した場合、新たな貸付金が根抵当権の余裕枠によって担保されるか否かは、DIPファイナンスを検討する金融機関にとって大きな関心事となろう。

　仮にDIPファイナンスによる貸付金が根抵当権によって担保されることになれば、同一の根抵当権によって再生債権（既存融資）と共益債権（新規融資）の双方が担保されることになる。

(3) 新規貸付金が既存の根抵当権によって当然に担保されるか

　既存の貸付金（再生債権）が根抵当権の極度額を下回り、かつ、根抵当権の元本の確定がない状況でDIPファイナンスを実行した場合に、当該貸付金（共益債権）が根抵当権の極度額の範囲で当然に担保されるか否かであるが、結論として、特段の合意または手続を要することなく、既存の根抵当権によって当然に担保されると解すべきである（以下、「当然担保説」という。中井康之「根抵当権の元本の確定を巡る諸問題」金融法務事情1755号46頁以下、全国倒産処理弁護士ネットワーク編『通常再生の実務Q＆A120問』200頁〔南栄一〕以下）。ただし、DIPファイナンス自体について、再生手続開始後の貸付（再生債務者にとっては「借入」）として裁判所の許可また

は監督委員の同意が必要であることは、第1項(3)で指摘したとおりである（法41条1項・54条2項）。

当然担保説の理由としては、①法は、破産手続の開始を元本の確定事由としながら、再生手続の開始は元本確定事由として規定していないが、これは再建型の倒産手続である民事再生手続においては、既存の根抵当権を活用した信用供与によって事業の維持再生を図るべきケースがあるとの趣旨と考えられ、DIPファイナンスによる新規融資が既存の根抵当権によって当然に担保されるとの結論が法の趣旨にも合致すると考えられること、②元本が確定していない根抵当権について、被担保債権の種類に含まれる債権が新たに発生したにもかかわらず、その被担保債権性を否定する結論を導く明文上の根拠がないこと、③仮に明文上の明確な根拠がないままに被担保債権性を否定する結論を導き出した場合、金融機関等の債権者にとって法的安定性が失われること、④後順位の抵当権者または根抵当権者は、先順位の根抵当権の極度額までは負担を甘受すべき立場にあるため、DIPファイナンスによる新規融資が極度額の範囲内で担保されても不測の不利益を被ることにはならないことなどが挙げられる。

これに対して、①再生債務者は総債権者の利益を代表する立場に立ち（再生債務者の第三者性）、開始前に設定した根抵当権によって手続開始後も特定の債権者（根抵当権者）が当然に有利な取扱いを受けることは債権者間の衡平に反すること、②共益債権に担保を設定する行為には裁判所の許可が必要であり、許可を得ていない担保設定行為は相手方が善意でない場合は無効となるが（法41条1項・2項）、共益債権を既存の根抵当権の被担保債権とする行為も担保設定行為に含まれると解釈できることから、DIPファイナンスによる貸付金が既存の根抵当権によって担保されるためには、あらかじめ裁判所の許可または監督委員の同意（法41条・54条）を得たうえで、再生債務者との間で当該貸付金を根抵当権の被担保債権に組み入れる旨の合意をなすことが必要であるとの有力な見解（以下、「要許可説」という）も存在する（田原睦夫「倒産手続と根担保」谷口安平先生古稀祝賀『現代民事司法の諸相』491頁）。

要許可説によれば、借入金額、利率、弁済予定日など、DIPファイナン

ス自体についての裁判所の許可または監督委員の同意を得る際に、同時に、既存の根抵当権を特定したうえで、DIPファイナンスによる貸付金が当該根抵当権の余裕枠によって担保されることについても裁判所の許可または監督委員の同意を得る必要があろう。

しかし、要許可説では、①たとえば、仕入先の売買代金債権など常務に基づく債権が根抵当権の被担保債権とされている場合、事業継続により日々被担保債権が発生することになるが、その都度裁判所の許可または監督委員の同意が必要という結論は事業の円滑な遂行という観点から実際的ではないこと（南・前掲201頁）、②DIPファイナンス自体に裁判所の許可または監督委員の同意が必要であるところ、運転資金としての必要性などから当該DIPファイナンス自体について許可または同意が相当であると評価できるにもかかわらず、当該貸付金の被担保債権性を肯定することで他の共益債権者等との間に看過し得ない不公平が生じる場合は現実的には想定しにくいこと、③再生手続の開始後に新たに根抵当権を設定する行為と、極度額の範囲内で既存の根抵当権を利用する行為とは性質的に異なると考えられることなどから、当然担保説が妥当であると考えられる。

4 別除権協定に基づく弁済と余裕枠の拡大

(1) 別除権協定について

民事再生手続において根抵当権は別除権として扱われるため、根抵当権者は、根抵当権を実行することで再生債権たる融資金の回収を図り、回収後の残高（別除権不足額）について、一般の再生債権者と同様に再生債権を行使することができる（法88条1項本文）。

しかし、不足額を確定するために常に別除権の実行が必要になるものではない。再生債務者にとって、根抵当権が設定されている不動産が事業の維持継続に不可欠であり、根抵当権の実行はどうしても避けたいケースもあり、他方、根抵当権者にとっても、担保権実行の煩雑さおよび実際の処分価格の不透明性などから、根抵当権の実行よりも、再生債務者との交渉によって根抵当権による被担保債権部分を確定させ、確定させた被担保債権について再生手続外で弁済を受けることが合理的なケースもある。そこ

で、再生債務者との間でいわゆる別除権協定を締結して、被担保債権額を確定させるとともに、確定させた被担保債権部分の具体的な弁済方法等を合意により定めることがある。

ただし、別除権協定は、担保目的物の受戻しの側面があるとともに、別除権不足額の合意による確定の側面もあることから、裁判所の許可または監督委員の同意を要する（法41条1項9号・88条ただし書参照）。

(2) 別除権協定に基づく弁済と余裕枠の拡大

既述のとおり、再生手続開始後のDIPファイナンスによる貸付金（共益債権）は、特段の合意または手続を要することなく、既存の貸付金（再生債権）とともに、極度額の範囲内で根抵当権によって担保されることとなる（当然担保説）。

では、再生債務者との間の別除権協定に基づいて被担保債権たる再生債権部分が弁済されて根抵当権の余裕枠が拡大した場合、拡大した余裕枠の部分によっても、DIPファイナンスによる貸付金（共益債権）が当然に担保されるのか問題となるが、当然に担保されると解すべきである（結論において、中井・前掲48頁、全国倒産処理弁護士ネットワーク編・前掲201頁〔南〕も同様）。

第2項で述べたとおり、根抵当権は極度額の範囲内で被担保債権の種類に含まれる債権を担保するものであって、既発生の被担保債権の全部または一部が弁済によって消滅した場合、その分だけ、他の債権のための担保枠（余裕枠）が拡大する。会社更生手続と異なり、根抵当権が倒産手続に取り込まれない再生手続においては、再生債権たる既存の貸付金も共益債権たるDIPファイナンスによる貸付金も根抵当権によって同様に担保されるものであるから、既存の貸付金の全部または一部が別除権協定に基づいて弁済された場合であっても通常と異なる取扱いをすべき理由はなく、DIPファイナンスによる貸付金は拡大した余裕枠によって当然に担保されると解すべきである。

したがって、たとえば、DIPファイナンスによる貸付が別除権協定に基づく再生債権の（全部または一部の）弁済後に行われる場合、開始決定時の余裕枠だけでなく、その後の再生債権の弁済によって拡大した余裕枠

も、DIPファイナンスによる新たな貸付金を担保することになる。また、たとえば当初のDIPファイナンスによる貸付金（共益債権）が、当該時点における根抵当権の余裕枠を超えていた場合であっても、別除権協定に基づくその後の再生債権の弁済によって余裕枠が拡大すれば、その範囲内でDIPファイナンスによる貸付金が担保される範囲も拡大することになる。

なお、再生債権の弁済によって余裕枠が拡大する場合も、既存の根抵当権で開始決定後の共益債権を担保するという点で前項のケースと同様であるから、要許可説に立った場合、再生債権の弁済によって拡大した余裕枠を新規の貸付金（共益債権）の担保とするためには、裁判所の許可または監督委員の同意を要するとの結論になると考えられる（中井康之『倒産手続と担保権』67頁）。

5　最後に

以上述べてきたように、DIPファイナンス自体について裁判所の許可または監督委員の同意があれば、当該DIPファイナンスによる貸付金が既存の根抵当権の余裕枠によって担保されるために、再生債務者との間の別途の合意や裁判所の許可または監督委員の同意といった別途の手続を経る必要はなく、金融機関の担当者においても、その前提で対応することで問題はないと考える。

ただし、実際に上述の要許可説も存在しており、DIPファイナンスの検討中に、金融機関内部において本論点が懸念事項として認識されるケースがあるかもしれない。そのような場合であっても、たとえば、既存の根抵当権の利用について監督委員の同意が不要であるという点について、監督委員の意向を確認することなどによって問題は解決できると考えられ、本論点の存在をDIPファイナンスの実行に関する制約事項と捉えるべきではない（実務上、監督委員の同意事項に含まれるか否かが微妙なケースで、同意の要否について監督委員の意向を確認するということもしばしば行われている）。

（神原　浩）

Question 49 〔集合債権譲渡担保権をめぐる問題〕

金融機関が再生債務者の有する売掛金債権に対して集合債権譲渡担保権を設定している場合、譲渡担保権は再生手続上どのように取り扱われますか。担保目的物として将来債権も含まれている場合はどうですか。

Answer

集合債権譲渡担保権は、再生手続上、別除権として、民事再生法による手続的拘束を受けることなく、本来の契約上の権利行使方法である私的実行の方法によって、その担保権の行使をすることができるのが原則です（法53条類推適用）。

ただし、再生手続開始後に発生するような将来債権にも担保権の効力が及ぶか否かについて、実務上の取扱いは確立していないため、別除権者たる金融機関としては、早期に担保権実行の要否の判断をする必要があります。集合債権譲渡担保権の特徴を生かして、再生債務者の事業継続を図りつつ債権回収を行う場合には、再生債務者との間で、別除権協定を締結することが重要です。

解説

1　はじめに

集合債権譲渡担保（権）とは、一般的に、担保設定者が現在有する債権および将来取得することとなる債権を、担保のために包括的に譲渡するものであるとされる。

既発生の現有債権のみを債権譲渡担保の対象とする古典的な債権譲渡担保方式とは異なり、集合債権譲渡担保は、既発生の現有債権のみならず、将来発生する見込みの将来債権もその包括譲渡の対象とされていることにその特徴を有する。

また、集合債権譲渡担保の手法としては、譲渡担保設定により担保権設定者（債務者）に担保目的物である債権の取立処分権限が留保されず、担

保契約時点から譲渡担保権者（債権者）に担保目的債権の取立処分権限・弁済充当権限が付与される方式（いわゆる「累積型」）と、譲渡担保実行に至るまで担保権設定者（債務者）に担保目的物である債権の取立処分権限を留保し、担保権設定者において債権の回収金の使用を許す方式（いわゆる「循環型」）がある。

　金融実務においては、近時、ABL（Asset Based Lending）による金融手法の発展により、集合動産譲渡担保と集合債権譲渡担保とを組み合わせ、流動資産を担保目的とした融資が行われることが多くなっている。ABLによる金融手法は、債務者企業が仕入れた原材料や在庫商品などの動産を販売して売掛金に換わり、その回収金を原資としてさらに仕入れを行うという事業サイクルに着目し、この循環構造を担保にした金融手法であり（このような特徴から「生かす担保」と表現される（池田真朗「ＡＢＬ等に見る動産・債権担保の展開と課題―新しい担保概念の認知に向けて―」伊藤進先生古稀記念『担保制度の現代的展開』275頁以下））、循環型の集合債権譲渡担保の典型例であるとされる。

　これらの集合債権譲渡担保はいずれも非典型担保であるところ、民事再生法の明文規定（法53条）において、別除権としての取扱いはされていないが、その担保権の実質に着目して、解釈によって、別除権として取り扱われているのが実務である。

　したがって、集合債権譲渡担保権者は、原則として民事再生法による手続的拘束を受けることなく、本来の契約上の権利行使方法である私的実行の方法によって、その担保権の行使をすることができる（法53条類推適用）。

　しかしながら、完全に平常時と同様の担保権の実行が確保されるものではなく、事業再生等をその目的とする民事再生法による変容を受けざるを得ない。

2　債権譲渡担保の成立にかかわる問題点

(1)　将来債権の特定性

　将来債権についても担保の目的とした債権譲渡担保は、その将来債権に

ついての特定性が満たされている限り、将来の長期にわたる債権の包括的譲渡も有効であるとするのが、判例（最判平成11・1・29金融・商事判例1062号4頁）である。

また、特定性の要件については、第三債務者、債権の発生原因、債権の発生時期、金額、弁済期などの債権の特定要素の全部または一部を用いることにより、契約当事者間で、対象債権に該当するか否かが明確になっていれば足りるとされている（最判平成12・4・21金融・商事判例1102号12頁）。

したがって、将来債権を含む集合債権譲渡担保の場合、このような将来債権についての特定性が満たされている必要があり、かかる特定が困難な将来債権譲渡担保については、その譲渡担保の効力がそもそも否定されることに注意が必要である。

(2) 集合債権譲渡担保の対抗要件

前述のとおり、集合債権譲渡担保は別除権として民事再生法上の取扱いを受けるものであるが、その別除権としての効力を主張するためには、第三者対抗要件を具備する必要がある。これは、再生手続開始決定の効果として、再生債務者には、差押債権者と類似の第三者的地位を有するに至るとされていることから、別除権者としての地位を主張するには、別除権について第三者対抗要件が具備される必要があることによる。

集合債権譲渡担保の対抗要件としては、民法に基づく対抗要件の具備の方式（民法467条2項）のほか、債権譲渡登記ファイルへの登記によって対抗要件を具備する方式（動産及び債権の譲渡の対抗要件に関する民法の特定等に関する法律（以下、「動産債権譲渡特例法」という）4条2項）があり、これらの方法によって、第三者対抗要件を具備している必要がある。

なお、民法に基づいて第三者対抗要件を具備するには、第三債務者への確定日付ある通知または承諾が必要であるため、集合債権譲渡担保契約時において、これら通知等を行うと、債務者たる譲渡担保設定者の信用不安が表面化あるいは惹起されることとなる。そのため、信用不安の表面化あるいはその惹起を回避するため、債務者の危機時期到来時まで債権譲渡の効力を発生させず、債務者について支払停止や倒産手続開始申立などの事

由が生じた時点で、それらの発生を停止条件として債権譲渡としての効力が生ずるとする停止条件付きの集合債権譲渡担保契約が行われていたことがあった。しかしながら、かかる停止条件付集合債権譲渡担保契約は、否認権行使の対象となるとするのが判例であるから（最判平成16・7・16金融・商事判例1203号12頁）、債務者の信用不安の表面化あるいはその惹起に配慮して集合債権譲渡担保についての第三者対抗要件を具備するためには、民法に基づき第三者対抗要件を具備する方式を採用するのではなく、動産債権譲渡特例法による登記を利用しつつ、同法4条2項の債務者への通知を留保するという方式をとるべきである。

3 債権譲渡担保の実行に関する問題点

(1) 担保権の実行方法

前述のように、集合債権譲渡担保権者は、別除権者として、原則として民事再生法による手続的拘束を受けることなく、本来の契約上の権利行使方法である私的実行の方法によって、その担保権の行使をすることができる（法53条類推適用）。

したがって、担保権の効力が及ぶ対象債権について、集合債権譲渡担保権者は本来の契約上の権利行使方法に従ってその担保権行使をすることとなる。

以下においては、手続開始後の将来債権に担保権の効力が及ぶか（いわゆる「固定化」の議論）、契約当事者の変更に伴う担保の効力、契約上定められた各種契約条項の効力、そして、民事再生法上創設されている別除権の行使を制限する制度との関係について解説を加えるものとする。

(2) 手続開始後の将来債権に担保権の効力が及ぶか

集合債権譲渡担保と倒産手続において、最も問題となり議論されているのは、将来債権についても譲渡担保の目的として譲渡することが有効であるとする判例法理を前提に、かかる法理が倒産手続開始後においても妥当し、手続開始後に担保権設定者において発生する債権についても集合債権譲渡担保の効力が及ぶか否かである（開始決定による固定化の議論）。とりわけ、再建型倒産手続であり、かつ、担保権を別除権として原則として手

続拘束の対象外とした民事再生手続における集合債権譲渡担保の処遇が問題となる。

この点に関しては、再生手続開始決定後に発生する債権に対する集合債権譲渡担保の効力を肯定する見解と否定する見解とに分かれており、その議論が未だに収束する状況ではなく、実務の取扱いも確立していない。そのため、詳細は後述するが、再生手続の現場実務では事業継続を前提とした別除権協定を締結するなどして、和解的解決が図られているところである。もっとも、これら和解的解決を図るための参考指針として、現在の議論状況の整理を試みたい。

① 効力否定説

再生手続開始によって担保権は固定化し、再生手続開始決定後に発生する債権に対しては担保権の効力は及ばないとする考え方(以下、「効力否定説」という)が従来より根強い。これは、手続開始後に発生し、再生債務者が取得する債権についてまで担保権の効力が及ぶことを認めると事業再生のために必要な事業資金の多くが担保権者に対する弁済に充当されてしまい、事業再生が不可能となるという不合理な結論を回避したいという実質的価値判断を背景としている。

たしかに、再生債務者の事業再生を目的とする民事再生手続において、効力否定説の指摘する価値判断は正当であるといえる。しかしながら、効力否定説のいう手続開始による担保対象債権の固定化を一律に認めることとなれば、循環型集合債権譲渡担保における担保権者としても、再生手続開始と同時に別除権を行使し、再生債務者の売掛金等の担保対象債権に対する管理回収権限を奪わざるを得ず、このような担保権の実行を事実上強制することになれば、再生債務者の事業資金の枯渇を招来させることとなり、かえって事業再生を妨げてしまうという問題がある。

また、将来債権は譲渡契約時に確定的に譲渡されるとする判例(最判平成19・2・15金融・商事判例1266号22頁)の立場との整合性も問題となる。

② 効力肯定説

これに対し、再生手続開始によっても担保権は固定化せず、再生手続開始決定後に発生する債権に対しても第三者対抗要件を備えたものであれ

ば、担保権の効力が原則として及ぶとする考え方（以下、「効力肯定説」という）がある。

　しかしながら、この考え方によれば、再生手続開始決定後の取引により発生する債務を別除権に服せしめる結果、取引のための出費を通じて、再生債務者の財産を減少させることになる。したがって、このような行為は再生債権者を害することになり、結局、当該取引の中止を余儀なくさせる結果、再生債務者の事業は大きく毀損しかねない。そこで、このような考え方については、別除権者にも再生債務者にも利益をもたらさないとする批判がある。

　そのため、効力肯定説においても、その大半が、効力否定説の指摘する再生債務者の事業再生の要請に配慮し、例外的に担保権の効力が及ばない場合を画していく考え方を採用している。とりわけ循環型の集合債権譲渡担保においては、その「生かす担保」としての特徴から、再生債務者が事業継続することによって、その担保価値は維持され、債権回収の最大化が達成できるものであるといえる。その意味で、循環型の集合債権譲渡担保については、事業継続という観点からすれば、担保権設定者である再生債務者と別除権者である金融債権者の示すベクトルの方向は同一方向であるといえる。

　このような理由により、原則として、再生手続開始決定後に発生する債権に対しても第三者対抗要件を備えたものであれば、担保権の効力を認めつつ、例外的に担保権の効力が及ばなくなる場合を検討するアプローチが、現在の実務の趨勢である。これらの考え方には、たとえば、手続開始には担保権の固定化を認めないが、担保権者が担保権の実行に着手した時点で対象債権を確定させ、以後取得される債権には担保の効力は及ばないという考え方、再生手続開始後に第三者の新たな資金提供により発生した債権を担保権の効力の及ぶ範囲から除外するという考え方、循環型や累積型などの集合債権譲渡担保の類型の違いに着目してその担保権設定契約における契約当事者の意思や民事再生法における事業再生目的との調整を図る考え方などがある。

(3) 契約当事者の変更に伴う担保効力の喪失

　集合債権譲渡担保における将来債権の発生原因たる契約上の地位が移転した場合に、新たな契約承継人において発生する債権について、担保権の効力が及ぶかという問題がある。これは、売掛金債権が担保対象とされているケースで再生債務者が民事再生手続中に事業譲渡した場合にその譲渡先で発生した売掛金債権や、収益不動産の賃料債権が担保対象とされているケースで再生債務者が民事再生手続中に当該不動産を譲渡した場合にその譲渡先で発生した賃料債権に、集合債権譲渡担保権の効力が及ぶかという問題である（なお、賃料債権の場合には当該不動産にも担保権が設定されているのが通常であり、問題が顕在化することは少ない）。

　そもそも譲渡人たる担保権設定者に、譲渡先のもとで発生する売掛金債権等の処分権限まで認めることはできないうえ、譲渡担保目的債権の特定上も、当該目的債権は設定者のもとで発生する売掛金等に限定されると解されること（債権譲渡登記ファイルには、譲渡目的債権の特定要素として、債権の発生の時における債権者名が記録される（動産・債権譲渡登記規則9条1項2号・3号））から、その効力は及ばないと解される（全国倒産処理弁護士ネットワーク編『通常再生実務Q&A120問』181頁〔籠池信宏〕参照）。

　したがって、担保権者としては、事業譲渡等が行われる前に、集合債権譲渡担保権を確定的に実行して、債権回収を図る必要があることに注意が必要である。

(4) 担保権設定契約上定められた各種契約条項の効力

　集合債権譲渡担保契約は非典型担保であり、その設定契約には、担保権の効力を維持あるいは補強するような様々な契約条項が定められていることが多い。このような平常時において合意された契約条項が、非常時である倒産手続内においても当然にその効力を有するであろうか。

　この点、第三者対抗要件を備えた非典型担保は再生手続上別除権として取り扱われ、原則として民事再生法による手続的拘束を受けることなく、本来の契約条項の効力を主張できるはずである。もっとも、平常時とまったく同様の契約条項の効力を認めた場合に、民事再生法の趣旨・目的に反する不合理な結果となり、民事再生法における法秩序を害するような契約

条項については、その効力は否定される可能性が高いと考えられる。

そのため、契約条項の効力はケースバイケースの判断にならざるを得ないものであるが、以下、実務上問題となり得る契約条項の効力について述べる。

① 取立権限の当然喪失条項の効力

譲渡担保実行に至るまで担保権設定者（債務者）に担保目的物である債権の取立処分権限を留保する循環型の集合債権譲渡担保において、倒産手続の申立が期限の利益喪失事由にとどまらず、担保権設定者に対する債権取立権限の喪失事由とされている場合がある。

しかしながら、担保権設定者である債務者が債権取立権限を失った場合、事業サイクルの循環構造は断ち切られ、債務者の事業資金も枯渇することとなり、事業の継続に著しい支障を生じさせることとなる。このように、事業再生の見込み如何にかかわらず、合理的な権利調整の機会すら一律に奪うような契約条項は、債務者の事業再生を著しく阻害するものとして、その効力が否定される可能性が高いといえる（倒産解除特約に関する最判平成20・12・16金融・商事判例1309号45頁参照）。

このように解したとしても、担保権者は担保権を実行することによって、債務者の取立権限を喪失させ、担保対象債権を回収する手段は確保されているものであるから、担保権者の利益を不当に害することはない。また、むしろ「生かす担保」として、再生債務者の事業継続による担保価値の維持および効率的債権回収を図る観点からは、一律に債権取立権限を奪う条項が担保権者にとっても不合理な結果となる場合もあり得るところである。

② 固定化条項の効力

循環型の集合債権譲渡担保において、倒産手続の申立あるいは担保権者の実行通知を担保対象債権の固定化事由、すなわち当該時点で存在する債権を担保対象とし以後発生する債権には担保権の効力が及ばないこととする条項が定められる場合がある。

かかる条項は、まさに担保権の実行の前提として担保範囲を確定させる条項であり、民事再生法における法秩序を害するものではなく有効である

と解される（伊藤達哉「倒産手続における将来債権・集合動産譲渡担保権の取扱い―担保権の効力が及ばなくなる事由および担保権の価値評価の考察を中心として―」金融法務事情1862号10頁参照）。

③ その他コベナンツ条項の効力

集合債権譲渡担保設定契約においては、担保対象債権の価値を毀損する行為が禁止され担保目的債権の価値を維持する義務を定めたり、債権の内容、発生状況、利益状況等を担保権者へ報告させる義務を定めたりすることがある（実務上、コベナンツ条項と呼ばれる）。これら各種条項は民事再生法における法秩序を害するものではなく有効であると解されよう（破産管財人の担保価値維持義務に関する最判平成18・12・21金融・商事判例1264号39頁参照。これに対し、かかる付随的条項に基づく請求権はそもそも再生債権等の倒産債権にすぎず再生債務者等が当然に履行義務を負うものではないという考え方も根強い）。

他方、担保対象債権の総額が減少した場合に担保目的債権の価値を補充させるような積極的な担保価値補強・補充義務などは追加担保提供義務と考えられることから、否認制度の趣旨を没却させる可能性が高く、手続開始後においては民事再生法における法秩序を害するものとしてその効力が否定されるものと解されよう（伊藤・前掲11頁参照）。

(5) 別除権の行使を制限する制度との関係

① 担保権実行手続の中止命令

集合債権譲渡担保の実行手続について、民事再生法31条による担保権実行の中止命令を適用できるかについては賛否両論あるものの、この類推適用を認めるのが、判例実務である。

要件該当性、効果その他これに伴う問題などは、Q25〔担保権実行中止命令への対応〕を参照されたい。

② 担保権消滅許可制度

集合債権譲渡担保について、担保権消滅許可制度を適用できるかについては、その類推適用を認めるのが実務である。しかしながら、担保権消滅許可制度においては、担保対象目的物の価値を一括納付しなければならないため、集合債権譲渡担保について、あえて同制度を利用して、担保権を

消滅させる実益は乏しい場合が多い。

同制度による担保権消滅請求が行われた場合には、担保権者たる金融機関としては、その債権の価値が正当に評価されているかに注意すべきであり、評価額に疑義がある場合には、価額決定請求（法149条）を行うべきである。

4　金融機関における具体的対応

(1)　担保権実行の要否判断

前述のように集合債権譲渡担保をめぐる取扱いは実務上確立しているとはいい難く、担保権者たる金融機関としては、債権回収の最大化を図る観点から、再生手続申立から手続開始後早期の段階で、担保権の実行の要否やその実行時期を慎重に検討しなければならない。

「生かす担保」としての特徴を有する循環型の集合債権譲渡担保においては、原則的には、再生債務者の事業継続を図りつつ、その最大の回収を図ることが望ましいものといえよう。

もっとも、再生債務者の事業継続に相当に強い疑義があるような場合には、担保権の実行を果断して、早期の債権回収を優先せざるを得ないであろう。この場合、とりわけABLのように売掛金債権の多くを担保対象としているような場合には、集合債権譲渡担保権の実行により、再生債務者の事業継続を不能にせしめる契機となることから、担保権の実行を直ちにすべきかどうかを判断するについては、細心の注意を払っての慎重な判断が必要である。

(2)　別除権協定の必要性

再生債務者の事業継続が可能であろうと判断される場合には、「生かす担保」としての特徴を引き続き活用し、事業継続による回収を優先するために、再生債務者との間で、別除権協定を締結することが必要不可欠となる。これは、前述のとおり、再生手続開始後に担保権設定者において発生する債権にも集合債権譲渡担保の効力が及ぶか否かについて、実務の取扱いは確立していない状況であるため、担保権の範囲を別除権協定により明確にする必要があるからである。

また、別除権協定を締結することは、事業サイクルの循環構造を維持してキャッシュフローを確保して事業継続を図る再生債務者にとっては不可欠であり、他方、別除権者にとっても、事業サイクルの循環構造を維持することでその担保価値は維持され、また、再生手続内において合意をすることで契約条項の効力が否定されるリスクも極限まで低下する（なお、牽連破産による否認のリスクは理論的には皆無ではない）ものであり、債権回収の最大化が達成できるものであるといえ、そのメリットは大きいものである。

(3) 別除権協定締結における注意点

　別除権協定においては、以下に述べるような内容を含む条項を定めることとなる。もっとも、その具体的内容は、個々のケースの特性に応じて、個別に協議のうえ決定せざるを得ない。なお、再生手続上、かかる別除権協定の締結については、別除権の目的物の受戻しおよび新たな担保権の設定として、監督委員の同意事項とされているため、監督委員の同意が必要である。

① 担保目的債権の範囲の合意

　前述のとおり、集合債権譲渡担保権の効力が及ぶ範囲についての取扱いは確定していないため、再生債務者との協議により、再生手続開始後に担保権設定者において発生する債権についても担保権の効力が及ぶか否か、及ぶとしてその範囲について合意する必要がある。「生かす担保」としての特徴を引き続き活用することを前提にすれば、後述する評価額の範囲内で、手続開始後に発生する債権も担保対象とすることになろう。

② 担保対象債権についての取立回収権限の付与

　担保対象債権については引き続き取立回収権限を再生債務者に付与しておくことが一般である。「生かす担保」としての特徴を引き続き活用するのであれば、当然に債権の取立回収権限は再生債務者に付与すべきであるし、取立回収コストや実務上の手続コストに鑑みれば、債権の取立・回収は、金融機関たる別除権者ではなく、再生債務者において行うことが合理的である。

③ 担保対象目的債権の評価額の合意とその支払方法（受戻し合意）

担保目的物である債権についての評価額を合意し、別除権によって担保される金額を確定するものである。そのうえで、その評価相当額については、弁済の方法を定めることで、別除権の目的物の受戻しを合意することとなる。循環型の集合債権譲渡担保については、別除権協定時あるいは再生手続開始決定時点における債権残高を基準に担保権評価を行うのが合理的であるといえよう。

他方、この合意により、別除権によって担保されない額が確定するため、その不足部分は再生計画による弁済の対象となる。

④ 利息支払の有無

担保対象債権の評価額についての弁済が一括支払とはならないのが通常であるため、そのような場合には、利息支払についての合意がなされることがある。

⑤ その他付随条項

そのほか担保権実行についての停止条件等を定める条項、担保目的債権の残高維持義務、新たな担保対象債権が合意した評価額を下回った場合の措置などを定めることとなる。具体的にどのような条項を規定すべきであるかは、まさにケースバイケースで個別に検討するほかない。

（稲田 正毅）

5 担保権

Question 50 〔集合動産譲渡担保権をめぐる問題〕

金融機関が再生債務者の有する商品在庫に対して集合動産譲渡担保権を設定する場合、どのような点に注意すべきですか。また、集合動産譲渡担保権の実行に際して、担保権者として気をつけておくべきことはありますか。

Answer

集合動産譲渡担保権の設定にあたっては、先行譲渡の有無等を調査したうえ、特定性の充足に留意しつつ担保目的物である「集合物」を特定し、有効に対抗要件を備える必要があります。集合動産譲渡担保権の実行方法としては、仮処分・訴訟に基づく担保対象物の引渡請求等が考えられますが、実務的には、再生債務者との間で別除権協定を締結し、回収を図ることが多いといえます。

解説

1 はじめに

集合動産譲渡担保権とは、その名称のとおり「集合物」である動産を目的とする譲渡担保権のことをいう。

一般的に、集合動産譲渡担保においては、個別の動産とは別に、担保目的物として「集合物」という概念が認められている。たとえば、甲倉庫内にある商品在庫を対象として集合動産譲渡担保権が設定された場合、担保の対象として、個別の商品在庫とは別に「甲倉庫内の商品在庫」という「集合物」を担保目的物として観念し、「甲倉庫内の商品在庫」（集合物）の中身である個別の商品在庫は、担保権の設定後の商品売却等の営業活動によって日々変動することになる。

不動産等の固定資産を有しない会社であっても、集合動産譲渡担保権を集合債権譲渡担保権と併せて設定し、事業サイクル、すなわち、「在庫動産→売掛金債権→預金（回収金）」という事業用流動資産を担保目的物とす

ることにより、回収リスクを抑えつつ融資を実行することが可能となる（一般的にABL―Asset Based Lending―と呼ばれる金融手法である）。

2 担保設定時の留意点

(1) 「集合物」の特定

集合動産譲渡担保の対象となる目的物が他の動産と区別して特定ができない場合、目的物が定まらない故に譲渡担保設定契約は無効になるため、担保の目的物である商品在庫を他の動産と区別できるよう明確に特定しておく必要がある。

目的物の特定は、一般的に、①種類、②所在場所、③量的範囲等の指定によって行われるものとされる（最判昭和62・11・10金融・商事判例791号3頁）。集合動産譲渡担保権の目的物たる「集合物」の特定に際しては、明確に所在場所を指定することによって、いわば容れ物を固定したうえ、担保対象に漏れが生じないようある程度包括的に動産の種類を指定する場合が多いといえる。

① 種類の指定について、ある程度の包括的指定（原材料、在庫商品等）であっても、所在場所や量的範囲の指定と相俟って特定されれば足りると考えられているが、「家財一切」等といった抽象的な表現では特定が認められないとした判例がある（最判昭和57・10・14金融・商事判例660号11頁）。

② 場所の指定について、一定の所在場所内の一部を担保の目的物とする場合は、その旨具体的に特定しなければならない。たとえば、「倉庫の東側部分に存在する商品」という指定をした場合、パーティション等によって、どの商品が「倉庫の東側部分に存在する」商品であるかが明確に特定できなければならない。他方、「○○所在の倉庫内に存在する商品」というように、一定の所在場所内の全部を担保に供するときは、当該場所を指定すれば足りる。

③ 量的範囲の指定について、一定の所在場所の物全部を担保の目的物とする場合は問題が生じないが、たとえば「倉庫内の商品の3分の1」という指定だけでは具体的にどの部分が目的物となるかが判然とせず特定を欠くことになる。そのような量的指定を行う場合は、量的範囲の指定とあ

わせて標識を付したり別の場所に置いたりする等の措置が必要となる。
(2) 対抗要件
① 対抗要件具備の必要性

集合動産譲渡担保権を設定した場合であっても、担保権者において対抗要件を具備していない場合、第三者に対して担保権を対抗することができないので、設問において集合動産譲渡担保権を実行するためには、その前提として、対抗要件が具備される必要がある。

② 対抗要件具備の方法
　イ　引渡しおよび動産譲渡登記の意義

集合動産譲渡担保について対抗要件を具備する方法としては、民法上の「引渡し」(民法178条)と、動産及び債権の譲渡の対抗要件に関する民法の特例等に関する法律(以下、「動産債権譲渡特例法」という)3条の「動産譲渡登記」がある。

動産譲渡登記ファイルに登記がなされると、「引渡し」(民法178条)があったものとみなされ(動産債権譲渡特例法3条1項)、対抗要件が具備されるが、民法上の引渡しに優先するという効力はない。したがって、動産譲渡登記および民法上の引渡しが競合した場合は、登記時と引渡時の前後によって優劣が決定されることになる。

なお、動産譲渡登記は、登記内容に不備がある場合に「登記の補正」はできず、登記内容に不備が発覚して登記の有効性に疑義が生じる可能性があることや「特別の事由」がない限り10年を超えて存続期間を定めることができないこと(同法7条3項)から、動産譲渡登記とあわせて占有改定による引渡しも受けておくことが望ましい。

　ロ　動産譲渡登記による対抗要件具備

動産譲渡登記に基づき対抗力が認められるのは登記上表示された範囲に限られることから、登記される対象に漏れがないように留意する必要がある。また、上記のとおり、動産譲渡登記の「登記の補正」が認められていないため、場所の特定に誤りがあった場合などに登記が無効となるリスクもあるため、登記の内容は専門家の助言を受け慎重に決定すべきである。

動産譲渡登記における対象動産の特定には、動産の特質によって特定す

る方法と動産の所在によって特定する方法の2つがあるが、集合動産譲渡担保の場合には、動産の所在による特定方法が用いられる。

動産の所在によって特定する方法を用いる場合、「動産の種類」および「動産の保管場所の所在地」をもって担保目的物を特定することになる（動産・債権譲渡登記規則8条1項2号）。

「動産の種類」とは、「当該動産の性質・形態など、共通の点をもつものごとに分けたそれぞれの類型」をいうとされている。「集合物」の特定においても同種の問題につき述べたが、「在庫品一切」という包括的すぎる表記による登記は認められないといわれているため、ある程度明確に種類を特定しつつ、担保目的物に漏れが生じないよう注意すべきである。

「動産の保管場所の所在地」は、保管場所の地番または住居表示を記載する必要がある。なお、地番と住居表示のいずれによるものかを明らかにするため、「大阪市北区西天満○－○－○」等の略号は用いずに正式な表記をすべきである。

この他、動産譲渡登記には、動産の名称、保管場所の名称、「○○社製のもの」といった有益事項を記載することも可能であるが、担保目的物が限定され過ぎることにより、担保目的物と登記の表示に齟齬が生じないよう留意する必要がある。

　　ハ　引渡しによる対抗要件具備

集合動産譲渡担保においては、担保設定後も担保権設定者によって通常の営業の範囲内での担保目的物の処分がなされるため、占有改定（民法183条）または指図による占有移転（同法184条）によって引渡しがなされる。なお、引渡しの時期を証明する手段として、占有改定による引渡を定めた契約書に確定日付を得ておくこと、指図による占有移転の場合に代理占有者に対して以後は担保権者のために占有する旨の確定日付通知書を送付しておくことも有用である。

(3)　先行譲渡等の有無の調査

① 　調査の必要性

集合動産譲渡担保の目的物につき、第三者に対して譲渡または担保設定がなされ、先に対抗要件が具備された場合、担保権者は当該第三者に劣後

することになり、自らの権利を当該第三者に対抗できない（最判平成18・7・20金融・商事判例1248号41頁）。

なお、担保目的物に先に対抗要件が具備されていたとしても、即時取得（民法192条）が成立すれば、担保権者は有効に譲渡担保権を取得し、これを第三者に対抗することもできる。しかしながら、占有改定の方法および動産譲渡登記による場合、即時取得は成立しないと考えられていることから（最判昭和35・2・11判例時報214号21頁。法務省民事局参事官室『動産・債権譲渡に係る公示制度の整備に関する要綱中間試案補足説明』（別冊NBL86号）25頁）、集合動産譲渡担保権の設定に際して担保権者につき即時取得が成立することは、事実上あり得ないと考えられる。

そのため、集合動産譲渡担保権を設定する際には、有効に担保権を取得するため、目的物につき、すでに譲渡または担保設定がなされていないかを確認する必要がある。

② **調査の方法**

イ 引渡しの有無の調査

占有改定や指図による占有移転によって引渡しがなされる場合、担保設定者からのヒアリング等によって一定の調査は行い得るものの、外形上、引渡しの有無を確認することは困難である。

したがって、後述のとおり、担保設定者に対し、先行する引渡しがないこと等につき表明保証を求める必要がある。

ロ 動産譲渡登記の有無の調査

動産譲渡登記には、何人でも取得できるものとして、概要記録事項証明書と登記事項概要証明書がある。各証明書の交付請求先は、概要記録事項証明書につき譲渡人（担保設定者）の本店等所在地の法務局、または法務省令で定める場合を除き、本店時所在地以外の法務局・地方法務局・支局・出張所（動産債権譲渡特例法13条）、登記事項概要証明書につき指定法務局等（現在は、東京法務局動産登録課のみ）の登記官とされている（同法11条1項）。

概要記録事項証明書には、譲渡人（担保設定者）等の従前の商号や本店等所在地でなされた動産譲渡登記も記載される。他方、登記事項概要証明

書では、変更後の商号や本店等を記載したうえで交付請求すると、変更前の商号や本店等でなされた動産譲渡登記が存在したとしても、動産譲渡登記が存在しないと記載されてしまうおそれがある。

なお、概要記録事項証明書は、東京法務局動産登録課の登記官が動産譲渡登記した後、当該登記官の通知を受けた本店等所在地法務局等の登記官が登記事項概要ファイルに記録するため、登記までにタイムラグが生じる。他方、登記事項概要証明書は、前日までのデータが交付される（登記番号を検索条件とした場合は、登記直後の情報が反映される）ため、登記までのタイムラグは通常1日である。

このように、概要記録事項証明書と登記事項概要証明書には異なる特色があるため、事案によっては両方の証明書を取得する等の方法によって、綿密に調査を行うべきである。

　　ハ　表明保証等によるリスク軽減

以上のように、集合動産譲渡担保権設定時において、引渡しの有無および動産譲渡登記の有無を漏れなく把握することは困難である。したがって、先行する引渡しまたは担保設定の有無を調査するとともに、担保設定者による先行譲渡がないことの表明保証および先行譲渡が判明した場合の期限の利益喪失等を定めておく必要があると考えられる。

3　実行時の留意点

(1) 固定化の問題

①　固定化概念の意義

集合動産譲渡担保において、担保目的物である「集合物」の中身は、日々の営業活動によって搬入・搬出が繰り返される流動的なものである。

「固定化」とは、このように流動性を有する担保目的物の中身を確定させることをいい、固定化後に新たに搬入された動産は担保目的物とならず、固定化によって確定した担保目的物を担保権者の同意なく処分することは許されなくなる。

②　固定化の時期

固定化の時期については、再生手続が開始された時点とする考え方や、

譲渡担保権者の実行通知がなされた時点とする考え方があり、その判断は確立されていない。

担保権者としては、担保設定者による処分行為を即時に中断させる必要性がある場合等には、集合動産譲渡担保権の実行通知を送付し、いずれの考え方によっても担保設定者が処分行為をできないようにしておくべきである。

なお、実務においては、後述するとおり再生債務者との別除権協定によって解決が図られることが多いため、固定化の時期につき厳格に争われるケースは多くないと思われる。

また、契約によって固定化事由を定めることも可能と考えられていることから、固定化の時期に関して紛争になることを防止するために、担保設定契約において固定化事由を定めておくことも考えられる。その際には、実際の担保実行の流れ等を意識し、より確実な債権回収を図ることができるよう留意すべきである。

(2) 別除権協定に基づく回収

① 別除権協定によることのメリット

担保設定者につき再生手続が開始された場合であっても、担保設定者は事業を継続する。したがって、仮に担保権者が集合動産譲渡担保を実行し、担保設定者による担保目的物の処分を一切禁止した場合、担保設定者の再生手続の事業遂行に著しい支障が生じ得る。

また、換価価値という面においても、担保権者は担保目的物である商品在庫等の売却の専門家ではないため、担保権者による担保目的物の換価は困難である場合が多い。したがって、担保設定者の協力を得て商流を存続させた状態で回収する方が、高い回収率を実現できる場合が多い。

これらの理由から、実務上は、再生債務者との協議によって別除権協定を締結し、担保設定者から分割払等によって被担保債権を弁済してもらうケースが多いといえる。

② 別除権協定の内容

再生債務者との間で締結される別除権協定においては、担保目的物の確定、別除権の受戻しの対価、担保権者の同意を得ずに売却し得る範囲、売

却した商品在庫の内訳の報告義務等が定められる。なお、評価額と実売額に差額が生じることによるリスクを回避するため、実売額に一定割合を乗じた金額を受戻しの対価とすることも考えられる。

また、担保権者としては、担保目的物の売却代金を特定の口座に入金させる等の方法によって、回収リスクを回避することを検討すべきである。

(3) 担保権者による私的実行
① 私的実行の方法

集合動産譲渡担保権は、民事再生法上、別除権に該当するものと解されている。そのため、担保設定者につき再生手続が開始されたとしても、担保権者は再生手続外で権利を行使し得る（法53条2項）。

そのため、担保設定者が非協力的である場合や別除権協定がまとまらない場合、担保権者が担保目的物を自らの占有下におき、担保目的物を換価することになる。

② 動産の占有確保
イ　担保目的物の占有取得

譲渡担保権を実行するためには、担保目的物を担保権者の占有下におく必要がある。

担保設定者の承諾がある場合、担保権者は、担保目的物の保管場所から任意で目的物を搬出するとともに、当該担保物を自ら売却等することができる。他方、担保設定者の承諾が得られない場合、担保権者としては、担保設定者に対し、所有権に基づく動産引渡請求訴訟を提起することになるが、判決を得るまでには時間を要するため、引渡断行の仮処分等を申し立てるのが一般的である。

第三者が担保目的物を占有している場合、担保権者が担保設定者に対して譲渡担保権を行使する旨の通知を行い、担保権者からの要求に応じて当該第三者が担保目的物を担保権者に対して引き渡したときは、担保権者は、当該担保目的物を売却等によって処分することができる。他方、担保目的物を占有する第三者が担保権者からの引渡請求を拒絶したときは、担保権者は、当該第三者に対し、担保目的物引渡の仮処分申立ないし訴訟提起を行うことになる。

ロ　清算義務

　譲渡担保権が実行された場合、実行によって譲渡担保権者が完全な所有権を取得した目的物の価額または第三者に処分した目的物の価額が、被担保債権額を上回るときは、担保権者は、その差額を担保権者から担保設定者に対し、返還すべき義務（清算義務）を負う。

(4) 物上代位

　物上代位とは、担保目的物の売却・賃貸・滅失または損傷によって担保目的物の所有者が受けるべき金銭その他の物および担保目的物に設定した物権の対価に対しても、担保権者が優先権を行使し得るという性質である（民法304条参照）。

　近時、集合動産譲渡担保権に基づく物上代位を認める決定がなされたが（最決平成22・12・2金融・商事判例1362号25頁）、同決定においては、物上代位権を行使するためには一定の要件が課されているため、如何なる場合であっても物上代位が認められるわけではない（本決定は、担保目的物が販売用動産であるということで、譲渡担保設定者が通常の営業を継続している場合には、特段の事情（目的物の滅失により直ちに物上代位できる旨の合意がされているなど）のない限り、目的物が滅失したとしても物上代位できないとしている）。

　なお、物上代位が認められる場合であっても、担保権者は、対象となる請求につき弁済がなされる前に物上代位の目的となる債権を差し押さえしなければならない（民法304条1項ただし書）。

4　まとめ

　以上のとおり、集合動産譲渡担保権によって適切な債権回収を行うためには、前提として、有効な担保設定がなされる必要がある。

　そのうえで、担保設定者につき再生手続が開始された場合は、まずは別除権協定の成立による最大限の債権回収を図り、それが困難な場合は直ちに担保権を実行して担保価値の劣化を防止する必要がある。

（溝渕　雅男）

Question 51 〔火災保険金請求権に対する集合動産譲渡担保権に基づく物上代位・質権の実行〕

融資先への貸金を担保するために、融資先の営業倉庫に保管されている在庫に対して集合動産譲渡担保権を設定していました。ところが、ある日その倉庫が火事に遭い、倉庫内の在庫も焼失してしまいました。融資先は、これによって資金繰りに窮し、民事再生手続の申立をし、開始決定が出されました。ところで、融資先は、倉庫内の在庫に対して、火災保険をかけていたようです。この保険金から融資金を回収する方法はありますか。

当行は、倉庫とは別のこの融資先所有の不動産に対して、根抵当権を設定するとともに、同不動産に付保されていた火災保険の保険金請求権や解約返戻金請求権に対して質権を設定し、保険会社から確定日付のある承諾を得ていました。再生手続開始後、この融資先は同不動産を任意に売却しようとしており、当行としては、融資金の全額が回収できるものではありませんでしたが、適正な売却代金でしたので、売却代金を当行に支払ってもらって根抵当権の解除に応じることにしました。ところで、売却処理後に、同不動産に融資先が付保していた火災保険は、まだ契約期間が残っており、解約すれば解約返戻金があることがわかりました。当行は質権を行使し、火災保険を解約して返戻金を受け取ることができますか。

Answer

集合動産譲渡担保権に基づく物上代位権を行使し、保険金請求権を差し押さえることによって、保険金から回収することが可能です。抵当権を解除した後であっても、質権を行使して解約返戻金を回収することができる可能性はあると思われます。もっとも、抵当権を解除した時点で、質権も自動的に消滅するという考え方もありますので、この考え方によると、解約返戻金からの回収はできないことになります。

解説

1 集合動産譲渡担保権と物上代位

(1) 物上代位と問題の所在

　集合動産譲渡担保権は、個々の財産に対して譲渡担保権を設定するのではなく、倉庫に保管されている在庫一切に譲渡担保権を設定するように、一定の財産群を集合物として譲渡担保権を設定するものである。そして、譲渡担保権設定者は、通常の営業の範囲内で個別の動産を処分する権限を有しているが、債務の履行を遅滞した場合には、譲渡担保権者は担保権を実行し、担保目的物を換価して債務の弁済に充てることができる。

　集合動産譲渡担保の目的物は、集合物を構成する動産であって、設問にあるような保険金請求権自体は、直接譲渡担保の目的となっているものではない。もっとも、火災保険の保険金請求権は、目的物が焼失した場合に生じる担保目的物の価値代替物であるということができる。

　ところで、一般に、先取特権や抵当権の担保権者は、担保目的物の売却・賃貸・滅失または損傷によって債務者が受け取るべき金銭その他の物についても担保権の効力が及ぶとされ、担保権者は、これを差し押さえて、債務の弁済に充てることができる（民法304条・372条）。これを「物上代位」という。たとえば、担保目的物が売却された場合の売買代金であったり、賃貸に供された場合の賃料といったものがこれに当たる。また、抵当権が設定された不動産に付された火災保険の保険金に対しても、抵当権者は、物上代位できるとされている。

　一方、譲渡担保権は判例によって認められてきた担保権であり、抵当権のように物上代位ができるという明文の定めはない。また、集合動産譲渡担保権は、目的物が変動することが予定されているし、通常の営業の範囲内であれば、譲渡担保権設定者は任意に目的物を処分することも認められている。そこで、集合動産譲渡担保権者は物上代位権を行使することができるのか、できるとすればどのような場合かが問題になる。

(2) 集合動産譲渡担保権と物上代位

　譲渡担保権に基づく物上代位の可否については、争いがあったが、最高

裁は、特定動産の譲渡担保権に基づいて、当該動産の転売代金債権に対する物上代位権の行使を認めた（最判平成11・5・17金融・商事判例1071号17頁）。

さらに、最高裁は、魚の養殖業を営んでいた債務者が、所有する養殖施設一式および養殖魚を目的として金融機関に対して集合動産譲渡担保権を設定していたところ、担保目的物の養殖魚の一部が赤潮により死滅し、債務者が共済組合と締結していた共済契約に基づき、養殖魚の滅失による損害をてん補するための共済金請求権を取得した事案において、譲渡担保権者が共済金請求権に対して物上代位権を行使することを認めた（最判平成22・12・2金融・商事判例1362号25頁）。

同判例は、集合動産譲渡担保権の効力は、目的動産が滅失した場合にその損害をてん補するために譲渡担保権設定者に対して支払われる損害保険金の請求権に及ぶとした。そして、集合動産譲渡担保契約は、譲渡担保権設定者が目的動産を販売して営業を継続することを前提とするものであるから、譲渡担保権設定者が通常の営業を継続している場合には、目的動産の滅失により保険金請求権が発生したとしても、これに対して直ちに物上代位権を行使できる旨が合意されているなどの特段の事情がない限り、譲渡担保権者は損害保険金の請求権に対して物上代位権を行使することはできないとしたうえで、本件では、既に債務者が養殖施設や養殖魚を用いた営業を廃止していたことから、譲渡担保権者に共済金請求権に対する物上代位権の行使を認めている。

同判例は、譲渡担保権設定者が通常の営業を継続している場合には、たとえ保険金請求権が発生したとしても、特段の事情がない限り、譲渡担保権者は物上代位権を行使することはできないとしている。では「通常の営業を継続している」とはどのような場合かが問題になるが、同判例のように営業を廃止しているような場合や、再生手続の申立をした場合も、「通常の営業を継続している」には当たらず、物上代位権を行使することが可能であると思われる（金融法務事情1930号46頁以下）。そして、譲渡担保権は再生手続においては別除権として扱われ、再生手続外で担保権を行使することができるので、本設例においても、保険金請求権に対して物上代位

を行使することができると考えられる。

(3) 行使の仕方

物上代位権は、第三債務者から払渡しまたは引渡しがなされる前に、対象となる債権等の差押えをしなければならない（民法304条1項）。したがって、譲渡担保権者が保険金請求権に対して物上代位をなす場合、保険会社等から債務者に保険金の支払がなされる前に、保険金請求権を差し押さえる必要がある。差押えがなされる前に、保険金の支払がなされてしまうと、もはや物上代位権の行使はできないものと考えられる。

(4) 保険金請求権以外の物上代位

上記のとおり、物上代位は担保目的物の価値代替物に対して認められるので、集合動産譲渡担保権の目的物が転売されたり、賃貸に供された場合、転売代金債権や賃料に対しても物上代位をする余地はあるといえる。

もっとも、上記のとおり、集合動産譲渡担保権は、譲渡担保権設定者に通常の営業の範囲内での営業を認めるものであるから、通常の営業の範囲内でなされた目的物の売却による売買代金債権などについては物上代位をすることはできないと考えられる。一方、通常の営業の範囲を超えて目的物が売却されたり、譲渡担保権設定者が営業を廃止した場合などには、物上代位権の行使の余地があるものと思われる。

2　抵当不動産の保険金請求権と質権

(1) 保険金請求権に対する質権

上記のとおり、抵当権者は、抵当権が設定された不動産に付された火災保険による保険金請求権に対し、物上代位権を行使することができる。したがって、万が一抵当不動産が火事に遭うなどしたときには、保険金請求権を差し押さえて、保険会社から保険金を支払ってもらうことができる。

もっとも、上記のとおり、物上代位は、第三債務者（保険会社）から払渡しがなされる前に差押えをする必要がある。そのため、差押えをする前に、保険会社が抵当権設定者に保険金を支払ってしまうと、もはや保険金請求権に対して物上代位をすることはできなくなる。また、抵当権設定者が保険契約を解約した場合の解約返戻金請求権については、解約返戻金は

抵当不動産の価値代替物ではないので、物上代位をすることはできないと考えられる。

そのため、金融機関が抵当権や根抵当権を設定した場合に、その設定者から、別途保険金請求権や解約返戻金請求権に対して質権の設定を受けることがよく行われている。質権を設定しておけば、第三債務者である保険会社が、質権者の承諾なく抵当権設定者に保険金を支払うことはまずない（万が一支払ってしまった場合でも、その支払によって保険会社は免責されないので、質権に基づいて保険金の支払を求めることができ得る）。また、抵当権設定者は質権者の承諾なく保険契約を解約することはできず、解約返戻金を受け取ることもできない。

(2) 抵当不動産が任意売却された場合の保険金請求権に対する質権の帰趨

抵当権や根抵当権を設定した不動産について、その設定者が任意にこれを売却し、抵当権者は、その売却代金から被担保債権の返済を受け、抵当権を解除するということはよくある。再生手続においても、抵当権は別除権として扱われるので、競売を申し立てることは可能であるが、再生債務者が任意に抵当不動産を売却し、その売却代金から返済を受けて、抵当権を任意に解除することはよく行われる（これを別除権の受戻しという）。

それでは、抵当不動産に付保された火災保険の保険金請求権等に質権を設定していた場合に、抵当不動産の任意売却がなされて抵当権を解除したとき、保険金請求権等に対する質権はどうなるか、複数の考え方があり得る。

1つの考え方は、保険金請求権に対する質権は、抵当権者にとって、抵当不動産が火災等で滅失した場合の価値代替物から確実に回収する保全策としてなされたものであることから、任意売却がなされて抵当権を解除したときには、質権も当然に消滅するというものである。この考え方からすると、別除権の受戻しに応じて抵当権を解除した時点で、保険金請求権等に対する質権も自動的に消滅し、解約返戻金等に対して質権を行使することはできないことになる。この考え方は、抵当不動産が売却された時点で、元の抵当権設定者が契約した火災保険は保険の利益がなくなるので、保険として意味をなさないものになって、質権を存続させる意味もないと考えられることや、当事者の意思としても、抵当不動産が売却された時点

でもはや保険金請求権を行使する可能性もなくなっており、質権も消滅させる意思であると考えられることなどを根拠とするものといえる。

　もう1つの考え方は、質権は抵当権とはあくまでも別に設定された担保権であるので、抵当権を解除しても質権には何ら影響はなく、その効力は存続するというものである。この考え方からすると、別除権の受戻しに応じて抵当権を解除した場合でも、保険金請求権等に対する質権は存続しているので、解約返戻金がある場合には、質権を行使し、保険契約を解約のうえで、保険会社から解約金返戻金の支払を受けて弁済に充てることができることになる。この考え方は、保険金請求権等に対する質権は、単に抵当不動産の価値代替物からの回収を保全する趣旨だけではなく、解約返戻金も含めた保険契約の財産的価値に着目し、これを担保として取得したものであると理解するものといえよう。

　保険金請求権に質権を設定する場合、同時に当該保険契約が解約された場合の解約返戻金にも質権が設定されることが多い。そして、解約返戻金は、抵当不動産の価値代替物ではなく、保険契約者が保険料を支払ったことによって生じる資産である（物上代位の対象になるものでもない）。そして、抵当不動産が売却された際に保険契約が解約されると返戻金が発生する場合に、抵当権者の意思としては、抵当権は解除するとしても、このような解約返戻金に対する質権まで当然に解除する意思であるとは限らないと思われる。特に再生債務者に対して別除権の受戻しに応じた後も再生債権が残存する場合、解約返戻金に対する質権の行使によってさらに再生債権の回収を期待するのが通常ではなかろうか。

　そうすると後者の見解の方が妥当ではないかと思われるが、判例も蓄積されておらず、いずれかの見解が定着しているという状況にはない。ただ、保険会社とすれば、質権の設定をいったん承諾した以上、質権者の了解なく解約に応じたり解約返戻金を支払ったりすることはないと思われ、前者の考え方をとったとしても、現在の実務の処理とすれば、質権者の了解を得て解約する方法しかないと思われる。

（奥津　周）

Question 52 〔商事留置権をめぐる問題——不動産に対する商事留置権主張への対応〕

金融機関が債務者の建物建設用地の取得費用を貸し付け、同土地に担保権を設定している場合において、債務者について再生手続が開始されたことを受けて、建物建設業者が建築中の建物およびその敷地を占拠し留置権を主張しています。このような主張は認められますか。実務的にはどのような対応方法がありますか。

Answer

建物建設業者による敷地に対する商事留置権の主張については、従来、裁判例が分かれていましたが、平成22年にこれを否定する東京高裁決定が相次ぎ、実務上は、敷地に対する商事留置権を認めないという対応で決着したといえます。そのため、建物建設業者に請負代金を支払うことなく民事再生が申し立てられたとしても、金融機関は、敷地に商事留置権が存在しない前提にて、競売の申立を行ったり、別除権協定を行うことにより、回収を図ることができます。

解説

1 問題の所在

建物建設業者が請負代金債権を有する場合、その建物だけでなく、債務者所有の敷地についてまで、商事留置権の主張がなされることが通常である。なぜなら、建物建設業者としては、建物について留置権を主張することができたとしても、敷地の使用権限がないため、その権利関係は極めて脆弱であり、建物の留置権だけでは請負代金の回収は期待できないからである。他方、敷地についてまで商事留置権を主張できるとなれば、建物建設業者は請負代金を支払わない限り敷地を引き渡さないという留置的効力の主張ができることとなり、土地の価格から実質的に最優先の順位で回収を図ることが可能となる。

もっとも、これにより、その土地に担保権を設定している金融機関としては、担保権設定時点で存在しなかった請負代金債権が、実質上、最優先で土地の担保価値を優先取得することとなるため、設定済みの担保権の利益が著しく減少することを甘受しなければならないこととなる。そうなれば、担保権設定時点の土地の価格に基づいて融資を行っている金融実務について、少なくとも建物建設が予定されている場合に大幅に見直さなければならないことにもなりかねない。

2　従来の判例・学説の状況

　この問題は、バブル経済の崩壊後に、支払能力を失った注文主がふえたことから、多く見られるようになり、高裁における決定が相当数集積した。

　主な争点としては、商法521条が「商人間においてその双方のために商行為となる行為によって生じた債権が弁済期にあるときは、債権者は、その債権の弁済を受けるまで、その債務者との間における<u>商行為によって自己の占有に属した</u><u>債務者の所有する物</u>又は有価証券を留置することができる」と規定されていることを受けて、その文言の解釈をめぐり、①不動産は同条の「物」に当たるか、②建物建設業者は「商行為によって」占有しているか、③建物建設業者の占有は「自己の占有に属した」といえるかという点について争われてきたものである。

　しかし、その判断は、敷地に対する商事留置権を肯定する決定と否定する決定に分かれる結果となった。このうち、肯定説に立つものとしては、東京高裁平成6年2月7日決定（金融法務事情1438号38頁）、東京高裁平成10年11月27日決定（金融法務事情1540号61頁）があり、否定説に立つものとしては、東京高裁平成6年12月19日決定（金融法務事情1438号38頁）、大阪高裁平成10年4月28日判決（金融・商事判例1052号25頁）、東京高裁平成10年6月12日決定（金融法務事情1540号61頁）、東京高裁平成10年12月11日決定（金融法務事情1540号61頁）、東京高裁平成11年7月23日決定（金融法務事情1559号36頁）、東京高裁平成13年1月30日判決（判例タイムズ1058号180頁）があった。また、学説も肯定説と否定説に分かれ

ていた。

3　従来の東京地裁の取扱い

上記のように、判例・学説は分かれていたものの、否定説の裁判例の方が多くあり、また、肯定説の決定はいずれも建物が完成ないしほぼ完成した事案であるという特殊性もあったことから、少なくとも、建物が完成していない事案にあっては否定説が妥当するとも思われた。

しかしながら、東京地裁では、従来、肯定説に立って事件を処理してきた（東京地裁民事執行実務研究会編著『改訂不動産執行の理論と実務（上）』262頁）。

東京地裁がそのような取扱いをしてきた理由は、次のような実践的見地に基づく。すなわち、東京地裁が競売手続において商事留置権が存在していないとして評価したとしても、売却後に別訴で建物建設業者が買受人を訴えて商事留置権の存否を争うことがあり得る。その別訴において商事留置権が認められた場合（裁判所が異なるのでそのようなおそれはあり得る）、東京地裁の競売手続を信用した買受人が不測の損害を被ることになる。そのような損害を被らないようするためには、競売手続において商事留置権が存在するとして土地を評価するべきであるというものである。

このような東京地裁の取扱いは、本件問題について最高裁の確定判例がないために、買受人保護の見地から保守的に検討した結果であったものと思われる。

4　平成22年に相次いだ東京高裁決定

(1)　従来の東京地裁の取扱いにおける問題点

上記の東京地裁の取扱いの結果、土地の価額から商事留置権の被担保債権額を控除して評価し、その評価に基づいて売却基準価額および買受可能価額を定めることになるため、金融機関が競売の申立をしたとしても、場合によっては無剰余となり、不動産競売手続が取り消されることにもなりかねない（民事執行法63条）。これでは、買受人を不測の損害から保護できたとしても、担保権設定時点の土地の価格に基づいて融資を行っている

金融機関が不測の損害を被ることになってしまう。

実際、このような取扱いのために、不動産競売手続が取り消された事例が相次ぐこととなり、その取消決定の取消しを求めた執行抗告事件において、東京高裁平成22年7月26日決定（金融法務事情1906号75頁）および東京高裁平成22年9月9日決定（金融法務事情1912号95頁）はいずれも商事留置権の成立を否定して原決定を取り消した。

(2)　東京高裁平成22年7月26日決定

東京高裁平成22年7月26日決定は、まず、商法521条の「物」には不動産が含まれるかという点について、「商事留置権は、債権者が債務者の所有物を占有していることを要件とした一種の浮動担保と理解することが可能であり、不動産に関しては継続的な取引があるとしても、債権者がその都度債務者の所有不動産を占有することは通常考え難いことも参酌すると、商事留置権は動産を対象としたものと考えられる」としてこれを否定し、また、「商行為によって自己の占有に属した」といえるかという点について、「商取引上、商人の一方が他の商人の所有物又は有価証券（通常は商品）を常態的に占有することが予定されている場合に、その取引のためにその物又は有価証券を占有したことが必要である。取引目的の実現の際、取引目的外の物に占有を及ぼし、それが偶々債務者所有であったという場合のその目的外の物は『商行為によって自己の占有に属した』とはいえない」としたうえで、建物建設業者が注文者の土地を常態的に占有することは予定されておらず、また、建物建設業者にとって土地の占有は取引目的外の物への占有であり、それがたまたま債務者所有の土地であったに過ぎないとして、「商行為によって自己の占有に属した」とはいえないと判示した。

(3)　東京高裁平成22年9月9日決定

東京高裁平成22年9月9日決定は、商法521条の「物」に土地が含まれるかという点については、「民事の留置権についての他人の『物』には、土地も含まれるところ（最高裁昭和38年2月19日第三小法廷判決・集民64号473頁）、商人間の商行為によって生ずるいわゆる商事留置権も、これと異に解すべき理由はない」として、土地も「物」に当たると判示したもの

の、「自己の占有に属した」の解釈については、「自己のためにする意思をもって目的物がその事実的支配に属すると認められる客観的状態にあることを要する」としたうえで、建物建設業者は建築請負契約に基づく債務の履行のために立ち入り使用するだけの権原を有するに過ぎないことなどから「地上建物の注文者である債務者兼所有者の占有補助者の地位を有するにすぎず、債務者兼所有者の占有と独立した占有者とみることはできない」としてこれを否定し、また、鉄製フェンスを設置して施錠をした占有行為は「商行為によって」占有したとはいえないとして、これも否定した。

5　現在の東京地裁の取扱い

　建物建設業者の敷地に対する商事留置権の成立については、いまだ最高裁の確定判例は出ていないものの、上記のとおり、成立を否定する東京高裁決定が重ねて出されてこと、また、これを肯定する従来の決定はいずれも建物が完成していた事案であったこと等を勘案して、少なくとも、建物が完成していない事案については、商事留置権の成立を否定する確定判例があるものとして取り扱うべきである状況となった。また、そのような事案においては、不動産競売手続外の別訴において商事留置権が認められて買受人が不測の損害を受けるというおそれはほぼなくなったということができる。

　このようなことから、建物が未だ完成していない事案について、東京地裁では従前の取扱いを変更することとし、商事留置権は成立しないものとして取扱うこととなった（東京地方裁判所民事執行センター「建物建築工事請負人の建物の敷地に対する商事留置権の成否」金融法務事情1912号81頁）。

　なお、建物が完成している事案については、成立が肯定される余地が残っているものの、この種の事案で建物が完成していることは現実には少ないと思われる。

6　民事再生事件における実務的な対応方法

　以上の状況を踏まえ、建物建設業者に請負代金を支払うことなく民事再生が申し立てられた場合、その敷地に担保権を有する金融機関としてどの

ような実務的な対応を行うべきかについて検討する。

　民事再生事件において、敷地に担保権を有する金融機関の回収方法としては、競売の申立を行って民事再生手続によらないで回収する方法と別除権協定を行って民事再生手続に基づいて回収する方法があるので、2つの場合を分けて考える。

(1) 競売による場合

　従来は、競売手続において、商事留置権が成立するものとして土地が評価され、商事留置権の存在によって売却基準価額および買受可能価額が著しく低廉になったり、無剰余で取消しされるおそれがあった。そのため、競売手続を選択することについて、実務上、躊躇を覚えることもあり得た。

　しかし、今後は、そのようなリスクは、少なくとも建物が完成していない事案ではなくなったと考えられることから、競売手続も回収方法の選択肢の1つであるといえる。

　また、競売手続が実質的な回収方法として機能することになったことから、競売の申立を行うことにより再生債務者に対して有利なポジションを取得したうえで、次に述べる別除権協定に臨む等、回収の方法にも幅が出てきたといえる。

(2) 別除権協定による場合

　民事再生手続において商事留置権は別除権として取り扱われることから、従来は、建物建設業者も肯定説を根拠に別除権を主張し、土地の評価額のうち一定割合を支払うよう別除権協定の交渉に加わってきた。実際、建物建設業者も含めた別除権協定がなされることが多かったと思われる。

　もっとも今後は、別除権協定を行う場合であっても、金融機関としては、建物建設業者に商事留置権が成立しないという前提で交渉に臨み、別除権協定に建物建設業者が参加することを拒む対応も可能であると考えられる。これにより、土地の評価額の全額につき、金融機関が弁済を受けることを求めることが可能となる。

　もっとも、再生債務者が別除権協定を求めるときは、当該土地が再生のために必要とされることが通常であるため、再生債務者が建物建設業者に

対して当該土地の引渡しを求めているケースがほとんどである。その場合、建物建設業者は商事留置権の主張はできなくなったと考えられるものの、事実上、占有を継続して抵抗することも想定され、訴訟等の法的手続を行っていたのでは再生スケジュールに支障を来す場合、再生債務者は建物建設業者に何らかの解決金を支払うなどして和解することが今後も考えられるところである。

　このような状況になった際、金融機関としては、別除権協定の前提となる土地の評価額から当該解決金が事実上控除されるような事態にならないように、再生債務者と建物建設業者との交渉内容につき適宜報告を求めるなどしておくべきであろう。そのうえで、別除権協定の交渉から建物建設業者を排除したことが骨抜きにならないように留意しながら、別除権協定を行う必要がある。

（渡辺　徹）

Question 53 〔商事留置権をめぐる問題―手形の商事留置権と弁済充当〕

金融機関が債務者の依頼を受けて約束手形の取立を行っている場合において、債務者に再生手続が開始されたことから、金融機関は、当該手形について商事留置権を主張し、手形取立金を貸金債権に弁済充当することができますか。

Answer

債務者に破産手続きが開始した場合については、金融機関が手形取立金を貸金債権に弁済充当することができるとした最高裁判決が平成10年に出されていたものの、債務者に民事再生手続が開始した場合については、下級審の判断は分かれていました。しかし、平成23年12月15日に弁済充当を認める最高裁判決が出されたことから、今後は、民事再生手続が開始した場合であっても、金融機関は手形取立金を貸金債権に充当することができます。

解説

1 問題の所在

手形の商事留置権と弁済充当の問題については、債務者に破産手続が開始した場合に関しては平成10年に最高裁判決が出されており（最判平成10・7・14金融・商事判例1057号19頁。以下、「平成10年最判」という）、実務上は取扱いが確定している。

他方、債務者に民事再生手続が開始した場合に関しては、破産と民事再生とにおける商事留置権の取扱いが必ずしも同じでないことから、平成10年最判の射程をめぐり、下級審判決は結論が分かれていたが、平成23年12月15日に最高裁判決が出され（金融・商事判例1382号12頁。以下、「平成23年最判」という）、実務上はこの問題にも決着がついた。

以下、平成10年最判の判旨を検討したうえで、商事留置権が破産の場

合と民事再生の場合とでどのように規定されているかを整理した後に、民事再生手続に関する下級審判決および平成23年最判を検討する。

2　平成10年最判

(1)　2つの論点

　平成10年最判は、大きく2つの論点からなる。第1の論点は、金融機関は破産管財人から手形返還請求を拒むことができるかという点であり、第2の論点は、取り立てた金員を金融機関が弁済に充当することができるかという点である。第2の論点については、銀行取引約定書4条4項に「貴行に対する債務を履行しなかった場合には、貴行の占有している私の動産、手形その他の有価証券は、貴行において取立または処分することができるものとし」、この場合はその取得金から諸費用を差し引いた残額を法定の順序にかかわらず債務の弁済に充当できることに同意しますという条項が存在しているところ（以下、「本件条項」という）、本件条項に基づいて弁済充当が認められるかということが問題となっている。

(2)　第1の論点の判旨

　平成10年最判は、第1の論点につき、次のとおり判示した。

　「破産財団に属する手形の上に存在する商事留置権を有する者は、破産宣告後においても、右手形を留置する権能を有し、破産管財人からの手形の返還請求を拒むことができるものと解するのが相当である。けだし、破産法93条1項前段……『之ヲ特別ノ先取特権ト看做ス』という文言は、当然には商事留置権者の有していた留置権能を消滅させる意味であるとは解されず、他に破産宣告によって右留置権能を消滅させる旨の明文の規定は存在せず、破産法93条1項前段が商事留置権を特別の先取特権とみなして優先弁済権を付与した趣旨に照らせば、……破産管財人に対する関係においては、商事留置権者が適法に有していた手形に対する留置権能を破産宣告によって消滅させ、これにより、特別の先取特権の実行が困難になる事態に陥ることを法が予定しているとは考えられないからである。」

　なお、旧破産法93条1項前段は現破産法66条1項に引き継がれており、平成10年最判の判旨は現破産法においてもそのまま適用されるものであ

る。

(3) 第2の論点の判旨

平成10年最判は、第2の論点につき、次のとおり判示した。

「支払期日未到来の手形についてみた場合、その換価方法は、民事執行法によれば原則として執行官が支払期日に銀行を通じた手形交換によって取り立てるものであるところ（民事執行法192条、136条参照）、銀行による取立ても手形交換によってされることが予定され、いずれも手形交換制度という取立てをする者の裁量等の介在する余地のない適正妥当な方法によるものである点で変わりがないといえる。そうであれば、銀行が右のような手形について、適法な占有権原を有し、かつ特別の先取特権に基づく優先弁済権を有する場合には、銀行が自ら取り立てて弁済に充当し得るとの趣旨の約定をすることには合理性があり、本件約定書4条4項を右の趣旨の約定と解するとしても必ずしも約定当事者の意思に反するものとはいえないし、当該手形について、破産法93条1項後段に定める他の特別の先取特権のない限り、銀行が右のような処分をしても特段の弊害があるとも考え難い。」

(4) 平成10年最判のポイント

平成10年最判は、第1の論点について、商事留置権が存続するとの明確な表現は用いずに、「留置する権能を有し、……拒むことができる」という慎重な表現ぶりとなってはいるが、これは、不法行為の成否が争われた本件の解決に必要な限度での判断を示したためであると考えられる。いずれにしても留置権能を認めて、手形の返還請求を拒めるとしたことが重要なポイントである。

また、第2の論点についても、不法行為の成否が争われたため、任意処分の方法の適正妥当性や弊害の有無などの個別の事情を検討したうえで、本件条項に基づき弁済充当できることを認めて、不法行為は成立しないとした。その意味で、第2の論点に関する判断は、本件事実関係を前提とした事例判例であるといえる（以上につき、法曹会編『最高裁判所判例解説民事篇平成10年度（下）』669頁〔田中昌利〕参照）。

3　商事留置権の破産法と民事再生法との規定の差異

　商事留置権については、破産法と民事再生法とで規定ぶりが異なるため、平成10年最判の射程が直ちに民事再生にも及ぶという関係にはない。そこで、民事再生手続の判決を検討する前に、商事留置権に関する破産法の規定と民事再生法の規定についてあらかじめ整理しておく。

(1)　破産法の規定

　破産手続において、商事留置権は特別の先取特権とみなされ、別除権として取り扱われる（破産法66条1項・2条9項）。これにより、優先弁済効を有し、また、民事執行法180条以下による競売の申立により別除権としての権利実行ができる。

(2)　民事再生法の規定

　民事再生手続における商事留置権は、破産手続におけるように、特別の先取特権とみなされる旨の規定はなく、そのまま別除権となることが規定されている（民事再生法53条1項）。そのため、破産手続と異なり、優先弁済効は認められず、担保権の実行としての競売手続もとることはできない。もっとも、民事執行法195条に基づく形式競売を行って、換価金引渡債務と再生債権を相殺できると解すれば実質的な優先弁済を受けることができることになるが（永石一郎編集代表『倒産処理実務ハンドブック』507頁）、民事再生法93条1項1号により相殺できないとする見解もある（四宮章夫＝中井康之監修『倒産・事業再編の法律相談』230頁）。ただし、留置的効力は存続することから、場合によっては事実上の優先弁済を受けることが可能である。

4　否定説の下級審判決

(1)　判　旨

　東京高裁平成21年9月9日判決（金融・商事判例1325号28頁。平成23年判決の原審）は、民事再生手続において、手形に商事留置権を有する金融機関が弁済充当できるかという点が問題となったケースの最初の高裁判決であるが、この問題について、民事再生法85条1項が「再生債権につい

ては、再生手続開始後は、この法律に特別の定めがある場合を除き、再生計画の定めるところによらなければ、弁済をし、弁済を受け、その他これを消滅させる行為（免除を除く）をすることができない。」と規定していることから、本件条項によって弁済充当することが「この法律に特別の定めがある場合」に該当するか否かが争点になるとして、次のように判示した。

まず、「別除権の行使によって優先的に弁済を受けられるためには、当該別除権者が他の債権者に対して優先して弁済を受けられる権利を有していることが必要である」とし、「平成10年最判も、破産法において商事留置権が特別の先取特権とみなされ、優先弁済権を有する場合に」本件条項による弁済充当を認めた判例であるとした。

そのうえで、「しかるところ、……商法において商事留置権に優先弁済権を付与する旨の定めはなく、民事再生法においても商事留置権を特別の先取特権とみなす等の優先弁済権を付与する定めが見当たらない」とし、また、「民事執行法195条は、……留置権による形式競売を規定しているが、……この場合には実体法上の優先順位に基づいて配当が実施されるのであり、留置権者は、他の一般債権者と同順位で配当に預かるというべきであり、優先弁済権が認められるものではな」く、さらに、「被担保債権をもって換価金引渡債務と相殺することにより、事実上の優先的満足を達し得ること」については、「留置権者が再生手続開始後に競売権を行使して換価代金を受け取った場合には、再生債権者が再生手続開始後に債務を負担したときは相殺が禁止されること（民事再生法93条1項1号）から、留置権者は相殺をすることができ」ないとして、形式競売を根拠とする優先弁済権も否定した。

最後に、本件条項について、「本件条項の存在を前提として、取立委任手形が金融取引の担保的な機能をしている実体が公知かつ周知されているとしても、その担保的な機能が、優先弁済権を含む担保権であり、強行規定である民事再生法85条1項の適用を排するものであるとは、到底いえない。」とした。

(2) 検　討

　東京高裁平成21年9月9日判決は、民事再生法85条1項における「この法律に特別の定めがある場合」とは、優先弁済権が存在することが必要であるとして、民事再生法の商事留置権には優先弁済権が認められない以上、これに当たらないという論理構成をとっている。

　しかし、そもそも、平成10年最判は、優先弁済権を根拠に弁済充当を認めたのではなく、留置権能に基づいて、破産管財人からの手形返還請求権を拒むことができるとした点に重点があった。また、留置権能とは、留置物と引換えに優先弁済を求め、かつ、受領した優先弁済を適法に保持する権能に他ならず、事実上の優先弁済権を有していると考えられる（岡正晶「商事留置手形の取立て・充当契約と民事再生法53条の別除権の行使」金融法務事情1867号6頁）。そうであれば、民事再生法の商事留置権には、留置的効力がある以上、東京高裁平成21年9月9日判決は平成10年最判と平仄が合っているのか疑問であった。

5　肯定説の下級審判決

(1) 判　旨

　名古屋高裁平成22年12月15日判決（金融法務事情1914号34頁）は、民事再生手続における弁済充当を認め、次のように判示した。

　まず、「被控訴人（注：金融機関）は、……本件各手形上に商事留置権を取得したのであるから、被控訴人は、本件各手形を留置する権能を有しており、控訴人から本件各手形の返還を求められても、商事留置権を行使してこれを拒絶し、本件各手形の占有を適法に継続することについては理由があるというべきである。……そうすると、被控訴人は、本件各手形上に、別除権として再生手続によらないで行使することのできる商事留置権を取得したことになる。」として、留置権能があることを認定した。

　次に、民事再生手続における商事留置権には破産手続と異なり優先弁済権が認められていないことを認定したうえで、「しかしながら、被控訴人のような銀行は、本件銀行取引約定4条2項、3項、5条1項と同様な取引約定を顧客との間で結び、顧客について債務不履行があった場合には、担

保の実行として、銀行が占有している顧客の手形を取立てに回し、取立金をもって顧客の債務の弁済に充当するという取扱いをしてきた。……万一、銀行借入れにつき債務不履行があった場合には、銀行が割引依頼手形を取り立て、取立金を優先的に弁済に充当することを当然の前提としてきたし、そうしたことは取引界においては広く知れ渡っていたことといえる。そういう意味では、既に銀行の占有化にある手形について、銀行が銀行取引約定に基づき、これを取り立て、債務不履行となっている債務の弁済に充当することが、再生債務者の予期に反するとはいえない。……一方、本件銀行取引約定4条3項に基づく弁済充当が許されないと、……本件銀行取引約定により、割引依頼手形による優先弁済を受けることを期待した銀行の予期に反する結果をもたらすことになる」とした。

そのうえで、「民事再生法85条1項が再生手続開始後における再生債権の弁済を原則として禁止するのは、債権者に再生手続によらない個別の権利行使を許すと、再生債務者の事業又は経済生活の再生を図るという民事再生法の目的を達成できなくなることに加え、債権者間の公平を図るためと解される」ところ、商事留置権の目的となった留置物は事業原資となることも予定されていなかったともいえるし、また、本件条項に基づく弁済充当は広く知られていることからすると、「民事再生法85条1項の趣旨ないし目的に必ずしも反するとはいえ」ず、民事再生法53条による別除権の行使として許されるというべきであるとした。

(2) 検 討

民事再生法における商事留置権には優先弁済権がないが留置権能があることを積極的に認定しており、平成10年最判との整合性が図られた内容となっている。

6 平成23年最判

(1) 判 旨

上記のように、下級審判決が分かれていたが、東京高裁平成21年9月9日判決上告受理申立事件において、平成23年最判は肯定説に立ち、次のように判示した。

まず、取立金の留置の可否を争点としたうえで、「留置権は、他人の物の占有者が被担保債権の弁済を受けるまでは目的物を留置することを本質的な効力とするものであり（民法295条1項）、……留置権者は、留置権による競売が行われた場合には、その換価金を留置することができるものと解される。この理は、商事留置権の目的物が取立委任に係る約束手形であり、当該約束手形が取立てにより取立金に変じた場合であっても、取立金が銀行の計算上明らかになっているものである以上、異なるところはない」として、「当該約束手形の取立てに係る取立金を留置することができる」とした。

次に、本件条項による弁済充当の可否について、「銀行は、……民事再生法53条2項の定める別除権の行使として、その取立金を留置することができ」、「このことに加えて、民事再生法88条が、別除権者は当該別除権に係る担保権の被担保債権については、その別除権の行使によって弁済を受けることができない債権の部分についてのみ再生債権者としてその権利を行うことができる旨規定し、同法94条2項が、別除権者は別除権の行使によって弁済を受けることができないと見込まれる債権の額を届け出なければならない旨を規定していることも考慮すると、上記取立金を法定の手続によらず債務の弁済に充当できる旨定める銀行取引約定（注：本件条項）は、別除権の行使に付随する合意として、民事再生法上も有効であると解するのが相当である」として、本件条項に基づき弁済充当することができる旨認めた。

(2) 検 討

平成23年最判は、平成10年最判が問題にした2つの論点を同様に検討することによって、平成10年最判とほぼ同様のロジックを踏襲しているといえる。

まず、平成23年最判は、約束手形の取立金を留置することの可否について論じているが、これは、平成10年最判が金融機関は破産管財人から手形返還請求を拒むことができるかという点ついて論じたことと平仄を合わせつつ、さらに踏み込んで、取立金の留置もできるという判断が明示的に示された。

次に、平成23年最判は、本件条項に基づき弁済充当することの可否について論じているが、これは、平成10年最判とまったく同じ論点の立て方である。ただし、これを認める理由の内容は異なっており、平成23年最判では、民事再生法88条および同法94条2項の規定を考慮したことが、その理由とされている。この点、若干わかりにくいが、補足意見も併せ読むと、これらの条項によれば、民事再生法においては、別除権者が別除権の目的物を換価することによって満足を得ることを予定しているといえるから、その満足に充てるための特約は、別除権の行使に付随する合意として有効であるとする趣旨と考えられる。

7　実務上の対応

実務上は、今後、債務者に民事再生手続が開始されたとしても、金融機関は、手形について商事留置権を主張し、手形取立金を貸金債権に弁済充当することができる。

なお、信用金庫や信用協同組合などの協同組織金融機関は商人ではないため、商事留置権を主張することはできない。

（渡辺　徹）

Question 54 〔所有権留保をめぐる問題〕

クレジット会社が売掛金担保のために代金支払まで商品の所有権を留保していたところ、債務者につき再生手続が開始しました。クレジット会社が留保所有権に基づく権利行使をするにはどうすればよいのですか。信販会社が自動車売買代金を立替払し、事前の債務者・加盟店・信販会社の三者合意により、債務者に対する求償権とともに加盟店が留保していた所有権の移転を受けた場合はどうですか。

Answer

クレジット会社が留保所有権に基づく権利行使をするためには、まず、双方未履行契約に該当する旨の主張を行うべきですが、これを否定した下級審判決があります。次に、民事再生の申立を解除事由とする契約条項に基づいて、目的物の取戻しを図るべきですが、民事再生の申立を理由とする解除を無効とした最高裁判決があります。ただし、割賦代金の未払を理由とする解除は有効です。後段のケースについては、再生手続開始の時点で、信販会社を所有者とする登録がない限り別除権としての行使を認めないとした最高裁判決がありますので、立替払と同時に登録を受けておかねばなりません。

解説

1 所有権留保の特徴

所有権留保とは、割賦販売契約等において、売主が代金債権の支払を確保する必要性から行われるようになった。

動産の代金債権の担保としては動産質があるものの、目的物の占有取得が成立要件であるため、買主による目的物の使用収益を妨げる点に難点があり、また、動産売買先取特権もあり得るが、支払の確保の確実性に難点があった。そこで、売買契約と同時に買主に目的物を引き渡す一方で、代金完済までは所有権を売主に留保することとし、買主が代金の支払を遅滞

したときは、留保所有権に基づいて目的物を取り戻して換価することによって、代金債権の満足を確保するという所有権留保が広く行われるようになった。

所有権留保のこのような特徴を踏まえて、クレジット会社が民事再生手続においてどのように権利行使すべきかについて検討する。

2 双方未履行双務契約の該当性について

(1) 双方未履行双務契約に該当することのメリット

所有権留保は、上記のような特徴があるため、売主にあっては所有権移転義務が未履行であり、買主にあっては残代金支払義務が未履行であるといえる。そこで、クレジット会社が再生手続において留保所有権の行使を行おうとする場合に、まずもって検討される方法が、所有権留保の売買契約は双方未履行双務契約に該当するとして、民事再生法49条2項に基づき再生債務者に対して「契約の解除をするか又は債務の履行を請求するかを確答すべき旨を催告」する方法である。なぜなら、再生債務者が売買の目的物の使用を継続したい場合は債務の履行を選択することになり、その場合、クレジット会社の債権は共益債権となることから（法49条4項）、クレジット会社の残代金債権は満額回収の可能性が出てくるからである。

(2) 判　例

従来、会社更生に関するものであるが、東京高裁昭和52年7月19日判決（判例時報865号52頁）は、自動車の売買の事案に関して、「自動車の売買……において所有権移転の対抗要件たる登録名義の変更手続をすることが売主の重要な義務であることはいうまでもない」として、この場合は、「不動産の売買において同時履行の関係に立つ代金支払と所有権移転登記義務の履行とがともに未了のまま更生手続が開始された場合と同様」、双方未履行双務契約に該当する旨判示した。

他方、同じく、会社更生に関するものであるが、大阪高裁昭和59年9月27日判決（金融・商事判例709号36頁）は、機械の売買の事案に関して、「本件各機械の如くすでに引き渡しずみの所有権留保売買契約においては、売主は契約に基づく債務をすべて履行しており、ただ、売買目的物の所有

権移転を留保しているものの、買主の売買代金完済という条件にかかわらせており、右条件成就により留保された所有権移転の効果が生じ、改めて所有権留保売主の所有権移転行為を必要とするものではない」として、双方未履行双務契約に該当しない旨判示した。

この両判決の関係をめぐっては、単なる所有権留保については双方未履行双務契約に該当しないが、代金完済時においてはじめて売主が登記または登録を行う義務が生じる契約については、双方未履行双務契約に該当すると解し、両判決は矛盾しないと考えられていた（伊藤眞『破産法・民事再生法（第2版）』347頁）。

しかしながら、自動車の売買について民事再生手続が開始した事案について、東京地裁平成18年3月28日判決（金融法務事情1781号64頁）は、「法49条1項の規定は、再生手続における当事者双方を公平に保護するという趣旨から、双務契約の当事者間で相互にけん連関係に立つ双方の債務がいずれも履行されていない場合について規定する」ものであるとしたうえで、「本件各自動車が、その代金債務だけでなく、本件各自動車に関する部品代金、修理代金、立替金その他の支払債務を担保していること、原告には清算義務が課されていることなど、及び再生債務者と再生債権者との間の民事上の権利関係の適切な調整をいう法の目的（法1条）にかんがみると、……所有権移転登録手続をする債務は、買主が売主に対して負担する残代金債務とけん連関係に立つとはいえない」として、双方未履行双務契約に該当しない旨判示した。

東京地裁平成18年3月28日判決は、下級審裁判例ではあるが、民事再生手続に関して判示した最初の裁判例であり、実務に与える影響は小さくないと考えられる。

3　取戻権か別除権かについて

(1) 取戻権が認められることのメリット

仮に双方未履行双務契約に該当しないと解されたとしても、クレジット会社としては、所有権留保は別除権ではなくて、取戻権が認められると主張することを検討すべきである。なぜなら、別除権ということになれば、

担保権の実行手続の中止命令（法31条1項）や担保権消滅許可（法148条）によって再生の目的実現のために別除権の実行を制限または排除することが認められるおそれがあるからである。

(2) 判　例

かつては、取戻権説が有力であり、会社更生に関するものではあるが、裁判例も分かれていた。

しかし、近時では、別除権説が通説であり、破産に関するものであるが、札幌高裁昭和61年3月26日決定（金融・商事判例744号12頁）は、「本件所有権留保……の実質的な目的は、あくまでも……抗告人の求償権を担保することにあり、いずれにしても本件自動車の所有権の抗告人に対する移転は確定的なものではないと解される。そうすると、抗告人としては、本件留保所有権……に基づく別除権者として権利行使をなすべきであって、本件自動車に対する所有権を主張してその引渡を求める取戻権は有しない」と判示しているところである。

4　別除権行使の方法

(1) 別除権としての留保所有権の行使

仮に、留保所有権が別除権と解されたとしても、売主は、所有権留保の契約に基づいて、買主に対して目的物の引渡しを請求することができる。この点は、所有権留保を取戻権と解することができなくとも、差異を生じない。引渡し後、売主は、任意に目的物を評価または処分し、評価額または処分額が残代金債権を上回っていれば買主に清算金を提供し、下回っていれば、その差額を再生債権として届け出る。

また、所有権留保の目的物が再生債務者の再生にとって必要である場合、再生債務者の方から別除権協定の申入があるため、別除権協定の合意に至れば、その合意に基づいて弁済を受けることになる。

(2) 民事再生手続の申立を理由とする解除の可否

前記のとおり、売主は買主から目的物の引渡しを請求できるわけであるが、所有権留保の対象物は通常動産であるから、経年劣化を回避するべく、可及的すみやかに取戻しを図りたいところである。

所有権留保を定めた契約書には、通常、民事再生手続の申立が解除事由として定められていることから、民事再生手続の申立があれば直ちにそれを理由にして売買契約を解除し、目的物の返還を求めることが考えられる。

　この解除の有効性については、Q36に詳しく解説されているところであるので、ここでは詳細は差し控えるが、裁判例の結論だけを示せば、次のとおりである。まず、会社更生の事案であるが、最高裁昭和57年3月30日判決（金融・商事判例645号12頁）は、「更生手続開始の申立の原因となるべき事実が生じたことを売買契約解除の事由とする旨の特約は、……その効力を是認しえない」として、売買契約解除を無効とした。次に、リース契約に関するものであるが、民事再生手続の申立があった事案について、最高裁平成20年12月16日判決（金融・商事判例1319号45頁）は、「民事再生手続開始の申立てがあったことを本件リース契約の解除事由とする特約を無効」と判示した。

　これらの判例によれば、所有権留保の場合に民事再生手続が開始した事案についても、同様に、解除が無効と解される可能性が相当に高い。

(3) **民事再生手続開始の申立を理由とする解除が無効となった場合の別除権の行使の方法**

　最高裁平成20年12月16日判決の判決理由だけを見ると、所有権留保の売主は別除権をまったく行使できなくなるのではないかという疑問が生じる。

　しかし、この点について、同判決の田原裁判官の補足意見は、最高裁昭和57年3月30日判決を引用しつつ、「弁済禁止の保全処分は開始決定と同時に失効するので、再生債務者は、リース料金について債務不履行状態に陥ることとなる。したがって、リース業者は、別除権者としてその実行手続としてのリース契約の解除手続等を執ることができる」とし、民事再生手続開始決定後は、民事再生手続開始の申立を理由とするのではなく、債務不履行を理由とする解除事由に基づき、別除権行使が可能となることを明らかにした。

(4) 民事再生手続開始の申立前に債務不履行を生じていた場合の解除の可否

最高裁平成20年12月16日判決の判決理由によれば、民事再生手続開始の申立前にすでに債務不履行になっていた場合の解除の効力までも否定されるのではないかという疑問が生じる。

しかし、この点についても、前述の田原補足意見は、「本判決の結論は、再生債務者がリース料金を滞納した場合のリース契約の解除の可否には、当然ながら何らの影響を及ぼすものではない。再生債務者がリース料金を滞納していれば、リース業者は、その債務不履行を理由としてリース契約を解除することができるのは当然である」として、その場合の解除が有効であることを明らかにしている。

5 信販会社が自動車売買代金を立替払し、加盟店が留保していた所有権の移転を受けた場合における別除権行使の可否について

(1) 問題となった事案

自動車の買主、販売会社、クレジット会社の三者が自動車の売買契約において、クレジット会社に対し買主の残代金（本件残代金）につき立替払の委託を行うこと、買主は残代金に手数料を加算した金員（本件立替金等債務）をクレジット会社に支払うこと、本件立替金等債権を担保するため自動車の所有権がクレジット会社に留保されることが合意（本件三者契約）されていたが、自動車の登録が販売会社に残っていたままの状態で、買主に民事再生手続が開始された場合、クレジット会社は別除権を行使することができるかが争われた。

(2) 判決

上記事案においては、クレジット会社が所有権の登録をしていないことから、別除権を行使するにあたり自らの取得について対抗要件を具備することを要しないか否かが争われた。

この点、最高裁平成22年6月4日判決の原審は、販売会社への立替払いによって、弁済による代位が生ずる結果、販売会社の留保所有権は法律上当然にクレジット会社に移転することを本件三者契約によって確認して

いるので、販売会社において対抗要件を具備している以上、クレジット会社が自らの取得について対抗要件を具備することを要しないと判示した。

これに対して、最高裁平成22年６月４日判決（金融・商事判例1353号31頁）は、「被上告人（注：クレジット会社）本件三者契約により、上告人（注：買主）に対して本件残代金相当額にとどまらず手数料額をも含む本件立替金等債権を取得するところ、……被上告人が販売会社から移転を受けて留保する所有権が、本件立替金等債権を担保するためのものであることは明らかである。立替払の結果、販売会社が留保していた所有権が代位により被上告人に移転するというのみでは、本件残代金相当額の限度で債権が担保されるにすぎないことになり、本件三者契約における当事者の合理的意思に反するものといわざるを得ない」として、代位による移転を否定したうえで、「原則として再生手続開始の時点で当該特定の担保権につき登記、登録等を具備している必要があるのであって（民事再生法45条参照）、本件自動車につき、再生手続開始の時点で被上告人を所有者とする登録がされていない限り、……被上告人が、本件立替金等債権を担保するために本件三者契約に基づき留保した所有権を別除権として行使することは許されない」と判示した。

(3) 実務上の対応

最高裁平成22年６月４日判決によって明確に判示されたように、今後、クレジット会社としては、立替払と同時に登録の移転を必ず受けなければならない。

（渡辺　徹）

6 否　認

Question 55〔否認権の概要〕

否認の対象となるのはどのような行為ですか。倒産の前に金融機関が徴求した担保や受け入れた弁済が否定されたり、倒産前に債務者が行った取引が否定されるのは、どのような場合ですか。

Answer

否認対象となる行為には、大別すると、財産減少行為（狭義の詐害行為）と偏頗行為とがあります。財産減少行為は、債務者の責任財産を絶対的に減少させ、債権者に損害を与える行為です。これに対して、偏頗行為は、特定の債権者に弁済や担保提供を行い、他の債権者への配当を減じる行為です。債務者の責任財産を減少させるわけではありませんが、他の再生債権者との間の平等を害する行為です。

倒産の前に金融機関が徴求した担保や受け入れた弁済や、倒産前に債務者が行った取引が、これらの財産減少行為や偏波行為に該当する場合には、否認権者（通常は監督委員）によって否認されることになります。

解　説

1　総　論

(1) 否認の対象となる行為

民事再生法は、一定の要件の下で、再生手続開始後にそれらの効力を否定し、再生債務者の責任財産や債権者間の平等を回復するために、否認制度を設けている。

否認対象となる行為には、大別すると、財産減少行為と偏頗行為とがある。

財産減少行為は、債務者の責任財産を絶対的に減少させ、債権者に損害を与える行為である。

　これに対して、偏頗行為は、特定の債権者に弁済や担保提供を行い、他の債権者への配当を減じる行為である。債務も減少するため、債務者の責任財産の絶対的な減少はないが、他の再生債権者との間の平等を害する行為である。

　これらの否認類型を補足する形で、一定の要件の下、相当な価格による処分行為（法127条の2）、対抗要件充足行為（法129条）や、執行行為（法130条）を否認すること、再生債務者の財産の転得者に対して否認権を行使すること（法134条）も認められている。

　倒産前に銀行が徴求した担保や受け入れた弁済、倒産前に債務者が行った取引が否認されるのは、財産減少行為（法127条）や偏頗行為（法127条の3第1項）に該当する場合である。そこで、本項では、財産減少行為否認と偏頗否認を中心に概説する。

(2) 否認権の行使方法

　否認対象行為を説明する前に、否認権の行使方法を簡単に触れておく。

　否認権は、管財人または否認権限の付与を受けた監督委員が行使することができる（法135条1項）。否認権行使の効果は、原状回復（目的物の返還）が原則であるが（法132条1項）、否認権者には、選択的に、価額償還（目的物の評価相当額による現金の支払）の請求を行うことも認められている（法132条の2）。

　また、否認権の行使については、時期的な制限があり、再生手続開始の申立の日から1年以上前にした行為は、支払停止の事実を知っていたことを理由として否認することはできず（法131条）、また、否認権は、再生手続開始の日から2年間を経過したとき、または否認しようとする行為の日から20年を経過した時は、行使することができない（法139条）。

2　財産減少行為の否認

(1) はじめに

　財産減少行為の否認を理解・整理するうえでは、故意否認、危機否認と

いう観点からの分類も重要である。

故意否認は、否認権の成立に債務者の害意を要求するが、危機否認は、一定の債務者の危機的時期後になされる行為については、否認権の成立に、債務者の害意を要求しない。

要するに、危機否認は、一定の危機時期以降になされる行為については、類型的に詐害性が強いことから、否認権成立の要件を緩和しているものである。

なお、民事再生法は、無償行為である財産減少行為については、否認権行使の要件を緩和している。

(2) 故意否認
① 故意否認

再生債務者が、担保供与・債務消滅に関する行為以外で債権者を害することを知ってした行為で、これによって利益を受けた者（以下、「受益者」という）が、その行為の当時、再生債権者を害する事実を知っていた場合、当該行為を否認することができる（法127条1項1号）。

② 再生債権者を害する行為

再生債権者を害する行為とは、債務者の一般財産を減少させることによって全債権者に損害を与える行為をいう。

会社分割が債務者の一般財産を減少させる行為に該当するとする下級審裁判例が、近年、破産法上の否認に関して現れており（福岡地判平成21・11・27金融法務事情1911号84頁、福岡地判平成22・9・30金融法務事情1911号71頁等）、会社法における組織法上の行為の効力に関する規律との整合性の問題もあって、上級審の判断が注目されるところである。

これらの裁判例からすると、倒産前に債務者が詐害的に行った会社分割は、再生手続の下においても、否認の対象となると考えられる。

③ 立証責任

立証責任は、否認権者が、再生債務者の害意、財産減少行為について立証責任を負い、受益者が詐害の事実を知らなかったことについて立証責任を負う。

④ 相当な価格による処分行為の否認

再生債務者が、相手方から相当な対価を得て財産を処分した場合（相当な価格による処分行為）も、財産減少行為否認の一類型として、否認対象となるが、要件が加重されている（法127条の2）。

すなわち、相当な価格による処分行為の否認には、当該行為が、隠匿等、再生債権者を害するおそれを現に生じさせるものであること、再生債務者が、行為当時、隠匿等の意思を有していたこと、相手方が再生債務者の隠匿等の意思を知っていたことの3つの要件の充足が必要である。

これは、窮地における債務者の資金調達の便宜との調整を図る趣旨である。

したがって、倒産前に債務者が行った取引であっても、対価が適正であり、それが資金繰りに充てられているような場合には、否認されない。

(3) 危機否認

① 危機否認

再生債務者が、支払の停止または再生手続開始・破産手続開始・特別清算の申立（以下、「支払の停止等」という）があった後にした債権者を害する行為で、受益者が、その行為の当時、支払の停止等があったことまたは再生債権者を害する事実を知っていた場合、当該行為を否認することができる（法127条1項2号）。

危機時期における財産減少行為否認の成立要件としては、再生債務者の害意は不要となっている。これは、支払の停止等の一定の危機時期に入った後は、債務者の主観とは関係なく、その後の倒産手続の開始に備えて、責任財産を保全すべき要請が強く、また、危機的時期においては、債務者に害意があるのが通常であるためである。このようなことから、危機時期における財産減少行為の否認は、倒産手続の開始の前倒しとしての機能をもつ。

② 立証責任

立証責任は、否認権者が、支払の停止等の後に財産減少行為があったことについて立証責任を負い、受益者が、支払の停止等の事実および詐害の事実の両方について知らなかったことの立証責任を負う。

(4) 無償否認
① 無償否認

再生債務者が支払の停止等があった後またはその前6か月以内にした無償行為およびこれと同視すべき有償行為は、否認することができる（法127条3項）。贈与、債務免除、権利放棄等が例である。

無償行為否認も財産減少行為否認の一類型であるが、無償行為は債権者を害する度合いが大きい一方、受益者は対価なく受益しているため、要保護性が低いことから、否認権の成立のために債務者・受益者の主観的要件は不要となっている。

② 無償行為

代表取締役が会社債務の保証をした場合は、代表取締役自身の破産手続において、無償行為として否認の対象となり得るとする判例がある（最判昭和62・7・3金融・商事判例780号3頁）。近時、再生債務者が親会社の負担する債務についての抵当権を設定した事例についても同旨の裁判例が現れている（東京地判平成23・3・1判例タイムズ1348号236頁）。これらの裁判例は、無償性は、専ら再生債務者について検討すれば足り、受益者の立場において有償か無償かを問うものではないとするものである。

したがって、金融機関が、代表取締役や関連会社等主債務者以外の者から、保証や物上担保の設定等、担保の提供を受ける際には、当該第三者と主債務者の間に、保証料の支払等何らかの対価関係がないと、事後、無償否認されるリスクがあるので、留意が必要である。

③ 立証責任

立証責任は、すべての成立要件について否認権者が負う。

④ 否認の効果の特例

否認権行使の効果として、通常、受益者は原状回復をする必要がある。しかし、無償否認の場合、受益者が、行為の当時、支払の停止等があったことおよび再生債権者を害する事実を知らなかったときは、現存利益の返還で足りるとされている（法132条2項）。この場合の善意の立証責任は受益者が負う。

(5) 債務消滅行為の超過部分(詐害的債務消滅行為)の否認

債務消滅に関する行為は、資産が減少する一方でその分負債が減少するため、計算上は、債務者の財産減少にならない。しかし、代物弁済等の債務消滅行為で、債権者の受けた給付の価額が当該行為によって消滅した債務の額より過大であった場合には、債務者財産の減少をもたらす。そこで、当該過大である部分については、前述の故意否認または危機否認のいずれかに該当するときは、過大である部分について、財産減少行為として否認することができる(法127条2項)。なお、相当価額の弁済部分については、次に述べる偏頗行為否認の該当性が問題となる。

3 偏頗行為否認

(1) 偏頗行為否認

① 偏頗行為否認

再生債務者が、支払不能になった後、または、再生手続開始、破産手続開始もしくは特別清算手続開始の申立(以下、「再生手続開始の申立等」という)があった後にした、既存の債務についての担保の供与または債務消滅に関する行為は、以下の場合に限って、否認することができる(法127条の3第1項1号)。

　イ　支払不能後の場合：行為の当時、相手方が、支払不能または支払停止の事実を知っていたとき
　ロ　再生手続開始の申立等の後の場合：行為の当時、相手方が、再生手続開始の申立等の事実を知っていたとき

偏頗行為否認は、危機時期前の回収行為・保全行為等を否認対象としないことで、取引の安全を守り、窮境にある債務者の事業継続を図っている。

危機的状況の下でなされる行為であるので、否認権の成立に、債務者の害意は不要となっている。

なお、取引の安全を図るため、支払停止の事実を知りながら受けた弁済や担保提供であっても、民事再生の申立より1年以上前のものは、否認されない(法131条)。

② 支払不能

支払不能とは、弁済能力の欠乏のために債務者が弁済期の到来した債務を一般的に・継続的に弁済することができないと判断される客観的状態をいう。

支払不能の有無に関する近時の判断事例としては、認定事例として東京地裁平成19年3月29日判決（金融・商事判例1279号48頁）、大阪地裁平成22年3月15日判決（判例時報2090号69頁）、否定事例として東京地裁平成22年7月8日判決（判例時報2094号69頁）がある。

③ 偏頗行為

債務の消滅に関する行為とは、債務を消滅させる行為と解され、弁済、代物弁済、更改等がこれに当たる。

偏頗行為は、「既存の債務」についての行為に限定することで、新たな貸付等と同時にまたは先行して担保の供与が行われるような、いわゆる同時交換的取引については否認対象から除外している。窮境にある債務者の資金調達の便宜を図るためである。

したがって、危機時期に入った後であっても、金融機関が、新たな貸付と同時に、債務者自身から担保提供を受けるような場合には、偏頗行為には当たらない（なお、主債務者以外の者から担保提供を受ける場合は、主債務者以外の者の倒産手続きにおいて無償否認の対象となり得ることは前述のとおりである）。

偏頗行為の該当性が問題となった裁判例としては、再生手続開始申立直前に、再生債務者が債権者でもある金融機関に設けた自己の預金口座に誤送金した行為は、債務を消滅させる効果を持つ行為ではないとして、偏頗行為に当たらないとする裁判例（東京地判平成23・4・12金融・商事判例1366号47頁）、代物弁済の予約完結行為（最判昭和43・11・15金融・商事判例149号11頁）や、給与支払機関による共済組合に対する弁済（最判平成2・7・19金融・商事判例862号3頁、最判平成2・7・19民集44巻5号853頁）が偏頗行為に当たるとする裁判例等がある。

④ 立証責任

立証責任については、原則として、すべての要件を否認権者が立証する

必要がある。

ただし、担保の供与・債務消滅行為の相手方が、再生債務者の役員、大株主、親族、同居者等の一定の関係にある者である場合には、相手方の悪意が推定される（法127条の3第2項1号）。同様に、担保の供与・債務消滅行為が再生債務者の義務に属せず、またはその方法もしくは時期が再生債務者の義務に属しない場合も、相手方の悪意が推定される（法127条の3第2項2号）。

また、支払の停止があった後は、支払不能であったものと推定される（法127条の3第3項）。

(2) 非義務偏頗行為の否認

既存債務についての担保の供与または債務消滅行為で、再生債務者の義務に属せず、またはその時期が再生債務者の義務に属しない行為で、支払不能になる前30日以内にされたものは、債権者がその行為の当時他の再生債権者を害する事実を知っていた場合、否認することができる（法127条の3第1項2号）。

前述の偏頗行為否認の対象となる行為が支払不能後に限られることから、債務者が支払不能に陥る直前時期に債務消滅行為を行って偏頗行為否認を潜脱することを防止するため、偏頗行為否認を拡張したものである。

したがって、期限の前倒し弁済等を受けると、否認の対象となり得るので、留意が必要である。

立証責任は、否認権者が、支払不能30日以内に再生債務者が非義務行為を行ったことの立証責任を負い、相手方である債権者が、詐害の事実の認識がなかったことの立証責任を負う。

（森本　英伸）

Question 56 〔対抗要件具備行為の否認〕

長年銀行取引をしてきた取引先が信用不安となったので、預貸のバランス等を調査しましたところ、担保として徴求していた不動産根抵当権について、設定契約をした不動産の一部が登記漏れとなっていたことに気づきました。慌てて登記してもらいましたが、その後1週間でこの取引先が民事再生の申立をしました。この登記は、どのような扱いを受けることになりますか。

Answer

債務者が物権変動を目的とする契約を締結し、その相手方が第三者に対して権利の取得を主張するためには対抗要件の具備を必要とする場合、対抗要件具備までの間は、他の取引関係者にとっては、債務者が従前どおりの権利を把握しているように見えるので、それが債務者の責任財産を構成すると考えて取引を行うことになります。したがって、債務者の危機時期に至って対抗要件が具備されたときには、権利取得者と他の取引先との利害の調整が必要です。

そこで、民事再生法は、私法上の法律効果を発生させる原因行為とは別に、対抗要件を具備する行為についても、権利の設定、移転、または変更があった日から15日を経過した後悪意でしたものについては、否認できるものとしています。

解説

1 はじめに

債務者が物権変動を目的とする契約を締結し、その相手方が第三者に対して権利の取得を主張するために対抗要件を必要とする場合、対抗要件を具備するまでの間は、他の取引関係者にとっては、債務者が従前どおりの権利を把握しているように見えるので、それが債務者の責任財産を構成すると考えて取引を行うことになる。

ところで、再生手続が開始された場合には、対抗要件を具備していない物権変動は、再生債務者の第三者的地位に照らし、対抗できなくなると解されているので（破産につき最判昭和48・2・16金融法務事情678号21頁、最判昭和58・3・22金融・商事判例708号21頁）、債務者との間で物権変動を目的とする契約を締結したが、対抗要件を充足させていなかった相手方は、債務者が再生手続の申立をしようとする動きを察したときなどには、直ちに対抗要件を具備させようとするのが常である。

　しかし、対抗要件具備が再生手続開始前であったとしても、債務者が危機時期に陥った後に、そのことを知って対抗要件を具備した場合には、権利変動がないと考えて取引をしていた再生債権者の信頼を守るために、民事再生法は、対抗要件を充足させる行為についても、権利の設定、移転、または変更があった日から15日を経過した後悪意でしたものについては、否認できるものとし、物権変動の相手方と再生債権者との間の利害の調整を図っている。

2　対抗要件否認の意義

　平成16年法律75号による改正前の旧破産法74条にも対抗要件否認の規定が置かれていた。

　そして、その意義については、本来否認は原因行為を対象とするが、対抗要件具備行為についても否認できるようにするため同条が設けられたとする創設説と、対抗要件具備行為も本来否認の対象となるが、否認できる範囲を制限するために同条が設けられたとする制限説とこれを否定する消極説とが存した。また、制限説の中にも、同条は危機否認に関する規定であり、別途一般規定によって故意否認をすることもできるとする説とがあった。

　以上の学説の対立の中で、判例は制限説をとり、かつ、旧破産法74条の要件を満たさない限り対抗要件の否認を認めないとするものであったと理解されている（最判昭和45・8・20金融・商事判例232号2頁、東京地判平成5・2・16判例タイムズ840号209頁ほか）。

　民事再生法129条は、旧破産法74条を踏襲した現行164条と同様の規定

を置くが、民事再生法や現行破産法は、否認対象行為を詐害否認と偏頗否認とに分けて規律することになったところ、対抗要件を具備させる行為を債務の履行行為であると考えると、詐害否認の成立の余地はなく、偏頗否認を前提とする対抗要件否認の規定だけが適用されることにしたと解することもできる。しかし、支払停止以前支払不能後に悪意でなされた対抗要件具備行為の効力を否定しようとするのが、学説上の多数説の立場である。中でも対抗要件具備行為を財産減少行為そのものとして捉え、民事再生法127条1項1号の詐害否認の成立を認める説が有力であり、会社更生事件に関してこの見解を採用した裁判例(東京地判平成23・11・24金融法務事情1940号148頁)が出ている。

3　対抗要件否認の要件

(1) 対抗要件具備行為

否認の対象となる行為は、まず、物権変動についての第三者対抗要件具備行為であるが(法129条1項)、権利取得の効力要件となっている登録にも準用されている(同条2項)。

第三者対抗要件具備行為には、不動産物権変動、動産や債権の譲渡の登記(民法177条、動産及び債権の譲渡の対抗要件に関する民法の特例に関する法律2条、建設機械抵当法7条)、商号の譲渡の登記(商法15条)、船舶所有権の移転の登記(同法687条)、自動車抵当の登録(自動車抵当法5条)、電話加入権を目的とする質権の設定等(電話加入権質に関する臨時特例法5条1項)、動産物権変動における占有移転(民法178条)、指名債権譲渡における確定日付ある通知(同法467条2項)などがある。

ただし、すでになされている仮登記または仮登録に基づいても本登記または本登録が行われた場合は除かれている(法125条1項ただし書)。

なお、仮登記仮処分命令に基づく仮登記の否認が認められた裁判例もあり(破産につき最判平成8・10・17金融・商事判例1017号11頁)、これは、裁判所の命令に基づく仮登記を破産者の行為があった場合と同視できるとするものである。

(2) 権利設定の日から15日の経過

　原因行為が否認の要件を満たさない場合でも、対抗要件の具備手続には一定の時間を要する場合があり、その途中で債務者が危機時期に至ることも考えられるが、その場合まで否認を認めるのは、権利の取得者にとって不公平であるから、否認されるのは、権利設定の日から15日を経過した行為に限られている。

　ところで、権利設定の日とは、原因行為の日ではなく、原因行為に基づく権利変動があった日である。しかし、たとえば、債務者の支払停止を停止条件とする停止条件付集合債権譲渡担保契約が締結されていた場合、債務者が支払停止後15日以内に対抗要件を具備しさえすれば、これを否認できないとすると、対抗要件否認制度の立法趣旨が潜脱されてしまうことになる。

　そこで、判例は、こぞってこの場合の否認権の行使を認めている。その論拠については、下級審では、この場合には、契約日が原因行為の日になるとするもの（大阪高判平成10・7・31金融・商事判例1050号3頁、大阪高判平成10・9・2金融・商事判例1050号3頁）や、信義則上停止条件付の主張をすることは許されない（大阪地判平成14・9・5判例タイムズ1121号255頁、東京地判平成15・9・12判例時報1853号116頁）とするもの等があったが、その後最高裁は、債権に譲渡担保を設定するという原因行為が危機時期に行われたものと同視すべきであるとしている（最判平成16・7・16金融・商事判例1203号12頁、最判平成16・9・14判例時報1872号64頁）。

(3) 支払停止

　支払停止とは、一般的かつ継続的に債務を弁済できない旨を外部に表示する行為を意味するが、債務者が私的整理に着手し、再建方針や再建計画が主要な債権者に示されただけでは、それらに合理性があって債権者に受け入れられる蓋然性があると認められる場合には、未だ支払の停止ということはできないとされた事例がある（前掲・東京地判平成23・11・24）。

　民事再生法129条の対抗要件の否認は、支払停止についての悪意を要件とするが、悪意の主体については、債務者であり、民事再生法127条1項1号ただし書との対比から受益者については悪意が擬制されていると考え

る説や、対抗要件制度の立法趣旨から、債務者の危機が表面化した後にそのことを知って対抗要件を具備した受益者について、当該対抗要件を否認するものだとする受益者説等がある。

4　登記が対抗要件である場合の否認の方法

　否認登記の方法につき定めていた平成16年法律75号による改正前の旧破産法123条に関して、かつて、判例は通常登記説（たとえば、抹消登記）をとっていたようであるが（最判昭和23・10・12民集2巻11号365頁）、その後、最高裁は特殊登記説を採用するに至った（最判昭和49・6・27金融・商事判例419号7頁）。民事再生法13条1項によって、旧破産法123条を継承するにあたり、この最高裁判例の立場を一歩進め、2項以下に、否認登記がなされた以後の登記実務に関する詳細な規定が設けられている。

　なお、今日の実務は、登記による対抗要件を備えた原因行為を否認する場合にも、請求の趣旨において否認登記を求めるべきものとし、また、原因行為の否認と登記の否認とは、同一の否認登記請求権を基礎づけるものであって、訴訟物は1個であるとしているので（前掲最判昭和23・10・12参照）、注意が肝要である。

（四宮 章夫）

Question 57 〔同時交換的取引〕

債務者が資金繰りに行き詰まる見込みとなり、金融機関に支援を求めてきたので、金融機関は債務者に対して融資を行うとともに、当該融資金の担保として、債務者所有の不動産に抵当権を設定しました。その後間もなく債務者は再生手続開始決定を受けた場合、金融機関に対する債務者の担保権設定行為が否認の対象となる可能性はありますか。

Answer

設問のように融資等の信用供与と担保権の設定とが同時になされる、いわゆる同時交換的取引について、法は、偏頗行為否認の対象から除外しています。ただし、担保権の設定は対抗要件まで具備しておく必要があり、これを怠ると偏頗行為否認の対象となります。また、金融機関の融資において異例な事態とはなるものの、相当な価格による処分の否認行為の対象にもなり得ます。

解説

1 否認権の概要

民事再生法は、再生債務者がした詐害行為や、一部の再生債権者に対する偏頗弁済などの不公正な行為を事後的に是正し、目的財産の回復および債権者平等を図るため、否認権の制度を設けている。

否認の類型は、財産減少行為否認（再生債務者の財産を減少させる行為）と偏頗行為否認（再生債権者間の平等を害する行為）とに分類され、それぞれについて異なる要件が規定されている（法127条ないし127条の3）。その他類型として、手形債務支払の場合等の例外（法128条）、権利変動の対抗要件の否認（法129条）、執行行為の否認（法130条）とがある。

財産減少行為否認について、原則型は詐害行為否認であるが（法127条1項）、この原則型より危険度が高いことより要件を緩和した無償行為否認（法127条3項）と取引への委縮効果を防止するために要件を厳格にした適正価格処分の否認行為（法127条の2）の2つの例外がある。また、

財産減少行為否認と偏頗行為否認の中間的な形態として対価的均衡を欠く債務の消滅行為の否認（法127条2項）がある。

なお、破産法においても共通の趣旨のもと、否認権を規定しており、破産法と民事再生法の議論は共通する。

2　同時交換的取引と偏頗行為否認

同時交換的取引は、新規の融資等の信用供与と担保権の設定とが同時になされたり、売買契約と同時に物の引渡しと金銭の交付とが同時に履行されるような場合をいう。

このような同時交換的取引は、債権者は一度も一般債権者としての地位に立っておらず、貸し倒れリスクを負担する立場にない。この点で、債権者がいったんは一般債権者としての地位に立っていた既存債務のためにする担保供与の場合と異なる。

また、融資をした債権者としては、担保の供与が否認されるのであれば融資をしなかったという場合が通常であり、両者の行為の間には密接な関連性が認められる。そうであるにもかかわらず、別個の行為であるとして、担保の供与のみに着目し、既存債務に対する担保の供与と同様の要件で否認を認めることは相当でない。

さらに、同時交換的取引を否認の対象とすると、経済的危機に瀕した債務者と取引をする者すらいなくなり、当該債務者の再建の途がとざされることになる（小川秀樹編著『一問一答　新しい破産法』229頁）。

そこで、民事再生法は、偏頗行為否認の対象となる行為を「既存の債務についてされた担保の供与又は債務の消滅に関する行為に限る。」と規定し（法127条の3第1項柱書）、同時交換取引を偏頗行為否認の対象から除外することを明記した。

3　同時交換的取引の該当性

同時交換的取引であるためには担保権設定契約が融資と同時ないし先行して行われることが必要である。また、融資の際に担保権を設定する旨の合意がなされただけでは足りず、担保権の設定を第三者に対抗することが

できる状態になっていることが必要である。

　もっとも、不動産についての抵当権設定登記や動産・債権の譲渡登記あるいは債権譲渡の通知等の対抗要件の具備には、一定の時間が必要とする。よって、債務成立と対抗要件の具備とが完全に同時に行われるまでの必要はなく、両者が時間的に接着して、社会通念上、当該担保の供与等が既存の債務についてされたものと見られなければ、同時交換的取引としての保護を受けてよいといえる。

　なお、この対抗要件の具備については、別途、対抗要件否認（法129条）を問題とする見解もある。そこで、債権者としては救済融資を行うならば、万一に備え担保権設定から15日以内に対抗要件を具備しておくべきといえる。

4　同時交換的取引と詐害行為否認

　詐害行為否認は（法127条1項）は、条文上、担保の供与と債務の消滅に関する行為を否認の対象より除外しているので、同条項の適用の余地はないといえる。

　これに対して、相当な価格による売却処分の否認行為（法127条の2）の対象となる余地はあるといえる。その要件は、①相手方から相当の対価を取得したこと、②隠匿等の処分をするおそれを現に生じさせるものであること、③再生債務者が対価として取得した財産を隠匿等の処分をする意思を有していたこと、④相手方が再生債務者の隠匿等の処分をする意思を有していることを知っていたことである。

　この点、同時交換取引は経済的には担保物の売却による資金調達と同様の実態を有し、債務者が提供する物の担保価値は、相手方より調達する資金相当分であるといい得るので、①の相当対価の取得要件は満たすといえる。また、不動産等の担保目的物を提供して隠匿しやすい金銭を調達することが、②再生債務者において隠匿等の再生債権者を害する処分をするおそれを現に生じさせるものであることに該当する可能性がある。そして、債務者が調達した資金を事業に回さず、③隠匿等の処分をする意思を有することはあり得る。もっとも、通常の緊急融資の場面で金融機関等の融資

者が、債務者が隠匿等の処分をすることを知りつつ、融資することは考えがたい。

なお、同時交換的取引も相当な価格による売却処分の否認行為の対象となり得ることに留意する必要がある。

5　抵当権の被担保債権に、金融機関の新規融資だけでなく従前の融資も含めた場合

設問の事例では、金融機関が、当該債務者に対して既存の債権を有しており、別途新たに新規融資を行い、既存債権も新規債権も被担保債権として抵当権を設定する場合も想定される。

この場合、新規債務に対する担保設定が既存債務に対するものと区分できるのであれば、新規債務部分に限って同時交換取引として否認を免れることができるが、既存部分については否認の対象となる。また、新規債務に対する担保設定と既存債務対するものとを一体として区分できない場合には、全体として同時交換取引として認められず、否認の対象となる。

6　同時交換的取引か無償行為か

(1)　設問の事例で、融資を受けたのが会社で、担保を提供したのが当該会社の代表取締役であるような場合は、担保提供行為は否認行為の対象となるであろうか。

(2)　この点、旧破産法下の判例ではあるが、最高裁昭和62年7月3日判決（金融・商事判例780号3頁）は、無償行為として否認行為の対象となるとする。すなわち、同判例は、「破産者が義務なくして他人のためにした保証若しくは抵当権設定登記等の担保の供与は、それが債権者の主たる債務者に対する出捐の直接的な原因をなす場合であっても、破産者がその対価として経済的利益を受けない限り、破産法72条5号にいう無償行為に当たるものというべく（大審院昭和11年(オ)第298号同年8月10日判決・民集15巻1680頁参照）、右の理は、主たる債務者がいわゆる同族会社であり、破産者がその代表者で実質的な経営者であるときにも妥当するものというべきである。」とする。

その理由としては、①同号にいう無償行為として否認される根拠は、その対象たる破産者の行為が対価を伴わないものであって破産債権者の利益を害する危険が特に顕著であるため、破産者および受益者の主観を顧慮することなく、専ら行為の内容および時期に着目して特殊な否認類型を認めたことにあるから、その無償性は、専ら破産者について決すれば足り、受益者の立場において無償であるか否かは問わない。②破産者の前記保証等の行為と債権者の出捐との間には事実上の関係があるに過ぎない。③破産者が取得することのあるべき求償権も当然には右行為の対価としての経済的利益に当たるとはいえない。④いわゆる同族会社の代表者で実質的な経営者でもある破産者が会社のため右行為をした場合であっても、当該破産手続は会社とは別個の破産者個人に対する総債権者の満足のため総財産の管理換価を目的として行われるものであることに鑑みると、その一事をもって、上記の点を別に解すべき合理的根拠とすることはできないとする。

　同判例には、破産者が担保提供したからこそ、債権者は主たる債務者に対して出捐をしているのであるから、両者は相互に密接に関連しており、一体と見るべきであり、無償行為には当たらないとする反対意見もある。

(3)　その後、新破産法下においても同種事案が争われたが、前記最高裁昭和62年7月3日判決が踏襲され、代表取締役の担保提供行為は無償行為として否認の対象となるとの判断が示されている（大阪高判平成22・2・18金融法務事情1895号99頁）。また、上告および上告受理申立がなされたが、上告は棄却され、受理申立については不受理となっている。

(4)　金融機関としては、救済融資を行うにあたり主債務者以外の者から担保提供を受けるときは、無償行為否認されないよう、主債務者と担保提供者の資金繰り等を精査すべきである。

（宿　龍太）

Question 58 〔相当な価格による処分行為の否認の制限〕

債務者が、債務者所有の遊休不動産を売却した後、再生手続開始決定を受けました。不動産の売却時、相当な売却代金は受領していたようですが、売却代金相当額は手続開始時には残存しておらず、債務者はこれを運転資金に充てたなどと説明しています。このような売却行為自体を否認できないのですか。

Answer

再生債務者が相当の対価を得て遊休不動産を売却した行為は、民事再生法127条の2第1項の要件を充たす場合に限って、否認することができます。具体的には、①財産の種類の変更による隠匿等の処分のおそれ（1号）、②債務者の隠匿等の意思（2号）、③相手方の悪意（3号）の要件を充たすことが必要です。したがって、債務者が、運転資金に充てるために、相当な代金で遊休不動産を売却したのであれば、その行為を否認することはできないと解されます。他方、再生債務者が、当該不動産を売却して取得する代金を隠匿等する意思をもって売却し、買主もこの意思を知っていた場合は、否認が認められる可能性があります。

解説

1 はじめに

(1) 否認に関する一般論は、Q55のとおりであるが、本問では、「相当の対価を得てした財産の処分行為の否認」について解説する。

(2) 債務者が、廉価にて、債務者所有の資産を売却した場合、その廉価売却代金と時価相当額との差額分、債務者の責任財産が減少して、債権者が害されることになるので、債務者が債権者を害する意思を有していたときは、取引の相手方が、その行為の当時、債権者を害する事実を知らなかった場合を除き、当該売却行為は、民事再生法127条1項1号に基づいて、否認される。

他方、債務者が相当な価格（適正価格）で、所有資産を売却した場合、当該資産は、債務者の責任財産から逸出するが、代わりに、その対価である売却代金が債務者の責任財産に加わるので、計算上は、債権者が害されることはないとも考えられる。しかし、たとえば、不動産を売却して売却代金を得た場合（金銭に換価した場合）、両者が同価値の資産とはいえ、債務者は、不動産という確実性のある状態に比して、容易に、その金銭を隠匿したり、費消したりすることが可能になってしまうので、実質的に、責任財産の減少を招来するおそれが生じてしまう。したがって、債権者の立場からすれば、相当な価格による財産の処分行為であっても、否認の対象とすることが必要になる。ただし、相当な価格による取引の場合、相手方の取引の安全にも配慮する必要がある。そこで、民事再生法127条の2は、相当な価格による財産処分につき、同法127条に比して、要件を厳格にしたうえで、否認の対象としたのである。
　以下、民事再生法127条の2の要件について解説する。

2　民事再生法127条の2第1項の要件

(1)　相当の対価を取得する財産処分行為であること（1項本文）
①　財産処分行為
　本条1項は、「再生債務者が、その有する財産を処分する行為をした場合」に適用されるところ、この財産処分行為は、売買契約が典型であり、交換契約も含まれる。また、融資を受けるのと引換えに担保権を設定する行為は、金銭を得るために、担保権の対象である財産を提供する処分に該当するので、本条1項の財産処分行為に含まれる。なお、所有資産に対して賃借権を設定する行為は、一種の処分行為と考えられなくもないが、本条1項の否認の対象となり得るか否かについては、見解に争いがある（竹下守夫編集代表『大コンメンタール破産法』637頁〔山本和彦〕、伊藤眞ほか『条解破産法』1028頁）。

②　相当の対価
　本条1項は、「その行為の相手方から相当の対価を取得しているとき」を対象としている。なお、相当な対価を取得しない財産の処分行為（たとえ

ば、廉価売却）については、民事再生法127条1項1号の問題となる。

　相当の対価か否かは、原則として、処分行為時の当該財産の公正な市場価格を基準として判断される。ただし、正常価格に限定されるものではなく、処分の時期や目的等との関係で、早期処分価格であっても相当の対価と認められる場合もある（竹下編集代表・前掲637頁〔山本〕、才口千晴＝伊藤眞監修『新注釈民事再生法（上）』726頁〔中西　正〕）。

(2) 隠匿等の処分のおそれを現に生じさせる財産の種類の変更であること（1項1号）

　本条1項1号は、「当該行為が、不動産の金銭への換価その他の当該処分による財産の種類の変更により、再生債務者において隠匿、無償の供与その他の再生債権者を害する処分（「隠匿等の処分」という。）をするおそれを現に生じさせるものであること」を要件とする。

　前記1のとおり、相当の対価を取得する財産処分行為は、当該財産が逸出する代わりに、相当な対価が加わるので、計算上、債務者の責任財産が減少しないとも考えられるが、本条1項1号にて例示されている不動産の金銭への換価のような場合、債務者としては、その換価された金銭を隠匿することが容易になり、実質的に、責任財産の減少を招来するおそれが生じてしまうので、否認の対象とされたのである。したがって、本条の否認の要件として、財産の種類の変更によって、財産の隠匿、贈与など債権者を害する処分をするおそれを現に生じさせるものであることが必要なのである。

　ここで、財産の種類の変更について、条文上、不動産を処分して金銭を得ることが含まれることは明らかであるが、大型動産（工作機械や自動車など）の金銭への換価、有価証券や貴金属の換金、非金銭債権である財産上の請求権や知的財産権の金銭への換価なども含まれ、また、変更後の財産については、処分の容易性を考慮して、金銭のほかに有価証券や貴金属なども含まれると解される（竹下編集代表・前掲639頁〔山本〕、才口＝伊藤監修・前掲726頁〔中西〕）。

　また、隠匿等の処分のおそれを現に生じさせるという点については、現実に隠匿等がなされることまで要するものではないが、他方、抽象的なお

それでは足りず、財産処分行為の前後の債務者の財産状態（債務超過状態など）および事情などから、隠匿等が行われたであろうことが推認されることを要すると解される（伊藤ほか・前掲1029頁）。

(3) 再生債務者が、当該行為の当時、対価として取得した金銭等について隠匿等の処分をする意思を有していたこと（1項2号）

本条1項2号は、「再生債務者が、当該行為の当時、対価として取得した金銭その他の財産について、隠匿等の処分をする意思を有していたこと」を要件とする。これは、再生債務者の主観的要件であり、詐害行為否認の一般要件との関係では、詐害意思の特則に当たると解され、債務者が隠匿等の処分をする意思を有する場合にはじめて、その行為が実質的な詐害性を帯び、債権者にとって危険な行為になると考えられるから、上記の主観的要件が必要であると解されている（竹下編集代表・前掲640頁〔山本〕）。

そして、隠匿等の処分の意思については、条文上、例示されている「隠匿」、「無償の供与」（贈与など）のほかには、単に、費消すること（ギャンブルなどの浪費）も含まれ、また、経済合理性に疑問のある投機的な金融商品取引についても含まれる余地がある。他方、財産の相当な処分代金を、設備投資や原材料の購入など、事業継続のために支出することは、隠匿等の処分に含まれない。

これに対して、対価として取得した金銭を一部の債権者に対する弁済に充てることが、隠匿等の処分に含まれるか否かについては、争いがある。この点、一部の債権者に対する本旨弁済は、偏頗行為の問題を別にすれば、法的にも、経済的にも合理的であり、それを行う意思を隠匿の意思と同視することは適当ではなく、実際にも、遊休資産の売却は、有利子負債を減らすための債務弁済を目的として行われることが多く、そのような行為について、事後的な否認リスクによる萎縮効果を与えることは相当ではないので、原則として、否認の対象とすべきではないと解される（竹下編集代表・前掲640頁〔山本〕、伊藤ほか・前掲1030頁）。ただし、弁済期の到来していない債務に対する弁済や、実質的に隠匿と評価し得るような再生債務者の内部者（取締役など）に対する弁済については、否認が認められる可能性もある。

なお、本条が問題となるケースにおいて、再生債務者が、対価として取得した金銭等の使途について、弁済期の到来している債務に対する弁済だけでなく、その一部を隠匿・浪費する意思を有しているような場合は、その複数の意思のうち、主たる意思がいずれであるかを認定して、否認の成否を判断することになる。

(4) 相手方が、当該行為の当時、再生債務者が隠匿等の処分をする意思を有していたことを知っていたこと（1項3号）

本条1項3号は、「相手方が、当該行為の当時、再生債務者が前号の隠匿等の処分をする意思を有していたことを知っていたこと」を要件とする。これは、取引の相手方の主観的要件であり、取引の安全の観点から、民事再生法127条1項1号の詐害行為否認と異なり、受益者の主観的要件を限定するとともに、否認権を行使する側に対して立証責任を負わせた規定である。

一般に、債務者が、資金繰り等のために、相当価格で資産を売却することはあり得るところ、この売却行為について、取引の相手方に対して、再生債務者の隠匿等の処分意思を知らなかったことの立証責任を負わせると、相当価格による取引を委縮させてしまい、債務者の資金繰りや事業の再建に支障を来すおそれがあるので、本条1項3号は、取引の相手方の悪意を要件として、この立証責任を、否認権を行使する側に負わせたのである。ただし、再生債務者の内部者が取引の相手方である場合、後記3のとおり、悪意が推定され、立証責任が転換される（法127条の2第2項）。

取引の相手方の悪意については、再生債務者と相手方との関係、再生債務者の取引当時の経済状態、相手方が当該取引に及んだ動機・取引の必要性などの間接事実から、推認して証明することになる。

3　再生債務者の内部者に関する証明責任の転換（2項）

民事再生法127条の2に基づく否認については、前記2(4)のとおり、取引の相手方の主観的要件として、隠匿等の処分をする再生債務者の意思を知っていたことが必要であるが、再生債務者の取締役などの内部者が、取引の相手方である場合、同人が再生債務者の隠匿等の処分意思を知ってい

る蓋然性が認められるので、同条2項にて、「隠匿等の処分をする意思を有していたことを知っていたものと推定する。」とされ、立証責任が転換されている。

民事再生法127条の2第2項の内部者の類型は、以下のとおりである。以下の②は、再生債務者である法人の意思決定を支配している者を内部者として扱うものであり、以下の③の親族または同居者は、隠匿等の処分行為の協力者となる蓋然性が高く、また、再生債務者との関係から隠匿等の処分意思について悪意であることも多いと考えられるので、否認の実行性を高め、また、公平の点を考慮して、証明責任の転換を図ったものである（伊藤ほか・前掲1033頁）。

① 再生債務者が法人である場合のその理事、取締役、執行役、監事、監査役、清算人またはこれらに準ずる者
② 再生債務者が法人である場合にその再生債務者について次のイからハまでに掲げる者のいずれかに該当する者
 イ 再生債務者である株式会社の総株主の議決権の過半数を有する者
 ロ 再生債務者である株式会社の総株主の議決権の過半数を子株式会社または親法人および子株式会社が有する場合における当該親法人
 ハ 株式会社以外の法人が再生債務者である場合におけるイまたはロに掲げる者に準ずる者
③ 再生債務者の親族または同居者

4 設問の事例の検討

設問の事例の売却処分に対して否認の是非を検討するためには、再生債務者に対して、遊休不動産の売却に関する契約書等の資料を開示させ、売却価格の相当性の根拠、買主との関係、売却代金の使途などを具体的に釈明させる必要がある。

再生債務者の説明が十分ではなく、売却処分行為について否認の可能性があるのであれば、債権者は、裁判所に対し、監督委員に対する否認権限の付与を申し立てることを検討すべきである（法56条1項）。

ところで、設問事例において、再生債務者は、遊休不動産を相当価格で

売却して、その売却代金を運転資金に充てたと説明しているとのことであるが、同説明が事実であり、運転資金に充てるという意思によって売却行為がなされたのであれば、民事再生法127条の2第1項2号の要件を欠き、同条による否認は認められないことになる。他方、実際には、再生債務者が、遊休不動産の売却によって取得する代金について、隠匿等の処分をする意思を有しており、買主もその意思を知っていた場合は、これが証明された場合に限り、否認が認められることになる。

(清水 良寛)

Question 59 〔支払不能前30日以内の非義務偏頗行為の否認〕

債務者からの申入により、金融機関が本来の弁済期限である3月末日に先立つ3月25日に貸付金の繰上弁済を受けたところ、債務者は同月27日に再生手続開始を申し立てました。この繰上弁済について問題になることはありますか。同時期に、金融機関が既存の債権の担保のために担保権の設定を受けた場合はどうですか。

Answer

3月25日の繰上弁済は、履行期到来前の弁済であり、かつ、再生手続開始申立の2日前の弁済であるから、支払不能発生前30日以内の非義務偏頗行為として、否認対象行為となり得ます。同時期の担保権の設定についても同様であり、銀行取引約款において担保権設定義務の規定があったとしても、これのみによっては、否認を免れないと考えられます。

解説

1 非義務偏頗行為の否認

(1) 趣旨

民事再生法が規定する否認権には、詐害行為否認と偏頗行為否認があり、民事再生法127条の3は偏頗行為否認を規定するが、同条1項2号は、偏頗行為否認のうち、支払不能前30日以内の非義務偏頗行為の否認を規定している。

すなわち、既存の債務についてなされた担保の供与または債務の消滅に関する行為で、再生債務者の義務に属せず、またはその時期が再生債務者の義務に属しない行為であって、支払不能（支払能力の欠如のために弁済期が到来した債務を一般的かつ継続的に弁済することができない客観的状態）になる前30日以内にされたものは、再生手続開始後、再生債務者財産のために否認することができるとされ、ただし、債権者がその行為の当時他の再生債権者を害する事実を知らなかったときは、この限りでないとされて

いる（法127条の3第1項2号）。

　これは、法127条の3第1項1号の偏頗行為の否認においては、既存の債務に対する弁済および担保提供は、債務者が支払不能となって以後のものに限り否認に服することになるのであるが、偏頗行為否認をこれに限定するとすれば、支払不能発生の直前に、支払不能の発生は免れないと知った債務者と債権者とが共謀して、弁済期前の繰上弁済をしたり、既存の債務につき新たな担保権を設定したりすることにより、同号の趣旨は容易に潜脱されることとなる。そこで、債務者の義務に属しないものを取り上げ、時間的要件を緩和し、法127条の3第1項2号において、支払不能発生前30日以内の非義務偏頗行為の否認が規定されたのである。

(2) 要　件
① 客観的要件

　法127条の3第1項2号においては、否認対象行為について、「再生債務者の義務に属せず、又はその時期が再生債務者の義務に属しない行為であって、支払不能になる前30日以内になされたもの」と規定されている。

　まず、本号の対象となるのが、「再生債務者の義務に属しない行為」である。「再生債務者の義務に属しない行為」とは、たとえば、義務なくして行う担保権設定行為である。

　次に、本号の対象となるものとして、「その時期が再生債務者の義務に属しない行為」が挙げられる。「その時期が再生債務者の義務に属しない行為」とは、履行期到来前の弁済や担保権設定行為等のことである。他方、代物弁済等、その方法が義務に属しない行為は本条の対象とはならない。履行期が到来しているのであれば、方法が義務に属しない程度で、支払不能になる前30日以内に遡って否認を認めるのは行き過ぎであると考えられたためである。

　そして、「支払不能になる前30日以内になされたもの」は、義務に属しない行為については、義務に属する行為と比較して、受益者をそれほど保護する必要はなく、しかも債務者が特定の債権者を特別に優遇したと見られるため、支払不能となる前30日内までに時期的要件を緩和したものである。

② 主観的要件

本号における債権者の主観的要件の対象は、「その行為の当時他の再生債権者を害する事実」である。本号の場合、まだ支払不能は発生していないので、支払不能についての善意悪意を問題にできないことから、「その行為の当時他の再生債権者を害する事実」が主観的要件の対象となっている。

本号では、受益者の側で、行為の当時、「他の再生債権者を害する事実を知らなかった」ことを証明してはじめて、否認の成立が阻却される（同号ただし書）。同条1項1号の偏頗行為の否認の場合は、否認の主張をする側が受益者の悪意の証明をしなければいけないが、同条項2号の支払不能前30日以内の非義務偏頗行為については、受益者の悪意について証明責任が転換されている。支払不能の直前の非義務偏頗行為が行われたときは、債権者が支払不能の近いことを認識している蓋然性が高いため、証明責任の転換をしたものである。

そして、「他の再生債権者を害する事実を知らなかったとき」とは、支払不能の切迫した債務者の財務状況の認識がなかったことをいうと解されている。

2　本問について

(1) 貸付金の繰上弁済について

① 債務者は、3月27日に再生手続を申し立てているところ、これは支払停止（弁済能力の欠如のために弁済期が到来した債務を一般的かつ継続的に弁済することができない旨を外部に表示する債務者の行為）の最たるものであり、同日には支払不能であったものと推定される（法127条の3第3項）。

そして、金融機関は、本来は3月末日が弁済期限であった貸付金を、支払不能の2日前である3月25日に繰上弁済を受けており、これがまさに、「その時期が再生債務者の義務に属しない行為であって、支払不能になる前30日以内にされたもの」に当たることは明らかである。

したがって、当該繰上弁済が、支払不能前30日以内の非義務偏頗行為となり、法127条の3第1項2号により、否認の対象となることとなる。

② 客観的に支払不能前30日以内の非義務偏頗行為であったとしても、

金融機関が、その行為の当時、他の再生債権者を害する事実を知らなかったことを証明すれば、否認の成立が否定される。

　もっとも、当該金融機関が債務者のメインバンクであったような場合は、債務者から決算書の提出を受ける等しており、債務者の財務状況を詳しく知っていることが多いと考えられる。再生手続開始の申立のわずか2日前では、債務者の財務状況は相当に危機的なものであったと考えられ、債務者とそれなりの関係のある金融機関であれば、その行為の当時、他の再生債権者を害する事実を知らなかったことの証明は相当に困難であると考えられる。

　③　したがって、結論として、当該繰上弁済は、支払不能前30日以内の非義務偏頗行為として、否認対象行為となる可能性が高いと考えられる。

(2)　担保権の設定について

　①　金融機関が、債務者に特に担保権設定義務がないにもかかわらず、既存の債権の担保のために担保権を設定した場合、上記(1)と同様、否認の対象となる。債務者が単に債務を負担しているだけでは、担保権設定義務はないとされており、期限の猶予を受けるために担保権を設定する行為も「義務に属しない行為」に当たるとされる（伊藤眞ほか『条解破産法』1043頁、兼子一監修『条解会社更生法 中』65頁等）。

　②　これについて、金融機関から融資を受けるにあたっては銀行取引約款を締結するのが一般的であり、債務者と金融機関との間で締結している銀行取引約款において、債権の保全を必要とする相当の事由が生じたときは、金融機関の請求により、担保を差し入れなければならないという、いわゆる担保権設定義務が規定されているのが通常である。

　このような担保権設定義務を定めた条項のある場合でも、「再生債務者の義務に属しない行為」に当たるといえるのか、問題となり得る（銀行取引約款における担保提供義務が、法127条の3第1項2号における再生債務者の義務に該当することとなると、「再生債務者の義務に属しない行為」とはいえなくなり、否認の対象とはならないこととなる）。

　しかし、金融機関から締結を要求される銀行取引約款は金融機関が定め

た定型的なものであり、この銀行取引約款のみを根拠として、金融機関の一方的意思表示により、債務者に担保権の設定が義務づけられるようなものではない。一般的な銀行取引約款の締結のみによって、担保権設定義務が同号にいう債務者の義務に属することとなり、支払不能の直前に担保権設定した財産が一般債権者のための責任財産からはずれ、金融機関が優先的に債権回収してしまうこととなると、金融機関以外の債権者との関係で、債権者平等の観点からすると不当であるといわざるを得ない。

そこで、このような銀行取引約款上の担保権設定義務は、単に抽象的な担保権設定義務を定めた約定にしか過ぎないというべきであり、具体的な担保提供を定めたものといえないから、その担保提供は否認を免れないとする見解が有力である（宮脇幸彦ほか編『注解会社更生法』272頁〔櫻井孝一〕等）。

他方、一般的な銀行取引約款ではなく、格別に、再生債務者と債権者との間で、担保権設定義務を発生させる約定があったときは、担保権設定行為が債務者の義務に属し、否認の対象とはならないこともあろう。しかしながら、そのような場合でも、約定された日よりも前に担保権が設定された場合は、「その時期が再生債務者の義務に属しない行為」に該当すると考えられる（才口千晴＝伊藤眞監修『新注釈民事再生法　上〔第２版〕』738頁〔中西　正〕、伊藤ほか編・前掲1043頁）。

③　主観的要件については、繰上弁済の場合（上記(1)、②）と同様である。

④　したがって、当該担保権設定についても、支払不能前30日以内の非義務偏頗行為として、否認対象行為となる可能性が高いと考えられ、銀行取引約款における担保権設定義務を定めた条項のみによっては、「再生債務者の義務に属しない行為」に該当することを免れないと考えられる。

（佐々木 清一）

Question 60 〔否認手続と詐害行為取消訴訟との関係〕

債務者がその所有する不動産を第三者に贈与したことについて、金融機関が詐害行為取消訴訟を提起している場合において、債務者に再生手続が開始したときは、この詐害行為取消訴訟の手続はどうなるのですか。その後、再生計画が認可された場合、取り消された場合はどうですか。

Answer

再生手続が開始した時点で、係属中の詐害行為取消訴訟は中断し、否認権限を有する監督委員あるいは管財人のみが訴訟手続を受継することができます。その後、再生手続が終了したときは、受継された後なお係属中の訴訟手続は再び中断し、再生債権者が受継することになります。

解説

1 詐害行為取消訴訟の中断

再生手続が開始した時点において、再生債権者の提起する詐害行為取消訴訟（民法424条）が係属しているときは、その訴訟手続は中断する（法40条の2）。中断とは、その訴訟手続を受継することができる者が受継するまで、訴訟手続が停止することである。

詐害行為取消訴訟は、総債権者のため、債務者と相手方との間で行われた財産処分行為を取り消し、第三者に逸出した債務者の積極財産の回復を図るというものであり、再生法上の否認権制度とその趣旨を共通にするものである。そうすると、再生手続が開始した後において、このような手続を一再生債権者に委ねることは適当ではなく、再生手続において否認権限を有する者に訴訟追行を委ねた方が再生債権者の利益に資する。また、訴訟経済の見地からも、先行する詐害行為取消訴訟の訴訟資料を否認訴訟に転用することができれば便宜である。そこで、法は、再生債権者の提起する詐害行為取消訴訟は、債務者に再生手続が開始することによって中断す

るものとし、否認権限を有する者にその訴訟手続の受継を認めることとした。

　したがって、再生債務者が所有する不動産を第三者に贈与した行為について、金融機関が再生債権者として詐害行為取消訴訟を提起していた場合でも、債務者に再生手続が開始することにより、その訴訟手続は中断し、金融機関とすれば、もはやそれ以上訴訟手続には関与できなくなる。

　なお、再生手続開始時点において、先行する破産法上の否認訴訟（破産法173条）や否認の請求を認容する決定に対する異議の訴訟（同法175条）が係属するときも、再生手続の開始によって中断する（法40条の２）。

　詐害行為取消権と否認権は、制度趣旨は共通しているが、要件は同じではない。特に、判例は、債務消滅行為のうち、特定の債権者と通謀し、他の債権者を害する意思をもって弁済した行為なども詐害行為となるとしている。このため、支払不能前の弁済や代物弁済も詐害行為取消権の対象となり得るのに対し、否認権の対象とはならない。支払不能前の偏頗行為を対象とする詐害行為取消訴訟の場合、再生手続開始後も当該債権者が引き続き詐害行為取消訴訟を遂行できるとする考え方もあり得るが、再生債権者のための責任財産の保全を目的とするから、原則どおりに中断した後、監督委員（法56条１項の準用による授権を得て）または管財人が詐害行為取消訴訟を受継できる（法140条１項の準用）と考えるべきであろう。

２　詐害行為取消訴訟の受継と再生債権者としての対応

　(1)　中断した詐害行為取消訴訟は、再生手続において否認権限を有する者が受継できる。すなわち、管理命令が発令されていない場合には否認権限を有する監督委員が、管理命令が発令されている場合は管財人がそれぞれ受継できる（法140条１項前段）。これらの者が受継した訴訟手続は、以後、請求の趣旨を交換的に変更したうえ、否認訴訟として係属することになる。

　監督委員や管財人が受継した場合には、詐害行為取消訴訟を提起していた再生債権者は、その受継された訴訟手続には関与できず、監督委員らの訴訟進行に委ねることとなる。もちろん、再生債権者は有している証拠資

料等を監督委員や管財人に提供することは許されるので、否認権が認められるように、積極的に協力することになろう。

また、監督委員や管財人は、訴訟を受継せず、別途同趣旨の否認請求や否認訴訟を提起することも可能である。その場合も、詐害行為取消訴訟を提起していた再生債権者は、監督委員や管財人に協力することはできるし、否認権が認められれば、その目的を一応達成することができるといえる。

(2) 詐害行為取消訴訟を受継できるのは、否認権限を有する監督委員ないし管財人のみである（法140条1項前段）。したがって、監督委員に否認権限が付与されていない場合や、管財人がいない場合には、詐害行為取消訴訟を受継する担当者がいない。

この場合、詐害行為取消訴訟を提起していた再生債権者は、利害関係人として、裁判所に対し、監督委員に詐害行為取消しの対象としていた行為について否認権限を付与するよう申し立てることができる（法56条1項）。裁判所がこれを認めて監督委員に否認権限を付与すれば、その監督委員は、詐害行為取消訴訟を受継することができる。

ただ、裁判所が必要性を認めず、監督委員に対して否認権限を付与しなかった場合、再生債権者としては、その裁判所の判断に対して即時抗告等の不服申立をすることはできない（法56条には即時抗告ができる旨の定めはない）。

(3) 管財人がいる場合や、監督委員に否認権限が付与されている場合でも、これらの者が詐害行為取消訴訟を受継するかどうかは任意である。

この場合、訴訟の相手方は、詐害行為取消訴訟について、受継の申立をすることができる（法140条1項後段）。

相手方の受継の申立に対して、監督委員や管財人が受継を拒絶することができるかは争いがあるが、拒否できるとするのが通説である（才口千晴＝伊藤眞監修『新注釈民事再生法 上〔第2版〕』808頁〔山本和彦〕、園尾隆司＝小林秀之編『条解民事再生法〔第2版〕』659頁〔齋藤善人〕、今中利昭＝今泉純一＝中井康之『実務倒産法講義〔第3版〕』172頁等）。そもそも、否認権を行使するか否かは監督委員や管財人の任意であること、詐害行

取消しと再生手続における否認権とは目的は共通であるものの、制度自体は別の制度であること、監督委員や管財人としては不利な訴訟状態を引き継がなければならない必要はないこと、条文の文言も「受け継ぐことができる」と裁量を認める規定の仕方になっていることなどがその理由である。

(4) 一方、詐害行為取消訴訟を提起していた再生債権者には、監督委員や管財人に対して訴訟を受継するよう申し立てる権利はない。

否認権限を有する監督委員や管財人が、再生債務者の詐害行為に関して、詐害行為取消訴訟の受継もせず、別途否認権の行使もしない場合、再生債権者とすれば、まずは監督委員や管財人に対して、訴訟手続を受継したり、別途否認権を行使するよう促すべきである。監督委員や管財人がこれに応じない場合、監督委員や管財人を監督する裁判所に対して、その監督権限を発動するよう要請することができる（法57条1項・78条参照）。ただし、裁判所に対して監督権限を発動することの要請は事実上のもので、裁判所が監督委員や管財人に対して指導監督等をしない場合に、再生債権者としては、不服の申立等をすることはできない。

また、否認権限を有する監督委員や管財人が詐害行為取消訴訟を受継せず、否認権を行使しない場合、再生債権者とすれば、裁判所に対して、監督委員や管財人の解任を申し立てることができる（法57条2項・78条）。詐害行為取消訴訟を受継して否認権を行使することにより、再生債権者に対してより多額の弁済が可能となるにもかかわらず、監督委員や管財人がこれをしないような場合には、監督委員の監督行為や管財人の財産管理行為が不適切であるものとして、解任事由に該当する可能性はある。この場合に、裁判所が解任を認め、新たな監督委員や管財人を選任することによって、詐害行為取消訴訟が受継されて否認権が行使される可能性がある。

(5) 否認権限を有する監督委員や管財人がその判断によって詐害行為取消訴訟を受継せず、また裁判所も解任等をしない場合、詐害行為取消訴訟を提起していた再生債権者とすれば、再生手続中において、再生債務者の逸失した財産を回復させる術はない（後述のとおり、再生債権者は自ら新たに詐害行為取消訴訟を提起することもできない）。

しかし、否認権限を有する監督委員や管財人が、詐害行為取消訴訟を受継し、勝訴判決を得ることによって、再生債権者に対してより多額の弁済が可能となるにもかかわらず、これを受継しない場合には、弁済率が下がることになり、再生債権者にとって不利益な結果となる。そうすると、否認権限を有する監督委員や管財人が、詐害行為取消訴訟を受継するかどうかは原則任意ではあるが、受継することに不利益な事情が見当たらず、受継すれば結果的に再生債権者への弁済を高めることができるケースでは、監督委員や管財人が訴訟を受継することがその義務となる余地がある。このような場合に、監督委員や管財人が訴訟を受継せず、弁済原資となる可能性のある否認権の行使を怠ったままで再生計画が作成された場合、このような再生計画は、「再生計画の決議が再生債権者の一般の利益に反する」ものに該当する可能性がある（法174条2項4号）。このような再生計画案は、決議に付すべき要件を欠いていることになり得るし（法169条1項3号・法174条2項4号）、決議に付され、これが可決された場合でも、不認可事由になり得る（法174条2項4号）。

詐害行為取消訴訟を提起していた再生債権者としては、監督委員や管財人が不当に訴訟手続を受継しないと考えられる場合、再生手続を主催する裁判所に対し、「再生計画の決議が再生債権者の一般の利益に反する」ものとして再生計画案を決議に付さないよう事実上意見を述べることが考えられるし、再生計画の認可決定に対しては、即時抗告をすることが可能である（法175条）。実際に、このような即時抗告を認めて認可決定を取り消したケースがある（東京高決平成15・7・25金融・商事判例1173号9頁）。

もっとも、詐害行為取消訴訟を受継することによって弁済率を上げられる可能性がある場合でも、裁判所や監督委員・管財人には裁量権があるので、迅速に再生手続を進める必要性等その他の事情などから、清算価値が保障されていれば、訴訟を受継することなく否認権を行使しないことも不当ではないと判断されることが多いと思われる。したがって、詐害行為取消訴訟を受継しないままの再生計画が、現実に「再生計画の決議が再生債権者の一般の利益に反する」とされるのは相当限定的と思われる。

(6) また、否認権限を有する監督委員や管財人が、受継によって再生債

権者に対してより多額の弁済が可能となるにもかかわらず、受継をしなかった場合には、監督委員や管財人の善管注意義務に反する可能性もあり、その個人責任を追及する余地がある。ただし、上記のとおり監督委員や管財人には一定の裁量があるので、現実に善管注意義務に反すると判断される場合はさらに限定的といえよう。

3 新たな詐害行為取消訴訟の提起

再生手続開始前に、詐害行為取消訴訟を提起していない再生債権者が、再生手続中に、再生債務者の再生手続開始前の行為について、詐害行為取消訴訟を提起することができるかについては、民事再生法に直接の規定がない。

この点については、再生手続においては、各再生債権者の個別的権利行使は禁止されており、否認権についても、その行使権者を限定し、画一的・統一的な処理を図ることによって債権者の利益の保護を図っていることから、各債権者には当事者適格はなく、詐害行為取消訴訟はできないと解するのが一般である（園尾＝小林編・前掲180頁〔河野正憲〕、今中＝今泉＝中井・前掲173頁等）。

したがって、詐害行為取消しないし否認の対象たる行為があると考える再生債権者とすれば、2と同じ対応を検討するほかに術はない。

4 再生手続終了後の手続

(1) 詐害行為取消訴訟が否認権限を有する監督委員や管財人によって受継されないまま、再生計画が認可され、これが確定した場合、再生手続が終了するまで、訴訟手続は中断したままとなる。その後、再生手続が終了した時点において、もともと詐害行為取消訴訟を提起した再生債権者が受継することになる（法40条の2第7項）。

また、詐害行為取消訴訟自体は監督委員や管財人に受継されたが、その後の否認訴訟が確定する前に再生手続が終了した場合には、訴訟手続は再び中断し（法140条3項）、もともと詐害行為取消訴訟を提起した再生債権者がその訴訟を受継し、改めて詐害行為取消訴訟に請求の趣旨を交換的に

変更することになる。

　しかしながら、再生計画の認可決定が確定している場合、再生債権は権利の変更がなされているし（法179条1項）、再生計画に従って履行されているか、履行は未了だとしても相当額の再生債権のカットを受けているため、受継した詐害行為取消訴訟において、被保全債権が存在しないか、ごく一部になってしまっていることになる。そうすると、すでに履行済で被保全債権がない場合は詐害行為取消訴訟を続ける意味はないし、債権が残っている場合でも、その債権の範囲内でしか回収ができないので、効果は限定的である。

(2) また、再生計画の認可決定が確定したものの、その後に再生計画が取り消された場合は次のようになる。

　再生計画が取り消され、その取消決定が確定した時点で、再生手続は終了する。そうすると、受継されずに中断していた詐害行為取消訴訟や、受継されているが訴訟が終了していない否認訴訟は、もともと詐害行為取消訴訟を提起していた再生債権者に受継されることになる（法140条2項・3項）。

　また、この場合、再生計画によって変更された再生債権は原状に復することになり（法189条7項）、詐害行為取消訴訟における被保全債権も、もともと存在した債権額のとおりとなるので、第三債務者に資力がある場合は、詐害行為取消訴訟を続ける意味があるといえよう。

　もっとも、再生計画が取り消された場合、すべての再生債権が原状に復するので、通常、債務者は大幅な債務超過になるし、資金繰りもつかなくなることから、破産手続に至る可能性が高い。そして、債務者に破産手続が開始された場合、係属する詐害行為取消訴訟は、再生手続が開始された場合と同じように中断するので（破産法45条1項）、その時点で元の再生債権者は訴訟に関与できなくなり、破産管財人のみが訴訟手続を受継することができるようになる（同条2項）。

（中井 康之）

Question 61 〔会社分割と詐害行為取消し〕

金融機関が貸付を行っている債務者が会社分割を行い、利益率の高い事業と当該事業に係る買掛金を設立会社に承継させたが、金融機関の貸付金債権は分割会社に残され、その後まもなく分割会社は再生手続の開始を申し立てました。金融機関として会社分割に反対する手段はありますか。

Answer

分割会社に残された金融機関は、会社法上は債権者異議手続の対象ではなく、債権者異議を申し立てたり、分割無効の訴え（会社法828条1項10号）を提起することはできません。金融機関としては、再生手続開始前であれば、自ら詐害行為取消権（民法524条）に基づき当該分割の取消しを求め、また、再生手続開始後であれば、管財人または監督委員に否認権の行使を求めることが考えられます。

また、法人格否認の法理や商号の続用（会社法22条1項類推適用）を主張して、新設会社に貸付金債権の履行を求めることが考えられます。

解説

1 会社分割について

(1) 会社分割とは

会社分割は、事業に関して有する権利義務の全部または一部を他の会社に承継させるための組織法上の行為であり（最判平成22・7・12判例タイムズ1335号72頁）、新設分割と吸収分割に分かれる。

吸収分割とは、株式会社または合同会社（吸収分割会社）がその事業に関して有する権利義務の全部または一部を分割後他の会社（吸収分割承継会社）に承継させることをいい（会社法2条29号）、新設分割とは、1つまたは複数の株式会社または合同会社（新設分割会社）が、その事業に関し

て有する権利義務の全部または一部を分割により設立する会社（新設分割設立会社）に承継させることをいう（同法2条30号）。

　会社が吸収分割をするには、当事会社（分割会社と承継会社）が吸収分割契約を締結し（同法757条・758条）、原則として各当事会社の株主総会の承認を受ける。会社が新設分割をするには、新設分割計画を作成し（同法762条・763条）、原則として株主総会の承認を受ける。

(2)　会社分割の効果

　吸収分割は、吸収分割契約で定めた効力発生日（同法758条7号・759条1項。ただし合意で変更可能（同法790条1項））に、新設分割は、設立会社の設立登記（同法924条）による成立の日に（同法49条・764条1項）、それぞれその効力を生じ、承継会社は吸収分割契約の定めに従い、また、設立会社は新設分割計画の定めに従い、分割会社の権利義務を承継する（同法759条1項・764条1項）。

　権利義務を承継する代わりに、設立会社・承継会社は、分割会社に対して対価（分割対価）を交付する。新設分割の対価は、設立会社の発行する株式や社債等に限られるが（同法763条6号〜9号・764条4項5項）、吸収分割の対価の種類は吸収分割契約で自由に決めることができる（同法758条4号・759条4項）。

2　会社法での債権者保護

(1)　保護の必要性

　設立会社・承継会社は、分割計画・分割契約に基づき分割会社の債務を当然に承継し、分割会社において事前に当該債務の債権者の承諾を得ておく必要はない（免責的債務引受には債権者の承諾を要するという民法の一般原則の修正である）。そのため、会社債権者にすれば、意に沿わない債務者の交替や与信状況の変更が生じ得る。そこで、会社法では、一部の債権者についてではあるが、債権者異議手続を設け当事会社の連帯責任を認める形で、債権者の保護を図っている。

(2)　債権者異議手続

　次の①〜③に該当する債権者は、会社分割に対して異議を述べることが

できる。

① 分割会社の債権者のうち、会社分割後に分割会社に対して債務の履行を請求できなくなる者（会社法789条1項2号・810条1項2号）

② 分割会社が、分割対価である承継会社・設立会社の株式を株主に分配する場合における、分割会社の債権者（同法789条1項2号第2かっこ書・810条1項2号第2かっこ書）

③ 承継会社の債権者（同法799条1項2号）

債権者異議手続では各別の催告が必要であるが、知れている債権者に対する各別の催告は官報に加えて定款所定の日刊新聞紙による公告または電子公告を行うことによって省略できる。ただし、分割会社の不法行為債権者が、（前記①、②のいずれかに当たるため）会社分割に異議を述べることができる場合、その者に対しては各別の催告を省略できない（同法789条3項・810条3項）。

異議を述べた債権者に対しては、会社は弁済・担保提供・信託の設定のいずれかの措置をとらなくてはならない（ただし会社分割が債権者を害しないときはこの限りでない）。各別の催告をすべき債権者にそれをしないことは、組織再編の無効原因になる。

(3) 連帯債務

分割会社の債権者であって各別の催告を受けるべき者（①、②場合）が、当該催告を受けなかった場合には、当該債権者は、吸収分割契約・新設分割計画の定めによれば債務を負担しないはずの会社に対しても、当該会社が分割会社の場合は、分割の効力発生の日に有した財産の価額を限度として（同法759条2項・764条2項）、当該会社が承継会社または設立会社の場合は、承継した財産の価額を限度として（同法759条3項・764条3項）、それぞれ債務の履行を請求することができる（同法759条2項・3項、764条2項・3項）。

3　会社債権者保護の必要性

(1) 債権者異議手続の対象とならない債権者の存在

① 上記2(2)記載のとおり、会社法は、債権者異議手続の対象となる債

権者をすべての会社債権者ではなく、①～③の債権者に限定している。とりわけ①の関係では、会社分割後も分割会社に対して債務の履行を請求できる債権者は、債務者が交替するわけではないから、異議を述べることはできない（ただし、②に該当すれば可能）。分割会社が受ける分割対価が承継される権利義務との間でバランスを欠き過小なときは、与信状況が変更されているリスクがあり得るが、それは事業の譲渡（会社法467条）や通常の取引でも起こることであるから、債権者異議手続の対象とはしていない。

②　また、債権者異議手続の対象となる債権者であっても、各別の催告の省略が認められることによって、会社債権者が現実に会社分割が行われたことを知らないまま異議申立期間が経過してしまうことが起こり得る。この場合には、会社債権者はもはや会社分割の効力を争うことはできず、債務者交替・与信状況の変更のリスクを負うことになる（分割会社が本店所在地を移転し、その移転後の本店所在地で公告をしたため、分割会社の会社債権者は公告を目にすることができなかったという事例もある（東京地判平成22・7・22金融法務事情1921号117頁））。

③　さらに、平成17年改正前商法の下においては、分割会社と承継会社または設立会社について「債務の履行の見込みのあること」が会社分割の効力要件と解され、そもそも、債務の履行の見込みがないような会社分割は行うことができず、会社介割の無効原因になると解釈されていた（名古屋地判平成16・10・29判例時報1881号122号）。

これに対し、会社法は「債務の履行の見込み」を組織再編行為に関する一般的開示事項とし（会社法782条1項・794条1項・803条、会社法施行規則182条1項5号・183条6号・184条1項5号等参照）、会社分割を認めるか否かは「履行の見込みのあること」は効力要件ではないと一般に解されている（ただし、効力要件とする見解もある）。

上記①～③の理由から、会社法に定める以外の一般法理の活用により、債権者の利益保護を図る必要がある。とりわけ、次に掲げる濫用的会社分割とされる例では、会社債権者保護の必要性は高い。

(2) 濫用的会社分割の手順

典型例を手順に従って説明すれば、過剰債務を抱える（通常すでに債務超過となっている）分割会社において、①債務逃れをしたい一定の債権者（金融債権、預託金会員制ゴルフクラブの預託金返還債務などが典型）を分割会社に残存させ存債権者とし、②優良資産・事業と弁済したい債務だけを「承継される権利義務」の対象とし、③「承継される権利義務」を含めた「承継対象資産等」の純資産価値（新会社の株式価値）の評価を0あるいは低廉に押さえ、④分割会社には「0あるいは僅少な株式」を交付し、⑤残存債権者にとっての責任財産を「0あるいは僅少の株式」のみに変更してしまう（結果として、分割会社は支払不能となる）新設分割である。残存債権者は従前どおり分割会社に債権を残存しているのであるから、何らの催告することなく、会社分割が実現できることになる。

悪質なケースでは、交付を受けた株式を直ちに関係者に低廉譲渡し（福岡地判平成21・11・27金融法務事情1911号84頁（破産管財人による否認の請求（価格賠償）の事例）、福岡地判平成22・9・30金融法務事情1911号71頁（破産管財による否認の請求（抹消登記請求））、また、新設会社成立後直ちに関係者に対し第三者割当増資を行っていた事例（福岡地判平成22・1・14金融・商事判例1364号42頁（新設会社に法人格否認を適用））、従前の経営者が依然として経営権を獲得維持している例も見られる。

4 債権者保護のための一般法理の活用

(1) そこで、現行法のもとでは、①民法424条の詐害行為取消権（東京高判平成22・10・27金融・商事判例1355号42頁ほか多数）や、②会社法人格否認の法理といった一般法理を活用し、債権者の利益保護を図っている。さらには、③商号続用の責任（会社法22条）を会社分割にも類推適用し、吸収分割契約に承継の定めのない分割会社の債務についても、同条の要件の下で承継会社が責任を負うことを認めている（最判平成20・6・10金融・商事判例1302号46頁）。

さらには、破産手続、会社更生手続、民事再生手続において認められている④否認権の行使により責任を追及する事例も認められている。

いずれの法的根拠に基づくのかにより選択する裁判形態が異なる。①、④によれば、会社分割自体ないし分割に伴う資産の承継の取消し（または否認）を求めることになり、②、③を根拠とすれば、分割会社の債務に対する新設会社ないし承継会社の責任を追及する構成になろう。

(2) ただ、上記のような法的救済手続は必ずしも十分ではない。

まず、①、④に基づき法的救済を求めたとしても、原状回復として、新設会社または吸収会社が分割会社から承継した資産の返還を命じられ、あるいは原状回復に代わる価格賠償が命じられたとしても、その結果、新設会社または吸収会社の財産的基盤が脆弱なものになり、真実、会社債権者が救済されるのかも不明である。そのため、取消し・否認により原状回復するのではなく、新設会社または吸収会社に承継させる方向性を検討する必要がある。

次に、②、③を根拠とする法的救済は、個々の事実関係により救済の可能性が大きくなることとなる。

(3) さらに、吸収分割では、分割会社から承継される「承継対象資産等」と吸収会社が交付した対価とのバランスも考慮する必要がある。吸収会社にすれば、適正対価を交付していれば、それ以上の負担を負わされる理由がないはずである。そのため「適正対価」の意味を具体的に検討する必要が生じる。

次に、債権者間のバランスの問題がある。分割会社に残存する債権者と新設会社または吸収会社に承継される債権者間で平等原則が機能するのか。分割時点での清算価値さえ補償されていれば、分割会社に残存した債権者がそれ以上の請求はできないのかを検討する必要がある。最後に、新設会社または吸収会社の現状の資産状況を信頼して取引関係に入った新たな債権者の保護も考慮する必要がある。

5　民事再生手続での対応

(1) 設例では、会社分割後まもなく分割会社が再生手続の開始を申し立てているので、民事再生手続の下で何ができるのかに絞って検討する。

(2) まず、民事再生手続はDIP型を原則としているが、濫用的会社分割

を実施する分割会社が再生債務者となりDIP型の再生手続を遂行することは会社債権者としては納得できないであろう。そこで、再生債権者は、「再生債務者の財産の管理又は処分が失当であるとき」に該当するとして、管理命令の発令を求めることができる（法64条1項）。管理命令が発令されれば、再生債務者の業務の遂行ならびに財産の管理および処分に関する権利は管財人に移行し（法66条）、以後、管財人に対し、否認権の行使等を求めることになる。

なお、管財人選任前から詐害行為取消訴訟が提起されている場合には、再生手続開始決定によっていったん中断し（法40条の2）、管財人が選任されれば管財人はこの訴訟手続を受継することができる（法140条1項前段）。

(3) 管財人が選任されない場合は、会社債権者は、監督委員に否認権限の付与を求め（法56条1項）、否認権の行使等を求める（法135条）。なお、管財人選任前から詐害行為取消訴訟が提起されている場合には、再生手続開始決定に伴い中断され（法40条の2）、否認権限が付与された監督委員はこの訴訟手続を受継することができる（法140条1項前段）。

(4) 会社債権者が提起した法人格否認の法理や商号の続用（会社法22条1項類推適用）に基づく給付訴訟は、再生債務者自身が当事者でない以上、民事再生手続の開始決定、管理命令の発令は影響しない。

6　法改正の可能性

(1) 平成23年2月から法制審議会会社法制部会が立ち上げられ、現在、会社法改正について検討が進められており、平成23年12月には中間要綱試案が公表されパブリックコメントに付された。そこでは、現在の民法424条の詐害行為取消権と同様の要件を定めながら、詐害的な会社分割における残存債権者の保護については、承継会社等に対して金銭の支払を直接請求することができるものとすることが適切かつ直截簡明であるとして、会社法に、残存債権者が、詐害的な会社分割に係る行為を取り消すことなく、承継会社等に対しても、債務の履行を請求することができるものとする提案がなされた（ただし、吸収分割の場合であって、吸収分割承継会

社が吸収分割の効力が生じた時において残存債権者を害すべき事実を知らなかったときは、この限りでないものとする)。

　また、承継会社等の責任の限度額については、分割会社から承継した財産の価額を限度とすること、さらに、吸収分割承継会社の悪意を要件としている。

　(2)　上記会社法改正のほか、現在、民法(債権法)改正についての法制審議会民法部会が設置されており、詐害行為取消権の改正も含め広く検討中である。

(阿多 博文)

編者略歴

四宮章夫　1948年生まれ、1971年京都大学法学部卒業、1981年弁護士登録、京都産業大学法務研究科教授
主要著書　「1問1答民事再生の実務」（共著）、「一問一答破産法大改正の実務」（共著）、「最新事業再編の理論・実務と論点」（共著）、「倒産・事業再編の法律相談」（共著）ほか

中井康之　1956年生まれ、1980年京都大学法学部卒業、1982年弁護士登録
主要著書　「争点倒産実務の諸問題」（共著）、「新注釈民事再生法〔第2版〕上・下」（共著）、「民事再生の実務と理論」（共著）、「新倒産法制10年を検証する」（共著）ほか

森　恵一　1957年生まれ、1980年金沢大学法文学部卒業、1982年弁護士登録、京都大学大学院法学研究科非常勤講師、関西大学大学院法務研究科非常勤講師
主要著書　「一問一答破産法大改正の実務」（共著）、「新版一問一答民事再生の実務」（共著）、「1問1答改正会社更生法の実務」（共著）、「1問1答個人債務者再生の実務」（共著）ほか

阿多博文　1960年生まれ、1988年京都大学法学部大学院前期課程単位取得修了、1990年弁護士登録、同志社大学法科大学院客員教授
主要著書　「新注釈民事再生法〔第2版〕上・下」（共著）、「新版一問一答民事再生の実務」（共著）ほか

新版　一問一答　民事再生手続と金融機関の対応

2012年9月15日　初版第1刷発行	編　　者	四宮章夫，中井康之
		森　恵一，阿多博文
	発 行 者	金　子　幸　司
	発 行 所	㈱経済法令研究会

〒162-8421　東京都新宿区市谷本村町3-21
電話　代表03-3267-4811　制作03-3267-4823

営業所／東京 03(3267)4812　大阪 06(6261)2911　名古屋 052(332)3511　福岡 092(411)0805

カバーデザイン及び組版／DTP室　制作／地切　修　印刷／音羽印刷㈱

ⓒAkio Shinomiya, Yasuyuki Nakai,　　　　　　　　　　　　　ISBN978-4-7668-2294-6
Eiichi Mori, Hirofumi Ata　2012 Printed in Japan

"経済法令研究会グループメールマガジン"配信ご登録のお勧め
当社グループが取り扱う書籍、通信講座、セミナー、検定試験情報等、皆様にお役立ていただける情報をお届け致します。下記ホームページのトップ画面からご登録いただけます。
☆　経済法令研究会　http://www.khk.co.jp/　☆

定価はカバーに表示してあります。無断複製・転け等を禁じます。落丁・乱丁本は、お取替えいたします。